Aron Ralston
Im Canyon

Aron Ralston

Im Canyon

Fünf Tage und Nächte
bis zur schwierigsten Entscheidung
meines Lebens

Aus dem Amerikanischen
von Susanne Schädlich

Ullstein

Die Originalausgabe erschien 2004 unter dem Titel
»Between a Rock an a Hard Place«
bei Atria Books, New York

ISBN 3-550-07620-7
Für die deutsche Ausgabe:

Gesetzt aus der Aldus bei LVD GmbH, Berlin
Druck und Bindung: Bercker, Kevelaer
Printed in Germany 2005

Sind nun deine Gefährten bei diesen vorüber gerudert,
Dann bestimm' ich den Weg nicht weiter, ob du zur Rechten
Oder zur Linken dein Schiff hinsteuern müssest; erwäg' es
Selber in deinem Geist. Ich will dir beide bezeichnen.
Hier stürmt gegen den Fuß der überhängenden Klippen
Hochaufbrausend die Woge der bläulichen Amphitrite.
Irrende Klippen nennt sie die Sprache der seligen Götter.
Und noch nimmer entrann ein Schiff, das ihnen sich nahte;
Sondern zugleich die Trümmer des Schiffs und die Leichen der Männer
Wirbelt die Woge des Meers und verzehrende Feuerorkane.

Dorthin drohn zwei Felsen: der eine berühret den Himmel
Mit dem spitzigen Gipfel, vom düsterblauen Gewölke
Rings umhüllt, das nimmer zerfließt; und nimmer erhellen
Heitere Tage den Gipfel, im Sommer oder im Herbste.
In der Mitte des Felsens ist eine benachtete Höhle,
Abendwärts, gewandt nach des Erebos' Gegend, allwo ihr
Euer gebogenes Schiff vorbeilenkt, edler Odysseus.
Diese Höhle bewohnt die fürchterlich bellende Skylla,
Deren Stimme hell, wie der jungen saugenden Hunde
Winseln tönt, sie selbst ein greuliches Scheusal, dass niemand
Ihrer Gestalt sich freut, wenn auch ein Gott ihr begegnet.
Siehe das Ungeheuer hat zwölf abscheuliche Klauen,
Und sechs Häls' unglaublicher Läng', auf jeglichem Halse
Einen grässlichen Kopf, mit dreifachen Reihen gespitzter
Dichtgeschlossener Zähne voll schwarzen Todes bewaffnet.
… sie schwingt in jeglichem Rachen
Einen geraubeten Mann aus dem blaugeschnäbelten Schiffe.

Doch weit niedriger ist der andere Felsen, Odysseus,
Und dem ersten so nahe, dass ihn dein Bogen erreichte.
Dort ist ein Feigenbaum mit großen laubigen Ästen;
Drunter lauert Charybdis, die wasserstrudelnde Göttin.
Dreimal gurgelt sie täglich es aus und schlurfet es dreimal
Schrecklich hinein. Weh dir, wofern du der Schlurfenden nahest!
Selbst Poseidon könnte dich nicht dem Verderben entreißen:
Darum steure du dicht an Skyllas Felsen, und rudre
Schnell mit dem Schiffe davon. Es ist doch besser, Odysseus,
Sechs Gefährten im Schiff zu vermissen, als alle mit einmal!

Homer, *Odyssee*

Prolog

Unterwegs mit den Banditen von Robbers Roost

Er war ein besserer Bootsmann als Cowboy und ein besserer Koch als Bahnräuber. John Griffith, der ein blaues und ein braunes Auge hatte, war die rechte Hand von Butch Cassidy, dem Chef der »Wild Bunch« in Robbers Roost, einem Landstrich in Ost-Utah. Blue John, wie ihn sein erster Boss nannte, kam als Koch für die Harris-Rinderfarm hierher in die Nähe von Cisco, etwa 95 Kilometer westlich von Grand Junction. Nachdem er knapp zwei Jahre dort gearbeitet hatte, begegnete der Fünfunddreißigjährige im Frühjahr 1890 beim Zusammentreiben einer Rinderherde Jim Wall, alias Silver Tip, und Indian Ed Newcomb. Der berüchtigte Vorarbeiter Jack Moore, der für die Herde verantwortlich war, gewährte der Wild Bunch Unterschlupf, wenn sie sich gelegentlich in dieser Gegend zwischen den Flüssen Dirty Devil, San Rafael, Green und Colorado zusammenfand. Manchmal blieben die Banditen den ganzen Winter, schlugen vor oder nach einem Überfall ihr Lager hier auf und halfen bei der Herde. Sie waren immer willkommen in Robbers Roost.

Silver Tip, Blue John und Indian Ed waren ein eingefleischtes Trio, als sie sich der Wild Bunch anschlossen, und mischten überall mit, bei Pferdediebstählen, Überfällen oder wenn es Streit gab. 1898 halfen sie Moore die letzten Rinder des gescheiterten J. B. Buhr zusammenzutreiben. Dann machten sie sich nach Wyoming auf, um Pferde zu stehlen. Auf dem Rückweg kam Moore bei einer Schießerei ums Leben. Anfang des folgenden Jahres – die Pferde waren in Colorado zu Geld gemacht worden – kehrte die Bande wieder nach Robbers Roost zurück und Silver Tip, Indian Ed und Blue John machten sich über die besten Pferde von den Ranches um Moab und Monticello her. Zwar kümmerten sich die Jungs der Wild Bunch wenig um die Polizei – und diese hielt sich betont fern von Robbers Roost –, aber die Vogelfreien wussten, dass das Gesetz hinter ihnen her war.

Eines Morgens Ende Februar kletterte Indian Ed in einer Seitenschlucht des Roost Canyons über einen Felsen unter einem Überhang, wo die Bande mit ihrer Beute – zwei Packesel und ein halbes Dutzend Pferde – die Nacht verbracht hatte. Plötzlich zerriss ein Gewehrschuss die Stille. Die Kugel prallte an dem Felsen ab und traf Ed knapp über dem Knie. Er duckte sich und kroch hinter ein Gebüsch bei einer Felsnische. Blue John und Silver Tip lieferten sich unterdessen mit der Polizei, die ihrer Spur gefolgt war und sie durch ihr Lagerfeuer aufgespürt hatte, eine wilde Schießerei. Blue John lenkte die Polizei ab, während Silver Tip sich zum Rand der Schlucht schlich und drei Schüsse abfeuerte. Die Kugeln sausten knapp über die Köpfe der Männer des Sheriffs hinweg. Sie rannten zurück zu ihren Pferden, ritten davon und erzählten zu Hause die sagenhafte Geschichte von der Schießerei mit der Wild Bunch.

Es war das letzte Mal, dass die drei Banditen gemeinsame Sache machten oder gegen das Gesetz verstießen. Sie legten die Waffen ab, gingen in sich, und jeder für sich nahm friedlich seinen Platz in der Geschichte ein. Indian Ed Newcomb erholte sich von seiner Schusswunde, und es wird erzählt, dass er nach Oklahoma zurückkehrte, wo er auf Nimmerwiedersehen verschwand. Silver Tip brach aus dem Gefängnis aus, nachdem er zwei Jahre einer zehnjährigen Haftstrafe in Wayne Country, Utah, abgesessen hatte. Er ließ sich schließlich in Wyoming nieder, wo er seinen Lebensabend verbrachte. Blue John Griffith wurde zum letzten Mal im Herbst des Jahres 1899 gesehen. Er reiste von Hite am Colorado in Richtung Lee's Ferry, einer der schönsten und zugleich beeindruckendsten Abschnitte des

Flusses im Westen. Es heißt, später habe er den Fluss verlassen, um sich nach Arizona durchzuschlagen oder gar nach Mexiko. Jedenfalls kam er nie in Lee's Ferry an, und man hörte auch nie wieder etwas von ihm.

Nur einer der drei hat bleibende Spuren hinterlassen. Der Blue John Canyon und Blue John Springs, jenseits der Wasserscheide des schicksalhaften Hinterhalts, sind nach dem Mann benannt, der manchmal Koch war, manchmal Whiskeytrinker, manchmal Pferdedieb und der ein Jahrzehnt vor Ende des vorletzten Jahrhunderts das Land um Robbers Roost unsicher machte.

1

»Geologische Zeit schließt das Jetzt mit ein.«

Dies ist der schönste Ort auf Erden.
Es gibt viele solcher Orte. Jeder Mann, jede Frau hat eine genaue Vorstellung von einem idealen Ort, bekannt oder unbekannt, wirklich oder unwirklich ... Der menschlichen Sehnsucht nach Heimkehr sind keine Grenzen gesetzt. Theologen, Piloten, Astronauten haben aus himmlischen Weiten, dem schwarzen endlosen All, diesen Ruf gespürt.
Ich persönlich ziehe Moab in Utah vor. Ich meine natürlich nicht die Stadt selber, sondern das Umland – das Land der Canyons. Die felsige Wüste. Den roten Sand und die verbrannten Felsen und den einsamen Himmel – alles das, was jenseits vom Ende der Straßen liegt.

Edward Abbey, *Desert Solitaire*

Nebelschwaden streifen den blauen Himmel über dem roten Wüstenplateau, und ich frage mich, wie viele sonnenverbrannte Tage dieses Ödland seit seiner Entstehung schon gesehen hat. Es ist Samstagmorgen, der 26. April 2003, und ich fahre mit dem Mountainbike ganz allein eine Schotterstraße in der südöstlichsten Ecke von Emery County in Zentral-Ost-Utah entlang. Vor einer Stunde habe ich meinen Truck auf dem Parkplatz vom Horseshoe Canyon stehen lassen. Das ist das abgeschiedenste Fleckchen des Canyonlands National Park, 15 Flugmeilen nordwestlich vom legendären Maze District, 65 Kilometer südöstlich von San Rafael Swell, 30 Kilometer westlich von Green River und etwa 65 Kilometer südlich der Interstate 70, der Schneise für Güterverkehr und dem Ort der letzten Gelegenheiten (nächste Tankstelle: 177 Kilometer). Die Hochebene erstreckt sich über 160 Kilometer zwischen den Schneegipfeln der Henry Mountains im Südwesten – der letzten Gebirgskette in den USA, die benannt, erkundet und auf einer Landkarte eingetragen wurde – und der La Sal Mountains im Osten. Mir weht ein starker Wind aus Süden entgegen, aus der Richtung, in die ich fahre. Nicht nur aus diesem Grund komme ich nur im Schneckentempo voran. Ich fahre im niedrigsten Gang und muss mich anstrengen, um überhaupt vorwärts zu kommen. Der Wind hat den rotbraunen Sand auf die holprige Straße geweht. Ich umfahre die Verwehungen, so gut es geht. Mein Rad versinkt fast, und schon dreimal musste ich schieben.

Es wäre alles einfacher, wenn ich nicht den schweren Rucksack auf dem Rücken hätte. Normalerweise würde ich nicht zwölf Kilogramm an Verpflegung und Ausrüstung auf eine Radtour mitnehmen. Aber ich habe mir eine etwa 50 Kilometer lange Biking- und Klettertour vorgenommen und will einen tiefen und schmalen Canyon durchqueren. Das wird wohl den ganzen Tag dauern. Neben einem isolierten Drei-Liter-CamelBak-Trinkbeutel mit Wasser und einem weiteren Liter in einer Lexanflasche habe ich – in einer separaten Plastiktüte – fünf Tafeln Schokolade, zwei Burritos und einen Schokomuffin im Rucksack. Mein Vorrat reicht gerade, um über den Tag zu kommen, und wenn ich erst wieder bei meinem Truck bin, werde ich Hunger haben.

Am meisten wiegt die Ausrüstung: drei Sicherheitskarabiner, zwei normale Karabiner, leichtes Kombi-Sicherungs- und Abseilgerät, zwei schmale Gurtbänder, zwei vernähte Schlingen aus zwölf Millimeter breitem Bandmaterial, ein längerer, ebenfalls zwölf Millimeter breiter Gurt mit zehn Aufnahmeschlaufen, die so genannte Daisy Chain, mein Klettergurt, ein

60 Meter langes und zehneinhalb Millimeter dickes elastisches Kletterseil, ein über sieben Meter langes und zweieinhalb Zentimeter dickes Schlauchband und mein kaum benutztes Multitool (mit zwei Messerklingen und einer Zange). Wer weiß, wozu ich es gebrauchen kann, womöglich muss ich das Schlauchband zerschneiden und Verankerungen bauen. In meiner Tasche befinden sich auch eine Stirnlampe, Kopfhörer, ein CD-Spieler und mehrere Phish-CDs, Ersatzbatterien, ein digitaler Fotoapparat und eine Digitalkamera, die dazugehörigen Batterien und Schutztaschen.

Das ist eine Menge, aber all das brauche ich, auch die Kameras. Ich fotografiere leidenschaftlich gern die Farben und Formen in den verschachtelten Tiefen der Felsschluchten und die vorgeschichtliche Kunst in den Wandnischen. Auf dieser Tour werde ich im Horseshoe Canyon an vier Ausgrabungsstätten vorbeikommen, an denen es Hunderte von Felszeichnungen und Piktogrammen zu sehen gibt. Der US-Kongress hat diesen abgelegenen Canyon in den Canyonlands National Park eingegliedert, um die fünftausend Jahre alten Malereien der einst hier lebenden Ureinwohner entlang des Barrier Creeks wirksam schützen zu können. In der so genannten Great Gallery finden sich Zeichnungen von ein Dutzend zwei bis drei Meter großen Figuren, mit langen, dunklen Körpern, die mit ihren breiten Schultern und gespenstischen Augen Tier und Mensch gleichermaßen faszinieren. Diese herrlichen geisterhaften Gestalten sind die weltweit ältesten Felszeichnungen dieser Art, und Anthropologen haben diese erstaunliche und auf eine Weise unheimliche Kunstform Barrier-Creek-Stil genannt. Obwohl keine schriftlichen Überlieferungen vorhanden sind, mit deren Hilfe man die Bilder entschlüsseln könnte, ist erkennbar, dass einige der Figuren Jäger mit Speeren und Keulen darstellen; die meisten von ihnen, ohne Arme oder Beine und mit Hörnern versehen, scheinen wie alptraumhafte Dämonen dahinzuschweben. Welche Bedeutung sich hinter diesen Figuren auch verbergen mag, sie sind ein Ausdruck von Stolz und existieren länger und sind in einem besseren Zustand als die meisten Kunstwerke der westlichen Zivilisation bis auf die ganz alten. Man fragt sich unwillkürlich, was von unserer angeblich so fortschrittlichen Gesellschaft in fünftausend Jahren noch übrig sein wird. Wahrscheinlich nicht unsere Kunst. Ebenso wenig wie die Zeugnisse der Unmengen von Freizeit, die wir haben (und nicht nur, weil die meisten von uns diese wertvolle Zeit vor dem Fernseher verbringen).

Ich kenne die nassen und schlammigen Bedingungen im Canyon und habe deshalb ausgetretene Laufschuhe und dicke Wollsocken angezogen. Ich schwitze in den Schuhen. Auch an den Beinen schwitze ich. Ich habe Lycra-Fahrradshorts unter meinen beigefarbenen Nylonshorts an. Trotz des doppelten Polsters reibt der Sattel. Ich trage eins meiner Lieblings-T-Shirts von Phish und eine blaue Baseballkappe. Meine Regenjacke habe ich im Auto gelassen; es wird ein warmer und trockener Tag, genau wie gestern, als ich den Slick Rock Trail, einen 20 Kilometer langen Rundweg östlich von Moab, mit dem Mountainbike abgefahren bin. Ein Canyon wäre außerdem der letzte Ort, an dem ich bei Regen sein möchte, mit oder ohne Jacke.

Ich reise am liebsten mit leichtem Gepäck, und ich habe gelernt, wie ich mit wenig weit komme. Gestern hatte ich nur meine kleine CamelBak-Tasche mit etwas Werkzeug und meinen Kameras dabei, etwa viereinhalb Kilogramm für eine vierundzwanzigstündige Rundfahrt. Am Abend, nachdem ich meine Radausrüstung aussortiert hatte, wanderte ich zu einem Bogengewölbe beim Castle Valley und nahm nichts als Wasser und meine Kameras mit. Einen Tag zuvor, am Donnerstag, war ich mit meinem Freund Brad Yule aus Aspen auf den 3960 Meter hohen Mount Sopris in West-Colorado gestiegen und Ski gefahren. Ich hatte etwas zum Umziehen und Lawinen-Rettungsausrüstung eingepackt, das Gewicht aber unter acht Kilogramm gehalten.

Der Höhepunkt meines fünftägigen Ausflugs soll am Sonntagabend stattfinden. Dann nämlich werde ich im Alleingang und ungeschützt den 174 Kilometer langen White Rim Trail im Canyonlands National Park abfahren. Hätte ich so viel zu tragen wie auf meiner ersten Fahrt im Jahr 2000, würde mein Rucksack 27 Kilogramm wiegen, und mein Rücken würde schon nach 15 Kilometern schmerzen. Doch diesmal werde ich weit weniger dabeihaben und hoffe, die Strecke in vierundzwanzig Stunden zu schaffen. Ich werde dann mit meinem Wasservorrat sorgsam umgehen und die wenigen Nachfüllmöglichkeiten nutzen müssen. Außerdem bleibt keine Zeit zum Schlafen oder für lange Pausen. Meine größte Sorge ist jedoch nicht, dass meine Beine müde werden – das werden sie, und ich weiß, wie ich damit umzugehen habe –, sondern dass mein Gesäß empfindlich reagiert. Da ich im vergangenen Sommer keine langen Strecken mit dem Fahrrad zurückgelegt habe, bin ich sozusagen entwöhnt. Hätte ich von diesem Ausflug schon länger gewusst, wäre ich noch einmal in der Gegend um Aspen herumgefahren. Aber erst am Mittwoch haben ein paar Freunde und ich eine geplante Bergsteigertour im letzten Moment abgesagt; und so war ich frei für diesen Trip in die Wüste, eine Wallfahrt in die Wärme, weg von winterlichen Bergen. Normalerweise gebe ich meinen Mitbewohnern immer eine genaue Beschreibung meiner Route, diesmal aber bin ich losgefahren, ohne wirklich zu wissen, wohin, und habe nur ein Wort hinterlassen: »Utah«. Ich habe mich noch schnell in meinem Reiseführer schlau gemacht, bevor ich Donnerstagnacht vom Mount Sopris nach Utah aufbrach. Das Ganze ist ein Spontanurlaub, zu dem auch noch die Einladung zu einer großen Campingparty in der Nähe des Goblin Valley State Park heute Abend gehört.

Es ist beinah 10.30 Uhr, als ich in den Schatten eines einsamen Wacholderbusches fahre und die sonnenverbrannte Umgebung betrachte. Das hügelige Buschland der Wüste verwandelt sich langsam in eine Gegend mit farbenreichen Felsen, verborgenen Klippen, verwitterten und windschiefen Steilhängen, tiefen Schluchten und gewaltigen Monolithen. Dies ist das Unglücksland, Voodoo-Land. Dies ist Abbey's Land, das rote Ödland am Ende der Straßen. Ich habe noch nicht viel von der Landschaft sehen können, es war dunkel, als ich angekommen bin. Ich hole den Schokomuffin aus meinem Rucksack und blicke auf der Suche nach meiner Felsschlucht in Richtung Osten. Der Muffin ist so trocken wie mein Mund, und ich muss ihn förmlich hinunterwürgen. Ich sehe jede Menge Spuren einer Rinderherde. Irgendein Farmer scheint mit wenig Aussicht auf Erfolg in der Wüste seinen Lebensunterhalt verdienen zu wollen. Die Herden trampeln durch die ortstypischen Anzeichen von Leben, das sich in der Weite verliert: vereinzelte Grashalme, Kakteen und eine schwarze mikrobiotische Kruste über der roten Erde. Mit ein paar Schlucken aus dem Trinkbeutel spüle ich den Rest meines Muffins hinunter.

Dann steige ich wieder auf mein Rad und fahre im Windschatten des Bergrückens weiter. Auf der nächsten Hügelkuppe muss ich erneut gegen heftige Böen ankämpfen. Nach etwa zwanzig Minuten in diesem Brutofen kommen mir ein paar Motorradfahrer entgegen, die in Richtung Maze District fahren. Der aufgewirbelte Staub weht mir ins Gesicht, in Nase, Augen, Mund.

Vor etwa zehn Jahren war ich einmal für eine halbe Stunde im Maze District. Damals machten wir eine Raftingtour auf dem Colorado im Cataract Canyon und schlugen unser Lager an einem Strand namens Spanish Bottom auf. Ich kletterte über die Felskante 300 Meter hoch zum Dolls House, mit 15 bis 30 Meter hohen Felsformationen über mir, unter denen ich mir wie ein Zwerg vorkam. Als ich mich schließlich zum Fluss umwandte, setzte ich mich unwillkürlich. Der Blick hinunter war überwältigend. Es war das erste Mal, dass die Formen und Farben der Wüste mich sprachlos machten, und mir wurde bewusst, wie klein und mutig wir Menschen doch sind.

Unten am Spanish Bottom schäumte ein wilder Fluss, und die kastanienbraunen Wassermassen formten auch in diesem Augenblick diese Schlucht durch Tausende Quadratkilometer flaches Land. Von dort oben hatte ich das Gefühl, als beobachtete ich die Geburt einer ganzen Landschaft, als stünde ich am Rand einer Caldera. Mir war, als würde ich Zeuge vom Beginn der Zeit, jener Ur-Epoche, als es nur verödetes Land gab; als sähe ich die Milchstraße durch ein Teleskop, und ich fragte mich, ob wir allein im Universum sind. Da wusste ich, wie kostbar das Leben ist und wie unbedeutend wir sind im Vergleich zu den Kräften der Natur und der Weite des Kosmos. Wenn meine Freunde in die Schlauchboote stiegen und fortführen, wäre ich von der Welt abgeschnitten. Innerhalb von fünfzehn bis dreißig Tagen würde ich eines einsamen Hungertodes sterben, kein menschliches Wesen würde ich je wieder zu Gesicht bekommen. Und doch war es auch ein frohlockender Gedanke, der die Fassade unserer Selbstgefälligkeit zum Bröckeln brachte. Wir sind nicht besonders, weil wir uns am oberen Ende der Nahrungskette befinden oder weil wir unsere Umwelt verändern können – die Umwelt wird uns mit ihren unermesslichen Kräften überdauern. Doch anstatt uns angesichts unserer Bedeutungslosigkeit und der Flüchtigkeit unseres Daseins zurückzuhalten, setzten wir dreist unseren Willen durch, in der Wüste, auf diesem Planeten, im Universum. Ich blieb noch zehn Minuten sitzen, ging dann zurück, mit einem Bewusstsein so weit wie der Blick über den Fluss, und bereitete hastig das Abendessen zu.

Ich komme zu der metallenen Wasserleitung, die die versiegte Quelle des Flusses in der West Fork, einer Seitenschlucht des Blue John Canyon, markiert, vorbei an einer Straße, die nach Hanksville führt, einer kleinen Stadt etwa eine Stunde westlich vom Eingang des Capitol Reef National Park. Hanksville ist die einzige Stadt in der Nähe von Robbers Roost und dem Maze District. Dort gibt es auch das nächste öffentliche Telefon. Einen knappen Kilometer weiter komme ich an einer abfallenden Grasebene vorbei, wo einst Kleinflugzeuge landeten, bis irgendeine Katastrophe irgendeinen Piloten dazu bewog, sich einen sichereren Landeplatz zu suchen. Kleine Flugzeuge oder Hubschrauber stellen hier die einzige Möglichkeit dar, schnell von einem Ort zum anderen zu gelangen.

Die Mormonen haben jede Menge Anstrengungen unternommen, das Land mit Straßen zu erschließen, aber auch sie haben sich dann in die bestehenden Städte Green River und Moab zurückgezogen. Die meisten dieser Straßen sind heute unbenutzt oder wurden durch andere, noch unbefahrbarere ersetzt. Letzte Nacht fuhr ich 24 Kilometer auf der einzigen, verdreckten Straße im östlichen Teil des Countys, bis ich schließlich meinen Rastplatz erreichte – zweieinhalb Stunden holprige Fahrt, nirgends ein Haus oder ein Licht. Farmer, Viehdiebe, Uran-Bergarbeiter und Ölbohrer haben ihre Spuren hinterlassen; sie alle waren dem Leben in der Wüste nicht gewachsen und haben aufgegeben.

Die Glücksritter waren aber nicht die ersten, die ihren Fuß auf dieses Stück Land setzten: Immer wieder siedelten sich uralte Gemeinschaften in den Schluchten an und verschwanden wieder. Meist war eine lange Dürreperiode der Grund dafür ,oder Übergriffe feindlicher Stämme brachten die Menschen dazu, sich in das weit gastfreundlichere Hochland oder die Wüste weiter südlich zurückzuziehen. Dennoch bleibt die Frage unbeantwortet, warum eine ganze Kultur plötzlich einen bestimmten Ort verlässt. Vor fünftausend Jahren haben die Menschen von Barrier Creek ihre Malereien in der Great Gallery und der Alcove Gallery hinterlassen; dann gingen sie fort. Da es keine schriftlichen Überlieferungen gibt, bleibt es für immer ein Rätsel, warum sie sich an einen anderen Ort begaben. Wenn ich aber ihre Malereien betrachte, fühle ich mich auf eine merkwürdige Weise mit diesen Ur-Pionieren, die in diesen Schluchten lebten, verbunden.

Der Wind peitscht mir ins Gesicht, als ich das offene Tafelland erreiche. Ich freue mich schon jetzt auf das Ende meiner Tour und meine Wanderung durch den Horseshoe Canyon. Nach dem zu urteilen, was ich auf meiner Fahrt gesehen habe, hat sich seit der Zeit von Blue John Griffith wenig verändert. Das Bureau of Land Management (BLM) hat den jahrhundertealten Pferdepfad begradigt und hier und da Schilder aufgestellt. Selbst die allgegenwärtigen Zäune, die den übrigen Westen des Landes durchziehen, sind hier nicht zu sehen. Vielleicht ist das der Grund, warum diese Gegend einem so furchtbar abgeschieden vorkommt. Ich war schon oft in einsamen Regionen – zwei oder drei Tage in der Wildnis, auch im Winter –, aber nirgendwo habe ich mich so abgeschnitten gefühlt wie hier. Während ich darüber nachdenke, überkommt mich plötzlich ein Gefühl des Verlassenseins. Die Städte mögen sich seit den rauen Tagen der Wild Bunch mit mehr Leben gefüllt haben, die Wüste ist immer noch genauso unberührt.

Anderthalb Kilometer hinter dem Burr Pass endet meine anstrengende Fahrt gegen den Wind. Ich steige ab und schließe mein Fahrrad an einem Wacholderbaum an, auch wenn sich hier wohl niemand daran vergreifen wird. Aber, wie mein Vater immer sagt, warum ehrliche Menschen in Versuchung führen? Ich stecke den Schlüssel in meine Hosentasche und wende mich der Hauptattraktion zu, dem Blue John Canyon. Ich schalte meine Lieblingsmusik ein und setze meinen Weg auf einem schmalen Pfad fort. Nachdem ich über ein paar rote Sanddünen gestapft bin, komme ich an eine Sandschlucht und sehe, dass ich auf dem richtigen Weg zum Canyon bin.

Dann bemerke ich zwei Menschen in der Schlucht, die immer wieder aus meinem Blickfeld verschwinden. Ich hüpfe die Düne herunter, und als ich den Boden der Schlucht erreicht habe und um die Düne herum bin, kann ich sie wieder sehen.

Es sind zwei junge Frauen. So ein Zufall. Drei Stunden lang war ich ganz allein auf mich konzentriert. Jetzt will ich dieses Gefühl der Einsamkeit abschütteln, nehme die Kopfhörer ab und laufe den beiden hinterher. Sie kommen schnell voran, und ich habe Schwierigkeiten, sie einzuholen. Ich hatte eigentlich erwartet, dass ich meinen Abstieg in die Main Fork, die zentrale Schlucht des Blue John Canyon, allein machen würde, aber ich habe nichts dagegen, an diesem entlegenen Ort auf Gleichgesinnte zu stoßen. Zusammen macht es mehr Spaß, vor allem, wenn sie Schritt halten können. An der nächsten Biegung schauen sie sich um, sehen mich, bleiben aber nicht stehen. Endlich habe ich sie eingeholt. Da wir wohl eine Weile gemeinsam wandern werden, fange ich an zu reden.

»Hallo, wie geht's?«, sage ich und bin mir nicht sicher, ob sie mit einem Fremden ins Gespräch kommen wollen. Sie grüßen nur knapp zurück.

»Ich habe nicht gedacht, dass ich heute noch jemandem begegnen würde«, versuche ich es noch einmal. Es ist zwar Samstag, aber der Ort ist weit ab vom Schuss und selbst von der Straße durch Robbers Roost aus nicht zu sehen.

»Wir waren auch etwas überrascht, als du so plötzlich aufgetaucht bist«, antwortet die braunhaarige Frau und lächelt.

»Das tut mir leid«, sage ich, »aber ich hatte meine Kopfhörer auf und war mit meinen Gedanken ganz woanders.« Ich erwidere das Lächeln und füge hinzu: »Ich heiße Aron.«

Sie wirken erleichtert und sagen mir ihre Namen – die Brünette und offensichtlich Extrovertiertere heißt Megan, die andere Kristi. Megans schulterlanges Haar umspielt ihr Gesicht, sie hat mandelbraune Augen und rosige Wangen. Sie trägt ein langärmeliges blaues Hemd und eine blaue Trackpant, eine wasserabweisende Freizeit- und Outdoorhose. Auch ihr Rucksack ist blau. Müsste ich raten, würde ich sagen, Blau ist ihre Lieblingsfarbe. Kristi hat ihr blondes Haar zu einem Pferdeschwanz gebunden, so dass ihre Sommersprossen und ihre tiefen graublauen Augen gut zu sehen sind. Sie hat ein weißes T-Shirt an und blaue Shorts über einer langen schwarzen Unterhose. Außerdem trägt sie kleine silberne Ohrringe und eine Sonnenbrille mit einem Rahmen aus unechtem Schildpatt und einer Kordel mit Schlangenhautmuster. Dass sie bei einer Wanderung Ohrringe trägt, finde ich ungewöhnlich, aber ich verkneife mir eine Bemerkung. Ich schätze die beiden Frauen auf Mitte zwanzig. Sie kommen aus Moab.

Megan scheint nichts gegen eine Unterhaltung zu haben. Sie erzählt, dass sie den Granary Spring Trailhead verpasst haben und eine Stunde lang in der Wüste herumgeirrt sind, bevor sie den Eingang zur Schlucht gefunden hatten. Ich sage, dass es leichter sei, sich per Fahrrad zurechtzufinden als mit dem Auto, weil man langsamer vorankomme.

»Mein Gott, auf Rädern wären wir schon vertrocknet, bevor wir unser Ziel erreicht hätten«, witzelt Megan, und das Eis ist gebrochen.

Die Schlucht ist immer noch ein flaches Flussbett – ausgetrocknet und sandig – zwischen zwei neun Meter hohen Sanddünen. Bevor das Gelände schwieriger wird, erzählen wir uns von unserem Leben in Moab und Aspen. Ich erfahre, dass sie wie ich in der Freizeit- und Erholungsindustrie arbeiten. Sie sind bei Outward Bound und statten Expeditionen mit Verpflegung und Ausrüstung aus dem firmeneigenen Warenhaus in Moab aus. Ich erzähle ihnen, dass ich Verkäufer bei Ute Mountaineer bin, einem Bergsteigerladen in Aspen.

Unter den freiwillig verarmten Steuerzahlern in unseren Städten herrscht stille Übereinkunft darüber, dass es besser sei in finanzieller Hinsicht arm, dafür aber reich an Erfahrung zu sein – seine Träume zu leben –, als im traditionellen Sinn wohlhabend zu sein, aber ohne Leidenschaften. Betuchte Besucher, die sich das Leben im Resort erkaufen wollen, werden von den bettelarmen Einheimischen verachtet. (Allerdings leben die Bewohner dieser Städte von den Touristen, so dass ihre elitäre Einstellung nicht gerade fair ist.) Jedenfalls sind die Mädchen und ich einer Meinung. Das gilt auch für unsere Liebe zur Natur. Wir sprechen über Edward Abbey, einen kampflustigen Naturschützer, Fortschrittskritiker, Tourismusgegner und militanten Ökoterroristen, der Essays gegen den Bergbau verfasst, Biertrinker und Liebhaber der Wildnis und der Frauen ist (vorzugsweise Frauen aus der Wildnis, obgleich die sehr selten sind).

Ich erzähle von einem Aufsatz, in dem er schreibt: »Natürlich sind wir alle Heuchler. Die aufrichtigste Tat eines Naturschützers wäre es, sich in den Kopf zu schießen. Tut er es nicht, vergiftet er die Erde allein durch seine Anwesenheit.«

»Das ist doch makaber«, sagt Megan und setzt spaßeshalber eine schuldbewusste Miene auf.

Dann reden wir über unsere Klettererfahrungen in Spaltenschluchten. Kristi will wissen, ob ich eine Lieblingsschlucht habe, und ohne zu zögern erzähle ich vom Neon Canyon in Süd-Utah. Ich schwärme von den fünf Abseilmöglichkeiten, dem Strudelloch (einem tiefen, steilen und glattwandigen Loch unten in der Schlucht, in dem man »verschwindet«, wenn man nicht einen Partner hat, der einen hochzieht) und der Golden Cathedral, einer Höhle von gigantischem Ausmaß. Hoch oben in ihrer Kuppel von der Größe des Petersdoms befinden sich zwei riesige Löcher, durch die man sich bis zu 60 Meter tief in das Innere abseilen kann. In der Mitte unter der Kuppel befindet sich ein kleiner See, in dem man ein erfrischendes Bad nehmen kann.

»Das ist großartig. Da musst du unbedingt mal hin«, schließe ich meinen Bericht.

Kristi schwärmt mir von ihrem Lieblings-Canyon gleich am Anfang des Granary Spring Trailhead vor, eine der oberen Gabelungen der Robbers Roost Drainage, die von Eingeweihten auch »Gehirnkrümmung« genannt wird. Die V-förmige Schlucht, eingekeilt zwischen fünf Meter hohe Wände, verengt sich nach unten hin zu ein paar Zentimetern.

Es ist fast Mittag, als wir an eine steile, glatte, abschüssige Felswand kommen, Vorbotin der ersten Senke und der tieferen schmaleren Passagen, die uns hierhergelockt haben. Ich rutsche die 15 Meter lange Felswand hinab, meine Turnschuhe hinterlassen eine Bremsspur auf dem rosa Sandstein. Unten falle ich kopfüber in den Sand, dann höre ich Schritte. Es ist Kristi. Sie ist sichtlich erschrocken, als sie mich so sieht.

»O Gott, ist alles in Ordnung?«

»Ja, mir geht's gut. Das war Absicht«, sage ich. Sie schaut mich amüsiert an. Sie glaubt mir, aber ich sehe, dass sie mich für verrückt hält, nicht einen einfacheren Weg hinunter genommen zu haben. Und als ich dann einen Pfad entdecke, der weniger gefährlich gewesen wäre, komme ich mir albern vor.

Fünf Minuten später erreichen wir die erste schwierige Stelle unseres Abstiegs, einen steilen Abhang. Wir beschließen rückwärts hinunterzuklettern, also mit dem Gesicht zur Wand. Ich gehe voran, nehme dann meine Kamera heraus und filme Megan und Kristi. Kristi holt ein viereinhalb Meter langes rotes Gurtband aus ihrem Rucksack und zieht es durch einen Metallring, der offenbar von Vorgängern an einem anderen Gurtband befestigt wurde, das um einen Felsbrocken gewickelt ist. Der Fels liegt in einer Vertiefung hinter dem Rand der Steilwand. Megan ergreift das Gurtband und lässt sich über den Überhang herab. Sie muss um einen eingekeilten Stein herummanövrieren, der den Abstieg erschwert. Nach Megan kommt Kristi, ängstlich, denn sie traut dem Gurtsystem nicht ganz. Als sie unten ist, klettere ich wieder hoch und hole Kristis Gurtband.

Wir gehen neun Meter weiter und kommen wieder an einen Abhang. Die Wände sind hier nur etwa einen halben Meter voneinander entfernt. Megan wirft ihren Rucksack über den Überhang, bevor sie sich langsam zwischen den Wänden nach unten hangelt. Kristi macht derweil ein paar Fotos. Ich sehe Megan zu und sage ihr die Stellen, an denen sie sich festhalten oder auf die sie ihre Füße setzen kann. Unten angekommen, stellt sie fest, dass das Mundstück vom Schlauch ihres Trinkbeutels abgesprungen ist. Gott sei Dank findet sie es wieder. Ohne Wasser hätte sie zum Trailhead zurückkehren müssen. Dennoch hat sie kostbares Wasser verloren. Ich komme als Letzter herunter. Mit meinem Rucksack auf dem Rücken bleibe ich immer wieder an Vorsprüngen hängen. Ich klettere über kleinere eingekeilte Steine und stemme meinen Körper zwischen die Wände. Irgendwo hängt ein Baumstamm fest, den ich wie eine Leiter benutze. Eins ist sicher, das ist nur ein Abstieg für schlanke Leute.

Draußen wird es immer wärmer, die Luft in der Schlucht immer kühler. Wir betreten einen fast 400 Meter langen Abschnitt, wo die Wände über 60 Meter hoch sind, aber nur vier Meter weit auseinander stehen. Hier herunter verirrt sich nie ein Sonnenstrahl. Wir heben ein paar Rabenfedern auf, stecken sie an unsere Baseballkappen und machen ein paar Fotos von uns. Nach ungefähr einem Kilometer münden ein paar Seitenschluchten in die Hauptschlucht, in der wir uns befinden. Die Wände treten auseinander, der Himmel wird sichtbar, und die Felsen in der Ferne zeigen sich. Wieder in der Sonne, biete ich meine geschmolzene Schokolade an. Kristi reicht Megan ein Stück, aber sie lehnt ab.

»Ich kann die ganze Schokolade doch nicht allein aufessen … aber, wenn ich es mir recht überlege, warum eigentlich nicht?« Wir lachen.

Hier werden sich unsere Wege trennen. Megan und Kristi nehmen die West Fork und setzen ihren Rundgang zurück zur Hauptstraße fort. Als wir uns verabschieden wollen, sagt Kristi: »Los, Aron, komm mit uns – wir fahren dich dann zu deinem Wagen und trinken noch ein Bier zusammen.«

Ich möchte aber die Route, die ich mir in den Kopf gesetzt habe, fortsetzen und erwidere: »Wie wär's, wenn ihr mit mir durch die untere Schlucht geht und euch über den Big Drop abseilt – ihr habt den Klettergurt, und ich habe ein Seil. Wir könnten uns die Great Gallery ansehen, und ich fahre euch dann zu eurem Wagen.«

»Wie weit ist das?«, fragt Megan.

»Noch ungefähr 13 Kilometer.«

»Was? Dann kommst du ja nicht vor Dunkelheit zurück! Komm lieber mit uns.«

»Ich möchte wirklich nicht auf das Abseilen und die Felszeichnungen verzichten. Aber ich kann euch ja später am Granary Spring Trailhead treffen.«

Sie sind einverstanden. Wir schauen auf die Landkarte, vergleichen noch einmal unsere Position auf der Blue-John-Karte im Handbuch für Canyoneerer, in dem wir auch diese abgelegene Schlucht gefunden haben. In meiner Ausgabe von Michael Kelseys *Canyon Hiking Guide to the Colorado,* es ist die neueste, sind über hundert Schluchten beschrieben, jede mit einer dazugehörigen Karte. Kelsey hat sie selbst gezeichnet, und die Detailkarten und Routenbeschreibungen sind in der Tat Kunstwerke. Es gibt Querschnitte von besonders schwierigen Spalten sowie Kennzeichnungen schwer zu findender Felszeichnungen und Kunststätten. Das Buch liefert genaue Angaben zu Abseilausrüstung, Sicherheitskarabinern, Verankerungen und Wasserlöchern, aber auch Tipps, wie man sich zu einer Entscheidung durchringt oder wie man seinen genauen Standort bestimmt.

»Auf den Bildern sehen die Malereien aus wie Gespenster; irgendwie unheimlich. Wie wirst du dich dort fühlen?«

»Hm«, zögere ich. »Ich weiß es nicht. Felszeichnungen sprechen mich irgendwie an, ist einfach ein gutes Gefühl, und ich freue mich darauf, sie mir anzusehen.«

»Und du willst ganz sicher nicht mit uns kommen?«, will Megan noch einmal wissen. Aber ich lasse mich ebenso wenig von meinem Weg abbringen wie sie sich von ihrem.

Wir verabreden fest, uns auf dem Zeltplatz bei Granary Spring zu treffen, um gemeinsam zur Scooby-Party meiner Freunde aus Aspen etwa 80 Kilometer von dort zu fahren. Nach meinem Ganztagsabenteuer, 25 Kilometer Mountainbiking und 25 Kilometer Canyoneering, werde ich mir etwas Entspannung und hoffentlich ein kaltes Bier mehr als verdient haben. Ich freue mich auch schon, diese beiden reizenden Wüsten-Ladys wiederzusehen. Wir nehmen uns für morgen noch eine kurze Wanderung durch den Little Wild Horse Canyon vor, eine Schlucht in Goblin Valley. Unsere Wege trennen sich um zwei Uhr nachmittags, wir lächeln und winken uns noch einmal zu.

Wieder allein, gehe ich bergab. Ich denke über den Rest meiner Wanderung nach. Nach dem Trip am Sonntag zum Little Wild Horse Canyon muss ich gegen 19 Uhr wieder in Moab sein. Dann habe ich gerade noch genug Zeit, um Ausrüstung, Wasser und Wegzehrung für meine nächtliche Bikingtour auf dem White Rim im Canyonlands National Park vorzubereiten und mich vielleicht noch einmal aufs Ohr zu hauen, bevor ich mich um Mitternacht auf den Weg machen werde. Die ersten 50 Kilometer will ich nachts zurücklegen. So müsste ich die 174 Kilometer lange Tour bis Montagnachmittag geschafft haben und rechtzeitig zur Abschiedsparty meiner Mitbewohnerin am Montagabend wieder zu Hause sein.

Plötzlich stolpere ich über einen Haufen Kieselsteine, der von der letzten Sturzflut hierhergespült worden sein muss. Ich kann mich gerade noch fangen, und sofort gilt alle meine Aufmerksamkeit wieder dem Blue John Canyon.

Die Rabenfeder steckt noch immer an der Baseballkappe. Sie wirft einen Schatten in den Sand. Es sieht ein bisschen albern aus – ich bleibe stehen und mache ein Foto von meinem Schatten. Dann setze ich meine Kopfhörer auf und spiele eine meiner Lieblings-CDs.

Ich höre Klatschen, dann ein langsames Gitarrenintro und den sanften Text: *How is it I never see/The waves that bring her words to me?*

Es ist eine Liveaufnahme des Phish-Konzerts vom 15. Februar in Las Vegas. Ich sauge die Musik förmlich in mich auf und muss lächeln. Ich bin mit der Welt zufrieden: Dies ist mein Glücksort. Tolle Musik, Einsamkeit, Wildnis, Sorglosigkeit. Das Wandern allein bläst alle Gedanken fort. Es ist eine Art gedankenloses Glück. Nicht die Freude über irgendetwas Bestimmtes, sondern die Freunde darüber, dass ich dann glücklich bin, bringt mich immer wieder dazu, Zeit allein zu verbringen. Mit Körper und Seele im Einklang zu sein verjüngt meinen Geist. Manchmal glaube ich, dass ich durch diese einsamen Wanderungen einen metaphysischen Zustand erreiche. Ich meditiere sozusagen im Gehen. Wenn ich im Sitzen meditiere, spüre ich das nicht, sondern nur, wenn ich allein wandere. Leider verfliegt das Gefühl, wenn ich mir dessen bewusst werde, die Gedanken kehren wieder, die Transzendenz löst sich in Luft auf. Obwohl dieses Gefühl von absoluter Zufriedenheit nur von kurzer Dauer ist, verleiht es mir Kraft, manchmal sogar über Tage.

Es ist jetzt 14.15 Uhr. Das Wetter scheint sich zu halten. In der offenen Schlucht ist es etwa 15 Grad wärmer als in der Senke vorhin. Am Himmel stehen ein paar Kumuluswolken wie vom Kurs abgekommene Klipper. Nirgends gibt es Schatten. Ich komme an ein weites gelbes Trockenbett und studiere meine Karte. Das ist die East Fork. Kristi und Megan haben den richtigen Weg genommen. Das war zwar offensichtlich, aber in der Einöde müssen manchmal auch klare Entscheidungen noch einmal überprüft werden. Es kann passieren, dass man in einer tiefen Schlucht die Orientierung verliert. Manchmal denke ich, es ist doch ganz leicht, geh einfach geradeaus. Bei fast 100 Meter hohen Wänden, zwischen denen nur etwa ein Meter Platz ist, kannst du die Talsohle gar nicht verfehlen – anders als an einem Berghang. Aber auch ich habe mich schon in einer Schlucht verlaufen.

Ich erinnere mich an einen Solotrip im Paria Canyon. Nachdem ich ungefähr ein Drittel des Weges zurückgelegt hatte, wusste ich überhaupt nicht mehr, wo ich war. Dann wanderte ich etwa acht Kilometer flussabwärts, bis ich an einen Punkt kam, den ich auf der Karte wiedererkannte. Das war nicht ungefährlich, denn ich musste vor Einbruch der Dunkelheit den Rückweg finden. Wenn man nach einem Aus- oder Eingang sucht und nur 50 Meter weit vom Weg abgekommen ist, kann man sich schon heillos verirren. Jetzt richte ich mich genau nach meiner Karte. Alle 200 Meter schaue ich nach, öfter, als wenn ich mich auf einem Berg befände.

If we could see the many waves/That float through clouds and sunken caves/She'd sense at least the words that sought her/On the wind and underwater.

Die Musik vermischt sich plötzlich mit einem anderen Geräusch. Es ist ein flacher Bach. Laut Kelsey ist es die Little East Fork, die in die Hochebene des Goat Park mündet. Oberhalb der 170 Millionen Jahre alten Carmel-Formation mit lilafarbenem, rotem und braunem Siltstein, Kalkstein- und Schiefersteinablagerungen im Deckstein im Bergland des Goat Park wachsen Buschwerk und Wacholder. Der Deckstein ist gegen Erosion widerstandsfähiger als der ältere Navajo-Sandstein, aus dem sich die roten Felsen geformt haben. Manchmal entstehen durch diese unterschiedlichen Erosionen freistehende Felstürme und Felsnadeln und riesige Dünen aus farbigem Gestein, die wie Kronen auf den oberen Lagen der Felsenkliffs sitzen. Diese vielfältigen Strukturen, Farben und Formen der Carmel- und Navajo-Felsschichten spiegeln die gegensätzlichen Landschaften wider, aus denen sie entstanden sind: das Meer des frühen Jura und die Wüste des späten Trias. Die Carmel-Formation hat sich im Wasser abgesetzt und sieht aus wie Schlamm, der erst vor kurzem getrocknet ist. Die übereinander geschichteten Muster im Navajo-Sandstein dagegen sind Überbleibsel von Wanderdünen; eine vier Meter breite Gesteinsschicht offenbart nach rechts abfallende Linien; die nächste Schicht fällt nach links ab, und darüber befinden sich horizontale Lagen. Der anhaltende Wind, der über eine uralte, der Sahara ähnliche Wüste ohne jegliche Vegetation fegte, hat sie über Jahrtausende hinweg verändert. Und je nachdem, ob das Gestein den Kräften von Wasser oder Wind ausgesetzt war, gleicht es rauen Sandkuppeln oder glatt polierten Felsen. Die unsagbare Schönheit bringt ein Lächeln auf mein Gesicht.

In etwa einem Kilometer werde ich den engen Spalt über dem 19 Meter abfallenden Big Drop mit der Abseilstelle erreichen. Dieser 200 Meter lange Felsspalt markiert die Hälfte meines Abstiegs in den Blue John und später den Horseshoe Canyon. Seit ich mein Fahrrad abgestellt habe, bin ich etwa elf Kilometer gelaufen, bis zu meinem Truck sind es dann noch einmal fast 13 Kilometer. Beim Felsspalt muss ich erst einmal ein kleines Stück abwärts klettern, über ein paar Felsbrocken hinweg, dann etwa 115 Meter durch eine enge, manchmal nur einen halben Meter breite Schlucht bis zur Plattform durchqueren, wo Bohrhaken- und Hängevorrichtungen eine Verankerung zum Abseilen bieten. Wenn Bohrhaken sachgemäß in einen Felsen montiert werden, halten sie mehrere 100 Kilogramm, aber in Schluchten erodiert der Fels meistens rund um den Schaft. Es ist immer besser, sicherheitshalber zwei Haken gleichzeitig zu benutzen.

Ich habe ein Kletterseil, einen Klettergurt, Halterung und Gurtband zum Abseilen und eine Stirnlampe dabei, mit der ich Spalten nach Schlangen ableuchten kann, bevor ich meine Hand hineinstecke. Ich freue mich schon auf die Wanderung nach dem Abseilen, und besonders freue ich mich auf die Great Gallery. In Kelsys Reiseführer steht, dass es dort die besten Felszeichnungen des Colorado-Plateaus gibt.

Gold in my hair/In a country pool/Standing and waving/ The rain, wind on the runway.

Während ich Musik höre, merke ich gar nicht, dass die

Schlucht immer schmaler wird. Unter hymnischem Gitarrenspiel verwandelt sich mein Schritt in eine Art Stolzieren, und ich recke meine Faust in die Luft. Dann erreiche ich die erste Steilwand. Gäbe es Wasser hier, wäre das ein Wasserfall. Eine härtere Schicht im Sandstein hat der Erosion durch Wasser widerstanden, und dieses dunkle Konglomerat beschreibt den Rand der Steilwand. Von hier geht es ungefähr drei Meter in die Tiefe. Sechs Meter weiter klemmt ein s-förmiger Baumstamm. Dort entlang wäre der Abstieg leichter, wenn ich ihn nur erreichen könnte. Doch der flach abfallende Sockel zu meiner Rechten, der dorthin führt, scheint mir schwieriger zu bewältigen zu sein als die drei Meter hohe Steilwand vor mir.

Ich lasse mich langsam hinab, halte mich in Löchern in der Wand fest. Einen Meter über dem Boden lasse ich los und lande in einer sandigen Höhlung, die durch heruntertropfendes Flutwasser entstanden ist. Der trockene Sand bröckelt unter meinem Gewicht wie Mörtel. Von hier kann ich nicht wieder hinaufklettern. Es gibt kein Zurück.

Ein neues Lied beginnt, als ich unter dem s-förmigen Baumstamm hindurchlaufe. Von den Spitzen der Sanddünen über mir aus gerechnet befinde ich mich neun Meter tief in der Schlucht.

I fear I never told you the story of the ghost/Tah I once knew and talked to, of whom I never boast.

Durch die drei Meter breite Öffnung über mir kann ich den blassblauen Himmel sehen. Ich muss über zwei Felsbrocken klettern, die so groß sind wie Kleinlaster. Der eine befindet sich nicht einmal einen halben Meter über dem sandigen Boden, der andere liegt quer. Die Schlucht verengt sich zu einer Breite von etwas über einem Meter. Sie ist kurvenreich, so dass ich Schlangenlinien laufe, dann wieder geradeaus und wieder Schlangenlinien und immer tiefer hinein.

Enorme Flutwellen haben beachballgroße Felsstücke aus den

Wänden gerissen, und Baumstämme haben sich in neun Meter Höhe über mir verkeilt. Schluchten sind der letzte Ort, an dem man während eines Gewitters sein möchte. Der Himmel über der Schlucht mag zwar blau sein, aber ein 30 Kilometer entfernter Wolkenbruch kann für unachtsame Schluchtenwanderer das Ende bedeuten. Der Boden nimmt das Wasser einfach nicht auf. Im Osten der Vereinigten Staaten dauert es Tage oder Wochen, bis sich die Erde voll gesogen hat oder die Flüsse über die Ufer treten. Doch in der Wüste prallt das Wasser vom sonnenverbrannten Boden ab wie von Lehmziegeln, und aus einem Platzregen kann eine ungeheure Sturzflut entstehen. Schnell steht das Wasser in einer zwölf Meter breiten Schlucht fast einen halben Meter hoch und wird zu einem reißenden Strom. In den Fluten entsteht ein Chaos aus Schlamm und Geröll, das Felsbrocken hinwegspült, neue Rinnen formt, Gesteinsstücke zu Hindernissen auftürmt und jeden, der sich nicht schnell genug in Sicherheit bringen kann, tötet.

Ich sehe die Überbleibsel des letzten Flutwassers an den Wänden: Schlick bis zu dreieinhalb Metern über dem strandähnlichen Boden. An den rosa- und lilafarbenen Schichten im Gestein lassen sich Jahrzehnte von Unterspülungen ablesen. Die sich krümmenden Wände verzerren die flachen Linien der Sedimentationsschichten. Eine Stelle, an der die Wände voreinander mäandrieren, fasziniert mich besonders. Ich mache ein paar Fotos. Die Zeitanzeige meiner Kamera stimmt nicht mit meiner Uhr überein. Laut meiner Kamera ist es 14.41 Uhr, Samstagnachmittag, der 26. April 2003. Auf meiner Uhr ist es eine Minute später.

Ich bewege den Kopf zur Musik und muss wieder über drei Felsbrocken klettern. Dann über fünf weitere, jeder so groß wie ein Kühlschrank. Sie liegen rechts und links wie beim Spießrutenlauf in verschiedenen Höhen über dem Boden. So viele Felsbrocken auf einmal sind ungewöhnlich. Beim ersten ist zwischen Boden und Stein etwa ein halber Meter Abstand, ich muss auf dem Bauch darunter hinwegkriechen. Der nächste ist ein bisschen höher über dem Boden eingekeilt. Ich stehe auf und klopfe den Staub von meinen Sachen. Dann ducke ich mich und krauche auf allen vieren oder im Entengang unter den übrigen hindurch. Die Schlucht hat hier eine Tiefe von über 18 Metern, ist also innerhalb von 200 Metern 15 Meter abgefallen.

Wieder komme ich an eine Steilwand, von hier geht es vielleicht vier Meter in die Tiefe. Sie sieht etwas anders aus als die, an der ich mich eben heruntergelassen habe. Drei Meter weiter und auf derselben Höhe wie der Vorsprung klemmt noch ein Felsbrocken zwischen den Wänden. Darunter fühlt man sich wie in einem engen Tunnel. Die Schlucht mündet nicht in ein Becken, sondern wird immer schmaler. Ich stemme meine Füße an die eine Seite der Wand, mit dem Rücken lehne ich mich an die andere. Indem ich mit den Händen und Füßen gegen die jeweils eine oder andere Wand drücke, kann ich mich in dem nur schulterbreiten Spalt nach oben oder nach unten bewegen. Diese Technik nennt man Stemmen.

Genau unter dem Vorsprung, auf dem ich stehe, steckt ein Felsbrocken von der Größe eines Busreifens zwischen den Wänden und ragt etwa einen halben Meter über den Rand hinaus. Von dort muss ich zweieinhalb Meter nach unten klettern. Weniger als beim ersten Überhang. Langsam klettere ich hinunter, dabei stemme ich mich mit dem Rücken gegen die Südwand, mein Knie presse ich gegen die Nordwand. Mit meinem rechten Fuß trete ich gegen den Brocken. Ich will wissen, ob er festsitzt. Er sitzt fest genug, um mein Körpergewicht zu halten. Ich lasse mich langsam herab und stelle mich auf den Stein. Er hält, wackelt aber ein wenig. Langsam rutsche ich, die Füße voran, auf dem Bauch über die Kante, bis ich mit ausgestreckten Armen an dem Stein hänge. Der Fels fängt an zu wackeln, und ich weiß gleich, es ist Gefahr im Verzug. Instinktiv lasse ich los und lande auf einem runden Fels. Sofort schaue ich nach oben. Der

Felsbrocken hat sich gelöst. Ein Schrecken durchzuckt mich, und ich halte schützend die Hände über den Kopf. Nach hinten ausweichen ist unmöglich, ich würde über einen kleinen Vorsprung fallen. Jetzt hoffe ich nur noch, dass mir der Fels nicht auf den Kopf fällt.

Die nächsten drei Sekunden vergehen wie in Zeitlupe. Es ist, als wäre alles nur ein Traum, auch meine Bewegungen verlangsamen sich. Der Fels schmettert meine linke Hand gegen die Südwand; ich registriere den Aufprall aus dem Augenwinkel und reiße meinen linken Arm zurück, als der Fels abprallt; dann zermalmt der Brocken meine rechte Hand und quetscht meinen rechten Arm am Handgelenk ein, die Handfläche nach innen, den Daumen nach oben, die Finger ausgestreckt; der Fels rutscht noch fast einen Meter weiter in die Tiefe, mein eingequetschter Arm schabt an der Schluchtwand entlang. Dann ist alles still.

Ich bin für einen kurzen Moment wie gelähmt, starre auf meinen Arm, der in einem unglaublich kleinen Spalt zwischen dem Fels und der Schluchtwand verschwindet. Erst dann verspüre ich Schmerzen. Lieber Gott, meine Hand. Ich habe quälende Schmerzen und bekomme Panik. Wie von Sinnen rufe ich: »Scheiße!« Ich habe nur einen Gedanken: »Zieh deine Hand da raus!« Dreimal ziehe ich an meinem Arm, in dem naiven Glauben, ich könnte ihn dort herausbekommen. Aber ich sitze fest.

Ich kann vor Angst nicht mehr denken; ein unsagbarer Schmerz durchschießt meinen Arm. Außer mir schreie ich: »Scheiße, Scheiße, Scheiße!« In meiner Verzweiflung komme ich unwillkürlich auf eine wahrscheinlich eher zweifelhafte Geschichte von einer Mutter, die durch einen Adrenalinstoß so viel Kräfte entwickelt haben soll, dass sie ein Auto, das sich überschlagen hatte, hochheben konnte, um ihr Baby zu retten. Das ist mit Sicherheit erfunden, aber ich weiß in diesem Moment, dass ich nur eine Chance habe, nämlich mich mit purer

Gewalt zu befreien. Ich stemme mich gegen den riesigen Felsbrocken, drücke mit der linken Hand und mit den Knien von unten gegen den Fels. Meine Füße stehen auf einem kleinen Vorsprung, und ich kann tatsächlich wahnsinnige Kräfte entwickeln. Ich presse meine Schenkel gegen den Fels. »Los, komm schon!« Nichts.

Ich mache eine Pause. Dann stemme ich mich erneut gegen den Stein. Wieder nichts. Ich positioniere meine Füße neu, suche nach einem besseren Halt. Mit der linken Hand halte ich mich an einem Steinvorsprung fest, hole tief Luft und wuchte all meine Körperkraft gegen den Fels. Die Anstrengung nimmt mir den Atem, doch der Fels wackelt nur unmerklich. Und ich verspüre einen neuen unsagbaren Schmerz. »Verflucht!«

Ich habe den Fels um einen Bruchteil bewegt, mit dem Ergebnis, dass er noch fester auf mein Handgelenk gerutscht ist. Das Ding ist schwerer als ich. Dass ich überhaupt in der Lage war, ihn zu bewegen, ist ein Beweis dafür, wie verzweifelt ich bin. Jetzt möchte ich ihn nur noch zurückschieben. Wieder mache ich mich bereit, ziehe mich mit der linken Hand an einem Stein hoch und schiebe den Fels zurück. Der Schmerz lässt etwas nach. Bei der ganzen Aktion habe ich mir auch meinen Quadrizepsmuskel über meinem linken Knie verletzt. Ich schwitze wie verrückt und wische mir den Schweiß von der Stirn. Meine Brust hebt und senkt sich heftig. Ich möchte etwas trinken, als ich aber an dem Wasserschlauch sauge, stelle ich fest, dass der Beutel leer ist.

In meinem Rucksack habe ich noch die Lexanflasche mit einem Liter Wasser. Doch nach ein paar Sekunden wird mir klar, dass ich den Rucksack gar nicht herunternehmen kann. Ich lege die Kamera, die noch immer um meinen Hals hängt, auf den Fels. Ich ziehe also erst meinen linken Arm aus dem Schulterriemen. Dann weite ich den rechten so, dass ich ihn über den Kopf ziehen kann und über meine linke Schulter. Der Rucksack fällt auf meine Füße, und ich steige aus dem Riemen. Ich hole die dunkelgraue Flasche heraus, drehe den Verschluss auf und nehme, ohne nachzudenken, drei große Schlucke. Dann halte ich inne, und mir wird mit einem Schlag bewusst: ich habe innerhalb von fünf Sekunden ein Drittel meines Wasservorrats getrunken.

»Oh Mann, verflucht! Mach das Ding zu und pack es weg.« Ich schraube den Deckel fest, stecke die Flasche in meinen Rucksack und hole dreimal tief Luft.

»Okay. Entspann dich. Das Adrenalin wird dich hier nicht rausholen. Erst einmal die Lage sondieren.«

Seit dem Unfall ist eine halbe Stunde vergangen. Mit der Entscheidung, mir Klarheit über meine Situation zu verschaffen und nicht einen aussichtslosen Versuch nach dem anderen zu starten, werde ich ruhiger. Offenbar werde ich hier länger festsitzen, ich muss also anfangen, klar zu denken. Und dazu muss ich mich beruhigen.

Zunächst will ich die Stelle begutachten, an der mein Handgelenk eingeklemmt ist. Der Felsbrocken hat sich an drei Stellen fest zwischen den Wänden verkantet. An der vierten Stelle steckt meine Hand, wie in einem unerbittlichen Handschlag mit dem Stein gefangen. »Meine Hand klemmt nicht nur fest«, denke ich, »sondern ist sozusagen Puffer zwischen Wand und Fels. Oh Mann, ich bin erledigt.«

Ich taste mit meiner linken Hand nach meiner rechten. Ich kann meinen Daumen berühren, der sich schon beunruhigend grau verfärbt hat. Er steht seitlich ab und sieht vollkommen unnatürlich aus. Ich stelle den Daumen mit dem Zeige- und Mittelfinger meiner linken Hand auf. Meine rechte Hand ist vollkommen taub. Ich mache diese Feststellung, als diagnostizierte ich das Problem eines anderen. Diese klinische Sachlichkeit beruhigt mich. Die Hand fühlt sich gar nicht mehr wie meine Hand an, denn wäre es meine Hand, könnte ich die Berührung spüren. Mein Handgelenk spüre ich noch, genau dort, wo es vom Fels eingequetscht wird. Offenbar sind keine Knochen gebrochen. Doch sicherlich habe ich etliche Gewebeverletzungen, vielleicht ist auch mein Handrücken gebrochen. Wie auch immer, es sieht nicht gut aus.

Ich taste mich an der Unterseite des Felsbrockens entlang und kann den kleinen Finger meiner rechten Hand berühren. Er ist nach innen gebogen, meine Hand wie zu einer halben Faust geballt; meine Muskeln in einem Zustand der künstlichen Kontraktion. Ich kann meine Hand weder entspannen noch meine Finger ausstrecken. Ich versuche jeden einzeln zu bewegen. Ohne Erfolg. Ich bemühe mich, meine Muskeln anzuspannen, will eine festere Faust machen, doch nicht die leiseste Bewegung. Es gelingt mir auch nicht, mit meinem linken Zeigefinger mein rechtes Handgelenk zu berühren. Gerade mal mein kleiner Finger passt in den Spalt zwischen Felsbrocken und Wand und streift meinen Handgelenksknochen. Ich gebe es auf und betrachte mein linkes Handgelenk. Es ist geschwollen. Mein rechtes wird dafür auf ein Sechstel seiner normalen Größe zusammengepresst. Wenn die Knochen nicht wären, hätte der Fels meinen Arm wahrscheinlich platt gedrückt. Nach der Farbe meiner rechten Hand zu urteilen, ist die Blutzirkulation unterbrochen. Die Nerven sind mit allergrößter Wahrscheinlichkeit in Mitleidenschaft gezogen.

Eine innere Stimme schreit auf: »Verflucht. Wie konnte das passieren? Wie zum Teufel? Wie konntest du nur deine beschissene Hand von einem Felsen einklemmen lassen? Sieh doch! Deine Hand ist zerschmettert; sie stirbt ab, Mann, und du kannst nichts dagegen unternehmen. In ein paar Stunden ist sie hin, wenn kein Blut zirkuliert. – Nein, ist sie nicht. Ich werde sie rausbekommen. Wenn ich sie nicht rausbekomme, verliere ich mehr als nur meine Hand. Ich muss hier raus!« Die Vernunft spricht, doch die Vernunft hat hier nicht das Sagen; ich stehe noch immer unter einem Adrenalinschock.

»Du sitzt fest, Pech gehabt.« Ich bin ungern pessimistisch, aber der Teufel auf meiner linken Schulter weiß es besser. Und der kleine Bastard hat recht: Meine Aussichten sind nicht gut. Aber noch verzweifle ich nicht.

»Nein. Halt's Maul. Das hilft nicht weiter.« Lieber noch einmal die Lage prüfen, vielleicht bringt das ja was. Wer auch immer auf meiner rechten Schulter sitzt, hat nicht ganz Unrecht – ich muss mir nicht um meine Hand Sorgen machen. Es geht um weit mehr. Sich über oberflächliche Probleme den Kopf zu zerbrechen wird mich nur unnötig Kraft kosten. Jetzt muss ich erst einmal mehr Informationen sammeln. Mit diesem Entschluss fange ich an, meine Situation irgendwie zu akzeptieren.

Ich schaue nach rechts oben. Einen halben Meter über mir an der Nordwand sehe ich kleine Hautfetzen und Blutspuren am Sandstein. Der Fels und der glatte Navajo-Sandstein haben wie eine Reibe die Haut abgeschabt. Ich schaue mir meinen Unterarm genauer an, aber Blut kann ich keins entdecken, nicht einen Tropfen.

Ich schaue wieder auf und komme mit dem Schild meiner Baseballkappe an den Stein. Dabei fällt meine Sonnenbrille, die ich auf die Mütze geschoben hatte, auf meinen Rucksack. Ich hebe sie auf. Die Gläser sind zerkratzt. »Das ist jetzt eigentlich unwichtig«, sage ich mir, lege sie aber dennoch auf den Felsbrocken zu meiner Linken.

Aus meinen Kopfhörern, die mir von den Ohren gerissen wurden, höre ich plötzlich in der Stille das Geräusch einer jubelnden Menge. Das Geräusch wird leiser, die CD ist zu Ende. Die plötzliche Stille ist wie eine Bestätigung meiner Lage. Ich bin gefangen. Ich stehe in einer düsteren Schlucht, ich kann mich nur ein paar Zentimeter nach oben oder nach unten, nach rechts oder links bewegen. Und niemand, der auch nur vermutet, mir könnte etwas zugestoßen sein, weiß, wo ich bin. Ich habe gegen das oberste Gebot bei einem Trip in die Wildnis verstoßen und bei niemandem eine detaillierte Routenbeschreibung hinterlassen. Ich bin allein an einem Ort, an den sich nur selten jemand verirrt, und habe keine Möglichkeit, jemanden zu kontaktieren.

Eine Situation, die tödlich enden kann.

Auf meiner Uhr ist es 15.28 Uhr. Seit der Felsbrocken auf meinen Arm gekracht ist, sind fast fünfundvierzig Minuten vergangen. Ich schaue nach, was ich alles dabeihabe, nehme jedes einzelne Stück mit der linken Hand aus meinem Rucksack. In der Plastiktüte sind neben der Tafel Schokolade und einer Tüte mit Muffinkrümeln zwei Bohnenburritos, mein CD-Spieler, CDs, Ersatzbatterien, eine Mini-Digitalkamera, mein Multitool und die Stirnlampe. Die Elektrogeräte und das Multitool lege ich auf den Felsen neben meine Sonnenbrille.

Die Kamera packe ich in die Stofftasche, die die Geräte vor Staub schützen soll, und stecke sie zusammen mit den anderen Sachen in die Mesh Pouch, eine Tasche mit Netzfach und Unterteilung. Neben meiner Wasserflasche und dem leeren Trinkbeutel befinden sich in meinem Rucksack noch ein gelbes und ein grünes Kletterseil in einer schwarzen Seiltasche mit Reißverschluss; ein Klettergurt und die Abseilausrüstung.

Ich überlege, wie ich am besten hier herauskomme. Zuerst kommen die einfachen Ideen, obwohl einige eher Wunschdenken sind als Realität. Vielleicht führt es andere Canyoneerer hier vorbei, und sie finden mich – sie könnten helfen, mich zu befreien, oder mir Kleidung, Nahrung und Wasser dalassen, bis sie Hilfe geholt haben. Vielleicht schöpfen Kristi und Megan Verdacht, wenn ich nicht zu unserer Verabredung komme. Vielleicht würden sie meinen Truck suchen oder die Parkverwaltung rufen. Vielleicht tun das auch meine Freunde Brad und Leah Yule aus Aspen, wenn ich heute Abend nicht auf der Wüstenparty erscheine. Aber sie rechnen nicht unbedingt mit mir, weil ich sie gestern Abend aus Moab nicht wie verabredet angerufen habe. Morgen ist Sonntag, also immer noch Wochenende – vielleicht verirrt sich jemand an seinem freien Tag hierher. Wenn ich bis Montagabend nicht hier raus bin, werden mich meine Mitbewohner mit Sicherheit vermissen; vielleicht rufen sie sogar die Polizei. Oder mein Boss ruft meine Mutter an, wenn ich am Dienstag nicht zur Arbeit komme. Es wird einige Tage dauern, bis Freunde und Verwandte herausfinden, wohin ich gefahren bin, aber am Mittwoch könnte die Suche nach mir starten. Wenn sie erst meinen Wagen gefunden haben, kann es nicht mehr lange dauern.

Das Schlimmste von allem ist, dass ich nicht genügend Wasser habe – etwa ein halber Liter ist noch übrig. Im Durchschnitt liegen die Überlebenschancen in der Wüste ohne Wasser zwischen zwei und drei Tagen, manchmal sogar nur bei einem Tag bei 40 Grad im Schatten. Ich rechne mir aus, dass ich es wenigstens bis Montagabend schaffen werde. Sollte ich früher gerettet werden, dann nur durch das unwahrscheinliche Zusammentreffen mit einem anderen Canyoneerer, nicht aber durch einen Suchtrupp. Mit anderen Worten, eine Rettung scheint so wahrscheinlich wie ein Sechser im Lotto.

Ich bin von Natur aus ungeduldig; wenn ich einmal warten muss, muss ich irgendetwas tun, um mir die Zeit zu vertreiben. Man kann das als kindisch bezeichnen, vielleicht ist meine Phantasie auch von zu viel Fernsehen verkümmert, aber ich kann einfach nicht gut stillsitzen. In meiner gegenwärtigen Lage ist das möglicherweise gar nicht von Nachteil. Ich muss ein Problem lösen – ich muss hier raus –, also denke ich darüber nach, wie ich es anstellen könnte. Aberwitzige Ideen schiebe ich gleich zur Seite (zum Beispiel die Batterien aufzuschlagen, in der Hoffnung, die Säure könnte den Stein wegätzen). Ich denke die verschiedenen Möglichkeiten der Reihe nach durch: Ich könnte meine Hand mit meinem Multitool freilegen oder mit Hilfe eines Zugsystems den Fels von meiner Hand heben; ich könnte meinen Arm amputieren. All das kommt nicht in Frage. Ich habe nicht das Werkzeug, um meine Hand freizulegen; ich habe nicht die Kraft, auch nicht mit einem Zugsystem, den Fels anzuheben; und ich habe nicht die Instrumente oder das Know-how, um mir den Arm abzuschneiden, auch wenn das wahrscheinlich die beste Lösung wäre.

Vielleicht mehr aus taktischen Gründen und um nicht weiter über eine Amputation nachzudenken, als aus einem wirklich produktiven Impuls heraus, entscheide ich mich für die einfachste Variante: den Stein um mein Handgelenk herum wegzuklopfen. Ich nehme also das Multitool vom Felsen und öffne die längere der beiden Klingen. Plötzlich bin ich heilfroh, dass ich das Werkzeug eingepackt habe.

Ich fange an einer Stelle ein paar Zentimeter von meinem rechten Handgelenk entfernt an und ziehe mit der Messerspitze eine Linie. Wenn ich den Stein unterhalb dieser Linie losklopfe, könnte ich meine Hand herausziehen. Da der Fels aber an der markierten Stelle bestimmt acht Zentimeter dick ist, müsste ich ungefähr anderthalb Kubikmeter Stein entfernen. Keine leichte Arbeit.

Bei meinem ersten Versuch, in den Fels zu ritzen, hinterlässt das Messer nicht einmal einen Kratzer auf dem Stein. Ich versuche es erneut, diesmal mit mehr Druck. Ich halte das Messer jetzt wie Norman Bates und steche auf den Brocken ein. Doch ohne sichtbares Ergebnis. Kein Zeichen von einer Einkerbung oder irgendeines Schwachpunktes im Gestein. Nichts. Ich konzentriere mich auf eine kristalline Ausstülpung gleich oberhalb meines Handgelenks. Vielleicht kann ich da ein kleines Stückchen herausbrechen, doch es wird Stunden dauern.

Ich schlage mit dem Messer auf den Stein ein und rufe beinahe jammernd: »Warum ist dieser Sandstein so hart?« Bisher ist immer, wenn ich auf Sandsteinfelsen herumgeklettert bin, ein Stück abgebrochen. Aber in diesen Stein kann ich nicht die kleinste Kerbe schlagen. Ich lasse mich auf ein Experiment ein. Ich will die Härte der Wand testen. Ich halte das Messer wie einen Stift und kann mit relativer Leichtigkeit ein »G« in die Nordwand der Schlucht ritzen, ungefähr 30 Zentimeter über meinem rechten Arm. Langsam ritze ich weitere Buchstaben ein: »e-o-l-o-g-i-s-c-h«. Ich mache eine Pause und innerhalb von fünf Minuten ritze ich noch sechs Wörter ein, bessere aus, bis ich den Satz lesen kann: »Geologische Zeit schließt das Jetzt mit ein.«

Hier habe ich aus dem Buch *Classic Commandments of Monutaineering* des Bergsteigers und Verfassers von *Colorado Thirteneers* Gerry Roach zitiert. Anders ausgedrückt heißt das auch: »Nimm dich in acht vor herunterfallenden Felsbrocken.« Die meisten Menschen, die in erdbebengefährdeten Gebieten leben, wissen, dass die Vorgänge, die unserer Erdoberfläche Gestalt geben, andauern. Erdplatten verschieben sich, Vulkane brechen aus, Berghänge werden zu Schlammlawinen. Ich erinnere mich an eine Bergtour mit meinem Freund Mark Van Eeckhout, bei der wir ein Geröllfeld überquerten. Wir kamen zu einem haushohen Felsen und stellten uns das Spektakel vor, wenn sich ein solcher Koloss von einem Kliff in 300 Meter Höhe lösen und mit apokalyptischer Wucht in die Tiefe rauschen würde.

Aber Kliffs entstehen nicht über Nacht. Ich habe Flussufer wegbrechen und Gletscher einsinken sehen, und ich habe gesehen, wie Felsbrocken aus luftiger Höhe in die Tiefe fallen. Gerry Roach will nur sagen, dass sich Felsen jederzeit lösen können. Manchmal brechen sie unvermittelt weg; manchmal werden sie abgeschlagen. Manchmal hört man nur das Grollen. Manchmal steht man mit seinem Partner direkt darunter. Manchmal löst sich einer, wenn man ihn nur leicht gestreift hat, und manchmal, wenn man schon längst über ihn hinweggestiegen ist … wenn man sich an ihm festhält und daran rüttelt … oder wenn dein Kopf im Weg ist und du die Hände schützend über ihn hältst …

Es ist selten. Aber es passiert. Es ist passiert.

Der Fels, der mein Handgelenk einquetscht, hat so lange dort gelegen, bis ich kam. Und dann ist er auf mich gefallen. Ich bin erstaunt. Es ist, als sei der Felsbrocken für mich dort hingelegt worden. Eine Art Falle. Dieser Ausflug sollte leicht sein, ohne großes Risiko, im Rahmen meiner Fähigkeiten. Ich versuche ja nicht mitten im Winter einen Berggipfel zu bezwingen. Ich mache nur einen Kurzurlaub. Warum hat nicht die Person, die vor mir hier war, den Stein zum Fallen gebracht? Der- oder diejenige hätte ebenso vorgehen müssen wie ich, um die Schlucht zu durchqueren. Warum musste sich dieser Felsbrocken, der hier ungezählte Jahre eingekeilt war, ausgerechnet in der Sekunde lösen, als ich unter ihm stand. Eigentlich spricht alles dagegen. Ich meine, wie hoch ist die Wahrscheinlichkeit?

2

Anfänge

Die Berge sind der Weg, der Mensch ist das Ende. Ziel ist es nicht, die Gipfel der Berge zu erklimmen, sondern ein besserer Mensch zu werden.

Walter Bonatti, *italienischer Bergsteiger*

Im August 1987, als ich zwölf Jahre alt war, bereitete meine Familie den Umzug von Indianapolis nach Colorado vor, wo mein Vater ein Jobangebot bekommen hatte. Während eines Besuches bei einem Freund der Familie im ländlichen Ohio im Juli zuvor war mir eine Enzyklopädie über die fünfzig US-Bundesstaaten in die Hände gefallen, und ich hatte den Staat nachgeschlagen, der mein zukünftiges Zuhause sein würde. Ich war noch nie weiter als 15 Kilometer westlich vom Mississippi gewesen, und mit dem Ortswechsel in Richtung Westen vor Augen, wollte ich wissen, was mich dort erwartete. Ich muss zugeben, dass ich Vorurteile hatte – mir schwebten Männer auf Pferden und Skifahrer vor, und ich dachte, in Colorado läge das ganze Jahr über Schnee.

Das Buch bestärkte nicht nur meine Vorbehalte, sondern jagte mir regelrecht Angst ein. Da war ein Foto vom Pikes Peak, dem Berg, der Katharine Lee Bates zu dem Lied »America the Beautiful« inspiriert hatte. In den Augen eines Zwölfjährigen war er mit seinem zerklüfteten Gipfel eher ein Abbild grausamer Natur. Damals wusste ich nicht, dass man mit der Bahn oder dem Auto hinauffahren konnte und dass es dort einen großen Parkplatz, ein Restaurant und einen Souvenirshop gibt. Zu jener Zeit bestand meine Umgebung aus den Wäldern hinter unserem Haus, dem Motocrossplatz in der Nähe vom Haus meines Freundes Chris Landis und dem Eagle Creek Reservoir bei Indianapolis. In meiner Welt gab es keine Berge. Und schon gar keine mit 4000 Meter Höhe. Eingeschüchtert blätterte ich weiter.

Da sah ich Menschen auf Skiern, die unwahrscheinlich steile Hänge hinunterjagten. Ich war auf meinem Schlitten alle Böschungen, alle Gräben und Straßen und sogar einen keineswegs kleinen Hügel nördlich unseres Hauses hinuntergerodelt. Auf einem Schlitten konnte man mit den Füßen bremsen. Aber wie stoppte man auf Skiern?

Ich blätterte weiter, und was ich sah, erschütterte mich noch mehr: Leute beim Langlauf in den Straßen von Denver nach einem Wintersturm. Auf den Straßen gab es keine Autos, nur Menschen auf Skiern. Ich schlug das Buch entsetzt zu. Dann ging meine Phantasie mit mir durch und vollendete das Schreckensszenario. In ganz Colorado fährt niemand mit dem Auto, man bewegt sich nur auf Skiern fort. Zur Schule, zur Arbeit, zum Einkaufen, egal wohin, wie in einem nordischen Wunderland. Sogar mitten im Sommer. Einem Kind, das in Ohio geboren wurde und die prägenden Jahre in Indiana verbracht hatte, aufgewachsen in der Dreieinigkeit von Basketball, Baseball und Indycar Racing, war Ski fahren, sogar auf flachem Terrain, so fremd wie Kamelreiten.

Ich dachte nun also, wir zögen in einen Staat, in dem es anstelle von Straßen gespurte Loipen gab und wo sich die gesellschaftliche Stellung danach richtete, wie gut oder schlecht jemand Ski fahren konnte. Wie sollte ich mich dort eingewöhnen, wo ich doch nicht einmal Ski fahren konnte?

Nachdem ich das Buch gelesen hatte, weinte ich eine Woche lang abends im Bett. Meine Freunde waren aufgeregt, weil ich nach Colorado ziehen würde, ich war traurig, dass sich unsere

Wege trennten. Sie erzählten mir, wie toll Ski fahren sei. Sie wussten ja nicht, dass es gerade das war, wovor ich mich am meisten fürchtete. Meine Eltern fingen an, sich Sorgen zu machen, als ich eines Abends schniefend und mit verweinten Augen am Abendbrottisch saß.

»Hast du geweint? Was ist denn los?«, wollte mein Vater wissen.

»Ich habe Angst«, log ich. Ich hatte nicht nur Angst, ich hatte absolute Panik bei dem Gedanken, nach Colorado ziehen zu müssen.

»Ich weiß, dass es nicht einfach ist. All deine Freunde sind hier. Aber du wirst neue Freunde finden«, versuchte mein Vater mich zu trösten.

»Davor habe ich auch keine Angst.«

»Wovor dann?«

Ich erzählte von dem Buch. Meine Eltern lächelten und versicherten mir, dass es dort gar nicht so viel schneit und dass ich nicht auf Skiern zur Schule fahren müsste. Ich war ein wenig beruhigt. Bevor wir umzogen, flogen wir nach Colorado, um es uns anzusehen. Abgesehen von dem Sonnenbrand, den ich mir in einem Aquapark holte, fand ich es gar nicht so übel dort. Später trat ich dann sogar einem Skiverein bei. Schon am zweiten Tage konnte ich Hänge für Fortgeschrittene herunterfahren, überholte alle meine neuen Freunde und wurde selbst mit schwierigerem Terrain fertig.

Im folgenden Sommer unternahm ich eine zukunftsträchtige Wanderung in den Rocky Mountain National Park. Wir waren zwei Wochen mit einer Gruppe von dreizehn- und vierzehnjährigen Jungen unterwegs, und es war das erste Mal, dass ich eine komplette Ausrüstung dabeihatte. Vor allem war es das erste Mal, dass ich mich weiter als nur ein paar Minuten Fußweg von unserem Haus entfernte. Die Skisaison hatte mir meine Angst vor den Bergen genommen. Es war der Anfang einer echten Leidenschaft.

Auf unserer Wandertour Ende Juni hatten die Betreuer alle Hände voll damit zu tun, aufzupassen, dass ich vor lauter Begeisterung für die Natur nicht immer vorauslief, und bald hatte ich den Spitznamen Animal, nach dem Schlagzeuger aus der Muppetsshow weg. Am ersten Abend, es dämmerte schon, und wir lagerten in 2900 Meter Höhe in Big Meadows, bekamen wir einen Notizblock mit der Aufgabe, zu schreiben oder zu zeichnen, wonach uns der Sinn stand. Ich saß allein im hohen Gras einer Wiese, die anderen waren bei den Zelten geblieben, und neben mir plätscherte ein Bach. Plötzlich sah ich einen Hirsch in Richtung Bach laufen. Er hatte die Ohren aufgestellt und bewegte den Kopf immer wieder nach links und rechts, um lästige Insekten zu vertreiben. Ich war hingerissen von dem Anblick und saß mucksmäuschenstill. Das Tier erreichte das Wasser. Ich griff nach meinem Notizblock und fürchtete, das Rascheln könnte das Tier verjagen. Fünf Minuten lang, die mir vorkamen wie fünf Stunden und zugleich wie fünf Sekunden, trank der Hirsch. Ich zeichnete ihn, dann drehte er sich um und lief in den Wald zurück. Als wir alle wieder beisammensaßen, erzählte ich von meinem Erlebnis. Alle waren beeindruckt.

Zwei Nächte später war ich auf einem Geröllfeld in 3000 Meter Höhe und erfuhr, wie viel Spaß es machte, auf haushohen Felsen herumzuklettern. Wir sprangen in einen Bach, der eiskalt und von Schneefeldern umgeben war. In dieser Nacht lernte ich auch, warum man seine verschwitzten Stiefel nicht vor dem Zelt stehen lässt. Stachelschweine fraßen das Oberleder, die Schnürsenkel und die Lasche und reduzierten meine Schuhe auf Flip-Flops.

Im Sommer 1989 war ich bei einem Zelt- und Wanderlager durch den ganzen Staat dabei. Wir stiegen auf Berge in der Nähe von Estes Park, machten eine Wildwasser-Raftingtour auf dem Colorado in der Nähe von Great Junction und ritten auf einer Ranch bei Gunnison. Ich war zwar immer noch kein Experte, aber ich fand mehr und mehr Gefallen an diesem Leben, und vier Jahre später, als ich auf die Carnegie Mellon University (CMU) in Pittsburgh kam, fühlte ich mich im Westen voll und ganz zu Hause. Immer, wenn ich in Pennsylvania war, bekam ich Heimweh nach der Weite, der Sonne und den Bergen Colorados. Und wenn ich Leuten erzählte, ich käme aus Colorado, freute ich mich über das Leuchten in ihren Augen. Zwei Jahre lang war ich der einzige Student aus Colorado an der CMU. Und da ich niemanden hatte, mit dem ich meine Sehnsucht nach den Rocky Mountains teilen konnte, verzehrte ich mich allein nach den schneebedeckten Skihängen.

Den Longs Peak, einen der neunundfünfzig Berge in Colorado mit einer Höhe oberhalb der magischen Viertausender-Grenze, bestieg ich im Juli 1994 zusammen mit meinem besten Freund Jon Heinrich. Es war mein erster Viertausender. Der Longs Peak überragt die nördliche Hälfte der Colorado Front Range nordwestlich von Boulder. Mit 4344 Metern er der sechzehnthöchste im ganzen Staat und einer der bekanntesten. Das spektakuläre East Face, Diamond genannt, zieht wegen seiner Granitfelsen Weltklasse-Bergsteiger an. Der relativ leichte Aufstieg durch das Keyhole, eine steile, zerklüftete Schlucht am nördlichen Bergkamm, erlaubt es Tausenden von Kletterern, jeden Sommer den Gipfel zu erreichen, und auch wir wollten dorthin. Jon und ich holten uns Rat bei Dick Rigo, dem Vater eines gemeinsamen Freundes, der Gruppenleiter bei den Pfadfindern und selbst Dutzende Male auf Viertausender geklettert war. Er gab uns einige Grundregeln mit auf den Weg: früh aufbrechen, Wasser, etwas zu essen, Regenkleidung und eine Landkarte mitnehmen und bis mittags den Gipfel wieder verlassen, um nicht von Gewittern überrascht zu werden, wie sie fast jeden Nachmittag losbrechen. Die meisten Tipps haben wir ignoriert.

Jon trug vier Liter Wasser, und unsere Rucksäcke waren gefüllt mit Sandwiches, Schokolade und unseren Skijacken. Als wir die Baumgrenze in etwa 3300 Meter Höhe ereichten, rissen wir uns die Hemden vom Leib und rieben uns mit Sonnencreme ein. Auf einer Karte, die wir von der Forststation mitgenommen hatten, notierten wir neben jede Markierung die Zeit, zu der wir sie erreicht hatten. Zwar würden wir nicht in Rekordzeit den Berg erklimmen, aber wir würden vor Einbruch der Dunkelheit wieder zurück sein. Auf einem breiten Pfad ging es bergauf zum Granite Pass in etwa 3600 Metern und über ein halbes Dutzend Serpentinen zurück zu einem Geröllfeld mit sofagroßen Steinen, die übereinander lagen. Wir genehmigten uns einen Imbiss unter dem klaren Himmel am Keyhole. Dann kletterte ich auf die Steine, krabbelte auf einen etwa neun Meter hohen Vorsprung oberhalb von Jon. Ich setzte mich, ließ die Beine baumeln, und Jon machte ein Foto von mir. Danach kletterte er hinauf, und ich fotografierte ihn.

Zwar hatten wir schon eine Höhe von gut 3900 Metern erreicht, aber der schwierigste Teil des Tages lag noch vor uns. Erst der anstrengende Quergang über die abfallende Granitplatte an der Westseite des Nordkamms, dann der steile Anstieg des Trough Couloir, einer 150 Meter tiefen Felsschlucht. Dort trafen wir auf ein Dutzend anderer Wanderer, die vor Anstrengung nach Luft japsten (der Sauerstoffgehalt der Luft bei annähernd 4000 Meter Höhe ist bedeutend geringer als auf Meeresspiegelniveau). Jon schlug vor, nach oben zu rennen. Mal sehen, wie viele Leute wir hinter uns lassen könnten. Er lief los und überholte alle. Als er die Hälfte geschafft hatte, lief ich los. Ich wollte noch zwei Wanderer überholen, bevor die Schlucht bei einem ein Meter hohen Felsen schmaler wurde. Aber mir blieb die Luft weg, und ich musste schließlich anhalten. Auch ich hatte die anderen Wanderer hinter mir gelassen, war aber um einige Minuten langsamer gewesen als Jon. Doch ich hatte eine einschneidende Erfahrung gemacht: Mir gefiel es, mich bis zur Schmerzgrenze zu treiben.

Als wir die Höhe von 4000 Metern endlich erreicht hatten,

wurden wir übermütig und wollten weiter bis zum Gipfel. Wir gingen um eine Ecke herum und begutachteten den Homestretch, eine 90 Meter hohe v-förmige Öffnung, an der zwei Wände zusammentreffen, so dass es aussieht wie ein aufgeschlagenes Buch. Um zum Gipfel des Longs Peak zu gelangen, mussten wir diese glatt polierte Felsplatte hinaufklettern. 900 Meter unter uns war eine Erdspalte, manchmal blies eine heftige Windbö. Das war ein zusätzlicher Nervenkitzel. Wir beobachteten, wie ein Bergsteiger in Blue Jeans mit dem Rücken zur Wand hinabgerutscht kam, wobei er abwechselnd den linken oder rechten Fuß vorschob. Seine tastenden Bewegungen machten uns Sorgen. Wenn er abrutschte, würde er uns mit in die Tiefe reißen.

In einem geschützten Winkel hinter einer riesigen Felsplatte kletterten wir an dem Mann vorbei. Nach wenigen Minuten hatten wir das offene felsige Gipfelplateau des Longs Peak erreicht. Wir umarmten uns vor Freude. Auf die Rückseite unserer Karte schrieb Jon: »I love you.« Dann hielt er sich das Blatt vor die Brust, grinste bis über beide Ohren, und ich fotografierte ihn. Es sollte ein Erinnerungsfoto für seine Freundin Nikki sein.

Obwohl wir spät losgegangen waren, befanden wir uns schon vor 14 Uhr wieder auf dem Rückweg. Im Nordwesten zogen sich ein paar Wolken zusammen, aber wir hatten Glück mit dem Wetter. Als wir unterhalb des Keyholes waren, machten wir wieder eine Pause und aßen etwas. Dabei schauten wir auf einen verschneiten Abhang auf der Ostseite des Nordkamms. Ich glaube, wir hatten beide denselben Gedanken. »Los, da rutschen wir jetzt runter!«

Keiner von uns hatte je eine solche Rutschpartie gemacht, aber wir kletterten hinüber und zogen unsere Skihosen an. Der Abhang war wie geschaffen für Lawinen, doch es herrschte hochsommerliches Wetter, und wir hatten mehr Sorge, dass wir über den Abhang hinausschießen und auf dem Geröllfeld landen würden. Zuerst rutschte Jon los. Der Schnee schoss in alle Richtungen, und er johlte vor Vergnügen. Ich rief ihm nach, er solle ein Foto von mir machen, wenn ich nahe genug dran sei. Dann raste ich mit halsbrecherischer Geschwindigkeit den Berg hinab.

In Jons Spur werde ich so schnell, dass ich beinahe die Kontrolle verliere. Ich hopse über im Schnee vergrabene Hindernisse und habe plötzlich Angst, dass ich mich verletzen könnte. Ich stemme meine Hände rechts und links in den Schnee, bremse mit meinen Stiefeln. Eine ganze Ladung Schnee fliegt mir ins Gesicht. Das Ende der Rutschbahn ist weniger steil, ich kralle mich mit den Fingern in den Schnee, und mit den Stiefeln abbremsend, stoppe ich direkt neben Jon, nur etwa einen Meter vor dem Geröllfeld. Wir brechen in lautes Gelächter aus und ermuntern uns: »Los, noch einmal!«. Wir klettern also wieder hoch zu unseren Rucksäcken, ich versuche wieder Gefühl in meine tauben Hände zu bekommen und nehme diesmal zwei Steine, die mir als Bremsen dienen sollen.

Nach der zweiten Rutschpartie wandern wir den Granite Pass hinunter und überqueren die Ostseite des Mount Lady Washington. Als wir die Baumgrenze erreichen, zieht sich der Himmel zu, und wir beginnen zu rennen, um dem Regen zuvorzukommen. Dieser Bergab-Sprint heißt bei uns später nur noch »Abfahrtslauf«. Wieder bei unseren Land Cruisern ankommen, bin ich vollkommen erfüllt von meinem ersten Aufstieg auf einen Viertausender und weiß genau, es wird nicht das letzte Mal gewesen sein.

Im Jahr 1993 unternahmen mein Vater und ich eine einwöchige Raftingtour. Das machte so viel Spaß, dass ich zwei Jahre später einen Ferienjob als Guide bei einem Rafting-Unternehmen in Buena Vista, Colorado, annahm, eine Woche, nachdem ich mein zweites Studienjahr an der Universität beendet hatte. Ende Mai 1995 zog ich in das Motel-Bootshaus, von dem aus mein Chef

Bill Block sein Unternehmen Indipendent Whitewater führte. Mit nur drei Booten waren wir eines der kleinsten Unternehmen in der Gegend, aber wir waren drei Guides. Das bedeutete, dass Pete, mein neuer Freund, Kollege und Mitbewohner, und ich fast jeden Tag arbeiteten. Ich hätte mir zwar mehr als sieben Tage Urlaub nehmen können, aber die Arbeit machte mir so viel Vergnügen, dass ich keine Lust hatte, irgendetwas anderes zu tun. Es hatte im Gebirge ungewöhnlich viel geschneit, und die Wassermengen waren ideal. Stromschnellen mit einem Schwierigkeitsgrad von 3 oder 4 wurden auf 5 hochgestuft, kleinere Wellen und Hindernisse wie Graveyard und Raft-Rippert waren nicht mehr zu sehen. Drei Menschen kamen in jenem Sommer ums Leben, und zwar in unserem Abschnitt des Flusses – zwei Freizeitbootfahrer und jemand von einem anderen Rafting-Unternehmen. Wir maßen eine Wasserhöchstgeschwindigkeit von 2194 Kubikmetern pro Sekunde, fast viermal so viel wie der Jahresdurchschnitt und doppelt so hoch wie der letzte Spitzenwert. Bei diesen unglaublichen Vorraussetzungen hatte ich immer das Gefühl, ich verpasste etwas, wenn ich nicht mitfuhr.

Selbst wenn wir Touren über zwei Tage in den Brown's Canyon unternommen hatten, machten sich die Guides von anderen Unternehmen und ich auf, bepackten unsere Kleinbusse mit aufblasbaren Kajaks und fuhren irgendwohin, wo es noch bessere Stellen gab. Wenn unsere Chefs es für zu gefährlich hielten, mit Kunden auf den Fluss zu gehen, trafen sich die Guides und fuhren die schwierigsten Schnellen sicher herunter. Manchmal machten wir sogar Mitternachtsfahrten bei Vollmond. Die Rafting-Gemeinde im Arkansas Valley verlangte absolute Risikobereitschaft, selbst wenn es manchmal lebensgefährlich war.

Ende August nahm ich drei Freunde, allesamt Anfänger, mit auf eine Mitternachts-Rafting-Tour im Brown's Canyon. Wir fuhren in nur einem Schlauchboot. Das war aufregender als eine Fahrt mit mehreren Rafts und den anderen Guides. Das Spannendeste aber war, dass Neumond herrschte, also absolute Finsternis. Der Fluss, das Ufer, die Schluchtwände und der Himmel, alles würde eins sein und das Navigieren das A und O. Eine unerwartete Unebenheit, und meine Freunde würden über Bord gehen und für immer in der Dunkelheit verschwinden.

An ruhigen Stellen sahen wir die Sterne im Wasser funkeln. Manchmal sahen wir nur die weißen Schaumkronen. Im Canyon war es wegen der hohen Wände noch dunkler. Die nächsten 15 Kilometer musste ich mich auf meine Ortskenntnis verlassen. Kurz vor Ruby's Riffle, der ersten Schnelle, streifte ich mit der vorderen linken Ecke des Kajaks einen großen Stein. Aber bei den dreizehn Schnellen, manche der Klasse 2 und 4, die noch kamen, gab es keine weiteren Vorkommnisse. Als der Fluss ruhiger wurde, wollte niemand die Stille stören. Wir schauten in den Himmel. Noch nie hatten meine Freunde und ich einen solchen Sternenhimmel gesehen. Und zum ersten Mal sah ich das All als dreidimensionalen Raum.

Nachdem ich im Mai 1997 als Bester meiner Klasse meinen Abschluss als Maschinenbauingenieur gemacht hatte – meine Nebenfächer waren Französisch und Klavier –, fing ich an, für Intel in Ocotillo in Arizona zu arbeiten, einem Außenbezirk südöstlich von Phoenix. 1999 wurde ich nach Tacoma in Washington versetzt und dann im September desselben Jahres nach Albuquerque in New Mexico. Doch 1997 war das Jahr, in dem meine Leidenschaft für die Wildnis im Westen entbrannte. Bevor ich nach Arizona zog, wollte ich mich für meinen Erfolg an der Universität und den ersten richtigen Job belohnen. Also plante ich nicht nur einen Urlaub, sondern einen Super-Urlaub. Es sollte der ultimative Roadtrip werden. Ich wollte mit meiner 1984er Honda CRX zuerst in Richtung Norden zu den Nationalparks Grand Teton, Yellowstone und Glacier fahren, dann nach Kanada in den Banff National Park und den Icefields Parkway, weiter nach Vancouver und zu den Cascades, Olympic und Rainier National Parks. Beenden wollte ich meine Tour mit einer Rundfahrt durch die Parks Crater Lake, Yosemite und Zion. 30 Tage, 8.000 Kilometer, 10 Nationalparks.

Aber ich kam nicht sehr weit. Es war erst Ende Mai, und der Schnee lag noch ziemlich hoch. Ich musste mich also mit Wanderungen in niederen Höhen begnügen. Am Phelps Lake in den Tetons schlug ich auf einem erstklassigen Campingplatz gleich am See mein Lager auf. In der Dämmerung des ersten Abends sah ich eine Elchkuh, am nächsten Morgen ein Paar Adler über dem Wasserfall, und am Tag darauf erspähte ich einen Grizzlybären im Wald an der Straße. Ich fuhr herum und machte Fotos von den Tetons, wie sie sich in den zerbrochenen Scheiben eines verlassenen Farmhauses spiegelten. An jenem Nachmittag plante ich meinen nächsten Ausflug: eine dreitägige Wanderung zum Bradley Lake. Dort wollte ich mein Basislager aufschlagen, denn ich hatte vor, den Middle Teton zu besteigen, den leichtesten Berg im Park. Ich erkundigte mich bei einem Ranger an der Registratur nach dem besten Weg. Sein verdutzter Blick sprach mehr als alle Worte über das Abenteuer, auf das ich mich einlassen würde. Er sagte so viel wie: »Wenn du schon fragen musst, sollte ich dir vielleicht gar nicht erst antworten.« Auf der Karte unter der Glasplatte des Ladentischs zeigte er mir den Weg zum Bradley Lake und erklärte, dass der Schnee dort noch immer gut einen Meter hoch lag. »Wenn Sie keine Schneeschuhe haben, werden Sie bis zur Taille einsacken«, warnte er mich. Ich füllte den Antrag aus und hielt meinen Mund.

Am frühen Nachmittag machte ich mich auf den Weg – es war das erste Mal, dass ich die Nacht allein im Freien verbringen würde. Campingausrüstung und Kleidung hatte ich im Rucksack verstaut, Essen und Kochutensilien in einem kleineren lila Schulrucksack, den ich vor der Brust trug. Ungefähr anderthalb Kilometer vom Taggert Lake Trailhead entfernt war der Schnee schon so tief, dass ich bei jedem Schritt einsank. Es gab keine anderen Fußspuren, ich war also der Erste, der sich seit langer Zeit auf diesem Pfad bewegte, vielleicht sogar der Erste in diesem Winter. Ich rackerte mich mit meinem schweren Gepäck ab. Der Schnee wurde tiefer und tiefer, und ich stieg höher und höher auf den runden Endmoränen, die Überbleibsel von Gletschern aus der Eiszeit waren. Nach einer Stunde kam ich beim Wald auf dem Kamm der Moräne an. Dort oben wirbelte ein heftiger Wind den Schnee auf. Ich sank bei jedem Schritt tiefer ein, und die vereiste Schneedecke scheuerte an meinen Schienbeinen. Nach weiteren fünfzehn Minuten, der Schnee reichte mir mittlerweile bis zu den Schenkeln, wurden meine Beine unterhalb der Knie langsam taub vor Kälte, und die Nässe machte mir weniger aus. Nachdem ich einige Dutzend Mal hingefallen war, änderte ich meine Strategie, kroch die letzten sechs Meter zur Spitze einer Schneewehe und ließ mich dann in den Schnee fallen. Vor Anstrengung vollkommen außer Atem, schaute ich über die Schulter zurück auf die tiefen Spuren, die ich im Schnee hinterlassen hatte.

Laut meiner Karte hatte ich noch 600 Meter bis zur Südseite des Bradley Lakes vor mir und dann noch etwa einen Kilometer bis zum Lagerplatz. Am Waldrand sah der Schnee fester aus. Zu meiner Rechten ging es leicht bergab, ich rutschte auf dem Hintern hinab. Als ich aufstand, versank ich bis zur Taille. »Puh, das wird ein langer Weg«, sagte ich laut vor mich hin. Schneeschuhe wären jetzt wirklich angebracht gewesen.

Erst nach zwei Stunden, in denen ich mich durch eineinhalb Meter tiefen Schnee gekämpft hatte, kam ich endlich an dem kurzen Steg auf der Nordseite des Sees an. Die Wolken hingen knapp über den Baumwipfeln, und von der westlichen Bergseite konnte man höchstens die unteren 30 Meter sehen, der übrige Berg verschwand im Nebel.

Vielleicht 200 Meter hinter der Brücke und etwa sechs Meter vom Ufer entfernt stand ein Hinweisschild zum Campingplatz. Erleichtert, vor Einbruch der Dunkelheit angekommen zu sein, baute ich auf einem kleinen Flecken Erde und gefrorenen Piniennadeln mein grünes Zweimannzelt auf. Meine Füße schmerzten vor Kälte. Ich setzte mich vor das Zelt, zog meine durchnässten Wanderstiefel aus und schüttete das Wasser heraus. Ich war müde und es war mir gleichgültig, dass meine Socken, die ich zum Trocknen ins Zelt gehängt hatte, alles voll tropften. Ich rieb gerade meine Zehen, als ich plötzlich von dem Geräusch eines brechenden Zweiges aufschreckte. Ich lauschte. Vom See her, gleich hinter einem dichten Busch nur ein paar Meter links von mir, hörte ich etwas planschen. Vielleicht eine Elchkuh, dachte ich, wie am Phelps Lake. Neugierig beugte ich mich vor. Aus dem Blattwerk am Ufer kam ein Schwarzbär. Ich schätzte sein Gewicht auf 40 Kilogramm, er war noch nicht sehr alt.

Ich schnappte mir meinen Fotoapparat und machte ein paar Fotos. Natürlich hatte ich Angst, dass das Blitzlicht den Bären verjagen könnte. Doch anstatt davonzurennen, drehte er sich gelassen um und tappte gemütlich auf mein Zelt zu. Ein Schritt, zwei Schritte, drei Schritte: er kam tatsächlich auf mein Zelt zu. »Ein Bär!«, stammelte ich schwach. »Hey, hey, hey!« Er ließ sich nicht beirren. Wahrscheinlich hatte er meine Witterung noch nicht aufgenommen, denn der Wind blies in meine Richtung. Ich versuchte zu pfeifen, um das tapsige Biest auf mich aufmerksam zu machen. Doch vor lauter Angst brachte ich keinen Ton heraus, sondern spuckte nur unbeholfen auf meine Kamera.

Der Bär war noch sechs Meter von mir entfernt. Er konnte mich also sehen und stattete mir mit Sicherheit keinen Freundschaftsbesuch ab. Er sah dürr aus und wollte meinen Proviant, sein erstes großes Abendessen nach dem Winterschlaf. Ich hatte meinen kleinen lila Rucksack am Zelteingang liegen gelassen und wusste, was ich zu tun hatte. Ich griff danach, schlüpfte aus dem Zelt und rannte nach rechts, der Bär nur noch etwa fünf Meter von mir entfernt. Auf bloßen Füßen flitzte ich hinter mein Zelt, sprang über einen umgefallenen Baum und landete direkt in einer Schneewehe, wo zuerst mein linker und dann mein rechter Fuß durch die Schneedecke stießen. Ein stechender Schmerz durchfuhr meinen linken Fuß. Als ich ihn wieder herauszog, sah ich, dass ich ihn mir an einem vorstehenden Zweig den Fuß aufgerissen hatte. Doch ein Blick über die Schulter sagte mir, dass ich keine Zeit zu verlieren hatte. Ich hastete in den verschneiten Wald mit vor Kälte starren und aufgeschürften Füßen.

Dann suchte ich die Bäume nach einem geeigneten Platz ab, an den ich meine Vorräte hängen konnte. Einen Ast, der mindestens zweieinhalb Meter über dem Boden war, eineinhalb Meter vom Baumstamm entfernt und kräftig genug, um meinen Rucksack zu halten. Normalerweise würde ihn mit Hilfe einer Schnur irgendwo hochziehen, aber dazu hatte ich jetzt keine Zeit. Ich rannte im Uhrzeigersinn, stand wieder vor meinem Zelt, dann rannte ich erneut ein paar Schritte nach Westen. Der Bär folgte mir, und ich konnte nie mehr als 15 Meter Abstand zu ihm gewinnen. Irgendwann sah ich einen umgestürzten Baum, dessen Wurzeln in die Luft ragten. Sie waren zwar nicht außer Reichweite des Bären, aber immerhin konnte ich erst einmal meinen Rucksack loswerden, wieder zu meinem Zelt zurücklaufen und meine Stiefel anziehen. Danach würde ich nach einem geeigneteren Platz suchen. Ich rannte also zu dem Baum, wickelte die Riemen des Rucksacks um die Wurzeln und den Rucksack selbst noch einmal um eine andere Wurzel, damit der Bär ihn nicht so leicht abbekam. Dann lief ich behutsam auf meinen tauben Füßen zurück.

Wieder beim Zelt, untersuchte ich erst einmal meinen Fuß, zog dann die nassen Stiefel über und rannte zum Baum zurück. Der Bär hatte meine Vorratstasche zwischen seinen Zähnen und zog daran. Die Wurzeln, um die ich die Riemen geschlungen hatte, brachen wie Streichhölzer. Mir wurde klar, dass ich mich in einer äußerst prekären Lage befand. Ich hatte bei dem Aufstieg viel Energie verbraucht und musste mich stärken, bevor ich auch nur den Versuch eines Abstiegs unternehmen könnte. Sollte sich der Bär mit meinen Vorräten davonmachen, säße ich hier fest. Ich kam zu dem Schluss, dass ich sie unter allen Umständen wiederbekommen musste. Also brach ich einen Zweig von einem Baum, hielt ihn wie einen Knüppel in meiner Hand, sprang auf den Baumstamm und fuchtelte mit meiner Waffe in der Luft herum. Dabei schrie ich aus Leibeskräften: »Gib mir sofort mein Essen zurück, du Bär!« Ich weiß nicht, was ich erwartete, aber ich schlotterte vor Angst, als der Bär plötzlich stillhielt, mich über seine Schulter hinweg anstarrte und sich dann nur zehn Schritte vor mir auf die Hinterbeine stellte. Ich hatte seine ganze Aufmerksamkeit. Jetzt kam die entscheidende Machtprobe.

Ich knurrte und schrie, fuchtelte mit meinem Stock herum. »Rück das Essen raus!« Wie ein Hund, der den Befehl seines Besitzers in Frage stellt, neigte der Bär seinen Kopf zur Seite. Es sah aus, als runzele er die Stirn. In dieser Minute nahm ich all meinen Mut zusammen und trampelte auf dem Baumstamm herum. Mit einem Aufschrei machte ich einen Schritt auf den reglosen Bären zu. »Du hast dir den falschen hungrigen Wanderer zum Bestehlen ausgesucht. Lass die Sachen los!« Bei den letzten Worten trampelte ich mit beiden Beinen auf dem Baumstamm herum. Der Bär ließ den Rucksack fallen, trottete auf die andere Seite des Baumstamms und in den Wald. Ich konnte es kaum fassen. Ich nahm meinen Rucksack und warf meinen Knüppel in die Richtung, in die der Bär davonlief. Der Zweig fiel krachend auf die Pinien über ihm, und er tapste in Richtung Westen davon.

Fünf Minuten später erhitzte ich auf meinen kleinen Campingkocher einen Topf mit Wasser. Ich konnte es kaum erwarten, bis es endlich kochte, fürchtete ich doch, dass der Bär jede

Minute wieder auftauchen könnte. Als das Wasser endlich kochte und ich meine Instantnudelsuppe fertig war, aß ich in Rekordgeschwindigkeit. Dann inspizierte ich den Rucksack. Der Bär hatte vier kleine Löcher hineingebissen. Ich verstaute meine Vorräte, die Schüssel und den Kocher darin und versteckte die Tasche an einem sicheren Platz. Mittlerweile war es dunkel geworden. Der Bär nahm Rache an mir: In absoluter Finsternis lag ich in meinem Schlafsack und bei jedem Geräusch, das aus dem Wald kam, überfiel mich panische Angst. Sieben Stunden lang. Sobald ich ein Blatt in den Schnee fallen hörte, eine Tannennadel in den See, einen Baum im Wind knarren, ging meine Phantasie mit mir durch, und ich erwartete, von dem Bären in Stücke gerissen zu werden. Erst um drei Uhr morgens schlief ich endlich ein.

Am nächsten Morgen brach ich erst spät auf. Ich stapfte durch tiefen Schnee zum Garnet Canyon bis in eine Höhe von 3200 Metern. Regenwolken verbargen die Landschaft. Ich befand mich in einer Art Kessel und musste mich entscheiden, welchen Weg ich einschlagen sollte. Und nicht eine einzige Markierung war in Sicht. Für Ratespiele war es schon zu spät, also folgte ich meinen Spuren vom Aufstieg. Zwei Stunden später erreichte ich den Bradley Lake, und im Regen stapfte ich zurück zu meinem Lager. Ich traute meinen Augen nicht, als ich dort ankam. Mein Zelt war vollkommen auseinander genommen. Das Außenzelt war losgerissen, zwei der vier Zeltstangen waren zerbrochen, der Eingang war aufgerissen, und mein Schlafsack schwamm auf dem See. »Was zum Teufel …«, schrie ich. Alles war voller Schlamm, beschmiert und durchnässt. »Der Bär«, dachte ich nur. Er war während meiner Abwesenheit zurückgekommen und hatte meine Sachen nach Essbarem durchwühlt. Doch meine Vorräte waren unberührt. Sie hingen noch immer hoch oben in einem Baum. Wahrscheinlich hatte der Bär all das nur aus Rache getan. Ich holte meinen Rucksack vom Baum, fischte meinen Schlafsack aus dem See und packte meine Ausrüstung zusammen. Hier konnte ich die Nacht nicht verbringen. Mein Auto würde ich allerdings erst im Dunkeln erreichen – aber ich hatte keine Wahl. Ich schulterte meinen Rucksack mit den nassen Sachen, er wog jetzt mindestens 31 Kilogramm, meine Vorräte trug ich wieder vor der Brust, und machte mich auf den Rückweg. Im Schnee sah ich die Fußspuren des Bären neben meinen alten. Der Bär war mir wie ein Jäger in mein Lager gefolgt.

Bei der kleinen Brücke kreuzten sich die Fußspuren des Bären mit meinen. Seine führten auf einen neun Meter hohen Hügel – und dort saß der Bär neben einer Pinie und beobachtete mich. »Verdammte Scheiße …« Meine Stimme versagte. Die angestaute Wut auf ihn verwandelte sich augenblicklich in schiere Angst. Ich musste weiterlaufen, in der Hoffnung, nicht hinzufallen, und beten, dass er mich in Ruhe lassen würde. Ich zog meine durchnässte Karte aus der Tasche und hielt sie zusammen mit meinem Kompass in der linken Hand: Jetzt bloß keinen Fehler machen.

Nach 15 Metern verließ ich den Weg und stolperte auf den Hügel südlich des Bären. Er hatte sich nicht bewegt. Ich stellte mir vor, wie er da saß und in sich hineingrinste, während ich versuchte ihm zu entkommen. Vom Hügel aus betrachtete ich mir die Schneedecke. In Richtung Osten schien sie weniger dick zu sein. Meine Überlegung war, eine Abkürzung direkt zur Straße zu nehmen und so die Verwehungen auf der Moräne zu umgehen. Also lief ich zum Wald und schaute zurück. Der Bär war weg. Er war auf der anderen Seite des Hügels zum See zurückgegangen. Erleichtert lief ich fünf Schritte weiter und blickte mich noch einmal um. Da war er wieder, nur neun Meter hinter mir folgte er meiner Spur.

Zehn Minuten lang hastete ich in Richtung Osten, schaute abwechselnd auf den Kompass und die Landkarte und immer wieder zurück zum Bären. Er holte mich langsam ein. Nur noch etwa sechs Meter lagen zwischen ihm und mir. Ich wurde immer nervöser, durfte mich nicht verlaufen, achtete darauf, nicht in tiefen Schnee zu geraten, und überlegte, wozu der Bär fähig war, um an meine Vorräte zu kommen. Sich unter diesen Umständen zurechtzufinden war nicht gerade einfach, und tatsächlich verlor ich für kurze Zeit die Orientierung, denn das Gelände glich in keiner Weise den Eintragungen auf der Karte. Es dauerte ein paar Minuten, bis ich die Richtung gepeilt hatte und die Abweichung zwischen dem Norden auf der Karte und dem magnetischen Norden meines Kompasses ausgeglichen hatte. Ich lief über eine Anhöhe und hatte plötzlich Blick auf einen See. Das hatte ich nicht erwartet. Doch zwischen mir und dem Ufer waren Fußspuren im Schnee. Meine Stimmung hob sich. Jetzt würde ich den Weg finden und vielleicht sogar Menschen treffen. Zusammen könnten wir den Bären in die Flucht jagen. Ich stapfte also durch den Schnee, und dann fiel es mir wie Schuppen von den Augen: Das waren meine Fußspuren … und das ist der Bradley Lake … Ich war im Kreis gelaufen!

Der Bär war zehn Schritte hinter mir; bisher war er immer nur dann stehen geblieben, wenn ich auch stehen geblieben war. Doch jetzt kam er den Hügel hinunter. Ich war drauf und dran aufzugeben, ihm meinen Rucksack zuzuwerfen – auch wenn man Bären nicht füttern sollte – und in Tränen auszubrechen.

Der Bär war nur noch vier Meter von mir entfernt, als ich plötzlich mein Verhalten änderte: Meine Verzweiflung verwandelte sich in Wut. »Lass mich in Ruhe!«, schrie ich. Wieder blieb er stehen. Plötzlich erinnerte ich mich an ein paar Zeilen aus *Pulp Fiction,* die finsterste Drohung, die ich je in einem Film gehört hatte: »Ich werde ein paar eisenharte durchgeknallte Crack-Nigger vorbeischicken, die ihn mit einer Kneifzange und einem Lötkolben bearbeiten werden.« Ich ruderte mit den Armen in der Luft herum und knurrte. Das war für den Bären nichts Neues. Er neigte den Kopf wie schon am Abend zuvor. Neben einem Pinienbaum nur ein paar Zentimeter zu meiner Linken sah ich einen Stein liegen. Ich hob ihn auf – für alle Fälle – und hastete in meinen alten Fußspuren in Richtung Süden.

Der Bär folgte mir auf dem Fuß und stoppte nur, wenn ich irgendetwas schrie. Wenn er bis auf drei Meter herankäme, dachte ich, würde ich den Stein werfen. Viel weiter würde ich nicht werfen können. Dazu war mein Gepäck einfach zu schwer. Ich konzentrierte mich darauf, aufrecht zu laufen. Doch der Schnee wurde immer tiefer. Und er war auch nicht mehr so hart wie noch am Vortag. Es hatte in der Zwischenzeit geregnet. Dann brach ich durch die Schneedecke und versank bis zur Hüfte. Ich saß fest. Der Bär sah die Gunst der Stunde gekommen und kam bis auf drei Meter an mich heran. Wie wild suchte ich mit den Händen nach einem Halt im Schnee, meine Beine steckten fest. Ich drehte mich nach links, rollte mich über meine rechte Schulter auf den Rücken und zog die Beine aus dem Loch heraus. Ich muss ausgesehen haben wie eine Schildkröte auf dem Rücken, wie ich dalag mit dem schweren Rucksack unter mir. Das wäre für den Bären eine günstigste Gelegenheit gewesen, mich anzugreifen. Irgendwann stand ich wieder auf wackligen Beinen, hob den Stein wie beim Kugelstoßen in Schulterhöhe und schleuderte meine einzige Verteidigungswaffe in seine Richtung. Beide schauten wir dem Stein nach, der neben seiner linken Schulter in den Schnee plumpste. Ich hatte mein Ziel verfehlt. Der Bär bewegte sich nicht.

Ich suchte mir schnell zwei neue Steine. Wieder bewaffnet, hielt ich auf die Moräne zu, trat in meine alten Spuren, bis ich an einer Stelle einbrach, die mein Gewicht gestern noch getragen hatte. Wieder dasselbe – ich drehte mich auf den Rücken, der Bär kam ganz nah heran. Ich stand auf und warf den Stein. Diesmal traf ich sein Hinterteil, und wie eine Rakete sprang er auf einen Pineinbaum und war in drei Riesensprüngen zehn Meter hoch. Meine Kinnlade fiel herunter; niemals zuvor hatte ich gesehen, dass sich ein so großes Tier so athletisch bewegen kann. Ich wusste in dem Moment, dass ich lieber mit einem Profi in den Ring treten würde, als es mit diesem Tier aufzunehmen. Ich wusste aber auch, dass ich Zeit gewonnen hatte. Ich nahm noch einen Stein in die Hand und lief weiter in Richtung Süden. Nach dreißig Sekunden hörte ich das Geräusch brechender Äste. Der Bär kletterte vom Baum herunter. Wieder ließ ich mich in den Schnee fallen, und wir tanzten unser kleines Ballett. Meine Rolle: fallen, rollen, aufstehen, werfen; die des Bären: klettern, warten, herabsteigen, Verfolgung aufnehmen. So ging es weiter. Je mehr ich mich der Moräne näherte, desto öfter untermalte ich unsere Vorführung mit Schreien und Flüchen. Ich wollte den Bären einschüchtern und mehr Zeit gewinnen. Der tiefe Schnee bereitete ihm natürlich, anders als mir, keine Schwierigkeiten. Auf seinen vier Pfoten konnte er sein Gewicht besser verteilen.

Irgendwann hatte ich die Spitze der Moräne erreicht, wieder auf allen vieren. Ungeduldig starrte ich auf den Pfad in etwa einem Kilometer Entfernung. Der Bär machte keine Anstalten aufzugeben und folgte mir in einem Abstand von vier Metern. Bergab kam ich schneller voran. Hier war der Schnee auch nicht mehr so tief. Zwanzig Minuten später blieb ich stehen und wartete, dass der Bär näher kam. Er war relativ weit zurückgefallen. Aber innerhalb von Sekunden hatte er mich eingeholt. Als er auf drei Meter heran war, schleuderte ich erneut einen Stein in seine Richtung. Der Stein flog hoch über seinen Kopf hinweg, aber der zweite saß. Ich traf ihn direkt am Hals. Er brüllte auf und rannte zum nächsten Baum. Jetzt änderte ich meine Strategie. Ich stellte mich unter den Baum und setzte mein Gepäck ab. Hier lagen jede Menge Steine herum. Nun konnte ich Rache nehmen. Ich ließ meiner Wut freien Lauf und warf wild drauflos. Jeder dritte Stein traf. Dabei schrie ich, und all der Ärger und die Angst der letzten vierundzwanzig Stunden fielen von mir ab. Irgendwann war der Bär so hoch geklettert, dass ich ihn fünfmal hintereinander verfehlte. Ich kniete mich hin, setzte meine Rucksäcke wieder auf und schritt, ohne mich noch einmal umzusehen, auf dem schlammigen Pfad zurück zu meinem Auto.

Von Wyoming und Regen und vor allem von Bären hatte ich die Nase voll. Eine Weiterreise zum Glacier National Park – wo es noch mehr Bären als in den Tetons und im Yellowstone gab und natürlich aufgrund der höheren Lage mehr Schnee – verwarf ich. Ich hielt an der Forststation und unterrichtete die Ranger von meinem Erlebnis. Sie hatten schon von solchen Verfolgungen gehört, allerdings in anderen Nationalparks (wahrscheinlich im Glacier, dachte ich und schlug den letzten Nagel in den Sarg meiner Weiterreise). Dass so etwas in den Tetons passierte, hörten sie zum ersten Mal. Sie sagten auch, wenn man zu kühn wird, also mit den Armen rudert, aggressiv auf die Bären zugeht und mit Steinen nach ihnen wirft, lägen die Chancen bei 9 zu 10, gefressen zu werden. Ein Punkt für meinen Schutzengel, dachte ich. Ich fuhr in die Stadt und nahm mir ein Zimmer in einem Motel. Dort hängte ich meine Sachen zum Trocknen auf und rief meine Eltern an, um ihnen von meinem Erlebnis zu erzählen und ihnen zu sagen, dass ich nach Hause käme. Später suchte ich ein paar Restaurants auf und fragte, ob sie Bärensteak hätten. Es gab aber keins. Ich überlegte, ob ich vor dem Schlafengehen noch ins Kino gehen sollte. Aber das schenkte ich mir: Die beiden Filme, die gezeigt wurden, waren *Jurassic Park 2,* in dem Jeff Goldblum von Dinosauriern verfolgt wird, und *The Edge,* wo ein Bär Anthony Hopkins jagt.

3

Nachtschicht

Der Verdammte wird sich am Ende nicht wehren, sondern sich, schon beinahe dankbar, den Instrumenten seiner Henker ergeben. Das wissen wir.

Edward Abbey, *Desert Solitaire*

Ich schaue auf meine Uhr. Es ist 16.19 Uhr. Seit eineinhalb Stunden bin ich hier gefangen. Seit etwa fünfundvierzig Minuten hacke ich mit dem Messer auf den Stein ein. Bis 21 Uhr ist es draußen hell. Ich habe mir schon die Stirnlampe auf meine blaue Baseballkappe gesetzt, auch wenn sie noch nicht eingeschaltet ist. Jedenfalls bin ich heilfroh, dass ich sie eingepackt habe. Normalerweise nehme ich solche Dinge, auch mein Messer, nicht auf Kurzausflüge mit. Der Tipp in Kelseys Buch, einen Spalt auf Spinnen und Schlangen zu untersuchen, bevor man hineingreift, hat mich dazu bewegt, die Lampe einzustecken. Ich habe auch schon in den Spalt hineingeleuchtet, in dem meine Hand eingequetscht ist, um zu prüfen, wie es dort aussieht.

Ein Gedanke beschäftigt mich besonders: wie viel vom Gewicht des Felsbrockens lastet auf meiner Hand? Wenn nicht so viel Gewicht auf meiner Hand liegt, muss ich weniger Stein abklopfen. Je mehr Last meine Hand trägt, desto stärker wird sich der Brocken auf sie schieben, wenn ich tragendes Gestein entferne. Das hieße, dass der Stein an der Wand zum Aufliegen kommen müsste, damit ich meine Hand herausziehen kann.

Leider deutet alles darauf hin, dass der Fels nicht an der Wand anliegt, denn zwischen ihm und der Nordwand gleich unterhalb und oberhalb meines Handgelenks befindet sich ein Spalt. Der Stein wird sich also weiter auf meine Hand schieben; ich arbeite an einem leicht beweglichen Objekt und kann nur raten, wie hoch meine Chancen sind, mein Handgelenk dort herauszubekommen. Das lasse ich lieber sein und wende mich wieder meiner Beschäftigung zu.

Ich versuche nicht daran zu denken, dass ich festsitze. Das ist zwar nicht zu leugnen, aber ständig daran zu denken hilft mir auch nicht weiter. Ich konzentriere mich also lieber auf den Stein und suche nach Schwachstellen. Vorhin hatte ich schon eine Markierung von der Größe eines Softballs in den Fels geritzt. Ich spekuliere auf irgendeine Abweichung in der Gesteinsstruktur etwa 15 Zentimeter von meinem Handgelenk entfernt, dort ist eine Wölbung.

Ich setze das Messer an der eingeritzten Linie ziemlich weit am oberen Ende des Steines an und arbeite mich nach unten vor. Erst klopfe ich nur, dann hämmere ich mit der Klinge gegen den Fels und versuche jedes Mal, dieselbe Stelle zu treffen. Alles andere – der Schmerz, der Gedanke an Rettung, der Unfall – tritt zurück. Alle paar Minuten mache ich eine Pause und prüfe die gesamte Felsoberfläche, um mich zu vergewissern, dass es nicht eine geeignetere Stelle gibt, die ich übersehen habe. Ich komme nur langsam voran. Ich versuche es mit der Feile, aber auch damit habe ich nicht mehr Erfolg als mit dem Messer. Der Stein ist härter als die Feile. Beim Säubern der Feile sehe ich in den Rillen nicht Staub vom Stein, sondern feinen Metallstaub. Wieder untersuche ich den Felsen. Die Farben sind nicht einheitlich, er ist ausgesprochen hart und sieht aus wie der eingekeilte Stein über mir. Das heißt, dass er nicht aus purem Sandstein ist. Seine Struktur ähnelt der dunkleren Schicht, die ich 100 Meter weiter oben in der Nähe des s-förmigen Baumstamms gesehen habe.

»Das bedeutet nichts Gutes, Aron«, sage ich zu mir. »Diese Felsschicht ist widerstandfähiger gegen Erosion als der Rest der Schlucht. Dieser Stein ist der härtstete von allen.« Ich frage mich, ob es nicht klüger ist, die Wand zu bearbeiten als diesen Stein. Einen Versuch wäre es wert. Ich klappe also mein Messer aus und schlage mit der Klinge gegen die Wand. Das Messer rutscht an der rosa Felswand ab, und ich ersteche mich fast. Ich kann die Wand auch gar nicht aus dem richtigen Winkel treffen, weil mein Arm im Weg ist.

Ich ruhe mich einen Moment lang aus und wische den Staub von meinem rechten Arm. An der Wand selbst kann ich keine Spuren meiner Arbeit erkennen. Also wende ich mich dem Felsbrocken zu. *Tick, tick, tick … Tick, tick, tick …* Das Klopfgeräusch meines Messers auf dem Stein ist erbärmlich leise, und dennoch hallt es durch die Schlucht. Wenn ich zu kräftig mit dem Messer auf den Felsen einsteche, rutscht es ab, und ich stoße mir die Handknöchel oder verfehle mein Ziel. Ich hoffe, die Kristalle um einen grauen Knubbel im Sandstein herum lösen zu können und ein münzgroßes Stück auf einmal herauszubrechen. Das wäre ein Erfolgserlebnis, doch sogar diese kleine Wölbung scheint unüberwindlich zu sein. Was auch immer ich versuche, es gelingt mir nicht, sie aufzubrechen.

Wieder ist eine Stunde vergangen. Es ist jetzt 18 Uhr, über drei Stunden sind seit dem Unfall vergangen. Noch ist es warm, die Temperatur ist laut der Anzeige meiner Uhr seit heute Nachmittag nur leicht gesunken. Ich puste den Staub von der Stelle, an der ich arbeite, kann jedoch nicht erkennen, dass ich irgendeinen Fortschritt gemacht hätte. Ich gehe ganz nah an den Stein heran und untersuche die Stelle. Wieder frage ich mich, ob es nicht irgendeinen anderen Punkt gibt, an dem der Fels weniger hart ist. Allerdings ist diese Frage mehr theoretischer Natur angesichts des unerheblichen Fortschritts, den ich gemacht habe. Nur mit einer herbeigezauberten Spitzhacke könnte ich mich befreien.

Das ist das tödlichste Gefängnis, in dem man sich befinden kann. Allerdings wird meine Gefangenschaft mit einem Wasservorrat von etwas über einem Liter nur von kurzer Dauer sein. Der Mindestbedarf eines Wanderers in der Wüste liegt bei etwa vier Litern am Tag. Wieder rechne ich mir aus, wie lange ich mit meinem minimalen Vorrat noch zu leben habe. Vielleicht bis Montag, keinesfalls länger als bis Dienstagmorgen. Nur Flucht bedeutet Leben. Der Countdown läuft, und ich habe nur dieses geschmacklose Multitool zur Verfügung. Das ist etwa so, als wolle man sich mit einer Kinderschaufel durch eine Kohlenmine graben.

Plötzlich verlässt mich der Mut. Ich führe mir vor Augen, wie viel Gestein ich schon abgeklopft habe (fast gar nichts) und wie viel Zeit ich dafür gebraucht habe (über zwei Stunden), und komme zu dem Schluss, dass ich einen aussichtlosen Kampf führe. Ich wäge meine Möglichkeiten ab und sehe schwarz. Eine Verankerung für eine Art Flaschenzugsystem werde ich nicht hinbekommen. Der Felsvorsprung befindet sich außerhalb meiner Reichweite; und auch mit zwei Händen wäre es unmöglich. Das Wasser reicht nicht, bis Rettung kommt, ohne Spitzhacke kann ich den Fels nicht zerschlagen – es bleibt nur noch eins.

Langsam und laut spreche ich es aus: »Du wirst dir den Arm abschneiden müssen.« Ich höre die Worte, und alle meine Instinkte und Gefühle bäumen sich dagegen auf. Meine Stimme wird um einige Lagen höher.

»Aber ich will meinen Arm nicht abschneiden! Aron, du wirst es tun müssen.« Ich streite mit mir selbst und muss lachen. Das ist doch alles verrückt. Ich weiß, dass ich mir nie im Leben den Arm absägen könnte, und das auch noch mit einem stumpfen Messer. Also werde ich weiter auf dem Stein herumklopfen. Es ist sinnlos, aber es ist das Beste, was ich tun kann. Während ich vor mich hin arbeite, stelle ich mir vor, wie die untergehende Sonne immer längere Schatten auf die Wüste wirft. Der blaue Himmel wird dunkler, und ich klopfe unproduktiv an dem Stein herum, lege immer wieder Verschnaufpausen ein. Der Satz »Geologische Zeit schließt das Jetzt mit ein«, den ich in den Stein geritzt habe, ist für mich nicht mehr nur eine Warnung, er feuert mich geradezu an. Er ist eine hoffnungsvolle Ermahnung daran, dass ich, wie ein Beauftragter der geologischen Zeit, den Fels erodieren kann, vielleicht sogar genug, um meine Hand aus dem unerbittlichen Handschlag mit dem Stein zu befreien. Aber mein Messer ist schon ganz stumpf. Ich klappe erneut die Feile aus und säge an der Linie entlang, die ich über der grauen Wölbung gezogen habe.

Erinnerungen an meinen ersten Besuch in Utah werden wach. Ich weiß nicht genau, warum ich jetzt daran denken muss. Vielleicht ist es eine Antwort auf die quälende Frage, was mich hierher verschlagen hat, wie ich hier eingeschlossen werden konnte.

Damals machten meine Eltern und ich nach meinem ersten Jahr an der High-School 1990 Ferien. Wir wollten uns Capitol Reef, den Bryce Canyon und den Zion Canyon ansehen, bevor wir weiter in Richtung Süden zum Grand Canyon fuhren. Ich war nicht sonderlich begeistert von der Idee. Alle meine Freunde waren in den Skiurlaub oder nach Mexiko gefahren. Und ich fuhr mit meinen Eltern nach Utah!

Ein Glück, dass Betty Darr aus Ohio, eine Freundin unserer Familie, mitkam. Sie war die belesenste Person, die ich je kennen gelernt hatte, und nur ihre Leidenschaft für Outdoortrips war noch größer als ihre Begeisterung für Bücher. Sie war also geradezu die perfekte Reisebegleiterin. Außerdem war sie einer der optimistischsten, einsichtigsten und liebevollsten Menschen, die ich kannte. Als kleines Mädchen war Betty in den dreißiger Jahren an Polio erkrankt und seither von der Taille abwärts gelähmt. Ob sie diese bejahende Lebenshaltung hatte, weil sie der Krankheit getrotzt oder weil sie alle Herausforderungen ihrer Lähmung gemeistert hatte, weiß ich nicht, aber sie fand in jedem Menschen das Gute, und sie war jedem zugetan. Sie arbeitete als freiwillige Helferin mehrere Tage die Woche im Bezirksgefängnis, wo sie den Insassen Lesen und Schreiben beibrachte. Für sie besaß jeder Mensch ein Potential, und allein das zählte.

Betty lief seit ihrer Krankheit auf Krücken und hatte an einem Bein eine Schiene, die bis zum Rücken reichte. In ihrem Landhaus in Ohio rutschte sie auch schon mal rückwärts auf dem Po herum, wobei sie sich mit den Armen vom Boden abstieß und die Beine hinterherzog. Sie konnte auch Auto fahren. In den Nationalparks nahm sie jedoch einen elektronischen Rollstuhl – sie nannte ihn ihr Pony –, oder mein Vater trug ihren 40 Kilogramm leichten Körper, wenn wir nur kurze Strecken zurücklegten. Manchmal waren die Hügel für das Pony zu steil, der Motor war einfach zu schwach. Dann stritten meine Schwester und ich uns darum, wer Betty schieben durfte. Beim Bryce Canyon gewann ich. Ich schob Betty in ihrem Pony auf den Hügel zum Aussichtspunkt. Meine Arme ausgestreckt, mein Kopf auf Schulterhöhe, schaute ich auf die Batterie unten im Rollstuhl, als Betty plötzlich ausrief: »Wahnsinn, schau dir das an, Aron!«

Ich schaute hoch und ließ beinahe den Rollstuhl los. Es war eine sagenhafte Aussicht. Hunderte von orange- und rosafarbenen Sandsteintürmen in einer fast 100 Meter tiefen Schlucht direkt unter uns, die sich etwa einen Kilometer nach rechts und links erstreckte. Ich war sprachlos. Meine Faszination für Canyons rührt von diesem Ausblick her. Ich wollte sofort hinunterlaufen und jeden einzelnen dieser Türme, die aussahen, als könnten sie jeden Moment umstürzen, berühren. Ich wollte um diese Formationen herumlaufen, so lange, bis ich mich in ihrem Labyrinth verirrte. Ich stellte mir vor, wie ich auf der Spitze des Turmes Thors Hammer stehen und dann wie Superman von einer Felsnadel zur nächsten hüpfen würde. Als wir den Rückweg antraten, verspürte ich ein sonderbares Gefühl der Leere in mir. Ich war gerade vierzehn Jahre alt und begriff nicht, warum ich mich so fühlte. Aber ich hatte meine Berufung gefunden, auch wenn sie noch lange unerfüllt bleiben würde.

Zwei Tage später kamen wir zum Grand Canyon. Es war schon dunkel, und wir mieteten uns in einer Hütte ein. Am nächsten Morgen standen wir um 5.30 Uhr auf, weil wir den Sonnenaufgang erleben wollten. »Muss das sein!«, murrte ich. Es war kalt, und ich war weiß Gott kein Frühaufsteher. Wir nahmen also die Bettdecken mit ins Auto und fuhren bis zum Aussichtspunkt. Ich wollte auf dem Rücksitz weiterschlafen, aber Betty überzeugte mich mitzukommen. Meine Mutter und meine Schwester nahmen die Bettdecken, mein Vater trug Betty. Ich lief zu meiner Familie hinüber und krabbelte unter eine der Decken.

Noch nie hatte ich auf den Sonnenaufgang gewartet, und ich war nicht auf das vorbereitet, was sich mir darbot. Da war er, nicht viel mehr als 60 Kilometer vor uns, der Grand Canyon in seiner ganzen Großartigkeit; fast zwei Kilometer tief, 25 Kilometer breit, erstreckte er sich von unseren Zehenspitzen bis zum Regenbogen am Horizont. Das Farbenspiel der Felsen wechselte von Umbra und Schwarz der Schatten zu Hellgelb, Weiß, Grün und Hunderten Rotschattierungen im Zwielicht der Dämmerung. Dann erstrahlte das Sonnenlicht mit seiner ganzen Kraft über der entfernten Wüste in der Mitte des Regenbogens, und der Canyon entfaltete seine ganze Pracht: Dutzende von Tempeln, Spitzkuppen, Schluchten und Pyramiden standen in glühendem Kontrast zu den Canyonwänden.

Was ich nicht wusste, war, dass sich für Betty in diesem Moment ein langersehnter Traum erfüllte. Sie hatte schon nicht mehr daran geglaubt, denn es war eine weite und beschwerliche Reise von Tausenden von Kilometern hierher gewesen. Und ich hatte etwas von ihr gelernt, trotz meiner görenhaften

Launigkeit. Seither habe ich nicht nur am Grand Canyon, sondern auch an vielen anderen Orten Sonnenaufgänge beobachtet. Doch das ist nicht das Einzige, was ich von Betty gelernt habe; auch ihre positive Einstellung, ihre Lebenslust habe ich übernommen. Ich verspüre eine leidenschaftliche Not, ja eine Besessenheit, die Welt zu erfahren und zu entdecken.

Die Erinnerung an den Grand Canyon liegt weit zurück. Jetzt sitze ich hier in dieser Schlucht fest und werde den Sonnenaufgang verpassen. Gegen 19 Uhr mache ich eine Pause und lege das Messer auf den Felsen. Ich hebe und senke meine Schultern, strecke meinen linken Arm, schüttele die Hand und seufze. Während ich meine Finger lang mache, bemerke ich zu meinem Erstaunen, dass sie um das Doppelte angeschwollen sind. Meine Hand sieht vollkommen entstellt aus. Die Knöchel sind nicht mehr zu sehen, die Adern auch nicht, da ist nur noch dieser Ballon am Ende meines Armes. Das Seltsamste aber ist, dass ich überhaupt keinen Schmerz spüre. Vielleicht auch deshalb, weil ich durch meine Situation abgelenkt bin. Es ist so vieles im Argen, dass eine Schwellung das geringste Problem ist.

Mein linker Oberschenkel schmerzt mehr als meine geschwollene Hand. Ich untersuche also mein Bein, und mir wird klar, warum. Oberhalb meines Knies habe ich überall Quetschungen und Abschürfungen. Die habe ich mir zugezogen, als ich versuchte, den Felsbrocken zu bewegen. Ich entdecke ein paar kleinere blaue Flecken, aber kein Blut. Meine Shorts sind zerrissen, die linke Seite der einen Hosentasche ist abgerissen, und ich sehe den Ring meines Fahrradschlüssels hervorblitzen.

Den Schlüssel darf ich nicht verlieren. Sollte ich hier auf wunderbare Weise doch noch heraus- und zu meinem Fahrrad kommen, muss ich das Schloss aufschließen können. Ich hole den Schlüssel aus der Hosentasche und will ihn in meinen

Rucksack legen. Als ich die Hand wieder herausziehe, bleiben die Schlüssel am Futter hängen und fallen dann in das Loch zwischen den runden Felsen neben meinem linken Fuß.

»Verdammt!«, rufe ich. Selbst wenn ich frei wäre, hätte ich Schwierigkeiten, sie aus dem schmalen Spalt herauszubekommen. Ich bewege mich etwas nach links, strecke mich, kann aber den Fels gerade einmal mit der Spitze meines linken Turnschuhs berühren. Dann versuche ich es, indem ich mich auf den Sand neben den runden Felsen stelle. So komme ich leichter an den Stein heran und sehe den Schlüssel. Wegen meiner eingequetschten Hand kann ich mich aber nicht zu dem Loch herunterbeugen oder gar hineingreifen, und plötzlich erinnere ich mich an eine Fernsehsendung, in der ein Mann ohne Arme mit den Füßen auf einer Tastatur tippte. Vielleicht könnte ich den Schlüssel mit den Zehen aus dem Loch fischen. Ich ziehe also meinen linken Schuh und meine Socke aus und befördere kleine Zweige und verdorrte Pflanzenhalme unter dem Felsen hervor.

Aber auch jetzt ist das Loch noch zu klein für meinen Fuß. Ich lasse mich nicht so leicht entmutigen. Diese Herausforderung erhält eine zusätzliche Bedeutung. Den Schlüssel wiederzubekommen ist sozusagen das Symbol für meinen Kampf gegen meine Gefangenschaft. Mir kommt eine neue Idee. Ich nehme einen der Stöcke, die ich unter dem Felsen hervorgezogen habe. Es ist ein Wüstenbeifußzweig, er ist fast 60 Zentimeter lang, dünn und brüchig, und am Ende gebogen, so dass ich ihn wie eine Art Angel unter den Schlüsselring schieben kann. Ich leuchte mit der Stirnlampe in das Loch. Die Idee mit dem Stock funktioniert, doch als ich den Schlüssel herausfischen will, bricht der Zweig. Die Schlüssel fallen klimpernd in das sandige Loch zurück. »Verflucht«, murmele ich.

Jetzt kann ich den Schlüssel mit dem abgebrochenen Ende des Stockes nur noch antippen. Es gelingt mir allerdings, ihn näher an meinen Fuß heranzuschieben, aber ich reiche immer noch nicht an ihn heran. Ich halte den Stock zwischen dem großen und dem zweiten Zeh und nach ein paar gekonnten Bewegungen habe ich es geschafft. Der Stock rutscht durch den Schlüsselring, ich ziehe ihn zu mir hin. Ich habe ihn noch nicht, aber er liegt jetzt so nahe an der Öffnung, dass ich ihn mit den Zehen greifen und hochziehen kann. Genau das tue ich. Erfolg! Ich halte den Schlüssel in meiner linken Hand. Das ist der erste Sieg über meine Gefangenschaft, und es ist ein süßer Sieg. Ich stopfe den Schlüssel in die rechte Hosentasche für Zubehör und schließe den Reißverschluss.

Nachdem ich Socke und Schuh wieder angezogen habe, ohne mich mit dem Zuschnüren aufzuhalten, starte ich einen neuen Versuch, den Felsbrocken mit dem Messer zu bearbeiten. Ich suche mir einen Stein von der Größe eines Softballs aus dem Haufen unter mir und hieve ihn – nicht ohne einen stechenden Schmerz in meinem eingeklemmten Handgelenk – neben mein Messer auf den Felsblock. Von der Idee, mit einem Stein ein Stück aus dem Fels herauszuschlagen, bin ich breites abgekommen, denn die Steine um mich herum sind aus weicherem Sandstein. Mein Stein soll mir als Hammer dienen, um das Messer in den Brocken zu treiben.

Ich stecke die Spitze des Messers in die Kerbe knapp über meinem Handgelenk und lehne den Messergriff an die Schluchtwand. Mit dem Stein klopfe ich vorsichtig darauf. Ich muss behutsam vorgehen, damit das Messer nicht abrutscht und hinunterfällt. Ich mache noch drei zaghafte Testversuche. Meine Hammer-und-Meißel-Konstruktion scheint zu funktionieren. Ich muss nur fester hämmern.

Los geht es also … Mit zehnmal mehr Kraft schlage ich den Stein auf den Messergriff. Der Stein zerspringt in meiner Hand, Steinsplitter fliegen mir ins Gesicht, und ich habe nur noch ein paar klägliche Überreste von dem in der Hand, was einmal ein Stein gewesen ist. Das Messer ist mir weggerutscht und liegt jetzt einen halben Meter von meinem rechten Fuß entfernt im Sand. »Ich kann einfach nicht gewinnen, alles geht schief«, denke ich entmutigt.

Ich lecke den Staub von meinen Lippen. Mit der linken Hand komme ich an das Messer nicht heran. Wenn ich es mit dem Fuß versuche, vergrabe ich es mit Sicherheit tiefer im Sand. (Wenigstens weiß ich, dass ich es zurückholen kann.) Ich seufze, als ich mir das Desaster genauer betrachte, und werfe die Steinreste fort. Wieder ziehe ich den linken Schuh und die Socke aus, und mit den Zehen hole ich das Messer wieder hoch.

»Aron, jetzt hör auf, irgendwelchen Unsinn zu machen«, ermahne ich mich. »Es hätte gerade noch gefehlt, dass du das Messer verlierst.« Mich beschleicht das dunkle Gefühl, dass es irgendwann lebenswichtig für mich sein könnte. Sicherlich kann ich mit dem stumpfen Ding keine Knochen durchtrennen, aber vielleicht brauche ich es noch bei anderer Gelegenheit, zum Beispiel zum Zerschneiden von Gurtbändern. Vielleicht muss ich auch meinen Rucksack in eine Art Jacke umfunktionieren, damit ich nachts nicht auskühle.

Es ist bald 20 Uhr. Eine leichte Brise weht durch den Canyon. Mit jeder Minute wird der Wind stärker und bläst mir den Sand, der auf dem Vorsprung liegt, ins Gesicht. Ich schaue nach unten, das Schild meiner Baseballkappe schützt mein Gesicht und meine Augen, dennoch spüre ich Sandstaub unter meinen Kontaktlinsen. Ich denke an nichts, mein Kopf ist leer; wie in einer Betäubung, die langsam nachlässt, als sie mir bewusst wird. Ich betrachte die Felsstückchen, die auf meinen Arm gefallen sind, und den Staub und wische beides weg. Dann puste ich den Staub von meiner Hand. Dieser plötzliche Sauberkeitsdrang ist lächerlich, doch so habe ich das Gefühl, noch etwas Kontrolle über meine Lage zu haben.

Die Dunkelheit sickert langsam in die Schlucht und legt sich über die Wüste über mir. Dämmerung wird zur Nacht. Ich schalte meine Stirnlampe ein und suche mir einen neuen Punkt am Felsen – ein beige-rosafarbenes Herz, umgeben von schwarzem Mineral. Es befindet sich fünf Zentimeter über meinem Handgelenk, ich bin also vorsichtig, bis ich ein so großes Loch produziert habe, dass ich fester zustoßen kann. Zwei Schläge pro Sekunde, das ist mein Rhythmus, und alle fünf Minuten puste ich den Staub ab. Die Zeit vergeht. Ich mache Fortschritte. Neben der Mulde wird ein lachsfarbenes Bröckchen sichtbar. Wenn ich Glück habe, kann ich so viel Stein rund um das pastellfarbene Kleinod entfernen, dass ich es auf einmal herausbrechen kann.

Ich verfalle in einen gleichmäßigen Rhythmus. Drei Stunden vergehen wie im Flug. Es ist fast Mitternacht. Ich habe das Bröckchen an drei Stellen freigelegt – links, oben und unten. Jetzt kann ich es herausbrechen. Dazu nehme ich lieber die Feile und nicht das Messer, es könnte abbrechen. Die Feile ist dicker und stabiler und auch länger. Nachdem ich sie in die richtige Position gebracht habe, hebele ich den Griff in Richtung Felsbrocken und warte, dass das Stück herausfliegt. Ich halte den Atem an. Der Griff drückt in meine Handfläche und das Stückchen Fels bröckelt. Yeah! Ein pfenniggroßes Stück Stein bricht aus dem Felsen und fällt auf mein eingeklemmtes Handgelenk. Es ist zwar nicht so groß, wie ich gehofft hatte, aber ich bin froh, dass sich meine Strategie auszahlt. Ich habe weicheren Stein freigelegt und schöpfe Hoffnung. Nach einer weiteren Stunde habe ich so viel Stein entfernt wie vorher in drei Stunden. Die größten Stücke, die auf meinen rechten Arm fallen, hebe ich auf und lege sie auf den Felsbrocken. Meine Sammlung wird größer, doch auch meine Müdigkeit nimmt zu. Die Schmerzen in meinem Arm sind so groß, dass jede Erschöpfung unwichtig erscheint; ich muss weitermachen, solange ich noch Kraft habe. Auch wenn ich schlafen wollte, ich könnte es nicht. Die kühle Nachtluft und der anhaltende Wind zwingen mich dazu, mich warm zu halten. Wenn mich doch die Müdigkeit übermannt und ich zusammensacke, holt mich der Schmerz in meiner Hand sofort wieder in die Wirklichkeit zurück. In meiner grenzenlosen Erschöpfung geht mir immer wieder ein Lied durch den Kopf. Die Musik ist aus dem ersten Film von Austin Powers, den ich vor ein paar Tagen mit meinen Mitbewohnern gesehen habe. Wie ein Ohrwurm höre ich eine einzige Zeile wieder und wieder. Ich bin genervt, aber ich werde den Ohrwurm einfach nicht los.

Ich ziehe die Seiltasche aus meinem Rucksack, meinen Klettergurt und die Kletterausrüstung, auch die CamelBak-Tasche und die Wasserflasche, und setze zum ersten Mal seit heute Nachmittag den Rucksack wieder auf. Ich möchte mich auf diese Weise aufwärmen, und es funktioniert. Den leeren Trinkbeutel will ich neben meinen eingeklemmten Arm stopfen. Da er aber vom Handgelenk bis zur Mitte meines Unterarms zwischen der Wand und dem Felsen klemmt, kann ich ihn nicht weiter als bis zum Ellenbogen in den Spalt schieben. Trotzdem ist jetzt fast mein ganzer Arm vor der kalten Wand geschützt. Danach hole ich das Seil aus der Tasche, es ist noch zusammengerollt, und lege es vor meine Knie auf einen Felsen am Boden. Jetzt kann ich meine Knie gegen den Fels lehnen und so das Gewicht, das auf meinen Beinen lastet, ein wenig verlagern. Gemütlich ist es nicht, aber immerhin kann ich ab und zu meine Stellung verändern, so dass meine Beine nicht einschlafen.

Kurz vor 1.30 Uhr öffne ich zum zweiten Mal meine Wasserflasche und trinke einen Schluck. Seit zwei Stunden möchte ich schon etwas trinken. Absichtlich habe ich davon abgesehen, bis ich wenigstens die Hälfte der Nacht durchgestanden habe. Viereinhalb Stunden sind vorbei, viereinhalb habe ich noch vor mir. Das Wasser ist erfrischend, nach meinen unkontrollierten Schlucken vor acht Stunden geradezu eine Wohltat. Dennoch mache ich mir Sorgen. Der verbleibende halbe Liter ist lebenswichtig. Aber wie viel darf ich trinken und wie viel muss ich aufbewahren und wie lange muss ich versuchen, so wenig wie möglich zu verbrauchen? Ich beschließe, alle neunzig Minuten einen kleinen Schluck zu trinken. So kann ich mir die Zeit ein wenig einteilen, und ich habe etwas, worauf ich mich freuen kann.

Ich kann mich vor Müdigkeit kaum noch auf den Beinen halten und konstruiere einen kleinen Sitz. In meinen Gurt zu steigen ist das kleinste Problem. Ich steige also in die Beinöffnungen, ziehe den Gurt bis zur Taille hoch und das dicke Gurtband durch die Schnalle; da mir nur eine Hand zur Verfügung steht, verzichte ich darauf, den Gurt noch einmal in die andere Richtung durch die Schnalle zu ziehen – normalerweise eine unverzichtbare Sicherheitsvorkehrung beim Klettern, in meiner Lage allerdings überflüssig. Dann folgt der schwierige Teil: Ich muss die Kletterausrüstung irgendwie an dem Fels über mir befestigen, und zwar so, dass sie mein Gewicht hält.

Ich habe einen Spalt in der Südwand im Auge, knapp zwei Meter links oberhalb meines Kopfes zwischen der Wand und dem eingekeilten Stein zwei Meter vor mir, von dem ich heruntergeklettert bin. Da habe ich mir den Stein nicht genau angeschaut, aber jetzt sehe ich zwei Stellen, die sich für eine Verankerung eignen. Eine ist der Spalt, der sich von der oberen Lücke zu einer Spitze verjüngt, mir jedoch leider seine breite Seite zukehrt. Die andere ist ein Vorsprung, den ich als Anker benutzen kann, wenn ich es schaffe, mein Seil oder mein gelbes Gurtband darüber zu werfen. Doch wie soll ich einen Klotz herstellen, den ich in den Spalt werfen und dann herunterziehen kann, bis er sich verkantet? Es gibt zwei Möglichkeiten: Entweder klemme ich ein paar Karabiner an einem Knoten im Seil, oder ich mache gleich einen Knoten ins Seil oder das Gurtband und benutze den Knoten als Klotz. So oder so dürfte es schwierig sein, so punktgenau zu werfen, dass er im Spalt hängen bleibt und sich verhakt. Doch einen Versuch ist es allemal wert. Ich rolle also zunächst neun Meter meines Kletterseils aus. An dessen Ende schlinge ich einige Sackstichknoten zu einem faustgroßen Knoten übereinander. Dann werfe ich das Ende zum Spalt, aber es prallt von der Wand ab. Zwei Dinge arbeiten hier gegen mich. Erstens kann ich mit links nicht gut werfen, zweitens ist das Seil einfach zu leicht und fällt zurück, bevor es sein Ziel erreicht. Ich muss genauer zielen. Vielleicht ist es einfacher, wenn ich das Seil beschwere. Also löse ich die Knoten wieder und befestige drei Karabiner von meinem Gurt an einen Achtstichknoten.

Jeder Wurf kostet mich zwei Minuten Vorbereitungszeit, und zwölfmal werfe ich nicht weit genug. Das Seil prallt von der Wand oder dem Felsbrocken ab oder rutscht aus dem Spalt heraus. Ich lege das Seil so, dass es sich mit so wenig Widerstand wie möglich entrollt. Bei den nächsten zwölf Versuchen landen die Karabiner zwar in dem Spalt, verhaken sich aber nicht. Ich füge noch einen vierten Karabiner zu meinem improvisierten Enterhaken hinzu. Bei meinem nächsten brillanten Wurf fällt mein Karabinerbündel in die weite Öffnung des Spalts und landet in der Kerbe. Dann ziehe ich das Seil stramm. Die Karabiner verzahnen sich im Fels. Meine Sorge ist jetzt, dass der Sandstein bröckelt und sich die Karabiner lösen, doch die Metall-Bindeglieder verhaken sich ineinander. Der Fels scheint zu halten. Eine Welle der Hoffnung überkommt mich. Ich knüpfe noch einen Achtstichknoten in die Schlaufe des verankerten Seiles, die sich um den Stein auf der Höhe meiner Taille geschlungen hat, und hake mich ein. Nachdem ich meinen Gurt noch ein bisschen höher gezogen habe und weniger Gewicht auf meinem Arm liegt, lehne ich mich zurück und kann endlich die Beine entlasten. Zum ersten Mal kann ich entspannen.

Wieder hole ich meine Wasserflasche heraus und nehme einen kleinen Schluck. Es ist drei Uhr. Meine Ruhepause ist aber leider zu kurz – es dauert nur ganze fünfzehn Minuten, bis mir der Gurt die Beine abschnürt und ich mich wieder hinstellen muss. Es besteht die Gefahr, dass ich durch zu langes Sitzen meine Beine verletze oder ein Blutgerinnsel provoziere. Doch bevor es dazu kommt, fangen meine Kniesehnen schon an wehzutun, und zwar an der Stelle, wo die Beinschlaufen mein Gewicht halten. Alle zwanzig Minuten wechsle ich vom Sitzen ins Stehen und umgekehrt.

In den kältesten Stunden vor der Morgendämmerung zwischen drei und sechs Uhr hacke ich wieder mit dem Messer auf dem Sandstein herum. Dabei sitze oder stehe ich. Ich mache zwar keine großen, aber doch immerhin sichtbare Fortschritte. Um 4.30 Uhr trinke ich von meinem Wasser, dann noch einmal um sechs Uhr. Danach mache ich mir ein Bild von dem, was ich in den letzten fünfzehn Stunden geschafft habe. Ich komme zu dem Ergebnis, dass ich den Stein ganze hundertfünfzig Stunden bearbeiten müsste, um meine Hand zu befreien. Es besteht also kein Zweifel, ich muss etwas anderes unternehmen, um meine Lage zu verbessern.

Kurz nach acht Uhr höre ich ein Rauschen über mir und spüre drei Windstöße. Ich schaue hoch. Ein großer Rabe fliegt über meinen Kopf hinweg. Er fliegt in die Schlucht hinein, und jeder seiner Flügelschläge hallt in meinen Ohren wider. Beim dritten Flügelschlag krächzt er laut und verschwindet dann hinaus in die Oberwelt. Hier in den Tiefen ist es noch immer klamm und kalt, aber ich kann schon das erste Tageslicht an der Nordwand sehen. Stratuswolken schweben vorbei. Ich knipse meine Lampe aus. Ich habe die Nacht überstanden.

Gegen 9.30 Uhr sehe ich das erste Sonnenlicht am Boden der Schlucht. Der Lichtstrahl ist nur noch knapp einen Meter von meinen Schuhen entfernt. Die Kälte der Nacht sitzt mir in den Knochen, und ich sehne mich nach ein wenig Sonnenwärme auf meiner Haut. Ich warte fünf Minuten, und dann ist der Sonnenstrahl so weit gewandert, dass er meinen linken Knöchel und die Wade berührt, wenn ich mich dafür auch so strecken muss, dass ich meinen eingeklemmten Arm fast überdehne. Zehn Minuten lang bewege ich mich nicht, und fast wie bei einer Yogaübung halte ich abwechselnd das linke oder rechte

Bein in die Sonne und heiße den neuen Tag willkommen. Ich frage mich, wie viele solcher morgendlicher Rituale ich vor mir habe. Dann wische ich den Gedanken beiseite und genieße die milde Wärme auf meinen Waden. Der Sonnenstrahl klettert die Nordwand hoch und schlängelt sich über die Sandsteinondulierungen, bis er außerhalb meiner Reichweite ist. Während ich zuschaue, wie er aus meinem Blickfeld verschwindet und über einen hervorstehenden Felsbrocken wandert, wird mir klar, dass es das einzige direkte Sonnenlicht sein wird, das ich hier bekomme.

Die Sonne hat meinen Geist beflügelt, und ich fühle mich gestärkt. Mit diesem positiven Gefühl nehme ich das Messer zur Hand und klopfe wieder für zwei Stunden auf dem Stein herum. Währenddessen denke ich über die Wahrscheinlichkeit nach, gefunden zu werden, und darüber, wann die Suche nach mir beginnt. Aber wie ich es auch betrachte, ich sehe schwarz. Kristi und Megan kennen mich kaum. Als ich gestern am späten Nachmittag nicht bei ihrem Auto erschien, haben sie wahrscheinlich gedacht, ich habe die Verabredung sausen lassen. Sie wissen auch nicht, wie mein Truck aussieht. Auch wenn sie also zum Horseshoe Canyon Trailhead gegangen sind, wüssten sie nicht, ob mein Wagen noch dort steht oder nicht. Ich habe auch Brad und Leah nicht definitiv zugesagt, zu ihrer Party zu kommen. Sie würden demnach keinen Verdacht schöpfen. Meine Mitbewohner werden sich wundern, aber sie wissen nicht, wo ich bin. Sollten sie die Polizei von Aspen informieren, würde die erst nach vierundzwanzig Stunden in Aktion treten, frühestens Dienstag.

Höchstwahrscheinlich wird der Chef von Ute Mountaineer meine Eltern anrufen und fragen, warum ich nicht zur Arbeit erschienen sei. Vielleicht würden sie dann die Polizei veranlassen herauszufinden, ob und wo ich etwas mit meiner Kreditkarte bezahlt habe, und mich bis Moab verfolgen. Bei diesem Gedanken könnte ich mich ohrfeigen – ich habe meine Kreditkarte nur einmal benutzt, beim Tanken in Glenwood Springs, wo der Highway von Aspen auf die Schnellstraße trifft. Von dort kann ich nach Osten oder Westen gefahren sein. Mit meiner EC-Karte habe ich Lebensmittel und noch einmal Benzin in Moab bezahlt, bevor ich zum Horseshoe Canyon gefahren bin. Oder? Vielleicht habe ich auch meine Kreditkarte benutzt. Ich kann mich nicht erinnern. Ich hoffe nur, dass bei der Suche nach Vermissten auch die EC-Karten-Abbuchung überprüft wird.

Wenn die Polizei den National Park Service (NPS) benachrichtigt und am Mittwoch eine großangelegte Suche gestartet wird, wird man sicherlich nicht gleich meinen Wagen finden – man wird sich zunächst auf die direkte Umgebung von Moab konzentrieren. Am Trailhead habe ich ein Schild gesehen, auf dem stand, dass die Ranger Wochenendtouren zu den großen Wandzeichnungen im Horseshoe Canyon machen; wenn einer meinen Wagen findet, dann frühestens am Samstag und auch nur, wenn sie danach suchen. Nur durch einen glücklichen Zufall oder eine besonders gründliche Suche werden sie mein Auto gleich am ersten Tag finden, am Donnerstag. Bis sie sich zum Blue John Canyon vorgekämpft haben, ist es Freitag.

Freitag, bis jemand seinen Kopf über den Felsbrocken über mir beugt.

Freitag.

Früher auf keinen Fall. Wahrscheinlich eher Sonntag, wenn man den Zeitplan der Ranger bedenkt. Das ist heute in einer Woche.

Die meisten Menschen sterben früher, so ganz ohne Wasser. Sollte ich Donnerstagmorgen noch am Leben sein, wäre das schon Wahnsinn. Bis Freitag werde ich es nicht schaffen. Auf gar keinen Fall.

Am Sonntag bin ich mumifiziert.

4

Wie man in nur fünf Jahren ein pensionierter Maschinenbauingenieur wird

Deep Play: Das, was jemand bei einem Spiel gewinnt, steht in keinem Verhältnis zu dem, was er verlieren wird.

Joe Simpson, *Dark Shadows Falling*

Für das Jahr nach meiner Begegnung mit dem Schwarzbären bei den Grand Tetons nahm ich mir drei Kletterprojekte vor und verwendete meine gesamte Freizeit auf die Vorbereitung. Ich wollte alle Viertausender in Colorado besteigen, und zwar allein und im Winter (das hatte noch keiner vor mir getan). Und ich wollte alle höchsten Berggipfel der USA erklimmen. Ende Juni 1997 begann meine Arbeit bei Intel, im Vergleich zu der Verfolgung durch einen Bären war sie ein Kinderspiel. Als Ausgleich zu der banalen Existenz eines Maschinenbauingenieurs suchte ich das Abenteuer in der Erforschung der Weiten Arizonas – der Schluchten, Berge, Vulkanspitzen, der Meteoritenkrater, Wüsten und Wälder. Über einen Kommilitonen lernte ich meinen Freund und Mentor Mark Van Eeckhout kennen. Wir arbeiteten beide in derselben Einrichtung in Süd-Phoenix, und in unseren Mittagspausen planten wir unsere Wander- und Zelttouren.

Meine Freundin Jamie Ziegler gab mir Edward Abbeys Buch *Desert Solitaire,* und meine Leidenschaft für Wüstenabenteuer war geweckt. 1998 wurde ich Gründungsmitglied des Intel Adventure Clubs. In jenem Jahr planten vier Freunde von der Arbeit und ich – dazu gehörten auch Jamie Stoutenberg und Judson Cole –, innerhalb von zwei Tagen zweimal durch den Grand Canyon zu wandern. Starten wollten wir am South Rim, dann sollte der Abstieg von 1524 Metern über eine Strecke von zwölf Kilometern über den South Kaibab Trail folgen. In der Nähe von Phantom Ranch wollten wir den Colorado überqueren, dann 22 Kilometer auf dem Bright Angel Trail zum North Rim weiterlaufen und schließlich 1828 Meter hoch zu unserem Lagerplatz wandern. Nach einer Pause wollten wir denselben Weg zurück nehmen, vom North Rim zum Süd Rim. Wir nannten es Rim-zu-Rim-zu-Rim oder kurz: Rim^3.

Kurz vor der Tour las ich Jon Krakauers Buch *In die Wildnis. Allein nach Alaska*. Die Geschichte des jungen Aussteigers Chris McCandless, der im Land herumreist, erfüllte mich mit Träumen von einem Leben auf dem Rücksitz eines Trucks und vom Trampen durch die USA, und ich nahm das Buch auf unsere Wanderung durch den Grand Canyon mit. Eine Stelle, ein Brief von Chris an einen älteren Freund, dem er unterwegs begegnet war, las sich wie ein Manifest:

»So viele Leute sind unglücklich mit ihrem Leben und schaffen es trotzdem nicht, etwas an ihrer Situation zu ändern, weil sie total fixiert sind auf ein angepasstes Leben in Sicherheit, in dem möglichst alles gleich bleibt – alles Dinge, die einem scheinbar inneren Frieden garantieren. In Wirklichkeit wird die Abenteuerlust im Menschen jedoch am meisten durch eine gesicherte Zukunft gebremst. Leidenschaftliche Abenteuerlust ist die Quelle, aus der der Mensch die Kraft schöpft, sich dem Leben zu stellen. Freude empfinden wir, wenn wir neue Erfahrungen machen, und von daher gibt es kein größeres Glück als in einen immer wieder wechselnden Horizont blicken zu dürfen, an dem jeder Tag mit einer neuen, ganz anderen Sonne anbricht.«

Das wollte ich auch probieren, die Leidenschaft für Abenteuer am eigenen Leib erfahren, die Sicherheit, die mir meine

Arbeit gab, aufgeben und meinen Geist umherstreifen lassen. Das bedeutete, dass ich mich gründlich auf das Leben dort draußen vorbereiten musste. Ich musste Erfahrungen sammeln, bevor ich mich auf große Expedition begab, ich musste Risiken minimieren. Kurz, ich musste mir einen Truck zulegen und meinen Job kündigen. Doch bis ich so weit war, war es noch ein langer Weg.

Im Winter 1998 begeisterte ich mich für ein anderes Buch von Krakauer, *In eisige Höhen. Das Drama am Mount Everest*. Es war die Beschreibung des Unglücks auf dem Mount Everest, bei dem elf Menschen starben. Die Lektüre war so fesselnd, dass ich das Gefühl hatte, ich sei einer der verirrten Kletterer um Neal Beidleman in 7924 Meter Höhe auf den South Col, nur wenige Meter von Camp IV entfernt, und ich fragte mich, was ich an ihrer Stelle getan hätte. Würde auch ich, erschöpft von dem Aufstieg, den höllischen Winden des Schneesturms, ohne Sauerstoff und voller Frostbeulen, dem Tode nah sein? Würde ich mich von den anderen trennen, um mein Leben zu retten? Würde ich sie suchen, wenn ich das Camp gefunden hätte? Wie würde ich mich verhalten, wenn mein Charakter auf die Probe gestellt würde? Die Tragödie inspirierte mich dazu, mich selbst einer Prüfung zu unterziehen. Ich wollte herausfinden, wer ich war: jemand, der starb, oder jemand, der die Situation bewältigte und sich und den anderen half. Ich wollte nicht nur zum Himalaja und einen der höchsten Gipfel besteigen, ich wollte die Tiefen meiner Seele erkunden.

Und so machte ich mich am 8. März 1998 auf den Weg zu einer Soloklettertour auf den Humphreys Peak, den höchsten Berg in Arizona. Mark borgte mir Schneeschuhe, einen Eispickel, und das Handbuch für Bergsteiger *Freedom of the Hills* und sagte mir, ich müsste die Eispickeltechniken darin so lange studieren, bis ich sie beherrschte. Von dem Snowbowl-Skigebiet nordwestlich von Flagstaff begab ich mich in Richtung Norden. Zwei Stunden lang lief ich auf Schneeschuhen durch die Pinienwälder entlang der 3000-Meter-Höhenlinie, bis ich zu einer Wiese am Ende eines Schneefelds kam. Dort kletterte ich mit Hilfe von Marks Eispickel über 762 Meter hoch bis zum Berggrat, wo ich meine Schneeschuhe im Sturm stehen ließ. Die Wolken hingen so tief, dass ich den Abhang auf der rechten Seite des Bergkamms kaum erkennen konnte. Ich hielt mich also links. Dort aber war ich viel stärker dem eisigen Wind ausgesetzt. Ich wanderte etwa eine halbe Stunde am felsigen Rand des vulkanischen Kraters entlang und zitterte vor Kälte. Endlich hatte ich den Gipfel erreicht und kauerte mich in 3850 Meter Höhe hinter eine von Hand gebaute Steinmauer. Aus der Ferne hörte ich drei Donnerschläge und sah Blitze.

Wenn ich nicht von einem Blitz getroffen werden wollte, konnte ich hier nicht bleiben, andererseits wollte ich auch nicht meinen sicheren Zufluchtsort hinter der Mauer verlassen. Für einen kurzen Moment fühlte ich mich den Kletterern auf dem South Col nah. Hier in dieser einsamen Winterlandschaft war auch ich verwirrt, angestrengt und lethargisch und konnte plötzlich nachvollziehen, wie die Versuchung, auf Besserung der Situation zu warten, schnell in tödliche Apathie umschlagen konnte. Ich riss mich also zusammen und erhob mich, um mich dem Sturm zu stellen. Ich starrte in den gestaltlosen grauen Nebel, stemmte mich gegen den Wind und schaute auf meinen Kompass. Ich musste einen Bergrücken finden, an dem ich den Abstieg wagen konnte. Meine Fußspuren vom Aufstieg waren innerhalb von Sekunden zugeweht gewesen.

Entschlossen bahnte ich mir einen Weg hinunter und hielt verzweifelt Ausschau nach Marks Schneeschuhen. Plötzlich hörte ich ein zischendes Geräusch. Ich drehte mich um und entdeckte kleine bläuliche Funken zwischen den Metallspitzen meiner Skistöcke hin und her fliegen. Idiotischerweise hatte ich sie in den Rucksack gesteckt, die Spitzen ragten einen Meter über meinen Kopf hinaus und hatten den Blitz angezogen. In Sekundenschnelle ließ ich den Rucksack fallen und warf mich in den Schnee. Nach Luft schnappend, zog ich den Rucksack zu mir heran und kroch auf dem Bauch weiter. Als ich mich wieder sicher fühlte, stand ich auf und rannte um mein Leben. Nach einigen Minuten verlangsamte ich meinen Schritt, die Wolkendecke brach für einen Moment auf, und ich sah Marks Schneeschuhe. Zwei Stunden später und ohne weitere Vorkommnisse war ich wieder bei meinem Wagen.

Seit ich den Humphrey Peak erklommen habe, folgt meine Kletterei einem bestimmten Muster – ich reise allein, klettere bei Wind und Wetter, treffe in schwierigen Situationen die richtigen Wegentscheidungen und habe Glück, wenn es donnert und blitzt. Außerdem hatte diese Tour mein Selbstbewusstsein ungemein gestärkt: Meine Wachsamkeit war größer geworden, und ich fühlte mich aus diesem Grunde wirklich lebendig.

Von nun an sprachen Mark und ich öfter über mein Vorhaben, im Winter allein die Viertausender in Colorado zu besteigen. Mark war der Meinung, dass ich zu unerfahren war für solch ein riskantes Unternehmen, er wusste aber auch, dass ich mich nicht davon abbringen lassen wollte. Er brachte mir die Grundlagen der Felsenkletterei bei, wie man sich richtig abseilte, wie man ein Gespür für Lawinen entwickelte und wie man im Schnee vorankam. Zusammen machten wir Exkursionen für Anfänger in Zentral-Arizona, fuhren zur Klettertrainingshalle in Tempe, und an einem Wochenende führte Mark mich und meinen Freund Howard auf unsere erste alpine Felsenklettertour an Vestal Peak in den San Juan Bergen in Colorado.

Es war ein unvergessliches Erlebnis. Mark brachte uns bei, wie wir vor und während der Besteigung des 609 Meter hohen Granitfelsens, dessen Gipfelhöhe 4267 Meter beträgt, unserer Angst Herr wurden. Auf der Hälfte des Wegs an der Nordwand waren die Sohlen meiner Kletterstiefel vollkommen aufgelöst, und ich musste sozusagen auf Flip-Flops den Rest der Route fortsetzen. Doch trotz meiner mangelhaften Ausrüstung kamen wir zum Gipfel. Dort weihte mich Mark in sein Gipfel-Ritual ein: Es gab Räucherfisch und Cracker. Diese Tradition haben wir beibehalten, wann immer wir gemeinsam einen Gipfel erreichten. Wir machten Fotos, ich grinsend und mit vollem Mund, ein Ausdruck der absoluten Zufriedenheit darüber, mit meinen besten Freunden auf der Spitze des Berges zu sein und meine Angst überwunden zu haben.

Meine Schwester fing im Herbst 1998 an zu studieren und zog in eine Gegend im Nordwesten von Texas, in der sogar ein Präriehund Depressionen bekommen hätte. Weil ich wollte, dass sie meine Begeisterung für Outdoortouren mit mir teilte, lud ich sie zu einer Reise zu einem der schönsten Orte ein, die ich je gesehen hatte – die Wasserfälle im Havasupai Canyon, etwas südwestlich vom Grand Canyon National Park. Havasupai ist indianisch und bedeutet »Die Menschen des grünen Wassers«. Es gibt vier größere Wasserfälle, der größte von allen stürzt 60 Meter tief über ein Kliff in ein türkisfarbenes Becken in der Schlucht.

Wir kamen an Thanksgiving dort an und wanderten 16 Kilometer vom Plateau hinab in den Havasupai Canyon an einem Dorf vorbei mit vielleicht zweihundert Einwohnern. Da keine Straße zu dem Dorf führt, wird alles in kleinen Hubschraubern dorthin transportiert oder auf Packeseln. Es ist auch das letzte Dorf in den Vereinigten Staaten, in das die Post auf Eseln gebracht wird. Für die Einwohner gibt es ein Gemeinschaftstelefon, Rohrleitungen und genug Elektrizität für die Reggaemusik, die aus den mit Bob-Marley-Wandteppichen verhängten Fenstern jedes dritten von der Regierung gestellten Wohnwagens dringt. Die meisten jungen Leute haben den Ackerbau für den Eigenbedarf aufgegeben, den ihre Eltern noch auf den mittlerweile von Unkraut überwucherten Ländereien vor den Wohnwagen betrieben.

Wir ließen das Dorf und den Navajo Fall, den ungefährlichen, aber breitesten der vier Wasserfälle, hinter uns und kamen am frühen Nachmittag zu den Havasupai-Wasserfällen. Dort war ein Campingplatz. Es ist ein magischer Ort, der viele Camper und Wanderer anzieht. Wir suchten uns ein Plätzchen in der Mitte, und ohne unsere Rucksäcke und unsere Ausrüstung sahen wir uns ein wenig in der Schlucht um.

Schon bald kamen wir an den Rand der Mooney Falls. Seine Schönheit und die grellen Farben verschlugen uns die Sprache. Wir schwiegen mehr als eine Minute. Was wir sahen, war eine Insel saftigen Grüns, riesige Pappeln, in deren Blättern das Sonnenlicht spielte, Sandbänke mit verstreut daliegenden schneeweißen Baumstämmen und einzigartige kirschrote Felsformationen, die wie Vorhänge unter einem coelinblauen Himmel in den Canyon abfielen.

Unterhalb der Mooney Falls verlor sich der Pfad in einem Dickicht aus Gras. Wir wateten noch etwa fünf Kilometer stromabwärts und kamen zu den Beaver Falls. Das ist eine Gruppe von zusammenhängenden, terrassenartigen Felsbecken, zu der sich weit weniger Wanderlustige verirren. Hier formt der Travertin Dämme über den Fluss, der immer wieder hufeisenförmige Becken bildet, wobei jedes in das nächste übergeht. Der Wasserfälle ergießen sich 50 Meter in die Tiefe und verteilen sich über einen 60 Meter langen Korridor im Canyon. Sie erinnerten mich an die Thermalquellen, die ich mit meiner Familie vor etwa zehn Jahren in Yellowstone besucht hatte.

Acht Kilometer weiter wird der Flussarm zu einem schmalen Kanal, und das türkisfarbene Wasser des Havasupai ergießt sich in den oft schlammigen Strom des Colorado am Fuß des Grand Canyon. Meine Schwester setzte sich auf einen Felsen über Beaver Falls, und ich balancierte in der Zwischenzeit über die Dämme zum westlichen Ufer hinüber. Mit meinen nassen Sandalen hatte ich keinen guten Halt auf den Steinen, aber ich schaffte es zu einer Felsbank, die umgeben war von Kakteen. Ich musste weiter flussaufwärts gehen und irgendwie diesen Garten von ein Meter hohen Kakteen umgehen, um über einen breiteren Damm wieder zur Ostseite des Ufers zu gelangen. Ich kletterte also die drei Meter hohe Felswand hoch, auch wenn die nassen Sohlen meiner Sandalen nicht gerade dafür geschaffen waren. Ich hing an der Wand, Beine und Arme gespreizt, der größte der stachligen Riesen direkt unter mir, und hielt mich an Vorsprüngen fest. Als ich mein Gewicht von meinem linken Bein verlagerte, brach ein Stück Fels und durch den Ruck auch der Vorsprung, an dem ich mich mit meiner rechten Hand festhielt. Ich rutschte ab und hatte gerade noch genug Zeit, den stachligen Riesen auf meinen Po zurasen zu sehen. Die Büsche und Kakteen standen in einem Halbkreis um die Felswand, zwei Kakteen standen etwas weiter auseinander und ragten in die Höhe, so dass es aussah, als grinsten mich die dornigen Büsche an wie eine riesige Fliegenfalle, die sich auf ein langersehntes Mahl freut. Meine Fersen berührten fast die Spitze des Kaktus, da stieß ich mich von der Wand ab und machte eine halbe Drehung, um nicht sein oberes Ende zu berühren.

Ich landete im Sand, hatte aber dennoch ein ein Meter langes Kaktusohr gestreift – die Nase der grinsenden Pflanze. Es hätte eine sichere Landung sein können, hätte ich nicht die Hockestellung eingenommen, um den Fall abzufedern. Die Stacheln pikten mich in die Schenkel, und ich sprang in die Luft. Wie ein vom Pferd gefallener Cowboy stand ich breitbeinig auf der Felsbank über den Travertinen.

»Alles in Ordnung?«, hörte ich meine Schwester.

»Yeah«, rief ich zurück. »Ich bin nur auf einen Kaktus gefallen.«

Irgendwie fand ich einen Weg zurück durch den Kaktusgarten und zog dann meine Shorts aus. Der Stoff meiner grauen Unterhose war rot gepunktet von Blutstropfen. In der Mitte eines jeden roten Punktes steckte ein zweieinhalb Zentimeter langer Stachel. Es dauerte zwanzig Minuten, bis ich die Stacheln entfernt hatte, dann zog ich die Unterhose aus und suchte nach kleineren, haarfeinen Stacheln. Nachdem ich etwa hundert gefunden hatte, hörte ich auf zu zählen. Nach ungefähr einer Stunde rief mir Sonja zu, ich solle meine Unterhose wieder anziehen, andere Wanderer seien im Anmarsch. Ich stopfte mein graues Trikot in die Tasche und überquerte den Damm. Die Wanderer waren zwei gesellige Typen in meinem Alter aus Phoenix, die am Colorado campen wollten. Auch ich wollte mir den unteren Teil des Havasupai ansehen, aber meine Schwester hatte keine Lust auf den 25 Kilometer langen Marsch. Also verabredete ich mich mit Jean-Marc und Chad für den nächsten Morgen um zehn Uhr am Fluss.

Es dämmerte schon, als Sonja und ich wieder zurück durch die Tunnel der Mooney Falls kletterten. Im Camp aßen wir gegarte Truthahnbrust, Cracker und Makkaroni mit Käse. Für ein Abendessen in der Wildnis war das nicht schlecht, und wir hatten sowieso kein großes Thanksgiving Dinner geplant – wir freuten uns, dass wir zusammen an diesem wundervollen Ort waren. Zum Nachtisch gab es für jeden ein Stück Schokolade. Unsere Vorräte verstauten wir weit oben, damit sich keine Waschbären oder Wildkatzen daran gütlich taten, und krochen dann in unser Zelt. Meine Schwester schlief sofort ein. Ich vertrieb mir noch fünfundvierzig Minuten die Zeit damit, beim Schein meiner Taschenlampe und mit einer Pinzette bewaffnet, die übrigen Stacheln aus meinem Oberschenkel zu zupfen. Gott sei Dank schaute mir niemand dabei zu, wie ich mich streckte, die Haut rieb, zupfte, stöhnte und das Gesicht verzog. Es sollte eine ganze Woche dauern, bis ich den letzen der haarfeinen Stacheln aus meiner linken Pobacke entfernt hatte – vor dem Fernseher während eines Football-Spieles zu Haus in Chandler.

Um sieben Uhr am nächsten Morgen leuchtete ich mir meinen Weg durch die Schlucht, kletterte an den Seilen und Ketten der

Mooney Falls hinab, watete durch das Flussbett und wanderte durch das hohe Gras und Schilf am Flussufer an den Beaver Falls vorbei. Pünktlich erschien ich zur Verbredung am Colorado, und Jean-Marc und Chad boten mir erst einmal frisch aufgebrühten Kaffee an. Wir saßen eine Weile auf dem Schieferriff mit Ausblick auf den Colorado und kamen auf die Idee, am Südufer des Flusses entlangzuschwimmen. Chad watete bis dahin hinaus, wo sich das durchsichtige Wasser des Havasupai mit der reißenden Flut des opalschwarzen Colorado trifft, um sich ein Bild von der Strömung zu machen.

Ich weiß nicht, was in mich fuhr, aber ich folgte Chad ins Wasser, kletterte auf den letzten Felsen über einem starken Strudel und sprang in voller Montur in den reißenden Fluss – ohne Schwimmweste. Chad machte ein lustiges Foto von mir in der Luft und auf dem Weg in die Katastrophe. Hätten Jean-Marc und Chad nicht so schnell gehandelt, wäre es wohl das letzte Foto von mir geworden. Ich tauchte ins Wasser und die unerwartet eisigen Temperaturen – 10 Grad, mindestens 20 Grad kälter als der tropisch warme Havasupai. Ich schnappte nach Luft.

Mein dickes langärmliges Hemd und meine Hosen wurden bleischwer, meine Schuhe zogen mich wie Eisengewichte nach unten, und die Strömung trieb mich an der 15 Meter langen Felskante entlang. Ich zog meine Schuhe aus und schwamm mit aller Kraft bis einen Meter ans Ufer heran. Hier war das Wasser immer noch tief. Ich bekam keinen festen Grund unter die Füße. Die Strömung war einfach zu stark. Das Ufer glitt an mir vorüber, und ich hörte Jean-Marc und Chad rufen: »Aron, brauchst du Hilfe?« In meinem Stolz antwortete ich: »Nein, ich schaff das schon«, und schluckte auch schon das erste Wasser.

Chad musste die Angst in meiner Stimme gehört haben, denn augenblicklich rannte er zum etwa neun Meter entfernten Lager. Ich kreiste derweil in dem Strudel, und der Spaß begann von neuem. Ich versuchte mein Hemd aufzuknöpfen und ging sofort unter. Ich schaffte nur einen Knopf, bevor ich wieder Luft holen musste. Das eisige Wasser des Colorado umklammerte meinen Brustkorb, und meine Atmung wurde flach und schnell. Nachdem ich dreimal Wasser geschluckt und zum zweiten Mal wieder aufgetaucht war, ließ ich davon ab, mein Hemd auszuziehen. Flussabwärts wachsen die Schluchtwände als 90 Meter hohe Kliffs aus dem Wasser, bis der Fluss nach etwa einem Kilometer nach rechts um die Ecke biegt. Wenn ich am Havasupai-Strudel vorbeitriebe, würde ich zweifellos ertrinken, und erst 150 Kilometer weiter würde der Fluss meine Überreste an einen Strand von Lake Mead spülen. Ich sah schon die Schlagzeilen vor mir: »Idiot ertrinkt im Grand Canyon, Leiche am Lake Mead gefunden.«

Ich kämpfte mich aus dem Strudel heraus. Dann schrie ich: »Hilfe! Hilfe!«

Chad stand schon auf dem Felsenriff. »Jean-Marc, hierher!« Chad warf Jean-Marc ein Seil zu, der etwa vier Meter von mir entfernt stand.

»Aron, halt dich daran fest.« Er warf mir das Seil zu, aber es landete im Strudel flussaufwärts und trieb schnell ab.

Ich schwamm weiter in Richtung Ufer. Die Kälte paralysierte mich, meine Arme, Beine und die Haut waren taub. Jean-Marc zog das Seil aus dem Wasser. Die Strömung hatte mich schon am Ufer vorbei- und in die überwältigenden Wassermassen des Colorado hineingetrieben. Ich strampelte mit den Füßen und kraulte gegen die Strömung an. Fünf Sekunden später hatte Jean-Marc das Seil Chad hinübergeworfen, der es wieder ins Wasser schleuderte und rief: »Los Aron, greif es und halt dich daran fest!«

Es gelang mir, das Seil zu ergreifen, doch als Chad daran zog, rutschte es mir aus der Hand. Erschüttert von dem Misserfolg, ging ich beinahe unter. Eine weitere solche Aktion würde ich nicht überleben. Ich flehte: »Hilf mir! Wirf es noch einmal!«

Ich war verzweifelt und meine Kräfte schwanden. Der nächste

Wurf musste passen, noch ein Fehler bedeutete meinen Tod. Drei Sekunden später flog das Seil auf mich zu und landete auf meiner rechten Schulter. Ein Wunder! Ich hielt mich mit beiden Händen daran fest und wickelte es zweimal um mein linkes Handgelenk. Ich holte einmal tief Luft, ließ meinen Kopf ins Wasser sinken und merkte, wie sich das Seil spannte, in mein Handgelenk schnitt, aber mir war alles egal. Ich hatte nur noch einen Gedanken: Hoffentlich reißt es nicht. Dann spürte ich wieder Sand unter mir. Jean-Marc griff mir unter die Arme und zog mich aus dem Wasser. Mir war übel, kalt, ich war erschöpft und vollkommen apathisch. Dann hörte ich eine Stimme: »Mein Gott, atmest du noch?«

Ich nickte. »Danke …«, hauchte ich, mein Kopf lag zwischen meinen Armen im Sand.

»Himmel noch mal, du wärst beinahe ertrunken!« Jean-Marc war wütend, Chad war ruhig.

»Alles okay. Jetzt bist du in Sicherheit. Wie fühlst du dich?«

»Mir ist kalt.« Ich zitterte am ganzen Leib. »Ich glaube, ich habe eine ganze Menge Wasser geschluckt.« Ich setzte mich auf, zog meine Beine aus dem Wasser und umklammerte meinen aufgeblähten Bauch. Ich stöhnte vor Schmerzen, und am liebsten hätte ich mich übergeben, war aber zu schwach. Fünf Minuten lang starrte ich auf den Fluss, wo ich dem Tod nur knapp entkommen war. Chad gab mir ein trockenes Sweatshirt, und ich taumelte herum, bis ich mein Gleichgewicht wiedergefunden hatte. Noch als ich längst trocken war, fror ich und musste mich bewegen. Mir war immer noch so übel, dass sich kaum aufrecht gehen konnte. Ich kletterte auf das Felsenriff, setzte mich und ruhte mich aus, während die anderen ihre Campingsachen einpackten. Von der ganzen Aufregung waren wir alle ein wenig übermütig.

»Ich kann es immer noch nicht glauben, dass ich das Seil zu fassen bekommen habe.« Sekunden hatten über Leben und Tod entschieden.

»Und ich kann nicht glauben, dass du gesagt hast, ›Nein, ich brauche keine Hilfe. Ich ertrinke zwar, aber es ist alles in Ordnung‹«, zog Chad mich auf.

Wir mussten lachen.

»Und, sollen wir los? Mein Stoffwechsel muss wieder in Schwung kommen.«

»Ja, gehen wir«, sagte Jean-Marc. »Zieh deine Schuhe an.«

»Die sind weg. Ich musste sie ausziehen. Ich werde auf Socken laufen müssen.« Meine Schuhe waren sicher schon auf halbem Wege nach Mexiko, und meine Sandalen waren auf dem Havasupai-Campingplatz.

»Das sind zwölf Kilometer, Mann. Hier, nimm meine Sandalen.« Chads Plastiksandalen waren mir zwar zu groß, aber besser als gar nichts.

Je weiter wir liefen, desto besser fühlte ich mich. Mir wurde wärmer, und ich verdaute das Flusswasser. Wir redeten über die Rettung, und ich fragte Chad, ob er ein Foto von mir gemacht hatte. Er nickte. »Ja, ein Foto von dir mitten im Sprung von dem Felsen.«

»Na, dann war das Ganze ja doch nicht umsonst«, sagte ich und grinste. Insgeheim war ich froh, dass mit das Dümmste, das ich je getan hatte, auf einem Foto festgehalten war.

Auf dem Rückweg zum Camp erwähnte Jean-Marc, er habe in seiner Ausrüstung oberhalb der Mooney Falls eine Flasche Stolichnaja gelagert, und plötzlich war es das Einzige, an was wir drei noch denken konnten. Wir hasteten die letzten fünf Kilometer flussaufwärts, sprangen über Baumstämme und durch den Bach. Oben angekommen, tranken wir fast den ganzen Wodka, und als es dunkel wurde, nahmen wir gemeinsam mit Sonja noch ein Bad in dem großen Becken unterhalb der Havasupai Falls. Während wir uns immer wieder die Geschichte meiner Rettung erzählten, wateten wir durch die Wasserfälle und tauchten im Mondschein wie Geschöpfe aus der Blauen Lagune wieder auf. Erst als es schon stockfinster und die

Wodkaflasche leer war, stolperten wir an Land. Wir steckten einen Zettel mit einer Nachricht in die Flasche und warfen sie den Wasserfall hinunter. Dann stellten wir uns vor, wie sie ein einsamer Jet-Skier am Lake Mead finden würde: »Hilfe! Wir sind auf dem Havasupai-Campingplatz. Schickt uns noch mehr Wodka! Notfall! Gez. Jean-Marc, Chad und Aron, 29. November 1998.«

Eine Stunde später krochen Sonja und ich in unsere Schlafsäcke, und ich sagte: »Ich hatte Angst, Sonja. Ich sah schon die Schlagzeile von meinem Tod in der Zeitung. Ich dachte, das war's!« Wir mussten weinen und schliefen schließlich ein. Am nächsten Morgen packten wir unsere Sachen zusammen und wanderten die 16 Kilometer zurück zu meinem Auto. Neben den Havasupai Falls posierten wir noch einmal gemeinsam für ein Foto, und dieses Foto ist eines meiner Lieblingsbilder.

Im Dezember 1998 hatte ich immer noch keinen Viertausender unter Winterbedingungen bestiegen. Zwar war ich bereits auf sieben Viertausender geklettert, aber immer im Sommer. Nun, in der Wintersaison 1998/99 wollte ich mit den leichteren Gipfeln beginnen. Aber auch diese weniger herausfordernden Berge verlangten genaue Vorbereitung und Erfahrung. Auf unserer letzten Trainingstour vor meinem Winterurlaub hatten Mark und ich den Engineer Mountain im Südwesten Colorados in der Nähe von Durango in Angriff genommen. Die Bedingungen waren nicht die besten gewesen, ein Schneesturm ließ uns nur eine Sichtweite von etwa 15 Metern. Nach einem Drittel des Weges gaben wir auf und verbrachten den Morgen und Nachmittag mit dem Graben von Löchern; so prüft man die Dicke einer Schneedecke. Mark zeigte mir, wie man die Härte, Kohäsion und das Lawinenpotential der Schneeschichten untersucht. Vor weiteren Trips auf die Viertausender musste mir das in Fleisch und Blut übergehen.

Zwei Tage später, nach einem meiner besten Ski-Ausflüge

zum Wolf Creek, bei dem wir durch einen Meter Pulverschnee gerast waren, fuhren Mark und ich in meinem vollbeladenen Sportcoupé nach Alamosa und mieteten uns in einem Motel ein. In dem schneereichen Jahr 1997 waren wir beide regelmäßig Ski gefahren und hatten bei Temperaturen um den Gefrierpunkt in seinem Tacoma geschlafen. Wir saßen auf dem Kotflügel seines Wagens und aßen Haferflockenbrei direkt aus dem Topf seines Kochers. Doch diesmal war unser Ausflug etwas Besonderes, weil Mark den übrigen Winter über in Alamosa arbeiten musste.

Am Morgen trennten sich unsere Wege. Ich machte mich auf in Richtung Norden nach Fairplay in Zentral-Colorado. Ich hatte vor, noch vor dem Weihnachtsfest bei meinen Eltern allein auf den Quandary Peak zu steigen, den Einfachsten aller Viertausender, da der Anstieg über den Bergrücken relativ kurz ist. Außerdem kommt man leicht an ihn heran, und es besteht nur geringe Lawinengefahr. Also ideale Voraussetzungen, um meine Fähigkeiten unter Beweis zu stellen. Der 22. Dezember war ein klarer und kalter Tag. Der Wind blies kräftig über die hohen Gipfel. Ich hatte Mark seine alten Schneeschuhe abgekauft und schnallte sie mir, aufgeregt wie ein Kind, um meine wasserfesten Lederstiefel. Der Aufstieg auf den 4347 Meter hohen Quandary Peak setzte meine ganze Einsatzbereitschaft voraus. Ich stand am Waldrand, die Arme ausgebreitet. Der Moment der Wahrheit war gekommen.

Der Wind nahm während meines Aufstiegs meine ganze Aufmerksamkeit in Anspruch. Ich stapfte durch den Schnee bis dahin, wo die Bäume nicht mehr vertikal, sondern horizontal wachsen, und schaute die meiste Zeit nach unten, damit meine Gletscherbrille nicht vereiste. Weiter oben wehte der Wind den Schnee in die felsige Tundra. Meine Schneeschuhe ließ ich irgendwo bei etwa 3600 Metern an dem breiten Bergrücken auf einem Hügel stehen. In Richtung Südwesten war der Mount Lincoln deutlich zu erkennen. Der Wind pfiff durch die Ventilationslöcher meiner Gletscherbrille, und meine Augen tränten; die schneebedeckten Gipfel verschwammen unter dem azurblauen Himmel.

Je weiter ich lief, desto dünner wurde die Luft, und die Farben des Himmels wechselten von mediterranem Blau zu Kobaltblau bis hin zu Indigo. Ich stellte mir vor, so lange zu laufen, bis nur noch schwarzes All um mich herum wäre, und für ein paar Stunden hatte der Himmel für mich eine andere Farbe als für den Rest der Menschheit. In diesem Augenblick war ich wahrscheinlich der einzige Mensch in Colorado, der sich in einer solchen Höhe aufhielt – denn niemand klettert im Winter auf einen Viertausender. Und da jetzt sowieso keine Bergsteigersaison war, war es sogar wahrscheinlich, dass ich in ganz Amerika der einzige Mensch war, der sich so hoch oben über der Welt befand.

Die gefühlte Temperatur lag bei minus 20 Grad. Auf dem Gipfel musste ich mit Schrecken erkennen, dass mein Wasservorrat gefroren war und auch meine mit Erdnuss gefüllten Schokoriegel. Etwas anderes hatte ich nicht dabei. Ich lutschte an dem Schokoriegel wie an einem Eis.

Mit dem Wind im Rücken machte ich mich auf den Heimweg und flüchtete geradezu vom Gipfel zu meinen Schneeschuhen. Ich hatte es geschafft. Während ich die Schneeschuhe anschnallte, ließ ich den Tag Revue passieren. Ich musste in Zukunft dafür sorgen, dass meine Verpflegung nicht gefror, denn nicht immer würden meine Ausflüge von so kurzer Dauer sein, dass ich ganz ohne Essen und Trinken auskam. Auch jetzt knurrte mir der Magen, und mein Mund war trocken. Ich brauchte eine Erfrischung, und dass ich Schokoriegel und Wasser mit mir herumschleppte, ohne etwas davon zu haben, deprimierte mich.

Ich lief zu meinem Auto zurück, fuhr zwei Stunden bis nach Denver zu meinen Eltern und platzte beinahe vor Stolz über den erfolgreichen Start meines Projekts. Natürlich gab es noch mehr Möglichkeiten, meine Leistung für die Solotouren zu steigern, doch dieses Erfolgserlebnis hielt ein ganzes Jahr vor, bis ich meinen zweiten Viertausender im Winter 1999 bezwang. In der Zwischenzeit zog ich nach Washington State. Dort fand ich ideale Bergsteigbedingungen vor, um mich zu üben und zu verbessern. Ich wurde schneller und schaffte es mittlerweile, innerhalb von einer Stunde mit neun Kilogramm Gepäck auf 3000 Meter zu steigen; auch im Umgang mit Steigeisen im Schnee, auf Eis und auf Felsen wurde ich sicherer. Darüber hinaus übte ich mit Kollegen, wie man jemanden aus einer Gletscherspalte rettete, und erlernte Techniken, wie man zusammen mit einem Partner angeseilt an Gletschern hinaufklettert. Denn das nächste Ziel war die Erklimmung des vergletscherten Berggipfels der Cascades, des Mount Rainier, Mount Baker und Mount Shuksan. Sechs Monate verbrachte ich in Washington, und an keinem Wochenende hatten wir gutes Wetter (am Ende des Sommers war weltweit der meiste Schnee auf Mount Baker gefallen), und doch war ich jeden Samstag und Sonntag in die Berge gegangen. Wenn ich auf gutes Wetter gewartet hätte, wäre ich nie losgekommen, also ertrug ich die nassen Anziehsachen, ein von Schimmelpilz befallenes Zelt, kalte Sommernächte und die von Wolken verschleierten Gipfel.

Auf dem Mount Rainier erfuhr ich, was es bedeutete, die Nacht sitzend in einem ungeschützen Biwak zu verbringen. Mein Partner Paul Budd und ich waren über die Kautz-Ice-Chute-Route aufgestiegen. Weil wir nicht genügend Eisschrauben dabeihatten und auch noch in ein Gewitter und einen Schneesturm gerieten, nahmen wir den Weg zurück über die Disappointment-Cleaver-Route. Unsere Campingausrüstung, Verpflegung und das Wasser lagerten auf der anderen Seite des Berges in etwa 3300 Metern Höhe, und wir saßen acht Stunden lang bei 3000 Metern und froren wie die Schneider. Auf dieser Odyssee kletterten wir in vierundzwanzig Stunden auf über

4572 Meter (wir mussten vom Gipfel zurück zu unserer Ausrüstung klettern) und waren sechsundsechzig Stunden unterwegs, ohne ein Auge zuzutun.

Diese Anstrengung hatte mir gezeigt, wozu ich tatsächlich in der Lage war und wie viel Kräfte in mir steckten. Das kam mir am Wochenende darauf zugute, an dem mein Freund Judson Cole und ich innerhalb von vierzehn Stunden die Disappointment-Cleaver-Route von der Basisstation Paradise zum Gipfel und zurück ohne Stopp bewältigten. Ich schloss mich drei Freunden vom ACME Mountain Club zu einer Ausdauerklettertour auf den Mount Shuksan an, einen der schönsten Berge weltweit mit dem besten Anstieg, den ich je gemacht habe. Er machte dem Sprichwort »Wenn du in den Himmel kommen willst, musst du durch die Hölle gehen« alle Ehre. Unser Team musste sich zunächst durch so dichtes Unterholz in einem Wald kämpfen, dass ich, ohne es zu merken, mein Eiswerkzeug verlor. Bei jedem Schritt rutschte ich auf dem Hang, der voller Erlenzweige lag, aus und verlor auch noch unsere einzige Landkarte. Gott sei Dank kannten wir den Weg, so dass wir weitergehen konnten, auch wenn wir nachts in acht Stunden nur anderthalb Kilometer zurücklegten.

Am nächsten Morgen waren wir völlig erschöpft, waren aber bis auf 1524 Meter an der Nordwand vorgedrungen. Wir machten eine Pause und legten uns für eine Stunde aufs Ohr. Mittags seilten wir uns für den Aufstieg auf den Gletscher an, um nicht in eine der Gletscherspalten zu fallen. Nach 300 Metern auf der Mitte des Anstiegs hörten mein Seilpartner Bruce und ich plötzlich ein rumpelndes Geräusch über uns. Unsere Partner vor uns riefen uns zu, wir sollten zusehen, dass wir wegkamen. Ohne darauf zu achten, was der andere tat, rannten wir, immer noch aneinander gebunden, in entgegengesetzte Richtungen, bis uns das Seil hinderte, weiterzulaufen und wir abrupt zum Stehen kamen. Später, wenn wir uns die Geschichte wiedererzählten, brachen wir in lautes Gelächter aus, aber in jenem Moment hatte ich eine Heidenangst. Ich drehte mich um und rief Bruce zu: »Hier entlang.« Das donnernde Geräusch wurde immer lauter.

Wir sprinteten blind vor Angst über das Schneefeld, einen Alptraum mit 18 Kilogramm Gepäck auf dem Rücken, in schweren Stiefeln mit Steigeisen. Die Zeit schien stillzustehen. Es war, als kämen wir nicht von der Stelle. Das Grollen wurde immer lauter, und dann war es plötzlich still, als hätten wir einen schallisolierten Raum betreten. Ich blickte über meine Schulter. Auf einem Eiskliff auf einer Traverse schaukelte ein Felsblock von der Größe eines Motors. Ich war wie vom Blitz getroffen und schrie: »Lauf! Bruce! Lauf!« Ich wusste nicht, ob er schon außer Gefahr war, und es dauerte noch weitere zwei Sekunden, bis wir es erfuhren.

In diesen letzten langen Sekunden schaute Bruce nicht einmal hoch – er rannte nur wie der Teufel in meine Richtung. Ich ergriff das Seil, raste bergab und zog daran, so dass es sich nicht in seinen Steigeisen verfing. Bruce' Gesicht war angstverzerrt, als der gigantische Felsbrocken etwa 40 Meter hinter ihm seinen meteoritenartigen Flug in einer riesigen Schneeexplosion beendete. Der Felsen rutschte wie ein entgleister Waggon bergab, wurde schneller und schneller, bis er über die Kante des Gletschers mit rasender Geschwindigkeit in die Tiefe krachte.

Dann war es totenstill. Keiner von uns war in der Lage zu begreifen, in welcher Geschwindigkeit sich das Ganze abgespielt hatte. Bruce hatte gar nicht gesehen, wie der Felsbrocken vom Gletscher fiel. Wir waren gerettet und klopften uns gegenseitig auf die Schultern.

»Bist du sicher, dass wir nicht ein Paar neue Unterhosen brauchen?«, witzelte einer der anderen. Alle waren außer sich vor Schreck, aber nach einer Pause gingen wir weiter, denn wir mussten einen Platz zum Campen finden, bevor es dunkel wurde.

Die anderen waren für die ersten 100 Meter die Führungsgruppe gewesen und übergaben nun diese schwierige Aufgabe an Bruce und mich. Bruce, der sich immer noch nicht erholt hatte, stand nicht der Sinn danach, Trittlöcher zu schlagen, Firnanker zu legen und die psychologische Verantwortung als Frontmann zu übernehmen. Also sammelte ich die Firnanker ein, lieh mir einen Eishammer, ich hatte meinen verloren, und legte los. Die anderen folgten, sobald ich eine Seillänge voraus war. Ich stach mit den Spitzen meiner Steigeisen in die feste spätsommerliche Schneedecke und hielt mein Eiswerkzeug wie einen Dolch.

Ich verfiel in eine Art ungebändigten Aktionismus. Zuerst schlug ich den Hammer in die Eisdecke über meiner Schulter, dann platzierte ich den rechten Fuß. Danach wiederholte ich dieselbe Prozedur auf der anderen Seite. Gut 600 Meter jungfräulicher weißer Berg erhoben sich vor mir. Ohne Orientierungspunkte zog die unversehrte Landschaft unbestimmbar an mir vorüber. Selbst die oberen Hänge des Gletschers über mir schienen unerreichbar zu sein. Der einzige Hinweis, dass ich Fortschritte machte, waren Bruce' Zurufe, dass wir wieder eine Seillänge weitergeklettert waren und es an der Zeit war, einen neuen Firnanker zu setzen. Auf sein Zeichen zog ich einen 60 Zentimeter langen, T-förmigen Metallpflock aus dem Rucksack und schlug ihn mit dem Hammer in den Hang. Danach zog ich das Seil durch den daran befestigten Karabiner. So waren Bruce und ich geschützt. Die zweite Gruppe benutzte unsere Firnanker, der Letzte zog sie wieder heraus.

Zu meiner Linken fiel der Hang zu dem Eiskliff ab, wo der Felsbrocken uns sein Schauspiel dargeboten hatte. Ich versuchte nicht daran zu denken und konzentrierte mich darauf, mich möglichst kräftesparend zu bewegen. Ich hatte einen gleichmäßigen Rhythmus gefunden: den Hammer einschlagen, zweimal mit dem Fuß treten, die Seiten wechseln, hämmern, kicken, kicken, hämmern, kicken, kicken. Eine Stunde lang tanzte ich mit dem Berg diesen Walzer.

Als sich 60 Kilometer von uns entfernt über der Puget-Meeresenge eine dünne Wolkendecke vor die Sonne schob, brach sich das Licht in den Farben des Ozeans, und der Mount Shuksan zeigte sich in seiner schönsten Abendrobe. Ich schaute über meine rechte Schulter und sah die Lichter von Victoria an der Küste von Vancouver Island. Die untergehende Sonne färbte die zerklüftete Picket Range und die Gipfel der North Cascades weinrot. Mir fiel es immer schwerer, mich mit dem Pickel vorzuarbeiten. Schließlich richtete ich mich auf und lief zehn Meter, ohne vorher Trittlöcher gemacht zu haben. Ich stand auf der Spitze des Gletschers, 2743 Meter über dem Meeresspiegel, und bewunderte die schwarze Pyramide des symmetrischen Gipfels, der über den Schneefeldern emporragte. Danach lief ich, so weit das Seil reichte, hinüber zu einem Hügel auf dem weißen Plateau. Von dort hatte ich einen herrlichen Blick über den Mount Baker, die Puget-Meeresenge, die North Cascades und den südlichen Teil von British Columbia. Der Ort war wie geschaffen für ein Nachtlager. Wenn das wunderbare Kletterlebnis von heute Nachmittag eine Wiedergutmachung für das gestrige Gestolpere durch den Wald war, dann war die stille Pracht dieses Lagerplatzes eine Wiedergutmachung für den Schreck mit dem Felsen. Meine erschöpften Kameraden kamen nach und nach, lobten mich für meine Vorarbeit und die Wahl des Lagerplatzes. Wir bereiteten das Abendessen zu und ruhten uns aus.

Doch unser Abenteuer auf dem Mount Shuksam war noch längst nicht vorüber. Wir hatten den Gipfel noch nicht erreicht – wir befanden uns auf der gegenüberliegenden Seite der Gipfelpyramide, weit entfernt von der kürzesten Route nach ganz oben –, und als es der Morgen heraufzog, stand uns ein langer Sonntag bevor. Wir umgingen den schwarzen Wall der Pyramide im Osten und Süden und verzichteten auf die letzten 150 Meter bis zum höchsten Punkt, weil wir die drei Hauptschluchten, die an der Westseite des südlichen Gletschers abgingen, noch auskundschaften wollten. Da wir keine Karte hatten, wussten wir nicht, wie wir den Abstieg bewältigen sollten, und obwohl wir den steilsten Weg abwärts nahmen – durch einen Eistunnel am Bergschrund (das ist ein einzelner Riss im Gletschereis entlang des Gletscherrandes), weiter hinunter am Felsen von Fisher Chimney und wieder hinauf in einem anstrengenden Endspurt zum Mount-Baker-Skigebiet –, war es bereits dunkel, als wir den Berg hinter uns ließen.

Eine Woche später wurde ich nach New Mexico versetzt und trat sofort dem Such- und Rettungsteam SAR bei, in dem Mark fünf Jahre lang Mitglied gewesen war. Im Alburquerque Mountain Rescue Council, dem besten Rettungsteam weit und breit, erhielt ich Training und sammelte Erfahrungen und lernte all jene Menschen kennen, mit denen ich in den nächsten drei Jahren Kletterpartien unternehmen würde. Alburquerque lag auch näher an den Gipfeln in Colorado, die ich in meist fünftägigen Touren Monat für Monat das ganze Jahr über erkletterte.

Den Sommer verbrachte ich in Washington und kletterte fleißig auf hohe Berge, ich trainierte in Colorado und hatte nun genug Erfahrung gesammelt, um weitere Viertausender im Winter 1999/2000 zu besteigen. Dennoch war ich der Gnade der Berggötter ausgeliefert. Am 22. Dezember peitschten Winde mit einer Stärke von 160 Stundenkilometern über das Plateau des Mount Bross, und ich hatte Schwierigkeiten, mich auf den Beinen zu halten. Ich kroch auf allen vieren und versuchte, mein Gleichgewicht zu halten. Vom heißen Metallrahmen meiner Stirnlampe hatte ich rote Stellen auf der Haut. Ich sah aus wie Gorbatschow. Mit dieser lächerlichen lilafarbenen Stirn musste ich nach Denver zurück zu meinen Eltern.

Drei Tage nach Weihnachten erkletterte ich fünf Viertausender. Zwei Tage später läutete ich zusammen mit zwanzig Freunden (und achtzigtausend Fans) das neue Jahrtausend auf einem Konzert von Phish in den Everglades in Florida ein, bei dem die Band ohne Unterbrechung von Mitternacht bis zum Morgen, fast acht Stunden lang, spielte. Im Frühjahr reiste ich mit vier Freunden nach Japan und folgte der Band auf ihrer Tour durch kleinere Städte. Dort erklommen wir auch den Gipfel des Mount Fuji.

Noch vor dem Ende des Winters kletterte ich allein auf sechs Viertausender in Colorado, darunter den Kit Carson Mountain und Blanca Peak, beide in der südlichen Sangre de Cristo Range gelegen. Am 16. Januar 2000 hatte ich als Erster im neuen Jahrtausend den Anstieg auf den Blanca Peak und seinen Schwesterngipfel Ellington Point geschafft. Auf dem Rückweg kam ich über ein schneebedecktes Geröllfeld. Bei etwa 3600 Metern brach ich zum hundertsten Mal bis zum Knie in die Schneedecke ein. Diesmal konnte ich das Bein aber nicht mehr herausziehen. Sosehr ich mich auch abmühte, ich saß fest. Unter dem Schnee hatte sich ein Stein verlagert und quetschte meinen Knöchel ein. Mein Stiefel war eingeklemmt, und ich konnte den Stein nicht bewegen. Ich musste also den Schnee wegschaufeln, um meinen Stiefel herauszubekommen. Doch das war nicht so einfach. Ich steckte meine Hand in das Loch und öffnete meine Schnürsenkel, zog meinen Fuß aus dem Schuh und rollte mich auf die rechte Seite. Dabei gab ich Acht, dass meine Socke nicht nass wurde. Fünfzehn Minuten später hatte ich meinen Stiefel wieder. Natürlich musste ich mich fragen, was gewesen wäre, wenn nicht nur mein Stiefel festgesteckt hätte, sondern mein ganzes Bein oder wenn mein Knöchel verstaucht oder gar gebrochen gewesen wäre. Hätte ich die Nacht überlebt? Zwar hatte ich einen Gaskocher und einen winterfesten Schlafsack dabei, der einen auch noch bei Temperaturen um den Gefrierpunkt herum warm hielt, aber der nächtlichen Kälte wäre er wohl nicht gewachsen gewesen. Ich dachte nicht weiter über den Unfall nach und machte einen Umweg um zwei andere schneebedeckte Geröllfelder herum.

Im Verlauf des Winters lernte ich eine Lektion: Die Suche nach Erholung ist einem ständigen Wechsel von Risiko und Belohnung unterworfen. Obwohl kein Abenteuer von Geld oder Ruhm gekrönt wird, setzt man sich immer wieder Risiken aus, und das nur weil es Spaß macht und den Horizont erweitert. So war es auch bei meinen Wintertouren, besonders wenn ich gleich zu Beginn in einen Sturm geriet und eine Schlechtwetterfront als gegeben hinnehmen musste. Leid, Kälte, Übelkeit, Erschöpfung, Hunger – all das bedeutete gar nichts, es gehörte zu dieser Erfahrung dazu. Das Gleiche galt für Freude, Euphorie, Erfolgserlebnis und Erfüllung. Ich ergriff zwar Vorsichtsmaßnahmen und versuchte, das Risikio zu minimieren, aber ich gab nie die Vorstellung auf, dass ich etwas Besonderes erleben würde. Ich wollte einfach nur offen für das sein, was mir der Tag bringen würde, und es akzeptieren. Erwartungen führten nur dazu, enttäuscht zu werden. War ich dagegen offen für alles, war ich auch wach und vergnügt, selbst unter widrigen Bedingungen. Mark Twight, ein amerikanischer Alpinist mit einer außerordentlichen Reihe von Erfolgen und Misserfolgen hat einmal geschrieben: »Es muss nicht lustig sein, um Spaß zu machen.« Und genauso ist es.

Die Besteigungen der nächsten Viertausender in den folgenden zwei Wintern gestalteten sich schwieriger, auch wenn ich mir die technisch kompliziertesten und abgelegensten Gipfel für die zweite Hälfte meines Projekts aufgehoben hatte. Mit der Zeit wurde ich beim Klettern, Campen und in Sachen Ausrüstung immer routinierter, meine Kondition verbesserte sich, und ich gewöhnte mich an das Klima, so dass ich mir immer längere und kraftraubende Routen vornehmen konnte. Ich machte mir stets einen genauen Plan und sagte meinen Eltern oder meinen Mitbewohnern, wann ich wieder zurück sein wollte. Natürlich wählte ich Routen aus, auf denen ich am wenigsten Gefahr lief, von einer Lawine überrascht zu werden – der tödlichsten aller Gefahren.

Bis zum Ende des Jahres 2002 hatte ich innerhalb von vier Wintern 36 von 59 Viertausendern geschafft. Doch meine Leistung war nicht allein an der Anzahl der Gipfelbesteigungen zu bemessen. Ich hatte immer wieder neue Erfahrungen gemacht, die niemand sonst besaß. Oft trug ich mich nur in die Trailhead-Register ein, wenn ich wusste, dass der letzte Eintrag drei, vier oder gar fünf Monate zurücklag. Wenn ich dann im Sommer zu demselben Gipfel zurückkehrte, sah ich, dass mein Eintrag der letzte in sieben oder acht Monaten gewesen war. Die Einsamkeit, die ich an diesen Orten spürte, an denen seit so langer Zeit niemand mehr gewesen war, gab mir das Gefühl, dass mir diese kalten hohen Berge, die Gebirgsseen und die stillen Wälder irgendwie gehörten; und ich spürte eine Art Seelenverwandtschaft mit den Elchen, Hirschen, Bären, Hermelinen, Schneehühnern und Bergziegen. Je öfter ich ihr Zuhause besuchte, desto stärker war das Gefühl, dass sie mein waren.

Im Dickicht der Weidenbäume am Mount Evans trat ich einmal beinahe auf ein Schneehuhn. Erst im letzten Moment gurrte es und hüpfte zur Seite. Ich beugte mich zu dem Vogel herab und versank beinahe in seinen dunklen Augen. Das Universum weitete sich; keiner von uns beiden bewegte sich. Ich fühlte mich in diesem Moment mit dem Federknäuel stärker verbunden als mit meiner eigenen Spezies. In der winterlichen Landschaft hatte ich mit diesem Wesen mehr gemeinsam als mit den Menschen, die sich sowieso niemals in diese Welt verirrten. Ich machte ein Foto und zeigte es meinen Freunden, aber trotz meiner Erklärungen sahen sie nur das Schneehuhn und nicht unsere tiefe Verbindung. Das Gefühl der Einsamkeit und der Verbundenheit mit den Plätzen schufen mir eine Welt, die ich mit niemandem teilen konnte. Trotzdem versuchte ich es. Ich machte Fotos und stellte sie ins Internet. Doch für Außenstehende waren es Bilder ohne Aussage; für mich dagegen waren sie mit einem Erlebnis verbunden. Zum Beispiel, nachdem ich acht Stunden lang mit 22 Kilogramm Gepäck durch das Cotton Creek Valley gelaufen war, durch einen verschneiten einsamen Wald, vorbei an gefrorenen Wasserfällen, und schließlich den Pass zwischen den Gipfeln Electric und Broken Hand in 3962 Meter Höhe erreichten. Von einem Aussichtspunkt, der einem Gemälde von Albert Bierstein Konkurrenz gemacht hätte, sah ich, wie das rote Sonnenlicht der ersten Sonnenfinsternis im neuen Jahrtausend die schneebedeckten Felsen des Creston Needles lila färbte, und mir kamen vor Rührung über diese überwältigende Schönheit die Tränen. Ein Foto kann dieser Erfahrung nicht gerecht werden, niemals könnte ich einem Betrachter das Gefühlsdurcheinander von Erschöpfung, Müdigkeit, Hypoxie, Begeisterung und Stolz vermitteln, das ich bei diesem Anblick empfand.

Je weiter ich mit meinem Projekt vorankam, desto größer wurde meine ganz private Welt der Erfahrungen, und sie verband sich mit meinem Selbstgefühl. Diese Berge zu besteigen war nicht nur etwas, womit ich mir die Zeit vertrieb. Es wurde zu dem, was ich war. Ich machte mir keine Illusionen darüber, dass mein Vorhaben an Weltklasse-Kletterrouten nicht zu messen war, und ich verglich mich auch nicht mit Elitealpinisten, doch immer wenn ich einen neuen Gipfel erklommen hatte, entdeckte ich wieder einen neuen Teil von mir.

Ich hinterließ meine Skispuren auf dem Mount Harvard, es waren die einzigen menschlichen Spuren für die nächsten sechs Monate. Auf der Westseite des Mount Massive sah ich in 3000 Meter Höhe drei Wölfe durch den Pulverschnee laufen. Beeindruckender noch als ihre Kraft und ihre Grazie war die Tatsache, dass bis zu jenem Tag im März 2002 Wölfe in Colorado seit etwa sechs Jahrzehnten als ausgestorben galten. Ich starrte in Stürme, erlebte sie mit ihrer ganzen Wucht und bejubelte sie; auf dem Humboldt Peak wuchsen mir Eiszapfen im Gesicht, und auf dem Torreys Peak breitete ich meine Arme wie Flügel aus. An einem ruhigen und ungewöhnlich warmen Tag aalte ich mich auf dem Mount Yale in der Sonne, und auf dem Mount Sneffels fror ich in meinem dicksten Parka wie ein Schneider.

Meine Leidenschaft und meine Hingabe nahmen zu, und ich hatte nur noch den einen Wunsch, wieder nach Colorado zu ziehen und meine Wanderungen von einem Haus in den Bergen aus zu starten. Ich hatte keine Lust mehr, in einem großen Unternehmen zu arbeiten. Im Frühjahr 2002 bot sich mir die Möglichkeit, mit einer Gruppe von absoluten Cracks auf den Denali zu steigen, und da ich keinen Urlaub hatte, musste ich wählen zwischen meiner Glückseligkeit und dem Job bei Intel. Am Ende war es für mich kein großes Opfer, meine Stelle zu kündigen, meine Möbel zu verkaufen und meine gesamte Ausrüstung in meinen drei Jahre alten Toyota Tacoma Truck zu packen. An meinem letzten Arbeitstag am 23. Mai 2002 schickte ich an alle meine Freunde eine E-Mail mit einem Goethe-Zitat: »Was immer du tun und erträumen kannst, du kannst damit beginnen. In der Kühnheit wohnen Schöpferkraft, Stärke und Zauber.«

Die meisten meiner Kollegen ermutigten mich zu meinem Schritt, nur wenige konnten nicht glauben, dass ich kündigte, keinen anderen Job in Aussicht hatte und auch nicht wieder zur Universität zurückkehren würde. Das taten Maschinenbauingenieure von Intel einfach nicht. Trotzdem ging ich mit sechsundzwanzig Jahren nach einer bescheidenen fünfjährigen Karriere offiziell in Pension. Einen festen Job in einem großen Unternehmen zu haben bedeutete auch, östlich der Rocky Mountains leben zu müssen, und das waren zwei Dinge, die ich mir geschworen hatte, niemals wieder zu tun. So also begann meine Reise zum Gipfel des Denali, dem höchsten Berg Nordamerikas. Ich würde sechsunddreißig Staaten und Kanada innerhalb von sechs Monaten durchqueren und schließlich in einem kleinen Ort in Colorado namens Aspen in 2404 Meter Höhe ankommen.

5

Zweiter Tag: Schwindende Optionen

Desert dawn
Rise up early, lift your song
On the breath of life that rises from the
Glowing stone
Feel the rocks of ages, smooth against your skin
Smell the breath of flowers dancing on the wind
Dancing on the wind.

String Cheese Incident mit der Lyrikerin
Christina Callicott, »*Desert Dawn*«

Die Morgenluft erwärmt sich, und ich muss nicht länger vergeblich auf dem Stein herumklopfen, damit mir warm wird. Meine Hand braucht Abwechslung, und ich verschiebe das Hacken und Schnitzen auf später. Trotz der schlaflosen Nacht schöpfe ich durch das Tageslicht neue Energie. Immer wenn ich durch die Nacht wanderte und es zu dämmern anfing, habe ich mich genauso gefühlt. Heute ist allerdings kein Ende in Sicht. Dies ist kein Aufstieg mit dem Gipfel vor Augen, es ist auch keine Ausdauer-Wanderung, die nach einer gewissen Zeit beendet ist. Mein Kampf mit dem Fels ist offen, ich werde so lange hier sein, bis ich das Problem gelöst habe oder sterbe.

Aus den Überlebensgeschichten in der Wüste, die ich gelesen habe, weiß ich, dass der Tod durch Dehydrierung verschiedene Gesichter hat. Immer aber ist es so, dass die Organe nach und nach ihre Funktionen aufgeben, weil sie unterversorgt sind. Manche Menschen spüren, wie die Nieren versagen und das

Körpergift sie umbringt. Andere bleiben so lange am Leben, bis das Herz aussetzt. Wenn man sich in der Hitze anstrengt, kann Dehydrierung auch zu Überhitzung führen, man bekommt also einen Hitzschlag. Auf welchem Weg der Tod auch kommt, starke Krämpfe sind seine Vorboten. Ich beginne Vermutungen anzustellen.

Ich frage mich, wie sich Nierenversagen anfühlt. Sicherlich nicht gut. Vielleicht hat man Krämpfe im Rücken. Es wird ein furchtbarer Tod sein. Hypothermie wäre besser, wenn es schnell geht. Wenigstens würde ich bewusstlos und von allem nichts spüren. Die letzte Nacht war nicht besonders kalt, die Temperaturen lagen bei ungefähr 15 Grad Celsius. Unterkühlung war keine Gefahr. Vielleicht wäre der Tod durch eine Sturzflut angenehmer? Nein, auch nicht. Was ist besser? Dass der letzte Schrei durch eine Schlammwelle erstickt wird, langsam durch Unterkühlung ins Koma zu fallen oder noch die letzten Zuckungen zu spüren, wenn das Herz versagt? Ich weiß es nicht.

Tatsache ist, ich will nicht sterben, also trete ich in Aktion. Es ist Zeit, dass ich eine bessere Verankerung konstruiere, eine, mit der ich ein Seilzugsystem herstellen kann, um den Felsen anzuheben. Wenn ich die Vorderseite des Steins nur um 30 Zentimeter nach vorn drehen könnte, könnte ich meine Hand herausziehen. Aber bis dahin ist es ein weiter Weg. Vielleicht kann ich auch die Rückseite weit genug nach hinten bewegen, dass er nicht mehr so fest aufliegt. Ein Spalt von fünf Zentimetern reicht, und ich wäre in der Lage, meinen Daumen aus dieser Falle herauszuziehen. Natürlich mache ich mir klar, dass es schlechter zu ertragen sein wird als der Unfall selbst, denn es wird lange dauern, und ich bringe mir den Schmerz selbst bei. Aber die Hand ist ohnehin verloren; ich habe sie schon abgeschrieben. Doch was, wenn das Blut wieder zu zirkulieren beginnt? Werde ich eine Blutvergiftung bekommen? Ich weiß nichts über das Risiko, das ich eingehe, aber es scheint logisch zu sein, dass sich Gifte im Körper ausbreiten, wenn ich meine Hand plötzlich befreie. Ich werde es riskieren.

Für die neue Verankerung löse ich das fluoreszent gelbe Band von dem Karabiner an der Rückseite meines Gurtes und räufele die Schlingen auf. Ich knote die beiden Enden auseinander und wickele das fast acht Meter lange Band im Zickzack um den Stein. Dabei gebe ich darauf Acht, dass sich das Ganze nicht mit meinem jetzigen Gurt-Stützsystem verheddert. Von hier unten versuche ich mir die Konturen und Kanten vorzustellen, die möglicherweise über dem Stein vorhanden sind und die Felsbank über und vor mir bilden. Ich habe dem einfach nicht genug Beachtung geschenkt, als ich gestern Nachmittag dort oben stand. Ich glaube, dass sich etwa zwei Meter über mir ein dreieckiger flacher Vorsprung befindet. Sollte sich dahinter eine größere Lücke auftun, könnte das Gurtband, ohne dass es gleich wieder abrutscht, dort Halt finden.

Meine Versuche, das Gurtband darüber zu werfen, scheitern; das Material ist zu leicht. Werfe ich es nicht hoch genug, prallt es vom Stein ab. Ich überlege kurz und knote das unbenutzte Ende eines Kletterseils an ein Ende des Gurtbandes. Danach versuche ich das Seil über den Vorsprung zu werfen und das Gurtband dann darüber zu ziehen. Die nächsten zwölf Versuche scheitern. Jedes Mal muss ich das Seil wieder aufrollen und mich wieder in die richtige Stellung bringen. Ich bekomme zwar das Seil über den Vorsprung, aber das Gurtband rutscht nicht weit genug nach hinten, um sich zu verankern. Immer wieder fällt es in den Sand neben mir.

Dann entdecke ich an der rechten Seite des Vorsprungs einen Spalt. Vielleicht kann ich das Gurtband dort hineinschieben und es aus diesem Winkel von hinten herüberziehen. Beim nächsten Wurf ziehe ich in dem Moment an dem Seil, als sich der Knoten direkt über dem Vorsprung befindet, nehme den Seilanfang zwischen die Zähne und gebe dem Gurtband einen sanften Ruck. Es rutscht in den Spalt. Ah! Jetzt ziehe ich den

Knoten über die Kante des Sockels. Das Gurtband hat sich um das hintere Ende des lachsfarbenen Vorsprungs gewickelt. Langsam hole ich den Seilanfang ein. Jetzt habe ich eine geeignete Befestigung für die Verankerung. Ich löse den Knoten, der Seil und Gurtband verbindet, ziehe einen Abseilachter über das gelbe Band und binde mit mehreren Sackstichknoten eine Schlaufe. Mit der linken Hand zerre ich an der Schlaufe, ziehe den Knoten fest und prüfe den Sitz. Ich lege mein ganzes Gewicht in das Gurtband, aber es gibt nicht nach. Es sitzt fest.

Auf meiner Uhr ist es jetzt schon nach elf Uhr am Sonntagmorgen. Zwei Stunden war ich damit beschäftigt, die Verankerung neu zu konfigurieren, und bis jetzt haben sich meine Bemühungen gelohnt. Ein kleiner Schluck Wasser trägt zu meiner allgemeinen Zufriedenheit bei.

Gute Arbeit, Aron. Jetzt musst du den Felsen nur noch verrücken. Jetzt nur nicht aufgeben.

Ich schneide vom Ende meines Kletterseils neun Meter ab, wickle das kürzere Ende um den Felsblock und binde es mir dann um den Körper. Das andere Ende ziehe ich durch den Abseilachter – ich kann ihn gerade noch mit meiner linken Hand erreichen. Da ich davon ausgehe, dass sich der Felsbrocken nicht bewegen wird, ziehe ich ruckartig an dem Seil. Wie erwartet, nichts passiert.

Na bitte, die Verankerung hält.

Jetzt muss ich einen Seilzug herstellen. Mit nur einem Knick im Seil brauche ich mehr Kraft zum Ziehen. Die Reibung am Abseilachter ist darüber hinaus nicht gerade von Vorteil. Leider habe ich keine Umleitrolle dabei; vielleicht tun es auch Karabiner, obwohl die einen größeren Friktionsverlust aufweisen. Dazu muss ich die Karabiner-Verankerung herunterreißen, an die ich den Sitzgurt gehängt hatte, und rüttele so lange an dem Seil, bis es sich aus dem Spalt löst.

Die Zeit vergeht. Ich bin voll und ganz mit dem Seil beschäftigt und konstruiere ein Zugsystem, das wir bei Rettungen an steilen Felswänden verwendet haben. Im Albuquerque-Rettungsteam habe ich zwei Standardsysteme gelernt. Ich entscheide mich für das Z-Seilzugsystem mit einer zusätzlichen Umleitung der Wurfleine. Natürlich muss ich es dem mir zur Verfügung stehenden Raum und meiner vorhandenen Ausrüstung anpassen. Zum Beispiel mache ich Prusikknoten an die Karabiner, um die Seilenden zusammenknoten zu können. So müsste sich rein theoretisch die Zugkraft verdreifachen. Weil das Konstrukt jedoch derart improvisiert ist, komme ich wahrscheinlich aufgrund des Reibungsverlustes im System nur auf die Hälfte. Aber 1,5 zu 1 ist immer noch besser als 0,5 zu 1, wie es bei meinem ersten Versuch der Fall war.

Trotzdem ist das System immer noch nicht stark genug. Der Felsen rührt sich nicht. Mit ein paar Laufknoten über den verschiebbaren Stopperknoten baue ich mir Fußschlaufen. Ich steige in die Fußschlaufen und bin gleich 60 Zentimeter weiter oben. Auch wenn meine Haltung aufgrund meiner eingeklemmten Hand ein wenig unbequem ist, kann ich jetzt doch fast mein ganzes Körpergewicht einsetzen. Die Wurfleine ist straff gespannt, und mein System funktioniert so, wie ich es mir vorgestellt habe. Da ich allerdings ein elastisches Kletterseil benutze, geht eine Menge der Kraft, die ich auf die Wurfleine ausübe, verloren. Ich verbringe Stunden damit, das System richtig einzustellen, knüpfe noch einen Knoten an den Abseilachter, aber kann den Stein kein Stück bewegen. Mit den zur Verfügung stehenden Mitteln tue ich mein Bestes. Vielleicht könnte ich ein 5-zu-1-System hinbekommen – genug Karabiner und Gurtband habe ich ja –, doch auch dann benötige ich 30 Zentimeter zusätzlich zwischen Verankerung und Fels, damit alle Seilwindungen Platz haben. Entmutigt mache ich eine Pause und schaue auf meine Uhr. Es ist kurz nach 13 Uhr, ich schwitze und bin außer Atem.

Plötzlich höre ich das Echo von Stimmen. Die Gedanken überschlagen sich, und die Luft bleibt mir weg.

Ist das möglich? Es ist Mittagszeit, für eine Wandergruppe also früh genug, es hierher zu schaffen und noch vor Einbruch der Dunkelheit wieder an der West Fork und dem Horseshoe Trailhead zurück zu sein. Und genauso habe ich es mir ja auch gedacht. Die Chancen, dass an einem Wochenende jemand hier vorbeikommt, stehen gut. Immerhin bin auch ich hier gestern angekommen.

Dennoch habe ich Angst, dass ich mir das alles nur einbilde, dass ich die Geräusche nur in meinem Kopf höre. Ich halte den Atem an und lausche.

Ja! Die Geräusche sind zwar verzerrt und weit entfernt, aber vertraut. Das Scharren von Schuhen auf Sandstein. Wahrscheinlich klettert eine Gruppe Canyoneerer am ersten Überhang bei dem s-förmigen Baumstamm hinunter.

»HILFE!«

Das Echo meines Rufes verhallt im Canyon. Ich halte den Atem an und warte auf eine Antwort. Nichts.

»HILFE!«

Die Verzweiflung in meiner zitternden Stimme verstört mich. Wieder halte ich den Atem an. Mein Ruf verhallt, und ich höre nichts als mein pochendes Herz. Meine Hoffnung schwindet, und ich weiß, in diesem Canyon befindet sich außer mir keine Menschenseele. Meine Moral sinkt auf den Nullpunkt. Dann höre ich erneut Geräusche. Diesmal warte ich. Das, was ich für das Echo von sich nähernden Bergkletterern hielt, ist ein Wirklichkeit eine Kängururatte in ihrem Nest über dem Felsblock über mir. Ich sehe ihren Schwanz über den Zweigen hervorlugen, bevor sie im Loch verschwindet.

In diesem Moment beschließe ich, nur einmal am Tag um Hilfe zu schreien. Das Zittern in meiner Stimme hat mich erschreckt, und öfter zu schreien würde nur meine Anstrengungen untergraben, ruhig und bei klarem Verstand zu bleiben. Ich weiß im Grunde auch, dass es bis zum nächsten Wochenende dauern wird, bis jemand hierher kommt, dann nämlich, wenn die Rettungstrupps das Hinterland nach meiner Leiche absuchen. Da meine Stimme sicher nur etwa 50 Meter weit zu hören ist, hat es keinen Sinn, mir durch mein Geschrei selber Angst zu machen.

Gegen 14 Uhr wäge ich meine Lage und Möglichkeiten ab. Das Warten, Klopfen und die Hebeversuche haben sich als Fehlschläge herausgestellt. Zum ersten Mal überlege ich ernsthaft, ob ich den Arm amputieren sollte. Ich denke über die Vorgehensweise und die Konsequenzen nach. Ich breite alles, was ich dabeihabe, vor mir auf dem Stein aus und prüfe, ob sie mir bei dieser Operation von Nutzen sein könnte. Meine größte Sorge gilt einem Schneideinstrument und einem Tourniquet, damit ich nicht verblute. An meinem Multitool gibt es zwei Klingen: die kürzere Klinge ist schärfer als die längere. Diese längere sollte weiterhin der Steinbearbeitung vorbehalten sein, die kürzere für eine mögliche Operation bereitstehen.

Natürlich ist mir klar, dass ich auch mit der kürzeren Klinge die Knochen wahrscheinlich nicht durchsägen kann. Im Bürgerkrieg haben Ärzte in den Lazaretten Bogensägen bei Bein- oder Armamputationen verwendet, mir steht nichts zur Verfügung, was einer einfachen Säge auch nur im Entferntesten ähnelt. Außerdem möchte ich so wenig wie möglich von meinem Arm verlieren. Demzufolge muss ich die Knochen meines Unterarms durchsägen, nicht aber die Knorpel meines Ellenbogens. Letzteres kommt mir erst gar nicht in den Sinn, und so scheidet die naheliegendste Methode von vornherein aus.

Plötzlich muss ich an eine Szene aus einem Film denken, in der ein Heroinabhängiger sich den Arm mit einem Schlauch abbindet, und ich habe eine Idee, wie ich ein Tourniquet bauen kann. Der Schlauch meines leeren Trinkbeutels kommt dem am nächsten. Ich schneide also den Plastikschlauch ab und binde ihn mit einem einfachen Knoten um meinen Unterarm, knapp unter meinem Ellenbogen. Den Schlauch muss ich so festdrehen, dass er mit Sicherheit meinen Arm teilweise dauerhaft schädigt. Aus diesem Grund muss ich ihn so nahe wie möglich an der Schneidestelle positionieren. Der Knoten ist zu locker, und ich kann ihn auch nach drei neuen Versuchen nicht fester ziehen. Das Material ist zu steif. Ich schaue mich nach einem Stock um, den ich in das Tourniquet stecken könnte, doch kein Stock ist dick genug. Jedes Stück Holz, das in Rechweite liegt, würde brechen, sobald ich den Schlauch festziehe.

Das kann ich also auch vergessen.

Ich versuche es mit einem lila Stück Gurtband. Nach fünf Minuten habe ich einen Doppelknoten, aber auch der ist zu locker, um den Blutfluss zu stoppen. Ein Stock muss her ... vielleicht funktioniert es mit einem Karabiner. Ich hake einen Karabiner in die Schlaufe ein und drehe ihn zweimal. Das Gurtband schneidet in meinen Unterarm ein. Die Haut wird so blass wie ein Fischbauch. Das Tourniquet ist fertig, und ich bin mit meiner medizinischen Improvisation zufrieden.

Gute Arbeit, Aron.

Was brauche ich noch? In der ersten Hilfe lernt man, dass man auf eine Wunde Druck ausüben soll. Also benötige ich etwas, was ich um das Ende meines Armes wickeln kann, falls das Tourniquet nicht hundertprozentig funktioniert. Der gepolsterte Schritt meiner Bikingshorts gäbe einen saugfähigen Tupfer ab. Befestigen könnte ich ihn mit den noch verbleibenden Metern gelben Gurtbands. Um den Stumpf könnte ich den Mini-Rucksack wickeln, und die beiden Riemen könnten als Schlinge dienen, damit mein Arm fest über der Brust liegt. Perfekt.

In meine Zuversicht mischen sich düstere Gedanken, denn obwohl ich die Amputation in Gedanken durchspiele, ist sie immer noch Theorie. »*Wenn* ich den Arm abschneide, wie soll ich den Blutverlust stoppen?«, denke ich. Und: »*Wenn* ich den Arm abschneide, wie soll ich den Tupfer auflegen und den Stumpf in eine Schlinge bekommen?« Außerdem ist das Messer so stumpf, dass der Rest des Plans nicht mehr ist als eine geistige Übung. Solange ich nicht weiß, wie ich die Knochen durchtrennen soll, ist eine Amputation nur eine weitere Option, die es zu bedenken gilt. Natürlich frage ich mich auch, ob ich überhaupt den Mut dazu habe und wie es um meinen Seelenzustand bestellt sein wird, wenn ich die Antwort gefunden habe. Um es anzutesten, lege ich die kürzere Schneide des Multitools auf die Haut auf. Mit der Spitze pike ich zwischen die Sehnen und Adern knapp über meinem Handgelenk. Der Anblick stößt mich ab.

Was tust du, Aron? Nimm das Messer von deinem Handgelenk! Willst du dich umbringen? Das ist glatter Selbstmord! Mir ist es egal, wie gut dein Tourniquet ist, du hast zu viele Arterien im Arm, um das ganze Blut zu stoppen. Du wirst verbluten. Wenn du dein Handgelenk abschneidest, kannst du dir auch gleich in den Bauch stechen. Sollte es dir tatsächlich gelingen, die Knochen zu durchtrennen und dich zu befreien, dann schaffst du es vielleicht bis dorthin, wo du dich abseilen musst. Das Tourniquet macht dann auch keinen verdammten Unterschied mehr – der Suchtrupp wird in einem Monat deinen verwesten und von Bussarden zerfressenen Körper finden. Den Arm zu amputieren kommt einem langsamen Selbstmord gleich.

Mir wird übel, und ich lasse meine Hand sinken. Ich kann es nicht. In diesem Augenblick bin ich nicht dazu in der Lage. Meine innere Stimme hat Recht, wahrscheinlich ist es Selbstmord. Es muss mir noch viel schlechter gehen, bevor ich eine Amputation durchführe. Wer weiß, vielleicht kommt ja doch morgen jemand hier vorbei. Im Moment ist nur eines sicher: Sollte eine lange und unangenehme Operation notwendig sein – zum Beispiel das Zerhacken meiner Knochen –, muss ich in optimaler seelischer Verfassung sein. Mich schaudert bei dem Gedanken an eine Amputation, ich schließe die Augen, reiße den Mund auf. Ich sehe vor mir, wie das Blut an die Schluchtenwände spritzt, das zerfetzte Fleisch und die Muskeln meines Arms in Streifen von weißen Knochen hängen. Dann sehe ich, wie mein Kopf sich langsam auf meinen Brustkorb senkt, und ich sehe meinen leblosen Körper. Es ist wie die Schlussszene eines Filmes, bei dem die Abblende fehlt. Dies ist ein Alptraum, eine Vorahnung, und ich lege das Messer auf den Stein. Dann muss ich würgen.

Ich blinzele. Alles um mich herum verschwimmt. Bis ich mein Gleichgewicht wiederfinde. Jetzt, da diese ekelhafte praktische Übung vorbei ist, überdenke ich meine Situation noch einmal. Es gibt nichts, was ich nicht schon erwogen und als uneffektiv oder tödlich abgehakt hätte. Obwohl ich alle Möglichkeiten wenigstens in der Anfangsphase im Geiste durchgespielt habe, kann ich keine von ihnen weiterverfolgen. Ich bin matt gesetzt. Ich werde sterben. Ich kann meine Hand nicht freilegen. Ich kann den Felsbrocken nicht anheben. Und ich kann auch nicht meinen Arm abschneiden. Zum ersten Mal überkommt mich tiefe Verzweiflung. Der Optimismus des letzten Tages verfliegt. Ich bin allein, ich habe Angst und fange an zu weinen. »Ich werde sterben.« In zwei Tagen spätestens, aber es ist auch egal, wann.

Ich werde hier sterben.

Ich werde hier verwesen.

Ich werde hier mit meinem eingeklemmten Arm zusammenschrumpfen, wenn die Dehydrierung ernst macht und mich schließlich umbringt. Warum trinke ich überhaupt noch Wasser? Das verlängert nur meine Qual. Aus lauter Verzweiflung wünsche ich mir eine Sturzflut, die allem ein Ende macht. Immer wieder kommt mir der Gedanke, mir die Pulsadern aufzuschneiden. Meine Verzweiflung verwandelt sich plötzlich in ausgewachsene Wut. Ich hasse diesen Felsen. Ich hasse ihn! Ich hasse diesen Canyon. Ich hasse diesen kalten Stein, der meinen rechten Unterarm einquetscht. Ich hasse den leicht modrigen Geruch des grünlichen Schlamms an der Unterseite der südlichen Schluchtwand hinter mir. Ich hasse die Böen, die mir Staub ins Gesicht blasen, und das Schummerlicht in diesem klaustrophobischen Loch, wo selbst der Sandstein bedrohlich aussieht.

»Ich … hasse … das alles!« Bei jedem Wort haue ich mit der linken Hand auf den Felsen, und Tränen schießen mir in die Augen.

Das Echo meiner Wut hallt durch die Schlucht und verliert sich im Nachmittag. Dann höre ich eine andere Stimme, sie spricht ganz gelassen.

Der Fels hat getan, wozu er dalag. Felsen fallen. Das liegt in ihrer Natur. Er tat das einzig Natürliche. Es war so arrangiert, er hat auf dich gewartet. Wenn du nicht gekommen wärst und an ihm gerüttelt hättest, läge er immer noch dort, wo er schon weiß Gott wie lange lag. Das hast du getan, Aron. Du wolltest heute hierher kommen; du wolltest allein in diesen Canyon steigen. Du hast keinem erzählt, wohin du gehst. Du hast dich von den Frauen getrennt, die da waren, damit du nicht in Schwierigkeiten gerätst. Du hast dir diesen Unfall selbst zuzuschreiben. Du wolltest es so. Du bist schon lange darauf zugesteuert. Schau doch, welch weiten Weg du zurückgelegt hast, um an diesen Punkt zu gelangen. Du bekommst nicht, was du verdienst – du bekommst, was du wolltest.

Als ich begreife, dass ich die Verantwortung für meine Lage selbst trage, verfliegt meine Wut. Zwar bin ich weiterhin verzagt, aber ich schlage nicht mehr auf den Stein ein. Ein Gedanke kommt mir immer wieder. »Kristi und Megan waren die Engel, die mich vor mir schützen wollten, und ich habe sie ignoriert.« Alles, was geschieht, hat seinen Grund. Und das Schöne am Leben ist, dass wir diese Gründe nicht wissen dürfen. Kristi und Megan hatten zwar keine Flügel und Harfen, aber sie begegneten mir aus einem bestimmten Grund. Sie haben versucht, mich vor dem Unfall zu bewahren. Ich bin überzeugt, dass sie irgendwie wussten, was mir widerfahren würde. Immer wieder denke ich an Kristis letzte Frage: »Wie wirst du dich dort fühlen?« – und an die wiederholten Ermahnungen. Aber meine Dickköpfigkeit und mein Ehrgeiz hatten mich taub gemacht. Ich habe mich in diese Situation gebracht. Auf irgendeine verworrene Weise habe ich schon immer danach gesucht. Wie sonst soll es mich hierher verschlagen haben? Wir erschaffen uns unser Leben selbst. Ich verstehe zwar nicht ganz, warum, aber ich glaube immer mehr daran, dass ich darauf aus war, dass mir so etwas passieren würde. Ich habe das Abenteuer gesucht, und nun habe ich es gefunden.

Mir kommt ein Gespräch mit Megan in den Sinn. Sie hatte mir erzählt, wie sie sich einmal in Cedar Mesa verlaufen hatte, einer Gegend südöstlich von Utah, in der sich unzählige Schluchten und uralte Felsbehausungen befinden. Sie und ihre Freundin hatten sich die Nacht über an einem kleinen Feuer gewärmt. Im Gegenzug erzählte ich ihr, wie ich mich einmal in Cedar Mesa verlaufen hatte und erst im Dunkeln aus einem Canyon herausfand. Meine Freundin Jamie Ziegler und ich waren eine Stunde lang orientierungslos durch die Gegend geirrt, weil wir unsere Fußspuren, die uns zu meinem Wagen zurückführen sollten, im Dunkeln nicht mehr fanden. Wir hatten einfach Glück, als wir plötzlich auf dem Tafelland vor meinem Wagen standen. Dann erzählte ich noch von einer 30 Kilometer langen Rundwanderung durch Chute Canyons in dem San Rafael Reef in Zentral-Utah, die ich mit meiner Freundin Rachel Polver im Februar unternommen hatte. Nach 25 Kilometern erreichten wir eine drei Meter hohe Sandsteinschräge, an der Rachel nicht hochkam. Ein Stunde lang versuchte ich sie zu schieben, sie anzuleiten, zu ziehen, sie stellte sich sogar auf meine Schultern, schaffte es aber einfach nicht. Wir gingen denselben Weg zurück, den wir gekommen waren, bis wir zu einem 70 Kilogramm schweren Baumstamm kamen. Wir schleppten den Baumstamm den Canyon hoch und benutzen ihn als Leiter. Wir hatten darüber gesprochen, was es bedeutete, aus einer Schluchtenlandschaft nicht herauszufinden. Eine Art Vorahnung von meiner jetzigen Gefangenschaft. Ich hätte wissen müssen, dass sie wie ein Fluch auf mir lastete, und mit Kristi und Megan gehen müssen.

All diese Gedanken sind albern, aber ich habe schon seit zweiunddreißig Stunden nicht mehr geschlafen und kann nicht mehr klar denken. Ich fühle mich träge, und der Schlafmangel verstärkt nur noch das Gefühl der Leere. Bevor ich jedoch eindöse und mir dabei wehtue, klemme ich die Daisy Chain in den Abseilachter an der Verankerung und justiere das Ganze so, dass meine Beine entlastet werden. Auf der Digitalanzeige meiner Uhr ist es 14.45 Uhr.

Ich weiß nicht, ob ich auf eine bestimmte Gelegenheit gewartet habe, aber kurz nach 15 Uhr beschließe ich, meine Digitalkamera aus der Tasche zu ziehen und mich zu filmen. Ich nehme also meinen Rucksack, lasse ihn zu meinen Füßen gleiten. Außer den Burritos sind die Kameras das einzig Nützliche darin. Ganz unten befinden sich noch der tragbare CD-Spieler, die Ersatzbatterien und den leeren Trinkbeutel. Alles andere ist in Benutzung. Ich schalte die Kamera an, drehe den Bildschirm in meine Richtung, damit ich sehe, ob ich auch im Bild bin, und drücke auf »Aufnahme«. Dann stelle ich die Kamera auf den Felsblock.

Fang ganz von vorn an. Man wird das erst finden, wenn du schon tot bist. Du kannst die Kamera auf dem Felsbrocken stehen lassen und in die Wand ritzen »Spiel mich ab«, vielleicht noch einen Pfeil einkerben, der auf die Kamera weist. Vielleicht spült eine Flut die Kamera fort und weg von dir. Du musst alles erzählen.

Ich fange also an: »Es ist fünf Minuten nach drei am Sonntagnachmittag. Seit genau vierundzwanzig Stunden bin ich im Blue John Canyon oberhalb des Big Drops eingeklemmt. Ich heiße Aron Ralston. Meine Eltern sind Donna und Larry Ralston aus Englewood, Colorado. Den Finder dieser Kamera bitte ich, sie meinen Eltern zu bringen. Ich wäre Ihnen sehr dankbar.«

Ich schaue nur selten auf den Bildschirm. Ich bin ungekämmt, das letzte Mal habe ich mich vor vier Tagen in Aspen rasiert. Was mich wirklich erschreckt, ist der verstörte Ausdruck in meinen Augen. Sie sind riesig, so groß wie Teller, und in ihnen spiegelt sich die grauenvolle Anspannung des letzten Tages wider. Ich habe dunkle Augenringe. Meine Aussprache ist undeutlich, und ich atme schwer.

»Also … ich bin gestern im Blue John Canyon gewandert … Samstag … zwischen 14.45 Uhr und 15 Uhr kam ich an die Stelle, wo es wieder aufwärts geht. Bin unangeseilt geklettert … nicht schlecht … kam an die zweite Ansammlung von eingekeilten Felsbrocken. Und da bin ich immer noch. Einer der Felsbrocken hat sich gelöst, als ich daran heruntergeklettert bin, und hat meine rechte Hand zerschmettert und eingeklemmt.«

Ich nehme die Kamera in die Hand und filme die Stelle zwischen Fels und Wand, in der mein Unterarm steckt, und schwenke dann über die Quetschkante, um meine graublaue Hand aufzunehmen.

»Hier sieht man den Arm zwischen Wand und Fels … und da ist sie, die Hand, eingequetscht. Ohne Blutzirkulation seit vierundzwanzig Stunden. Die ist sowieso hinüber.«

Ich schwenke herüber zu der Verankerung und dem Abseilachter.

»Die Seile sind dazu da, mir einen Sitz zu stellen, damit ich nicht die ganze Zeit stehen muss. Als der Unfall passierte, war ich unangeseilt. Den Gurt habe ich erst später übergezogen und kann seitdem sitzen. Ich unternehme alles Mögliche, um nicht zu unterkühlen. Ich habe nur noch sehr wenig Wasser. Als ich hierher kam, hatte ich weniger als einen Liter. Jetzt habe ich noch etwa einen Drittel Liter. Bis morgen früh bin ich wahrscheinlich in Ohnmacht gefallen.«

Ein Windzug streift mich, und ich fange an zu zittern.

»Mein Körper hat seine Temperatur nicht mehr richtig im Griff ... uhh, ich stecke bis zum Hals in der Patsche.« An diesen Worten ersticke ich fast.

»Niemand weiß, wo ich bin, außer den zwei Mädels, die ich gestern im Blue John getroffen habe. Kristi und Megan aus Moab ... von Outward Bound. Sie sind zur West Fork des Blue John gewandert und dann weiter.

Ich bin mit dem Fahrrad unterwegs gewesen. Das Fahrrad steht angeschlossen anderthalb Kilometer südwestlich vom Burr Pass an einem Baum. Ungefähr 150 Meter von der Straße entfernt, auf der linken Seite, wenn man in Richtung Südosten blickt. Der Schlüssel steckt hier in meiner Hosentasche. Es ist ein rotes Thin Air Rocky Mountain. Es steht sicher noch dort.«

Der Wind wird stärker, ich muss blinzeln, damit mir der Sand nicht in die Augen weht. Der Wind rauscht ins Mikrofon und übertönt meine Stimme. Ich unterbreche die Aufnahme, ordne meine Gedanken, drücke wieder auf die Taste und zähle auf, was ich bisher gemacht habe.

»So wie ich die Sache sehe, hatte ich vier Möglichkeiten. Hmmm. Ich friere ... Ich habe versucht, den Fels mit Hilfe des Seilzugs zu bewegen. Er rührte sich nicht.«

Ich schüttele geschlagen den Kopf, gähne, die Müdigkeit überkommt mich wellenartig.

»Ich habe versucht, den Felsen loszuklopfen. Bei dem Fortschritt, den ich in vierundzwanzig Stunden gemacht habe, würde es hundertfünfzig Stunden dauern. Ein Problem dabei ist, dass meine Hand den Felsen hält. Jedes Mal, wenn ich etwas abklopfe, rutscht er weiter runter. Ich kann zwar nichts fühlen, aber es scheint so, als würde der Spalt zwischen Wand und Fels kleiner werden, seit ich an dem Felsen herumklopfe. Hier unter dem Seil sieht man die abgeklopften Stellen. Da wo das Seil ist, habe ich eine Menge abgeklopft. Auch dort, wo mein Arm jetzt liegt, aber der Stein hat sich bewegt.«

Ich mache eine Pause, lecke über meine trockenen Lippen,

versuche zu schlucken und muss seufzen. Aus meiner Stimme höre ich Verzagtheit. Die ganzen Misserfolge machen mich schwermütig.

»All das fällt also flach. Die dritte Option ist, meine Hand abzuschneiden.«

Ich verziehe das Gesicht. Es dauert zehn Minuten, bis ich mich gefangen habe und weiterreden kann.

»Ich habe ein Tourniquet hergestellt und ein paar Mal an die richtige Stelle angelegt ... aber das ist kompletter Selbstmord. Von hier bis zu meinem Wagen sind es vier Stunden. Und das ... wenn überhaupt möglich ... Klettern im Schwierigkeitsgrad 4 ... ich müsste den Weg zurückgehen, den ich gekommen bin, mindestens vier Stunden Fußweg, nun, ich hätte mein Fahrrad, aber ... hm ... bis ich aus der West Fork raus bin, dauert es noch einmal ein paar Stunden ... oder weniger ... zwei Stunden, vielleicht zweieinhalb, doch auch da wieder Klettern im Schwierigkeitsgrad 4 mit einer Hand? Noch dazu Dehydrierung und Blutverlust. Ich glaube, das lasse ich fallen. Wenn ich meinen Arm abschneide, werde ich sterben.

Vielleicht kommt ja jemand hier vorbei, das ist die vierte Möglichkeit. Aber diese Schlucht kennen nicht viele Leute, und deshalb ist es höchst unwahrscheinlich.

Es ist sonderbar. Es sind 25 Grad Celsius, jedenfalls gestern um diese Uhrzeit. Ich glaube, dass es jetzt ein, zwei Grad kälter ist. Über Nacht waren es vielleicht noch 15 Grad. Das war nicht so schlimm. Obwohl ich gefroren habe. Wenn ich wach war, habe ich an dem Stein herumgeklopft ... Aber ich war nicht wirklich wach, ich saß da und habe versucht zu schlafen.«

Dann erzähle ich von der wahrscheinlichsten Variante meiner Rettung.

»Entweder jemand vermisst mich schon am Montag, weil ich nicht zur Party komme, oder am Dienstag, wenn ich nicht bei der Arbeit erscheine. Aber alle wissen nur, dass ich nach Utah gefahren bin – mehr nicht. Ich gehe davon aus, dass mein Truck gefunden wird. Vielleicht Mittwoch, frühestens Dienstag, wenn jemand darauf kommt, wo ich sein könnte und was ich gemacht habe. Also erst in drei Tagen.

Danach zu urteilen, wie sehr ich in den letzten vierundzwanzig Stunden abgebaut habe, wäre es ein Wunder, wenn ich am Donnerstag noch lebte.«

Ich spüre, dass das Ende naht und dass ich mich hier von meiner Familie verabschiede, und wie sehr ich auch leide, sie werden noch mehr leiden als ich. Nach einer langen Pause versuche ich mich für das, was sie meinetwegen durchmachen müssen, zu entschuldigen.

»Es tut mir so leid.«

Mir kommen die Tränen, ich schalte die Kamera aus und reibe mir die Augen. Wieder drücke ich die Aufnahmetaste.

»Mom, Dad, ich liebe euch. Sonja, ich liebe dich. Ihr macht mich stolz. Ich weiß nicht, was mich hierher gebracht hat. Aber ich habe es wohl so gewollt. Ich habe das Abenteuer und die Risiken gesucht, damit ich mich lebendig fühle. Ich gehe sogar so weit, niemandem zu sagen, wohin ich fahre. Das war dumm. Wenn jemand Bescheid wüsste, wenn jemand bei mir wäre, wäre wahrscheinlich schon Hilfe unterwegs. Sogar wenn ich mit einem Ranger gesprochen hätte oder einen Zettel an meinem Wagen hinterlassen hätte. Dumm. Dumm. Dumm.«

Wieder schalte ich auf Stopp und packe die Kamera weg. Wie gesagt, es ist das Beste, auf Rettung zu warten. Ich ändere meine Strategie. Ich muss mich wärmen, den Wasserverbrauch rationieren und, was am wichtigsten ist, meine Kräfte sparen. Anstatt zu versuchen, mich zu befreien, warte ich jetzt darauf, gefunden zu werden.

6

Winter-Rhapsodie

Irgendwann waren mir die Menschen, ich zählte mich dazu, zuwider, die zu wenig von sich hielten, um etwas aus sich zu machen – Menschen, die nur das taten, zu dem sie verpflichtet waren, und nicht das, wozu sie wirklich in der Lage waren. Durch sie erfuhr ich die Einsamkeit, die einen am Ende eines jeden vergeudeten Tages überkommt. Ich wusste, ich konnte es besser.

Mark Twight, *»I Hurt, Therfore I Am«*

Niemals zuvor war ich so glücklich gewesen wie in den zwölf Monaten nach meinem Abschied vom Angestelltendasein. Bei der Denali-Expedition im Jahre 2002 hatte ich das Privileg, mit dem Stray Dogs Team unterwegs zu sein – gemeinsam mit Marshall Ulrich, Charlie Engle und Tony DiZinno. Ich assistierte unserem Teamleiter Gary Scott bei allem, angefangen von den Vorbereitungen der Reise, Essensbestellung und Flugreservierung bis hin zum Kochen und Abwaschen, Unterkünfte bauen, Gepäck tragen und dem Treffen von Entscheidungen beim Klettern. Ich war nicht nur unter absolut fähigen Menschen, die flexibel waren und schnell das Gletscherklettern beherrschten, sondern die Stray Dogs brachten mir auch viel über Gruppendynamik bei. Hier wurde mir klar, dass es mir gefallen würde, Gruppen zu leiten und Unterricht zum Thema Outdoor zu geben.

Als ich wieder zu Hause war, wuchs in mir der Wunsch, Bergführer zu werden. Besonderen Spaß hatte ich daran, die Wildnis des Westens vorzuführen. Ich brachte zwei meiner weniger erfahrenen Freunde aus Chicago auf einer Camping- und Gipfeltour in die Umgebung von Aspen; Freunde aus Florida machten unter meiner Führung zum ersten Mal Bekanntschaft mit der Wüste von Utah bei Escalante. Bei einer Expedition mit dem Landschaftsfotografen John Fielder, der die Menschen mit seinen Bildern an verschiedene Orte führt, trug ich die Ausrüstung, und mir wurde klar, dass ich die Menschen an die schönen Orte selbst führen wollte.

Ich beschloss, 2003 noch einmal zum Denali zu fahren, um mit ein paar Freunden aus New Mexico, Colorado und Kalifornien den West Buttress zu besteigen. Gary Scott hält den Rekord für den schnellsten Anstieg; 1985 kletterte er innerhalb von achtzehneinhalb Stunden vom Base Camp in 2133 Metern in Kahiltna auf den 6193 Meter hohen Gipfel. Auch ich konnte mich schnell auf einem Berg bewegen, und ich wollte Garys Rekord brechen. Mein Plan war, über unsere Team-Route allein hinaufzusteigen und in weniger als vierundzwanzig Stunden wieder unten zu sein. Das ganze nächste Jahr verbrachte ich mit Konditionstraining.

Im November 2002 zog ich nach Aspen und fand auch gleich einen Job als Verkäufer bei Ute Mountaineer. Wenn ich nicht gerade Telemark- und Langlaufski lief, auf Berge stieg oder mit Schneeschuhen unterwegs war, unterhielt ich mich mit Kunden über Telemark- und Langlaufski, Bergsteigen und Schneeschuhlaufen (die besten Geschichten hob ich mir immer für meine Kollegen auf). Nun hatte ich also eine Basis, von der aus ich den Aufstieg auf einen der neun schwierigsten Viertausender trainieren konnte. Und in der ganzen Stadt wohnten gleichgesinnte Freunde.

Eine der größten Herausforderungen dieses Winters war es, ein Gleichgewicht zwischen Dinnerpartys, dem Besuch von Konzerten und dem Training zu finden. Nicht selten schob ich einen dreistündigen Skilanglauf zwischen meine Arbeitsschichten, jagte vor der Arbeit mit meinen Telemarkskiern einen der vier Skihänge hinab oder joggte nach der Arbeit noch eine Runde auf meinen Schneeschuhen. Danach traf ich mich mit Freunden in einem Club. Wenn in Aspen nichts los war, fuhren wir nach Denver oder Boulder und in derselben Nacht wieder zurück. Niemals wurde es langweilig, niemals bloße Routine.

Ich liebte das Leben in dem Winterurlaubsort. Jeden Tag sprachen meine Freunde und ich davon, dass wir unseren Traum lebten. Wir hatten alle möglichen Tricks auf Lager, halfen einander aus und tauschten Dinge aus, um uns trotz unserer mickrigen Gehälter an einem der teuersten Orte der Welt einen relativ hohen Lebensstandard zu sichern. Über unsere Arbeit erhielten wir Pistenpässe für zwei Tage in der Woche. Wir fuhren trotzdem fünf Tage pro Woche umsonst, denn wir kletterten zu den oberen Lifts, wo die Pässe nicht eingescannt wurden. Schnell fand ich heraus, wo es unbefahrene Hügel gab, wenn ich schon nicht der Erste auf der Piste sein durfte. »Wenn man nicht als erster Ski fahren darf, muss man clever Ski fahren«, sagte ich zu den Leuten bei den Skiliften, bevor ich zwischen den Bäumen zu meinem favorisierten Abfahrtshügel verschwand.

Außerhalb des Skigebietes gab es unzählige Möglichkeiten, umsonst Wintersport zu treiben. Wir handelten überall in der Stadt Rabatte aus: bei Ausrüstung von bester Qualität, in Cafeterias bekamen wir Freundschaftspreise, Freunde organisierten üppige Dinnerpartys, Rausschmeißer und Barkeeper spendierten uns den Eintritt oder Drinks. Und dann fiel auch noch der beste Schnee seit Jahren.

Kurz nach Winteranfang begann ich, mich intensiver auf meinen bevorstehenden Aufstieg vorzubereiten. Ich nahm mir Routen und Berge für Fortgeschrittene vor und wurde immer ungeduldiger, je weiter der Winter voranschritt. Ich hatte Glück mit meinem Job, den Mitbewohnern, meinen Freunden, dem gesellschaftlichen Leben und der Musikszene, und ich hatte zudem einen Schutzengel, dem es nichts ausmachte, Überstunden zu machen, wenn ich ins Umland reiste.

Mein Unternehmen startete am ersten Weihnachtsfeiertag, als ich teils zu Fuß, teils auf Skiern zwei nebeneinander liegende Viertausender – Castel und Conundrum – über die Routen erklomm, die der Bergführerautor Lou Dawson »Die Reise durch das Tal des Todes« nennt. Nach Neujahr erhöhte sich die Lawinengefahr, so dass ich, als ich am 9. Januar unterhalb der Nordwand des malerischen North Maroon Peak campte, meine Route ändern musste und mich für den Pyramid Peak entschied, und das trotz eines Sturms, der gefährliche Mengen Neuschnees in das steilwandige westliche Amphitheater in 3962 Meter Höhe blies. Es bestand höchste Lawinengefahr, und eine Lawine wartete nur auf einen Auslöser namens Aron, der einen falschen Schritt machte.

Beim Abstieg über ein viereinhalb Meter hohes Felsband beugte ich meinen Körper über meine behandschuhten Hände und balancierte auf lockerem Sandstein. Kein einfaches Manöver. Einmal konnte ich mich nicht mehr halten, fiel eineinhalb Meter tief und landete auf einem ein Meter breiten Sockel. Über einem zweiten Fels kam ich ins Stolpern, fand das Gleichgewicht wieder und ging langsam drei Meter weiter abwärts auf das windgepeitschte Schneefeld des Amphitheaters zu. Dort folgte ein beängstigender Abstieg bis zur Baumgrenze. Um keine Lawine auszulösen, musste ich immer wieder von meinem Weg abweichen. Aber ich kam glücklich unten an. Manchmal musste ich Schnee über einen Abhang schieben, bevor ich weitergehen konnte. Bisher war ich von einem Sturz verschont geblieben und hatte immer Glück gehabt. Ein Schritt zu weit über die Felskante und ich wäre in das Bergbecken gerutscht und hätte mich schwer verletzt, weil ich sicherlich einen Schneerutsch ausgelöst hätte. Aber ich war auf der Hut und schenkte jeder drohenden Gefahr doppelte Aufmerksamkeit.

Nach meinem Ausflug auf den Pyramid Peak bestieg ich den ganzen Januar über weitere Viertausender. Immer kam ich knapp mit dem Leben davon. Auf dem Mount of the Holy Cross wurde ich in knapp 4000 Meter Höhe in eisigen Temperaturen von der Dunkelheit überrascht, nachdem ich mich aufgrund einer falschen Wegbeschreibung verlaufen hatte. Auf einem halben Meter breiten Felsvorsprung direkt unter dem Einschnitt, der die zwei 4023 Meter hohen Gipfel voneinander trennt, schlug ich mein Nachtlager auf, oberhalb eines furchteinflößenden Steilhangs, der in eine 450 Meter lange steile Felsrinne mündete. Ich hatte beschlossen, mich hier niederzulassen, um mich mit heißem Gatorade und Kartoffelpüree zu stärken. 20 Kilometer Fußmarsch waren es bis zum nördlichen Gipfel des Notch Mountain gewesen, aber ich hatte kein Zelt dabei und wollte noch vor Einbruch der Dunkelheit einen Unterschlupf auf dem südlichen Gipfel aufsuchen. Doch Schneeverwehungen und die Beschreibung in dem Bergführer, nach der ich die östliche Seite des südlichen Gipfels überqueren sollte – es hätte westliche heißen müssen –, hatten mich Zeit und Kraft gekostet. Auch mein Wasser ging zur Neige. Als mir klar wurde, dass ich in die falsche Richtung lief, war ich zu erschlagen, um wieder zurückzugehen.

Ein winziger Gummiring hätte mir beinahe den Rest gegeben. Die Gummidichtung vom Benzinschlauch für meinen Benzinkocher hatte sich irgendwie verbogen, und als ich das Ventil öffnete, floss das Benzin fünf Minuten lang in den Schnee. Bevor mir klar wurde, warum der Kocher so schwach brannte, hatte ich bereits drei Viertel meines Benzins verloren. Ich nahm den Dichtungsring in den Mund und drückte die Dichtung mit der Zunge flach, als ich den Sturm von Westen herannahen sah. Ich musste mir einen Unterschlupf suchen, doch zuvor musste ich mich stärken. Aber ohne Wasser kein Essen. Der Kocher musste erst einmal wieder funktionstüchtig gemacht werden. In diesem Moment dachte ich, dass das, was über Leben und Tod entscheidet, in vielerlei Gestalt daherkommt. Manchmal kann man es förmlich sehen: zum Beispiel, wenn der Blitz einschlägt oder der Sitzgurt nicht hält oder wenn man mit 130 Stundenkilometern mit dem Auto auf einen Hirsch zurast oder man keinen Freund hat, der einen vor dem Ertrinken im Colorado rettet. Manchmal ist es kaum wahrnehmbar: der mikroskopische DNS-Strang, der deinem Körper dabei hilft, eine Infektion abzuwehren, von der du gar nichts weißt; die Entscheidung, auf einen anderen Berg zu klettern und deshalb nicht von einem Gesteinsbrocken erschlagen zu werden. Wir gehen durchs Leben und ignorieren diese Kleinigkeiten, weil wir jeden Tag überleben, ohne zu wissen, dass wir uns in Gefahr befanden. Dann, plötzlich, geht es um Leben oder Tod, und wir werden uns der paar Zentimeter oder dem Bruchteil einer Sekunde bewusst, die entscheidend sind. Ich wusste, der Gaskocher war meine Rettung. Ich musste die Benzinleitung reparieren.

Ich nahm den Dichtungsring aus dem Mund und untersuchte die Stelle, an der die Dichtung verbogen war, als der Ring mir aus der Hand fiel. Im Dunkeln konnte ich ihn nicht sehen. Einer dieser feinen Fäden, an denen unser Leben hängt, wurde plötzlich schreckend real. Der Gedanke, dass der Ring vielleicht über die Kante gefallen war, versetzte mich in Angst und Schrecken. Ich suchte mit meiner Stirnlampe den Boden ab, durchkämmte mit meinen bloßen Händen den Schnee und fand tatsächlich den kleinen Gummiring. Fünf Minuten lief der Benzinkocker und ich schmolz Schnee. Jetzt hatte ich eine Chance.

Je länger ich mich durch den Sturm vorankämpfte, desto schwieriger wurde es. Ich konnte meine Gletscherbrille nicht absetzen, weil ich ohne sie im starken Wind und dem Schneegestöber nichts sah, andererseits nahmen mir die Gläser mehr als die Hälfte der Sicht, weil sich das Licht der Stirnlampe in ihnen spiegelte. Eine Stunde ging ich nun schon steil bergab, unsichtbare Hänge rechts neben mir. Dann überquerte ich ein von Schnee bedecktes Geröllfeld unterhalb eines von Eis überzogenen Felsens. Die Sichtweite betrug nicht mehr als vier Meter. Ich versuchte, auf den Felsen zu klettern, ging aber nur etwa zehn Meter weit, weil mir das Terrain zu schwierig wurde. Ich kehrte um, um mir einen einfacheren Weg zu suchen. Obwohl ich normalerweise vor schwierigem Terrain nicht zurückschrecke, traute ich es mir in diesem Moment nicht zu, im Dunkeln mit meinem schweren Rucksack einen steilen Felsen hochzuklettern. Eine weitere geschlagene Stunde suchte ich nach einem Weg auf den südlichen Gipfel, und als ich den verschneiten Felsunterschlupf endlich erreicht hatte, konnte ich vor lauter Erschöpfung den Schnee nicht wegschaufeln. Ich packte meinen Schlafsack aus, krabbelte hinein und schlief sofort ein.

Am nächsten Morgen war der Sturm vorbei. Trotzdem bezweifelte ich, dass ich den Halo Ridge des Mount Holy Cross ein weiteres Mal überqueren könnte. Bis zum Hauptgipfel ginge es über drei mehr als 4000 Meter hohe Nebengipfel und wieder zurück, und bis zu meinem Auto kämen noch die beiden Gipfel des North Mountains dazu. Zusammengerechnet waren das neun Gipfel von über 3900 Metern, bevor ich auf meinen Skiern die restlichen 15 Kilometer hinunterfahren könnte. Nach dem Fiasko mit dem Benzinkocher reichte mein Benzin nur noch zum Schmelzen von Schnee für zwei Liter Wasser. Das war nur die Hälfte von dem, was ich benötigen würde. Ohne Wasser konnte ich mir weder meine Haferflocken kochen noch mein Protein-Shake fürs Frühstück anrühren. Also müsste ich mir meine fünf Schokoriegel einteilen – die einzige Fertignahrung, die ich noch hatte. Aber auch das war nur die Hälfte von dem, was ich eigentlich brauchte.

Doch das sonnige Wetter und die beeindruckende Umgebung verliehen mir Selbstvertrauen. Innerhalb von fünf Stunden hatte ich die Spitze des Mount Holy Cross erreicht. Von dort konnte ich die Skigebiete und die Gipfel der Elk Range rund um Aspen sehen. Beim Anstieg hatte ich auf meine Kondition und die Gewöhnung an die Höhenluft vertraut und ein Tempo beibehalten, bei dem ich meinen Körper nicht überstrapazierte. Wenn ich unnötige Kraftaufwendungen vermied und gleichmäßig lief, würden meine Kräfte ausreichen. Eine Stunde später befand ich mich schon wieder auf dem Weg zurück zum Geröllfeld und dem südlichen Nebengipfel des Mount Holy Cross. Bei einer hufeisenförmigen Felsformation ungefähr sechs Meter von der windwärtigen Seite der steil abfallenden Schneewechte entfernt trat ich plötzlich in ein Loch, das ich beim Aufstieg hinterlassen hatte.

Ich hörte ein splitterndes Geräusch vor mir und machte instinktiv einen Satz nach rechts auf sicheren Boden. Im Schnee an der Innenseite des Felshufeisens zeichnete sich ein Riss ab, der sich immer schneller in einem Halbkreis vom hinteren Ende des Schneefeldes bis zu der Stelle, an der ich eingebrochen war, ausbreitete. Ich sprang über die Felsen in Sicherheit, während das ganze Schneefeld wegriss und verschwand. Abgesehen von dem ersten lauten Bersten, war es still und leise weggebrochen. Ich lief über die Felsen zum südlichen Rand des ehemaligen Schneefeldes und spähte über die darunter liegenden Felsen. 150 Meter unter dem Berggrat lagen die verstreuten Reste der Schneewechte an den verschneiten Hängen am Ufer des Bowl of Tears Lakes. Wieder einmal hatte ich Glück gehabt. Für einen Moment sah ich meinen zerschmetterten Körper unter den Schneemassen liegen. »Diesen Sturz hätte ich nicht überlebt«, dachte ich. Am meisten aber beunruhigte mich, dass ich die Schneewechte beim Aufstieg nicht wahrgenommen hatte. Schneewechten können schnell einmal wegbrechen – das liegt in ihrer Natur. Nachdem ich 100 Meter weitergelaufen war, drehte ich mich noch einmal um und sah, dass meine Fußspuren genau am Abgrund endeten.

Der Rückweg führte mich über die Nebengipfel und zwei Gipfel des Notch Mountain. Irgendwann, es dämmerte schon, sah ich meine Ski. Im silbernen Mondlicht fuhr ich aus 1200

Meter Höhe den steilen Abhang hinunter. Einmal schreckte ich einen Elch auf, der leichtfüßig Zuflucht im Wald suchte. Ich musste daran denken, wie tollpatschig ich auf meinen Skiern durch den Wald vorangekommen war, und bewunderte die Leichtfüßigkeit des Tieres.

Am Dienstag, eine Woche nach meiner 50 Kilometer langen Tour zum Mount Holy Cross, wurde mein Mitbewohner Brian Payne nach einem schweren Skiunfall ins Krankenhaus eingeliefert. Er lag auf der Intensivstation. Als ich ihn besuchen wollte, erfuhr ich, dass mein Freund Rob Cooper einen Snowboardingunfall gehabt hatte und im selben Krankenhaus lag. Er hatte sich den Arm, das Handgelenk und die Hand mehrfach gebrochen. Brian blieb fünf Tage auf der Intensivstation und noch einmal fünf Tage auf der Pflegestation, seine Lunge hatte versagt, seine Nieren waren gequetscht, und er hatte sechs gebrochene Rippen. Natürlich wünschte ich mir nichts mehr, als dass es meinen Freunden bald besser ging, und ich musste daran denken, wie viel Glück ich bei meinen letzten Ausflügen gehabt hatte.

Mount Holy Cross war der letzte Viertausender der Sawatch Range auf meiner Liste der zu erklimmenden Berge gewesen, Longs Peak war der letzte der Front Range. Am Donnerstagabend brach ich nach Boulder auf, von wo aus ich den Longs Peak und dann die Halo Ridge in Angriff nehmen wollte. Tags darauf traf ich bei der Seilbahn an der Nordwand des Longs Peak meinen Freund Scott MacLennan; wir wollten den Aufstieg gemeinsam machen. Aber ein entsetzlicher Sturm erschwerte uns den Anstieg, und erst bei Einbruch der Dunkelheit erreichten wir unseren Lagerplatz. Leider wurde Scott in 3800 Metern höhenkrank, dann gab auch noch einer unserer Kocher den Geist auf. Ich wärmte die in Alufolie eingewickelte Linsensuppe auf meinem Bauch, aber auch das gab uns nicht die nötige Kraft für den Rest des Wegs. Am nächsten Morgen fühlte sich Scott immer noch nicht besser, so dass wie unseren Plan aufgaben und nach Boulder zurückmarschierten, wo wir uns mit einer warmen Mahlzeit stärkten und uns erholten.

Am folgenden Morgen, es war Samstag, setzte mich Scott am Trailhead ab. Wir verabredeten, dass er mich in zehn Stunden wieder einsammeln sollte. Ich wanderte allein los und war bereit für meinen Soloaufstieg. Am Longs Peak ist es sehr windig, und man klettert am besten ohne Ski hinauf. Bei etwa 3900 Meter, als ich zum ersten Mal nach acht Jahren das Keyhole wieder umrundete, sah ich, dass die dem Wind zugewandten Felsen und Türme der West- und Nordwand mit dickem Raureif überzogen waren. Am Gipfel pfeift der Wind noch heftiger, dadurch sinken die Temperaturen unter den Gefrierpunkt und die Feuchtigkeit in der Luft kondensiert zu einer Reifschicht. Eispilze krönen die Bergrücken, die den Westwinden besonders ausgesetzt sind, gerade im Westen auf der Spitze des Trough Couloir und der Narrows.

Ich hatte weder Steigeisen angeschnallt, noch hatte ich mein Eiswerkzeug aus meinem Rucksack geholt. Anstatt die Route über das zu dünne Eis des Homestretch zu nehmen, stapfte ich an einem steilen Hang durch tiefen Schnee. Der Hang endete in einem Kamin, über den ein Felsen hinausragte. Ich presste meine Beine an die rechte Wand, meinen Rücken gegen die linke und nahm für die letzten paar Meter bis zur Spitze meinen Rucksack ab. Meine Kletterkünste ließen mich nicht im Stich, aber meine Basketballkünste ließen zu wünschen übrig. Ich versuchte meinen Rucksack über den Vorsprung auf den Gipfel zu schleudern. Das war keine gute Idee. Mein Rucksack landete nicht, wie ich es wollte, auf dem Plateau, sondern prallte am Vorsprung ab. Ich drehte mich um und sah, wie er 30 Meter tief in den Schnee fiel, weiter bergab rutschte und in Richtung einer 600 Meter tiefen Erdspalte an Geschwindigkeit zunahm. Plötzlich stoppte er; er war an einem Felsen hängen geblieben.

Ich traute meinen Augen kaum, und mir wurde klar, dass meine Steigeisen und mein Eiswerkzeug für den Abstieg über den Homestretch jetzt da unten lagen. Ich zog mich erst einmal über den Vorsprung, lief zum höchsten Punkt auf dem Plateau und machte ein paar Fotos. Dann setzte ich mich auf einen großen Felsblock über dem Diamond, ließ die Beine über dem gewaltigen Abgrund baumeln und überlegt krampfhaft, wie ich an meinen Rucksack herankommen sollte.

Ich lief zum Homestretch hinüber und kletterte mit zusammengepressten Lippen und gerunzelter Stirn, den Sturmwolken zugewandt, bergab. Ich trat auf lockeren Schnee, doch darunter befand sich eine tückische Eisschicht, die jeden Schritt zu einem Balanceakt werden ließ. Ich drehte mich dem Felsen zu und suchte mit dem linken Stiefel Halt. Ich schaute auf meinen Fuß und versuchte den drohenden Abgrund zu ignorieren und schob ein wenig Schnee von dem kleinen Vorsprung, auf dem ich stand. Mit dem Eispickel schlug ich in die 15 Zentimeter dicke Eisschicht und hangelte mich weiter nach unten, bis ich festen Boden hinter einem Felsblock erreichte. Ich drehte mich wieder andersherum und rutschte auf dem Hintern weiter nach unten.

Noch neun Meter waren es bis zu einigen vereinzelten Felsbrocken. Sie waren wie geschaffen, um sich an ihnen festzuhalten, wenn ich mich von dort aus sechs Meter weiter nach rechts schwang. Ich hatte zwei Möglichkeiten: nach links gehen und eine viereinhalb Meter Felsplatte zu meiner Rechten, die frei von Schnee und Eis war, queren oder geradeaus weitergehen bis zu einer Schneerinne rechts von der Felsplatte und die übliche Auf- und Abstiegs-Route nehmen; so würde ich mir das Queren der Felsplatte ersparen.

Bleib auf dem Schnee; auf der Felsplatte kannst du dich nirgends festhalten; es ist zu gefährlich.

Bei den ersten vier Schritten fanden meine Stiefel festen Halt in der Schneerinne, und ich machte gute Fortschritte. Ich streckte meine Arme nach beiden Seiten und presste meine Hände gegen den graubraunen Granit rechts und links von mir. Mein Eispickel baumelte an der Leine, die ich um mein Handgelenk gewickelt hatte, und schlug jedes Mal, wenn ich neuen Halt suchte, gegen die Wand. Die ersten drei Meter lief alles problemlos, dann rutschte ich mit dem linken Fuß ab. Ich musste so weit in die Hocke gehen, bis ich mit dem Po meinen rechten Fuß berührte, streckte mein linkes Bein bis zur Rinne, rutschte aber immer wieder ab.

Ich nahm den Pickel in die linke Hand und schlug ihn in den Schnee. So gewann ich kostbare 15 Zentimeter, fand aber immer noch keinen eisfreien Halt für meinen Fuß. Mit Metallspeichen wäre das ein Kinderspiel. Dann überlegte ich, alles, was ich mit mir herumtrug, fallen zu lassen, und noch während ich darüber nachdachte, beging ich einen Fehler. Ich machte eine zu große Drehung aus der Hüfte, mein Stiefel glitt ab, und ich fiel. Instinktiv rollte ich mich auf den Bauch und packte mit der rechten Hand den Stiel des Eispickels. Ich setzte den Pickel-Rettungsgriff ein, doch dann rutschte ich unter den Pickel und meine Schuhe schlidderten auf der Felsplatte. Der Eispickel konnte mein Gewicht nicht halten, und ich rutschte auf dem 40 Grad abfallenden Felsen nach unten. Ich wurde immer schneller und spürte den Fels durch meine wasserfesten Hosen an meinen Knien. Hinter meinen geschlossenen Lidern sah ich schon den Abgrund gähnen und keuchte. »Das war's«, dachte ich. »Ich habe keine Chance.«

Immer wieder versuchte ich den Pickel in den Felsen zu hacken, stemmte mein ganzes Gewicht darauf, um abzubremsen. Das Geräusch von Stahl auf Granit war schauerlich. Ich schloss die Augen und klammerte mich an den Eispickel; ich konnte es einfach nicht mit ansehen, wie der Fels immer schneller unter mir wegrutschte, bis ich schließlich eine Rolle rückwärts machen und kopfüber ins Leere stürzen würde.

Der Pickel kreischte, und dann saß er plötzlich fest. Meine

Rutschpartie nahm ein abruptes Ende. Ich war wie gelähmt, hielt den Atem an und öffnete langsam die Augen. Sicherlich würde ein Augenblinzeln diese Unterbrechung sofort beenden und mich wieder losreißen und in den Tod stürzen. Zunächst sah ich, dass ich mich noch immer auf dem glatten Felsen befand. Ich war nur ungefähr zwei Körperlängen weit gerutscht. Was aber hielt mich hier? Ich neigte den Kopf nach links und schaute unter den Stiel. Da war absolut nichts. Offenbar hatte ich so viel Druck auf den Eispickel ausgeübt, dass er sich direkt in den blanken Felsen gerammt hatte. Es gab keine andere Erklärung. Kein Sockel, kein Vorsprung, keine Kante, kein Spalt: nur der Granit, so rauh wie unbehandelter Beton, in den sich der Pickel verkantet und mich vor dem Untergang gerettet hatte. Ungläubig holte ich mehrmals tief Luft. Es dauerte eine ganze Minute, bis ich es wagte, mich zu bewegen, und dann auch nur meinen Kopf. Ich blickte über meine linke Schulter auf meinen Fluchtweg.

Ich weiß nicht mehr, wie ich meine mit dem Eispickel gesicherte Position aufgegeben und es hinter einen Felsbrocken zu meiner Linken geschafft habe, aber schließlich stand ich wieder aufrecht und prüfte den weiteren Abstieg. Ich erinnere mich noch, dass ich nicht einmal in die Schlucht schaute, sondern meine ganze Aufmerksamkeit dem Weg unterhalb der Felsschuppe widmete. Als ich sie erreicht hatte, entdeckte ich noch mehr Eis unter einem sieben Meter langen Schneefeld. Ich hielt mich verzweifelt an der Felsschuppe fest und schlug mit dem Pickel Trittlöcher ins Eis. Innerhalb von zehn Minuten hatte ich diese letzte Hürde überwunden und erreichte bald darauf die Stelle, an der mein Rucksack lag. Ich nahm sofort die Steigeisen heraus und schnallte sie an die Stiefel. Dann querte ich die Felsplatte. Endlich hatte ich die richtige Ausrüstung für den Abstieg. Ich ging zum Anfang des Trailheads zurück, wo Scott auch schon auf mich wartete.

Nach zwei technisch schwierigeren Routen und drei Langstreckentouren innerhalb von vier Wochen – darunter Ski fahren im nordöstlichen Becken des Snowmass Mountain, eines weiteren Viertausenders – war ich bereit für meine große Herausforderung: die Alleinbesteigung des Capitol Peak. Soweit ich weiß, hat er die längste und zugleich schwierigste Kletterstrecke aller Viertausender. Und er ist so gefährlich wie die Maroon Bells (alias Deadly Bells). Doch ich kannte den Weg, ich wusste um die Schneebedingungen und fühlte mich so fit wie nie zuvor. Der Gipfel ist bekannt für die Knife Ridge, einen 100 Meter langen Bergrücken in 4114 Meter Höhe, der nach Osten hin 460 Meter über steile Wechten abfällt, die hoch über dem Pierre Lakes Basin enden, und nach Westen hin 760 Meter tief bis zum Capitol Lake. Dieser Gefährlichkeit verdankt zwar die Knife Ridge ihren berüchtigten Ruf, doch die schwierigsten Kletterabschnitte kommen nach dem Bergrücken auf der oberen Pyramide des Gipfels.

Am 7. Februar 2003 wachte ich bei Temperaturen unter null in meinem Camp auf den vereisten Felsen am Moon Lake auf. Unter diesen Bedingungen begann ich den Aufstieg auf alpinen Skiern, bis der Hang so steil wurde, dass sie keinen Halt mehr fanden. Noch unterhalb von 3900 Metern schnallte ich die Ski ab, befestigte sie an meinem Rucksack und wankte durch den tiefen Pulverschnee. Dabei hinterließ ich bis zum 4145 Meter hohen Nebengipfel, den man hier auch K2 nannte, einen zwei bis zweieinhalb Meter tiefen Graben in dem 40 Grad steilen Schneehang. Oben angekommen, steckte ich die Ski in den Schnee – ich würde sie für die Abfahrt benutzen – und lief mit Steigeisen an den Stiefeln weiter über das Knife Ridge. Auf der Hälfte des Wegs kam ich an einen abschüssigen Grat, auf dessen linker Seite eine Schneewechte lag. Von den aus Westen wehenden Winden war der Schnee an der östlichen Seite des Bergrückens zu einer überhängenden Lippe gefroren.

Mit gegrätschten Beinen setzte ich mich auf den Felsgrat und rutschte vorwärts, aber bei der Schneelippe nahm ich den Eispickel zu Hilfe, damit ich mich an etwas festklammern konnte, sollte ich aus der Sitzgrätsche fallen. Ich hatte zwar sicheren Halt auf beiden Seiten des Felsgrats, doch immer wieder brachen die Wechten unter meinem linken Schuh weg und gaben Platz frei. Jedes Mal kam ich dabei etwas ins Wanken. Ein Gefühl der Luftigkeit machte mir zusätzlich Angst, denn die couchtischgroßen Schneestücke lösten sich unter mir in erschreckender Stille. Ich konzentrierte mich darauf, mein rechtes Steigeisen in einen geeigneten Spalt an der westlichen Kante zu platzieren und dann wieder ein Stückchen weiterzurücken. Bald hatte ich es über die Knife Ridge geschafft. Voller Euphorie, diese furchteinflößende Traverse hinter mir zu haben, zog ich meine Digitalkamera aus der Jacke und machte ein Foto von mir. Das breite Grinsen auf meinem Gesicht sagte alles.

Die letzten 150 Meter grub ich mich vorwärts, und um 12.45 Uhr hatte ich den Gipfel des Capitol Peak erreicht. Einer meiner größten Träume war in Erfüllung gegangen. Mein ganzes Projekt war auf den Tag ausgerichtet gewesen, an dem ich sicher auf der Spitze des Berges stand, meine dreiundvierzigste Solobesteigung eines Viertausenders. Das war die Probe aufs Exempel gewesen. Für den Abstieg stand mir eine zweite Überquerung der Knife Ridge bevor, und so machte ich hastig noch eine Videoaufnahme und ein Foto vom Gipfel. Dann begab ich mich zurück zu meinen Skiern. Mit dem Voranschreiten des Tages geriet ich in die eiskalten Schatten des oberen Berges. Immer wieder musste ich die Handschuhe ausziehen, um Eis abzuklopfen. Vom Aufstieg völlig durchnässt, gefroren die Handschuhe sofort, denn im Laufe des Nachmittags sanken die Temperaturen wieder.

Doch auf dem Weg hinunter machte ich mir weniger Gedanken über meine Hände als über die Festigkeit des Schnees. Die kurvenreiche Abfahrt zählte zu den besten, die ich im Hinterland bisher erlebt hatte, vergleichbar mit jener auf dem Mount

Harvard. Als ich wieder bei meinem Camp am Moon Lake ankam, merkte ich, dass irgendetwas mit meinen Händen nicht in Ordnung war. Sie wollten einfach nicht mehr warm werden. Ich hielt sie samt Handschuhen über das Feuer meines Benzinkochers, damit das Eis schmolz, aber ich bekam kein Gefühl in die Fingerspitzen. Ich zog die Handschuhe aus. Meine Hände waren leichenblass. Das war kein gutes Zeichen.

Ohne etwas zu essen, beeilte ich mich, zurückzukommen; ich wollte verhindern, dass das Gewebe noch mehr Schaden nahm. In den letzten dreißig Stunden hatte ich einen Gipfel erklommen und meine Sehnsucht nach Bergabenteuern vollkommen gestillt. Dass ich an acht Fingern partielle oder vollständige Erfrierungen erlitten hatte, gehörte einfach dazu, auch wenn ich mir des ganzen Ausmaßes der Schädigung nicht ganz bewusst war. Ich zog ein trockenes Paar Handschuhe an, um meine Hände auf der zwölf Kilometer langen Abfahrt zu schützen.

Wieder zu Hause in Aspen, ging ich nicht ins Krankenhaus (was ich hätte tun sollen), sondern versorgte meine Hände selbst. Zuerst schluckte ich vier starke Schmerztabletten. Als diese ihre Wirkung taten, ließ ich heißes Wasser in das Spülbecken in der Küche ein und ließ immer wieder heißes Wasser nach. Eine Stunde lang hielt ich meine Hände in das Wasser und sah zu, wie sich meine Fingerspitzen erst schwarz, dann rot, orange und schließlich grün färbten. Die ganze Zeit über spürte ich einen pochenden Schmerz und schrie, was das Zeug hielt. Manchmal musste ich mit der rechten Hand die linke festhalten, damit ich sie nicht aus dem Wasser zog – die Linke war stärker in Mitleidenschaft gezogen und schmerzte mörderisch. Von meinen Mitbewohnern war keiner zu Hause, auch unsere Nachbarn waren nicht da, sonst hätten sie wohl die Polizei gerufen in der Annahme, ein Mörder sei am Werk. In dieser Stunde hoffte ich, dass sich an den Fingern Blasen bilden würden. Blasen bedeuteten, dass das Gewebe sich wahrscheinlich erholen würde, wenn auch nicht vollkommen. Keine Blasen bedeutete, dass ich mir ernsthafte Langzeitschäden zugezogen hatte und Teile der Finger verlieren könnte. Schließlich bildeten sich nach und nach die herbeigesehnten Blasen an der Kuppe eines jeden Fingers, und ich war dankbar für die glühenden Schwellungen.

Danach beschloss ich, obwohl noch die beiden Gipfel Elk Range und Maroon Bells auf meiner Liste standen, eine fünfwöchige Pause einzulegen, damit meine Hände heilen konnten. Doch während sich auf meinen Fingern eine neue Hautschicht bildete, gab es jede Menge zu tun: Phish tourte zum ersten Mal seit drei Jahren durch den Westen der USA; eine Hüttenwanderung mit Freunden aus New Mexico war geplant, und nicht selten fuhr ich mit meinen Kumpeln aus Aspen Telemarkski. Und selbst diese Auszeit barg Gefahren.

Zwei Wochen nach dem Anstieg auf den Capitol Peak brach ich zu einer Bergkette östlich vom Mount of the Holy Cross auf, um mit sechs Freunden vom Albuquerque Mountain Rescue Council und fünf ihrer Verwandten unsere alljährliche Skitour durch das Hinterland zu machen. Ziel war die Fowler Hilliard Hut auf dem Resolution Mountain über Camp Hale, auf halber Strecke zwischen Leadville und Vail. Wir trafen uns in Leadville und teilten unser Gepäck auf.

Nach einem fünfstündigen Marsch durch 60 Zentimeter dicken Neuschnee erreichten wir die Hütte und machten es uns gemütlich. Wir aßen Austern, würzige Hummer, Muscheln und geräucherten Fisch mit Crackern; dazu tranken wir heiße Schokolade und Schnaps. Nach einem Blick aus dem Fenster bekam ich Lust, eine Runde im östlichen Becken des Resolution Peak zu drehen. Meine Kollegen Mark Beverly und Chadwick Spencer vom Mountain Rescue Council und ich schlüpften in die Stiefel, schulterten kurzerhand unsere Lawinenausrüstung und machten uns auf den Weg.

Wir fuhren auf Skiern durch den Resolution Park entlang des nordöstlichen Bergrückens. Um 16.50 Uhr waren wir aufgebrochen und erreichten den 3642 Meter hohen Gipfel um 17.15 Uhr. Es wurde schnell dunkel, und während Mark und ich auf Chadwick warteten, genossen wir den Blick auf den Bergrücken des Contental Divide im Osten und den Eagle River und den Mount of the Holy Cross im Westen. Jenseits des White River National Forest liegt Aspen. Ich erzählte von meinem Alleingang auf den Mount Holy Cross und meiner Abfahrt, wo ich dem Elch begegnet war. Ich erzählte auch von meinem Abenteuer mit dem Not-Nachtlager auf dem Weg zum Felsunterschlupf und dem Triumph, den ich nach dem Aufstieg auf die Halo Ridge gefühlt hatte.

Zwar war dies unsere erste gemeinsame Reise, aber ich wusste bereits, dass Mark einer der besten Kletterer unseres Rettungsteams war. Ich bewunderte seine Kletterfähigkeiten und Rettungstechniken, seine medizinischen Kenntnisse und Erfahrungen als Guide. Ich glaube, ich versuchte mit meinen Erzählungen, Eindruck auf ihn zu machen, so wie er mich mit seiner Eiskletterei beeindruckt hatte. Seine Reaktion überraschte mich: »Ich kann mich dafür nicht so begeistern wie du, Aron. Ich mache solche Klettertouren nicht. Aber solange du glücklich dabei bist – ist es das Richtige für dich.«

»Yeah, ich lebe meinen Traum.«

Mark sagte, er verspüre keinen Drang nach Winter-Solos. Offenbar wollte er sich vergewissern, dass ich triftige Gründe für meine Touren hatte, dass ich es nicht tat, um anzugeben oder von anderen bewundert zu werden, sondern weil es mich glücklich machte. Es war eine unaufdringliche Überprüfung meiner Motive, wie ich sie schon lange zuvor selbst vorgenommen hatte, aber ich war ihm dankbar, dass er mich daran erinnerte.

Als Chadwick zu uns stieß, machten wir ein Foto von uns dreien vor dem Elk Ridge. Wir fuhren den felsigen Gipfel hinunter, Mark führte uns über den windigen Bergrücken, eine sichere, wenn auch nicht sonderlich erfreuliche Abfahrt, weil die Schneedecke zu dünn und vereist war. Als ich einer Wurzel ausweichen wollte, stürzte ich. »Hey, das ist doch bescheuert. Ich fahre rüber auf den Pulverschnee.« Ich hatte mir nagelneue Ski geliehen und konnte es nicht erwarten, sie auszuprobieren. Erst seit einem Jahr fuhr ich Telemarkski. Chadwick hatte mir technische Tipps gegeben, und ich wollte zeigen, wie ich mich verbessert hatte. Ich schwang also nach rechts in den weicheren Schnee, der, je weiter ich fuhr, immer tiefer wurde.

Mark stoppte ein gutes Stück vor mir auf dem Bergrücken. Chadwick befand sich hinter mir. Keiner von uns kam auf die Idee, den Schnee auf Festigkeit oder Lawinengefahr zu prüfen. Ich fühlte mich sicher, schließlich war ich in diesem Winter ausreichend geklettert und Ski gefahren. Die glücklichen Rettungen aus mehreren lebensgefährlichen Situationen gaben mir das Gefühl, ich sei gegen Lawinen gefeit. Wir verteilten uns und prüften mit einem Ski, ob der Schnee sich nicht vielleicht doch lösen könnte. Ich stand auf der Spitze des Hangs, der in einem Winkel von 38 Grad begann und dann über einer Gruppe von Pinien auf 32 Grad Grad abflachte.

»Ich fahre hier entlang. Kommst du mit?«, fragte ich Chadwick. Mark war noch etwa 100 Meter von uns entfernt.

»Ich weiß nicht. Wie willst du wieder zur Hütte kommen? Du müsstest zurückfahren.«

»Ich fahre nicht weiter als bis zu den Bäumen. Von dort fahre ich zurück zur Hütte.«

Mark rief uns zu, dass er nicht durch das Becken fahren würde. Er wollte über den Bergrücken.

»Okay. Aber schau zu!«, rief ich und schoss hinab. Ich war nervös, einerseits wegen der Lawinengefahr, anderseits weil ich eine gute Figur im tiefen Schnee abgeben wollte. Einen Moment später, ich fuhr eine weite Kurve, war meine Furcht wie weggeblasen. Ich war einfach nur froh. Ich wurde schneller, fuhr auf dem flacheren Hang kleinere Kurven und stieß einen Freudenschrei aus, als ich an den ersten Bäumen vorbeikam.

Der 460 Meter lange steile Hang unterhalb der Bäume war verlockend, aber ich ließ davon ab, meine Beine waren müde. Ich drehte mich um und rief Chadwick zu: »Juhu, das war toll. Der Schnee ist phantastisch! Komm!«

Chadwick folgte meiner Spur, fiel oben zweimal hin. Mark sah uns von weiter oben zu. Ich nahm meine Kamera heraus und machte Bilder von Chadwick. Außer Atem, kam er neben mir zum Stehen.

»Wow, das war anstrengend, ich konnte kaum Kurven fahren, der Schnee ist zu tief.«

»Yeah, aber es war toll, oder? Du sahst super aus. Ich habe ein paar Bilder von dir gemacht. Sieh dir die Spuren an, das war schon fast Heli-Skiing.« Und dann rief ich zu Mark hinauf: »Komm doch, es ist wunderbar!«

Chadwick und ich standen am Rand der Baumgruppe und sahen zu, wie Mark in das Becken hineinfuhr; er legte sein ganzes Gewicht in eine Kurve und prüfte so die Schneefestigkeit. Zufrieden machte er drei Kurven auf dem oberen Hang, fiel hin, überschlug sich, stand wieder auf, fuhr weiter, saß aber jetzt auf seinen Skiern. Er konnte sich wieder fangen und beendete die Abfahrt grinsend. Erschöpft ließ er sich 30 Meter von uns in den Schnee fallen, anstatt einfach nur anzuhalten, und wir hörten ein dumpfes Geräusch unter ihm. Wir erstarrten vor Schreck – dieses Geräusch konnte nur eins bedeuten: Er hatte eine Lawine ausgelöst. Aber der Schnee um uns herum blieb, wo er war.

»Hast du das gehört? Marks Hintern hat gerade gerumst«, witzelte Chadwick erleichtert.

»Hey, Mark, knie dich hin, ich möchte ein Foto von dir im Schnee machen.«

Ein Dieselmotor – oder vielleicht war es das entfernte Motorengeräusch eines Flugzeugs – war über uns zu hören.

Gerade als ich Mark im Sucher hatte und auf den Auslöser drücken wollte, bemerkte ich über seinem Kopf eine dicke

Schneewolke. Dann hörte ich das Motorengeräusch ganz deutlich, und in der Sekunde, in der mir klar wurde, dass die Wolke und das Grollen in direktem Zusammenhang standen, wurde ich hart an der Schulter gerissen, hochgeschleudert und den Hügel hinunter auf den Hang zu meiner Linken geworfen. Um mich herum wurde es schwarz, und ich fühlte mich, als sei ich von einem Laster überrollt worden. Ich öffnete die Augen und blickte in weißen Dunst. Ich wusste sofort, dass ich, begraben unter Unmengen von Schneemassen, bergab rutschte. Aber es dauerte ein paar Sekunden, bis mir klar wurde, dass ich von einer Lawine in die Tiefe gerissen wurde. Ich bekam Schnee in den Mund und erstickte fast daran. Ich spuckte ihn aus, wartete, bis ich durch die Lawine ein Stückchen Himmel sehen konnte, atmete tief ein und hielt die Luft an. Ich versuchte gegen den Schnee anzukämpfen und mich umzudrehen, so dass mein Kopf bergauf gerichtet war, damit ich irgendwie gegen diese rollende Masse anschwimmen konnte. Doch meine Ski behinderten mich. Um Sauerstoff zu sparen, wartete ich, bis ich wieder ein Loch in der erstickenden Schneemasse sah. Dabei fragte ich mich, wann mein Leben an mir vorüberziehen würde; Gott sei Dank kam es dazu nicht. Mein nächster Gedanke war: »So ist das also in einer Lawine.« Jeden Moment erwartete ich den letzten Salto, stattdessen rutschte ich nur immer weiter. Ich brauchte Luft. Ich wartete, aber ich sah kein blaues Fenster. Ich keuchte, und mein Mund füllte sich erneut mit Schnee. Plötzlich merkte ich, dass die Lawine an Geschwindigkeit verlor. Ich wollte meine Arme hochreißen, doch die Skistöcke waren im Weg, und so bekam ich nur den rechten hoch. Dabei wurde mir der Handschuh von der Hand gerissen, und mein Unterarm steckte bis zum Ellenbogen im Schnee, ebenso der Rest meines Körpers. Ich kam zum Stehen, riss den Kopf hoch, warf die Hüften nach vorn, krümmte meinen Rücken wie ein Skorpion. Ich war auf Augenhöhe mit dem Schnee, und mein erster Gedanke war: »Ich lebe!«

Mein Brustkorb hob und senkte sich heftig. Ich spuckte Schnee und hyperventilierte, konnte aber wenigstens rufen: »Ich bin okay. Ich bin okay.« Der Schnee der Lawine war sofort fest geworden, und ich war wie in Gips gefangen, der mir auf den Brustkorb drückte. Das Einzige, was ich bewegen konnte, war meine rechte Hand, mit der ich ein wenig Schnee von meinem Gesicht wischte. Ich blickte nach links und sah die Hütte. Zu meiner Rechten lag der Hügel. Lawinenüberreste waren überall verstreut. Von meinen Partnern war nichts zu sehen.

»Chadwick! Mark!«

»Aron! Mark!«, hörte ich Chadwick antworten.

Ich drehte meinen Kopf so weit nach links, wie ich konnte, und sah Chadwick ungefähr 30 Meter hügelauf.

»Ich bin in okay! Und du? Wo ist Mark?«

»Ich weiß es nicht!« Chadwick klang ängstlich.

»Bist du frei?«

»Noch nicht. Ich grabe gerade meine Füße aus!« Chadwick hatte sich mehrere Male überschlagen und war auf den Füßen gelandet. Er hatte die Schaufel von seinem Rucksack gelöst und befreite sich, während ich nach Mark rief.

»Chadwick, kannst du Mark irgendwo sehen?«

»Nein!«

Meine Gletscherbrille, meine Schaufel und meine Kamera waren fort. Dazu mein Sondierungsstab und mein rechter Handschuh. Ich hoffte, dass auch Mark etwas verloren hatte und wir ihn so finden könnten. Doch weder Chadwick noch ich konnten irgendwo im Schnee etwas entdecken, das Mark gehörte.

»Schalt dein Ortungsgerät ein und hilf mir heraus. Wir müssen nach Mark suchen«, rief ich. Eigentlich hätte Chadwick gleich losgehen und Mark suchen sollen, aber ich konnte mich nicht weit genug aus dem Schnee graben, um an mein Ortungsgerät heranzukommen und es auf »Suche« zu stellen, damit Chadwick nicht mein Signal empfing. Zwei Minuten später war Chadwick an meiner Seite und grub meine linke Hand aus.

»Gleich haben wir's geschafft, Aron.« Chadwick war ziemlich aufgewühlt. Ich versicherte ihm, dass ich mir nichts getan hatte, und bat ihn, mein linkes Bein auszugraben und die Bindungen von den Schuhen zu lösen.

Ich rollte aus dem Loch heraus, stand auf und konnte jetzt das Ausmaß der Lawine sehen. Es verschlug mir fast die Sprache.

»O Gott, Chadwick. Sieh dir das an.«

150 Meter über uns verlief ein gigantischer Riss durch das Becken. Der ganze Hang lag voller kühlschrankgroßer Eisblöcke; manche waren so groß wie Lastwagen. Auf den ersten Blick sah es so aus, als wäre die Lawine nur mehrere 100 Meter breit gewesen. Dann aber sah ich, dass sie viel größer gewesen sein musste, etwa anderthalb Kilometer breit, bis hin zum südöstlichen Bergrücken und weit hinter die Bauminsel, wo wir aus heiterem Himmel getroffen worden waren. Tausende Tonnen Schnee waren den Hang hinuntergerollt. Ich bekam im Nachhinein weiche Knie. Dass wir beide überhaupt zu einer Rettung in der Lage waren, nachdem uns die Lawine zwei Häuserblocks weit den Berg hinuntergerissen hatte, war fast unvorstellbar. Doch wo war Mark?

Chadwick versuchte immer noch, sich einen Überblick vom Ausmaß der Lawine zu verschaffen, als ich auf eine Felsenterrasse zehn Meter unter uns lief. Auf die weiter unten gelegenen Schneefelder war die Sicht versperrt, dennoch versuchte ich irgendwelche Anhaltspunkte zu finden, aber nichts. Die Lawine war von uns aus gesehen noch 300 Meter weiter bis hinunter zum Bach gerollt. Mein Piepser war auf »Suche« gestellt, und verzweifelt sehnte ich mich nach einem Signal. Auf dem Display war nichts zu sehen.

»Wie groß ist deine Reichweite?«, rief ich Chadwick zu, der weiter nach rechts gegangen und über 30 Meter von mir entfernt war.

»Weiß ich nicht.«

»Schalt das Gerät auf ›Senden‹.« Ich wollte wissen, wie weit wir uns voneinander entfernen konnten und trotzdem noch Empfang hatten. Auf diese Weise konnten wir unseren Arbeitsradius festlegen.

»Empfängst du mich?«, rief er. Ich hörte die Verzweiflung in seiner Stimme.

»Noch nicht – komm zurück in meine Richtung.«

»Okay. Ich komme. Ich komme!«

»Da. 38!« Mein Ortungsgerät hatte Chadwicks Frequenz bei 38 Metern empfangen. »Jetzt schalt wieder um auf ›Suche‹.«

Wir konnten uns in einem Radius von gerade mal knapp 40 Metern bewegen. Wenn wir immer auf Empfang bleiben wollten, mussten wir fünfmal hoch und runter laufen, um das ganze Feld abzusuchen. Dazu war aber keine Zeit.

Denk nach, Aron. Denk nach.

»Chadwick! Wir haben beide oben gestanden. Und sieh dir an, wo wir gelandet sind. Wir sind auf einer Linie. Mark muss sich also auch hier irgendwo befinden. Könnte er über oder unter uns sein?«

Chadwick antwortete nicht. Ich rannte zur Kante und sah mir noch einmal den unteren Berg an. Die meisten Menschen, die von einer Lawine begraben werden und überleben, werden in den ersten fünfzehn Minuten gefunden; nach einer halben Stunde ist Wiederbelebung so gut wie aussichtslos. Wir hatten keine Zeit, hoch- und runterzugehen. Wir mussten uns entscheiden.

»Hier ist nichts zu sehen – nicht ein Hinweis. Er muss über uns sein! Los!«

Wenn er noch am Leben war, dann hatten wir nicht eine Minute zu verlieren.

Mit einem Abstand von knapp 40 Metern zwischen uns marschierten Chadwick und ich den Hang hinauf. Plötzlich blieb Chadwick stehen und schrie: »48! Ich empfange ein Signal!«

Mark! Wir stolperten durch den Schnee. Mark! Keine Zeit, auch nur Luft zu holen. Mein Ortungsgerät leuchtete auf – 38,

37, 34 … 28 … 24. Ich kam näher. Dann sah ich etwas, die Spitze eines Skis. Und ich erkannte die Inschrift K2.

»Ich hab ihn gefunden! Ich sehe seine Ski!«

Chadwick hatte weiter zu laufen als ich und war etwas zurückgefallen.

»Mark! Wir kommen!«, rief ich.

»Aron, nimm die Schaufel«, schrie Chadwick.

Es konnte nicht mehr weit sein. 18 … 15 … Umdrehen und die Schaufel holen war ausgeschlossen.

»Nein! Beweg deinen Arsch hierher!«

Je mehr ich mich der Skispitze näherte, desto schneller und höher piepte das Ortungsgerät, als wolle es jeden Moment explodieren. 11 … 8 … 4 … Dann ein anhaltender Piepton und ein Stöhnen.

»Mark! Hier bin ich!« Ich hob ein Aktenkoffer großes Stück Schnee von der Stelle, wo ich das Stöhnen vernahm. Blondes Haar und ein Stück roter Stoff kamen unter dem zementharten Schnee zum Vorschein.

»Mark! Kannst du mich hören?« Mark hatte keine Zeit, auf sanftes Vorgehen zu warten. Ich schob den Schnee von seinem Gesicht, so dass er atmen konnte. Als ich den roten Handschuh fortriss, der vor seinem Mund lag, ließ mich Marks bleierne Hautfarbe vor Schreck erstarren. Ich starrte in das aschfahle Gesicht eines begrabenen Geistes. Die vier Toten, die ich in meinem Leben gesehen hatte, hatten alle mehr Farbe im Gesicht gehabt als Mark in diesem Moment.

Ich beugte seinen Kopf nach hinten und nahm den Schnee aus seinem Mund. Es waren zwölf Minuten vergangen, seit die Lawine zum Stillstand gekommen war. Und Mark war fast die ganze Zeit über ohne Sauerstoff gewesen. Er war zwar noch am Leben, aber kaum ansprechbar. Als er schließlich auf eine meiner Fragen reagierte, war ich erleichtert. Er konnte mir jedoch nur sagen, dass er fror und müde war.

Ich sprang auf und lief auf Chadwick zu, der mir die Schaufel zuwarf. Ich fing sie in der Luft auf und rannte wieder zurück. Mark atmete, aber ich machte mir Sorgen um seine Körpertemperatur. Er konnte jeden Moment das Bewusstsein verlieren, und die Atmung konnte aussetzen. Ich begann damit, seinen Arm freizuschaufeln, dann den Rücken und sein linkes Bein und sagte ihm, welche Fortschritte ich machte. Mark steckte tiefer im Schnee, als ich es getan hatte. Chadwick war jetzt auch da und redete Mark zu, während ich fieberhaft schaufelte. Ich brauchte Hilfe. Nachdem ich Marks Rucksack vom Schnee befreit hatte, zog ich seine Schaufel heraus und warf sie Chadwick zu. »Los, hilf mir!«

»Ich kann nicht! Meine Hände sind gefroren. Ich kann nichts halten.« Chadwick hatte in der Lawine beide Handschuhe verloren. Danach hatte er mich ausgraben müssen und auf dem Weg hier hoch sich immer wieder im Schnee festgehalten. Ich hatte nur noch meinen linken Handschuh mit Vliesinnenseite. Ich riss die äußere Hülle ab und gab sie Chadwick.

»Meine Hände sind verloren – rette deine!«, protestierte er.

»Nimm schon! Dreh das Vlies auf die linke Seite und zieh es über deine rechte Hand. Ich brauche deine Hilfe.« Dann riss ich Mark die Handschuhe von den Händen und gab Chadwick den linken, den rechten zog ich über.

Zum ersten Mal sah ich bei der Hütte, fast 500 Meter rechts über uns am Berg, Bewegung. Ich legte meine Hände vor den Mund und rief: »HILFE! HILFE! HILFE! HILFE!«

Ganz schwach hörte ich etwas wie »Wir kommen!«. Hilfe war auf dem Weg, aber Mark würde unterkühlen, wenn wir ihn nicht bald aus dem Schnee herausbekamen und warm hielten. Wir schwangen die Schaufeln, der Schnee flog nach links und rechts, manchmal stießen wir mit den Schaufeln aneinander. Chadwick hatte schon zweimal mit der Schaufel den Schnee verfehlt.

»Chadwick, mach langsam. Du hast gar keinen Schnee auf der Schaufel.« Er geriet in Panik; wir waren zu langsam.

»Fang hier oben an und schieb den Schnee nach unten – das ist leichter als von unten nach oben.«

Obwohl wir beide unser Bestes gaben, driftete Mark weg. Wiederholt hatte er gesagt, dass er fror und dass er sehr müde war. Dann war er eine Minute lang ganz still.

Chadwick beugte sich über Marks Gesicht.

»Er atmet nicht!« Chadwick machte Mund-zu-Mund-Beatmung, und Mark kam wieder zu sich. Ich löste Marks Fuß aus der Skibindung. Fünf Minuten später, wir hatten ungefähr zwölf Kubikmeter Schnee beiseite geschafft, konnten wir sein Bein befreien.

»HILFE! HILFE! HILFE!«, schrien wir gemeinsam unseren Freunden zu. Wir hatten getan, was wir konnten, und brauchten dringend Wärmedecken. Wir waren erschöpft von unserem schon eine halbe Stunde dauernden Rettungsversuch und waren uns auch nicht im Klaren darüber, wie vorsichtig unsere Freunde sein mussten, um nicht noch eine Lawine auszulösen. »Wo bleiben die denn?«, fragte ich ungeduldig.

Wir legten Mark auf die linke Seite und setzten ihn auf. Er sank zurück und musste aufstoßen von der Luft, die er bei der Mund-zu-Mund-Beatmung in den Bauch bekommen hatte, weil er so weit nach vorn gebeugt gewesen war. Wir schmiegten unsere Körper an seinen Rücken und seine Seite, zogen ihm den Rucksack von den Schultern und durchsuchten ihn nach Handschuhen und Kleidung. Chadwick und ich hielten Mark fest umschlungen. Der Geruch von Angstschweiß vermischte sich mit dem von Austern, Muscheln, Fisch und würzigem Hummus. Und plötzlich brachen wir erleichtert, dass wir es geschafft hatten und jede Minute Hilfe da sein musste, in helles Gelächter aus.

Die vier vom Alburquerque Mountain Rescue Council kamen einer nach dem anderen auf Skiern die Schräge herunter, wo wir kauerten, erst Steve Patchett, dann Tom Wright, Dan Hadlich und zuletzt Julia Stephens. Die Dämmerung brach herein. Sie brachten einen Daunenschlafsack, eine Schaumstoffunterlage, Handschuhe und Stirnlampen. Wir wickelten Mark in den Schlafsack, und als Chadwick und ich unsere Ski und die Überreste unserer Ausrüstung geholt hatten, konnte Mark sich schon wieder bewegen. Obwohl er gerade noch bewusstlos gewesen war, war er schon wieder in der Lage, zurück zur Hütte zu fahren.

Beim Abendessen rekapitulierten wie die Ereignisse. Unsere Freunde hatten die Lawine gesehen und sofort gewusst, dass wir in Gefahr waren. Sie bereiteten gerade das Abendessen zu und hatten nur warme Unterwäsche und Socken angehabt. In null Komma nichts waren sie angezogen, ausgerüstet und bei der Unfallstelle gewesen – eine phänomenale Leistung. Chadwick hatte trotz allem die Nerven behalten. Ich war stolz darauf, wie schnell er reagiert hatte, und auf Marks Durchhaltevermögen. Zwar hatte jeder für sich selbst entschieden, den Hang hinunterzufahren, aber ich machte mir trotzdem Vorwürfe: Ich hatte egoistisch gehandelt, angetrieben von Ehrgeiz und Selbstüberschätzung, und hatte dabei keine Rücksicht auf ein gemeinsames Vorgehen der Gruppe genommen. Wir hatten eine Lawine der Stärke 5 überlebt. Wir hatten überlebt, doch Mark und Chadwick warfen mir vor, dass ich sie zur Abfahrt überredet hatte. Ich habe an diesem Sonntag zwei Freunde verloren; Mark und Chadwick fuhren am nächsten Morgen ab und haben seither kein Wort mehr mit mir gesprochen.

Doch anstatt meine Entscheidung am Berg zu bereuen, schwor ich mir, daraus zu lernen. Ich begriff, dass mein Verhalten nicht ganz durchdacht gewesen war. Wenn ich einen Entschluss nicht in alle Richtung danach abklopfte, ob er irgendwelche Gefahren barg – in dieser Situation hatte ich meinen Sachverstand ausgeschaltet –, spielte ich mit dem Leben. Ein Lawinenexperte hatte einmal gesagt: »Wenn du wettest, musst du in der Lage sein zu überleben.« Nach dieser Erfahrung ließ ich mich nicht mehr nur von meinem Ego leiten und ging keine größeren Risiken mehr ein. Ich vermied es auch, schnelle Entscheidungen zu treffen, damit ich kein wichtiges Detail übersah. Ein Unbehagen, wenn das Risiko zu groß war, war nicht etwa eine Schwäche, die man überwinden musste, sondern ein Signal, etwas so lange abzuwägen, bis man entweder sicher war, weiterzumachen, oder entschied, es an einem anderen Tag noch einmal zu versuchen.

Durch das warme und stürmische Wetter entstanden in den nächsten drei Wochen besonders viele Lawinen. Mein Plan, in diesem Winter noch auf die Maroon Bells zu steigen, die Zwillingspyramiden, die in jedem Bergkalender abgebildet sind, rückte in immer weitere Ferne. Jede Wand und jede Rinne barg eine große Lawinengefahr. Es gibt keine risikoarme Route dort hinauf, und ein Aufstieg sollte nur bei stabilen Schneeverhältnissen versucht werden. Anfang März neigte sich der Winter dem Ende zu.

Am 15. März erschien in *Aspen Times Weekly* ein großer Artikel über meine Besteigung des Capitol Peak und die Resolution-Bowl-Lawine. Die den Artikel begleitenden Fotos hatte mein Freund, der Fotograf Dan Bayer, bei einer Tour auf dem Highland Ridge geschossen. Der Tag war sonnig gewesen und die Sicht auf die Maroon Bells klar. In einem Interview hatte ich gesagt, dass eine Besteigung der Maroon Bells nicht vor dem nächsten Winter möglich sei, doch als ich die Berge so vor mir liegen sah, dachte ich über meine Chancen nach. Von hier aus, in 3600 Meter Höhe, konnte ich die große Schneerinne sehen, die die östliche Wand der beiden Gipfel – den Bell Cord Couloir – teilte und schon häufig von Lawinen heimgesucht worden sein musste. Manchmal sind das die sichersten Routen. Bei mildem Wetter, leichtem Wind und wenig Aussicht auf Neuschnee würde die Schneedecke stabil bleiben. Zwei Tage später wollte ich es wagen.

An dem Tag, als der Artikel als Titelgeschichte unter der

Überschrift »Wem die Stunde schlägt« dann erschien, legte ich die 15 Kilometer vom Maroon Creek zum Crater Lake in 3100 Meter Höhe auf Skiern zurück. Direkt unter dem Bell Cord Couloir überquerte ich ein 800 Meter breites Feld, auf dem die Überreste einer Lawine herumlagen. Gegen 13.30 Uhr hatte ich den Platz erreicht, an dem ich mein Lager aufschlagen wollte, und eine Lawine rollte über die niedrigeren Felsen der East Buttress des South Maroon Peak hinweg. Schnell zog ich meine Kamera hervor und machte ein paar Fotos, als die 100 Meter hohe Lawine den Wald überrollte. Das Grollen kam erst etwas später, unterbrochen vom Splittern des Holzes, als der Schnee auf die Bäume krachte und sie wie Streichhölzer abknickte. Lawinen können eine Dichte entwickeln, die viermal größer ist als die der Luft, und eine Geschwindigkeit von über 160 Stundenkilometern erreichen. Das kommt einer Windstärke von 650 Stundenkilometern gleich. Die Pinien und Fichten hatten keine Chance. Und ich auch nicht.

Wolken kristallinen Schnees wehten durch das Tal. Ich suchte mir eine Lagerstelle zwischen den Bäumen am äußersten Ende des Lawinenfeldes und machte einen Plan für den Aufstieg. Die Lawinengefahr im Couloir war minimal, denn dort waren schon viele Lawinen abgegangen. Aber der anhaltende Sonnenschein auf dem fast vertikalen Fels und Schnee beiderseits des im 50-Grad-Winkel stehenden Bell Cord barg Risiken. Auf die linke Wand schien die Sonne von morgens bis mittags, auf die rechte bis zum Nachmittag. Auf der rechten war der meiste Schnee schon geschmolzen, sie war weniger gefährlich als die linke. Ich schaute mir den Berg an. Wahrscheinlich war das Risiko am geringsten vor Sonnenaufgang und wenn die linke Seite gegen Mittag in den Schatten rückte. Später am Nachmittag würde es an der rechten Wand zu Schneerutschen kommen, wie es schon dreimal passiert war, während ich mir eine Suppe zum Abendessen kochte.

Um drei Uhr morgens stand ich auf und zog meine Kaltwettersachen an, packte Wasser und Verpflegung zusammen, schlüpfte in meine Stiefel und schnallte die Steigeisen an. Nachdem ich hastig eine Schüssel Haferflocken und Proteinpulver gegessen hatte, kletterte ich gegen 3.30 Uhr los.

Schon nach einer Stunde steckte ich in Schwierigkeiten. Bei meinen Beobachtungen am Nachmittag zuvor hatte ich eine steile Abkürzung gleich bei der Rinne entdeckt. Ginge ich dort entlang, bliebe mir die Kletterei im weniger festen Schnee erspart, und ich könnte meinen Anstieg beim Bell Cord Couloir in 3400 Metern beginnen. Ich kletterte also im Lichtschein der Stirnlampe voran und hatte die Rinne schon zur Hälfte hinter mir gelassen, als ein Eisbrocken von der Größe einer Bowlingkugel wie aus dem Nichts herunterkam und an meinem Kopf vorbeischoss. Die Kugel sauste so schnell an mir vorüber, dass ich sie nur kurz sah. Mir gefror das Blut in den Adern, ich kletterte aber weiter und hoffte, dass dem fast zehn Kilogramm schweren Eisblock nicht noch mehr folgten. Nach ein paar Minuten jedoch raste ein zweiter geradewegs an meiner Schulter vorbei und krachte in die rechte Wand. Ich musste so schnell es ging aus diesem Schacht heraus. Bis nach oben zu klettern war die beste Option, die ich hatte, denn die Eiskugeln fielen über den Rand hinweg, der mir Schutz gab. Die Rinne wurde steiler, je weiter ich mich der Spitze näherte. Und dann traf mein Pickel auf Eis unter dem Schnee. Ich sah einen zwölf Meter hohen, zu Eis gefrorenen Wasserfall, der sich von einer Wand zur anderen erstreckte.

Was zum …? Wo kam er plötzlich her? Warum habe ich ihn nicht schon vorher gesehen? Kann ich daran hochklettern? Sollte ich lieber den Rückzug antreten?

Ich wollte nicht hinuntersteigen, das war zu riskant – ich war nicht sicher, ob das Eis-Bombardement vorüber war –, und ich hatte keine Zeit zu verlieren. Bevor die Sonne in zwei Stunden auf den Berg schien, musste ich bis auf 4100 Meter geklettert sein. Das würde ich nicht schaffen, wenn ich umkehrte. Um den

Aufstieg heute noch zu bewältigen, musste ich mit dem Eispickel und den Steigeisen an dem dünnen Wasservorhang hochklettern – nicht gerade meine bevorzugte Eiskletterausrüstung. Ich bohrte die Spitze des rechten Steigeisens in den Wasserfall und schwang den Pickel mit der rechten Hand in die Eiswand. Fingerbreite Spalten, schmale Vorsprünge und Trittlöcher gab es an der linken Wand zur Genüge. Mit dem Pickel im rechten Winkel zum Eis konnte ich mich hochstemmen und durch den Gegendruck ohne weiteres auf den Spitzen der Steigeisen stehen, die im Eis verankert waren. Ich schaffte es drei Meter weiter. Die tödliche Leere unter mir ignorierte ich, kletterte noch drei Meter weiter, und dann war zu meiner Rechten kein Eis mehr, sondern ein Streifen Erde. Ich war schon fast oben. Ein fünf Zentimeter langer horizontaler Riss gab mir einen relativ guten Stand für den linken Fuß, und mit dem rechten konnte ich noch im vereisten Wasserfall Tritt fassen. Doch keine meiner Hände fand Halt an der nur noch schwer erreichbaren Felswand. Ich saß fest.

Wenn ich jetzt wieder hinunterkletterte, würde ich unweigerlich in den Tod stürzen. Hinunter konnte ich nicht. Bleiben konnte ich auch nicht. Ich musste weiter nach oben, so unwahrscheinlich der Erfolg auch schien. Ich zog die Pickel aus dem Eis und schlug ihn sie so fest ich konnte in das Stückchen Erde über mir. Die Erde würde mein Gewicht sicher nicht halten, und mit der rechten Hand konnte ich mich nicht hochziehen – der Handschuh war zu rutschig. Ich glitt mit dem linken Steigeisen ab und griff nach dem Pickel. Er steckte fest genug in der gefrorenen Erde, trotzdem war ich verzweifelt. Hätte sich der Pickel in dem Moment gelöst, in dem ich abrutschte, läge ich jetzt schon tot am Fuß der Rinne.

Bis aufs Äußerste angespannt, beugte ich meinen Kopf nach links, und mit den Zähnen riss ich die Manschette des linken Handschuhs auf und den Handschuh von der Hand und ließ ihn an meinem Handgelenk herunter. Mit bloßen Fingern klammerte ich mich an den Felsen und zog mich mit beiden Armen hoch. Dabei ließ ich den Pickel nicht aus den Augen. Was ich hier bewerkstelligte, war so schwer wie ein Klettermanöver des Schwierigkeitsgrads 5. Mit anderen Worten, es war das schwierigste freihändige Solomanöver, das ich je gemacht hatte. Zieht man die Höhe, die Abgeschiedenheit und die Tatsache in Betracht, dass es im Dunkeln stattfand, war es kein Wunder, dass ich auf der ersten flachen Stelle, die ich erreichte, in mich zusammensackte. Ich schwitzte wie verrückt und konnte gerade noch mit den Zähnen eine meiner Energiepackungen aufreißen. Dann wollte ich meinen linken Handschuh wieder überstreifen. Doch er war nicht mehr da.

Plötzlich erinnerte ich mich, dass ich ihn an diesem Morgen nicht mit dem Band befestigt hatte. Als ich den Handschuh am Wasserfall auszog, war er in die Rinne gefallen. Verdammt, verdammt, verdammt! Wieder fragte ich mich, ob es nicht besser sei, wieder hinunterzugehen. Das aber hieße meinen Aufstieg aufzugeben, nur um einen Handschuh zu holen. Konnte ich mir noch mehr Erfrierungen leisten? Nein, aber ich hatte noch Vlieshandschuhe dabei, damit mir nicht das Gleiche passierte wie auf dem Capitol Peak, und zog sie über.

Okay, Aron, der Rest sollte verglichen mit dem, was du gerade geschafft hast, leicht sein.

Mein Herz musste in den nächsten zwei Stunden Schwerstarbeit leisten, und ich hatte die letzten 700 Meter gerade hinter mir, als die Sonne über den Gipfel der Pyramod Peaks stieg. Die Schatten der Maroon Bells reichten fast bis zum Horizont, wo Snowmass Mountain und Capitol Peak unter dem ersten Sonnenlicht vor einem dunklen Himmel erstrahlten. Das war eine Wiedergutmachung für den herausfordernden Anstieg und mein erster winterlicher Sonnenaufgang auf einem Viertausender. Ich machte eine lange Pause, aß etwas, trank Wasser und machte mich dann auf über die Platten und Schneefelder bis zum Gipfel des South Maroon Peak, den ich um 8.15 Uhr erreichte. Eine Stunde später war ich auf dem Sattel über dem Bell Cord und auf dem Weg zum North Maroon Peak. Der Bergkamm der Bells zählt zu den vier technisch anspruchvollsten aller Viertausender in Colorado. Die anderen – Blanca-Little Bear, Wilson-El Diente, und Creston Peak-Creston Needle – hatte ich im Laufe des Sommers schon bestiegen, dies aber war der erste Winterversuch. Auf der westlichen Seite des North Maroon Peak hatte ich mit tiefen Schneeverwehungen zu kämpfen. Ich kletterte auf den Bergkamm, grub ein Loch durch eine der hohen Kissenformungen am Fels, um zum Gipfel zu kommen. Selten war ich so aufgewühlt und voller Freude wie auf diesem Berggipfel. Ich reckte den Eispickel in die Luft und schrie vor Freude über meinen fünfundvierzigsten erfolgreichen Soloaufstieg. Ich hatte die Elk Range innerhalb eines Winters vollendet und die letzte der technisch schwierigsten Routen und die einzigartige Doppelüberquerung des Bergkamms der Maroon Bells gemeistert. Ich blickte in Richtung Süden, wo meine Fußstapfen bereits verweht waren, über die surrealen Schneeformationen und konnte mir ein lautes »Juhu!« nicht verkneifen. Dabei stellte ich mir vor, wie mein Begeisterungsausbruch von den Gipfeln bis hin zum Crested Butte schallte.

Gegen Mittag war ich wieder bei dem Einschnitt über dem Bell Cord Couloir und triumphierte innerlich, dass mein Plan aufgegangen war. Die mehr als 1000 Meter bis zum Lager raste ich geradezu hinunter, fand noch meinen Handschuh, und das alles innerhalb von fünfundvierzig Minuten, nachdem ich den Gipfel verlassen hatte.

Bei meinem Abstieg dachte ich an den 2. Juli 2000, an dem ich zum ersten Mal mit meinen besten Freunden und Kletterpartnern Mark van Eeckhout und Jason Halladay auf den North Maroon Peak geklettert war. Wir hatten den Bergrücken zum South Maroon Peak überquert und waren dann in einem fünfzehnstündigen Rundgang über die Eistunnel im East Face Couloir abgestiegen. Trotz des anstrengenden Abstiegs erinnerte ich mich an einen Moment sehr genau. Wir kletterten über lila Felsen in den gelblichen Einschnitt an der Spitze der Bell Cord und blickten in Richtung Westen über das saftige samtige Grün des Fravert Basin. Die Farben waren so satt, dass ich das Gefühl hatte, ich könnte sie riechen. Nie zuvor hatte ich eine solch tiefe Liebe für diese Schönheit empfunden. In diesem Moment wurden mir zwei Dinge deutlich: zum einen musste ich das Fravert Basin besuchen und diese Natur, die von hier aus so verlockend aussah, aus der Nähe sehen; Zum anderen wusste ich nun ganz sicher, dass Aspen eines Tages mein Zuhause sein würde. Hätte ich in jenem Moment über die Möglichkeit nachgedacht, die Maroon Bells im Winter zu überqueren, hätte ich es für ausgeschlossen gehalten. Aber ich hatte es geschafft, nicht nur einmal, sondern zweimal am selben Tag, und ich war fünf Stunden schneller gewesen als im Sommer.

7

Dritter Tag: »Durchhalten bis zum Morgen«

Missgeschick enthüllt Genialität,
Wohlergehen verdeckt sie.

Horaz

Wo kommen all diese Mücken her? Ich warte, bis sich zwei auf meinen Arm gesetzt haben, und schicke ihre Seelen zurück in den Kosmos. Bis vor einer halben Stunde habe ich hier kein einziges Insekt gesehen, und jetzt summt ein halbes Dutzend Blutsauger um meinen Kopf herum. Ich sitze in dem Gurt und erschlage einen nach dem anderen. Irgendwann kommt mir der Gedanke, dass ich die toten Mücken essen könnte. Es ist ein alberner und überflüssiger Gedanke: Diese Insekten sichern mir auch nicht das Überleben, abgesehen davon habe ich noch die zwei Burritos in der Tasche. Das sind fast 500 Kalorien und appetitlicher als tote Insekten.

Vom Schlafmangel bin ich wie benebelt.

Eine Windbö durchzieht die Schlucht und nimmt mir die letzte Wärme. Später am Nachmittag – oder vielleicht auch am frühen Abend – werden die Windböen häufiger und sind die kühlen Vorboten der herannahenden Nacht.

Meine Lust, an dem Felsen herumzuklopfen, hat sich verflüchtigt. Ich mache nur noch weiter, um meinen Stoffwechsel zu stimulieren und gegen die Kraftlosigkeit anzukämpfen, zu der die eisigen Winde beitragen. Trotzdem arbeite ich längst nicht mehr so viel wie gestern. Dass es sinnlos ist, auf dem Felsblock herumzuklopfen, habe ich mittlerweile akzeptiert, dennoch habe ich mich mit der Aussichtslosigkeit meiner Situation noch nicht ganz abgefunden. Noch immer denke ich: Je mehr ich arbeite und je weniger Pausen ich mache, desto früher bin ich frei. In meiner Lethargie kommt mir ein anderer absurder Gedanke: Ich möchte nicht bei Einbruch der Nacht befreit sein – ich könnte vom Big Drop fallen oder mich in der unteren Schlucht verlaufen.

Als ob du je freikämst. Du bist faul, und das weißt du. Du kämpfst um dein Leben – um dein Leben, um nichts weniger –, und du bist zu faul, das bisschen Müdigkeit zu überwinden und weiterzuarbeiten. Du fauler Versager. Du bringst dich doch selber um. Du wirst sterben.

Da ist sie, meine Prognose, schwarz auf weiß, wie ein Röntgenbild, das ich ins Licht halte. Der Tod ist unausweichlich. Ohne die Bedürfnisse meines Körpers stillen zu können, überlebe ich vielleicht noch eineinhalb Tage. Oder zwei, aber was bedeutet das schon? Auf diese quälende Angst vor einem langsamen Tod war ich nicht vorbereitet. Ob er wohl heute Nacht in der Kälte kommt, morgen mit Krämpfen durch die Dehydrierung oder am nächsten Tag durch Herzversagen? In einer Stunde, in zwei, in der darauf? Jedes Mal, wenn ich dem Tode nahe war, hatte es mit einer Krise zu tun, war es eine dramatische Vision. Ob es der Wirklichkeit entsprach oder nur meiner Vorstellung, der Schnitt kam immer so schnell wie das Beil des Henkers, in Form eines Eisblocks, einer Lawine, eines falsch ausgeführten Pickel-Rettungsgriffs, einer Rückwärtsrolle von einer Felswand. Meine letzten Worte, das wusste ich, würden keine tieferen Weisheitsbekundungen sein, sondern eher so etwas wie »Verdammte Scheiße«, oder der Gedanke »Das war's.« Ein Aushauchen des letzten Atemzugs unter Felsbrocken, spritzendes Blut, zerschellte Knochen. Niemals hätte ich gedacht, ich würde eines langsamen Todes sterben. Immer hatte ich geglaubt, ich sei jeder Art von längerem Überlebenskampf gewachsen: einem Sturm, meinen Weg wiederzufinden, wenn ich mich verlaufen hatte, mich trotz Verletzungen oder Krankheit irgendwohin zu schleppen. Nein, ich würde mich nicht mit dem Tod an einen Tisch setzen und mich beschaulich mit ihm auf ein längeres Gespräch einlassen und mit dem Satz enden: »Das war's dann wohl, jetzt ist es an der Zeit, nach Hause zu gehen.«

Ich hatte so viele Male solches Glück gehabt, dass ich anfing, mit dem Schicksal zu spielen, um ein Gefühl der Intensität, den ultimativen Gegensatz zwischen der Angst des bevorstehenden Untergangs und dem Wunsch, ein ausgefülltes Leben zu führen, zu erzeugen. Wahrscheinlich denken manche Menschen, das sind die Gedanken eines Adrenalin-Junkies. Aber ich genoss die Kontrolle über meinen Adrenalinausstoß mehr als den Kick, wenn ich einen Schub hatte. Auf weniger gefährlichen, aber immer noch abenteuerlichen Touren habe ich mich bis an meine Grenzen gebracht, habe das reinigende Leiden hinausgezögert, um innere Widerstände niederzureißen, um meinen Geist zu läutern und ein pureres Gefühl als Langeweile und Stress zu haben und mich selbst zu übertreffen. Manchmal, in einem euphorischen Moment, begriff ich, dass Angst und Schmerz nur zwischen zwei Neuronenpaaren in meinem Hirn existierten. Das nannte ich Selbstüberwindung. Aber wie ich mich aus dieser Schlucht befreien sollte, lag jenseits der Macht des Geistes über die Materie. Meine Situation ist rein physikalisch unüberwindbar. Ich habe den Schmerz überwunden, ich habe die Disziplin, die Angst zu bekämpfen, aber ich kann nichts gegen den Wasserbedarf meines Körpers tun.

Wasser. Ich nehme die Flasche hoch und schwenke sie. In den letzten vierundzwanzig Stunden habe ich alle drei Stunden 100 Milliliter getrunken. Hmmm. Das heißt, mit den letzten 500 Millilitern komme ich durch die Nacht. Ich muss dafür sorgen, dass es länger reicht. Jetzt ist es nach 18 Uhr, und ich habe, seit ich die Kamera um 15.15 Uhr wieder auf den Felsen gelegt habe, nichts getrunken. Vielleicht sollte ich jetzt einfach verzichten, es mir für später aufheben. Mir geht es ganz gut, glaube ich. Meine Zunge ist nicht sonderlich geschwollen oder hart. Meine Lippen fühlen sich auch normal an. Ich denke zwar oft an Wasser, aber beim Fasten fühlt man sich sicherlich ähnlich. Man denkt einfach, wenn ich nicht gleich etwas zu essen bekomme, werde ich sterben. Aber nach einem halben Tag hören diese Phantasien auf und der Hunger auch. Jedoch zweifle ich daran, dass es mit dem Durst ebenso ist. Das hier ist sicher erst der Anfang.

Hör auf, darüber nachzudenken; steck die Flasche weg. Stell sie in den Sand, damit du nicht dauernd darauf starrst und überlegst, wie viel du noch hast. Noch besser: Tu etwas. Bereite dich auf die Nacht vor.

Ja, es ist besser, sich auf einen Plan zu konzentrieren. Ich stelle die Flasche unter den Felsen in den Sand und denke an den heraufziehenden Abend. Um 21 Uhr wird es stockfinster sein. Und es wird neun Stunden lang dunkel bleiben. Es sind nur neun Stunden, aber wenn mir nicht wärmer wird, werden sie mir wie der Polarwinter vorkommen. Ich werde um 21 Uhr etwas trinken, um Mitternacht, um drei und dann wieder um sechs Uhr. Meine Schlückchen werden noch kleiner sein als gestern Nacht. So werde ich für morgen auch noch etwas haben. Außerdem werde ich den Rest meiner Burritos essen müssen. Der erste Biss vor drei Stunden war so trocken, dass es mir vorkam, als hätte ich Klebemasse im Mund. Der Rest wird noch schlimmer. Was soll's, ich muss es tun.

Bleibt immer noch die Frage, wie ich warm bleiben soll. Heute scheint es kälter zu sein als gestern. Heute sind auch ein paar mehr Wolken vorbeigezogen. Jetzt aber ist der Himmel klar, und wenn die Sonne erst einmal untergegangen ist, gibt es keine Außenwärme mehr. Ein Gesetz der Wärmeübertragung – das weiß ich noch aus dem Studium – lautet, dass Strahlung oder Wärmeverlust zwischen Boden und Nachthimmel proportional zum Temperaturunterschied hoch vier ist. Wenn ich mich recht erinnere, ist das All ungefähr 400 Grad Kelvin kälter als mein Körper. Hoch vier und multipliziert mit einer Konstanten, die mir jetzt nicht einfällt, sind das immer noch 24 Milliarden Einheiten von irgendetwas. Unter dem Strich bedeutet das, dass ich eine Menge Wärme ausstrahle und ich etwas unternehmen muss, damit ich heute Nacht nicht auskühle. Insbesondere deshalb, weil ich nicht sehr viel arbeiten werde. Es geht erst einmal nur darum, es bis zum Morgen zu schaffen, dann sehe ich weiter.

Ich nehme meinen Rucksack ab und hole die kleine Stofftasche, in der meine Digitalkamera steckt, heraus. Ich halte die Stofftasche zwischen den Zähnen und schneide sie mit dem Messer an einer Seite auf. Dabei versuche ich, mir nicht ins Gesicht zu schneiden. Das Material reißt leicht, und ich stecke meinen linken Unterarm in den Stoffschlauch. Mit den Zähnen ziehe ich den Stoff über meinen Ellenbogen und habe jetzt so etwas wie einen längeren Ärmel produziert. Dann montiere ich die Rollen vom Seilzugsystem ab und wickle das lilafarbene Gurtband um meinen rechten Arm, ziehe die Bänder zwischen Unterarm und Wand hindurch, wo die CamelBak-Tasche nicht hinpasst. Außerdem schneide ich von dem gelben Gurtband an der Verankerung eineinhalb Meter ab. Die Reste des einen Burritos stecke ich in meine linke Tasche, den anderen stopfe ich in meinen Rucksack. Danach wickle ich die Plastiktüte um meinen rechten Oberarm, darum binde ich das gelbe Gurtband und habe einen langen Ärmel für den rechten Arm.

Nun muss ich aus den übrigen 50 Metern meines Kletterseils so etwas wie eine Hose basteln. Das schmutzige grüngelbe Seil liegt auf dem Felssockel vor meinen Knien. Für jedes Bein brauche ich zwanzig Minuten. Ich umwickele beide Beine vom Knöchel bis zum Schenkel mit dem Seil. Ich muss über mich lachen. Ich sehe aus, als sei ich von zwei grünen Pythonschlangen angefallen worden. Das Seil zwickt in den Kniekehlen, wenn ich im Gurt sitze; ich lockere es und justiere die Daisy Chain, so dass ich fünf Zentimeter höher sitze. Das ist die bequemste Haltung seit Beginn meiner Gefangenschaft.

Jetzt, da auch meine Schienbeine geschützt sind, kann ich sie gegen den Felssockel vor mir lehnen. Den Fels, gegen den ich zu fallen drohte, als der Brocken niederkrachte. Aber selbst wenn ich dagegen gekracht wäre und mir die Rippen gebrochen hätte, wäre ich besser dran gewesen als jetzt. Es ging alles so schnell und zugleich so langsam. Wie viel Zeit hatte ich denn gehabt, um zu reagieren? In diesem Bruchteil einer Sekunde, in dem ich beschloss, den Felsbrocken von mir wegzustoßen, war eine Menge zu bedenken. Warum habe ich das getan? Vielleicht dachte ich, ich könnte ihn wie den auf dem Creston Needle wegschubsen.

Damals hatte ich keine andere Wahl gehabt. Hätte ich dem Felsbrocken nicht eine andere Richtung gegeben, wäre er auf mich gefallen, und ich wäre in 4200 Meter Tiefe gestürzt. Es geschah im Frühjahr 2000. Ich überquerte gerade den Bergrücken zwischen Creston Peak und Creston Needle, nachdem ich allein durch den Northwest Couloir geklettert war. Ich war übermütig, und anstatt die auf den Karten vorgezeichnete Route zu nehmen, bastelte ich mir mein eigenes Abenteuer und hatte eine ziemlich weite Strecke zurückzulegen. Normalerweise überquert man die Nordseite gar nicht, und das aus gutem Grund: Zweimal musste ich Felsen mit dem Schwierigkeitsgrad 5 überwinden. Ich spürte jeden Zentimeter der 900 Meter bis nach unten zum Upper South Colony Lake durch meine Stiefel. Der Black Gendarme war von einem Felsen versperrt, und so musste ich einen leichteren Weg über den Bergkamm finden. 15 Meter über mir endete eine kurze und steile Schlucht, in der die Überreste eines Steinschlags herumlagen, mit einem drei Meter breiten Überhang. Dort war die Schlucht nur knapp einen Meter breit. Ich dachte, ich könnte mich hochstemmen und mich dann zur Felsentreppe hochziehen und bis zum Gipfel laufen.

Doch es kam anders. Ich befand mich etwa einen Meter über dem Geröll in der Schlucht mit einer Steigung von 50 Grad und zog mich am Überhang hoch, als zwischen den Wänden ein großer Felsbrocken herausbrach. Ich umarmte den Felsbrocken förmlich, und gemeinsam fielen wir in die Tiefe. Ich stieß mit dem Rücken gegen die Wand zu meiner Rechten, und der Felsbrocken drückte auf meinen Brustkorb. Ich schlitterte über das Geröll und versuchte den Brocken von meinem Körper wegzudrücken. Schließlich fand ich Halt an der gegenüberliegenden Wand und sah, wie der Felsbrocken zweimal über das Geröll hopste und dann über den unteren Vorsprung der Schlucht katapultiert wurde. Wäre ich nicht mit dem Rücken gegen die Wand geprallt und in aufrechter Haltung geblieben, hätte ich den Felsbrocken nicht von mir stoßen können, und er hätte mich erbarmungslos mit sich gerissen. Nach einer Weile konnte ich zwar wieder normal atmen, aber mein Selbstvertrauen war verpufft, und ich stieg zu einem leichteren Weg zur Südseite des Creston Needle hinab.

Eine halbe Stunde später, neun Meter unterhalb des Gipfels, gab ich auf. Die Geschichte mit dem Felsbrocken ging mir einfach nicht aus dem Kopf, und ich zog meine Kletterschuhe gar nicht erst an. Ich hatte die Nase voll. Der Abstieg über die südliche Wand des Creston Needle war abscheulich. Ich musste vier zerklüftete Felsrippen überwinden und dazwischen Schluchten, in denen zurückgelassene Seilenden hingen. Das war ein Beweis dafür, dass ich nicht der Erste war, der hier das Handtuch warf. Als ich endlich bei 3992 Metern ebenen Boden unter den Füßen hatte, war ich ziemlich am Ende und wünschte, ich könnte mich abseilen. Im Auto legte ich erst einmal meine Lieblings-CD von Pink Floyd ein und spielte immer wieder den Song *Fearless*. Ich sang mit, und die ersten Zeilen brannten sich mir ein: *They say that hill's too steep to climb. Climb it.* Creston Needle hatte mich geschlagen, doch von der Musik inspiriert, versuchte ich es am nächsten Morgen noch einmal und erreichte den Gipfel. Dabei lernte ich, wie zerbrechlich das Selbstvertrauen ist und wie dünn der Faden, der Körper und Geist in brenzligen Situationen zusammenhält. Was ich dabei nicht lernte, war, dass es nicht immer das Beste ist, einem herunterfallenden Felsbrocken mit den Händen eine andere Richtung zu geben.

Irgendein Gefühl sagt mir, dass es Zeit ist zu beten. Das habe ich bisher noch nicht getan, aber jetzt bin ich so weit. Meine linke Hand lege ich in einer lockeren Faust an den Fels, schließe die Augen und lege meine Stirn auf die Hand.

»Gott, bitte, hilf mir. Ich bin im Blue John Canyon gefangen – das weißt du sicherlich –, und ich weiß nicht, was ich tun soll. Ich habe alles denkbar Mögliche getan. Ich brauche ein paar Ideen. Oder ich muss manches davon noch einmal versuchen – den Felsblock zu heben, meinen Arm zu amputieren. Gib mir bitte ein Zeichen.«

Eine Minute lang bleibe ich so, dann schaue ich langsam nach oben in das schwache Zwielicht, beschwöre den Himmel, mir einen Rat zu geben. Dabei überrasche ich mich dabei, wie ich beinahe ein Zeichen erwarte, das mich rettet. Ich betrachte die Felswände, suche nach übernatürlichen Inschriften. Natürlich ist nichts zu sehen, kein metaphysischer Ratschlag, keine göttliche Antwort, die sich in dem Sandstein manifestiert. Was hatte ich erwartet? Einen Wolkenwirbel mit dem Tag und der Uhrzeit, an dem Hilfe kommt? Eine Felszeichnung, die einen Mann mit einem Messer darstellt? Um meine Enttäuschung zu verbergen, fange ich wieder an zu beten und kann den Sarkasmus in meinen Worten nicht verbergen.

»Okay, Gott, da du offenbar zu beschäftigt bist … Teufel, hörst du mich, ich brauche Hilfe. Ich tausche meinen Arm, meine Seele gegen was auch immer du willst. Nur, hol mich hier raus. Du willst, dass ich nie wieder klettere, das kann ich tun. Zeig mir nur, wo es langgeht.«

Ich halte inne und seufze. Zwar ist das alles andere als amüsant, aber immerhin kann ich mich noch zum Lachen bringen. Vielleicht ist das ja auch ein Test, eine Lektion. Wenn ich begriffen habe, um was es geht, komme ich vielleicht frei. Ist es das? Was soll ich aus alledem lernen? Ich denke an die Gespräche mit meinem Freund Rob Cooper. Rob ist kein Mensch vieler Worte, wenn es um Philosophie geht. Meistens sagt er das, was wichtig ist, mit einem Satz. Normalerweise fingen unsere Gespräche immer damit an, dass ich ihm von einem meiner Abenteuer erzählte, und wie aus heiterem Himmel würde er seinen Lieblingssatz von sich geben: »Es kommt nicht darauf an, was du tust, Aron, sondern darauf, wer du bist.« Völlig aus dem Konzept gekommen, verbrachte ich die nächsten zehn Minuten damit, mich zu fragen, was er damit meinte. Er wiederholte den Satz, und ich versuchte ihn zu widerlegen. In meinen Augen definiert sich der Mensch ja gerade durch das, was er tut. Tun wir nichts, sind wir nichts. Auch unsere Körper gleichen sich unserem Lebensstil an. Ich begriff nie, worauf Rob hinauswollte. Wie oft ich auch versuchte, ihm klar zu machen, was ich meinte, ich konnte ihn nie überzeugen.

Vielleicht verschafft mir die schiefe Perspektive in den Tiefen dieser Schlucht eine Einsicht in Robs Worte. Plötzlich habe ich Klarheit: Rob spürte in den Erzählungen von meinen Abenteuern eine unausgesprochene Bitte um Gutheißung. Mit seiner Antwort, mehr als Beruhigung denn als Herausforderung zu verstehen, wollte er mir sagen, dass es ihm egal war, was ich erreicht hatte. Er mochte mich, weil ich war, wie ich war – als Person, nicht als Bergsteiger, Skifahrer oder Mann der Wildnis. Meine Verwirrung über seine Behauptung war der Beweis dafür, wie Recht er hatte. Ich reagierte empfindlich, weil ich wollte, dass er mich für das respektierte, was ich erreicht hatte. Ich war dem Gedanken aufgesessen, dass nur das Wert hatte, was man erreichte, nicht aber der Weg, der einen dahin führte. Rob oder auch jeder andere, der in meinem Leben eine wichtige Rolle spielte, respektierte mich für meine Art, dafür, wie ich andere behandelte. Meine Risikofreude hatte nichts mit meiner Integrität zu tun. Jetzt habe ich es begriffen. Aus diesem Grund bin ich hier, um das zu lernen.

Nun, wenn es das war, Aron, könnte der Felsbrocken in zwei Teile zerbrechen und in den Sand fallen … und zwar … jetzt.

Natürlich geschieht nichts dergleichen. Ich warte noch dreißig Sekunden, dann gebe ich auf. Vielleicht war diese kleine Epiphanie ein emotionales Tischerücken, damit sich mein müdes Gewissen beruhigt. Sicher bin ich hier nicht eingeschlossen, um auf die Erleuchtung zu warten. Ich bin hier eingeschlossen, weil der riesige Felsbrocken auf meiner Hand liegt. Wie groß ist das Ding eigentlich? Es wiegt mehr als ich, aber gestern habe ich es ein wenig bewegt. Wahrscheinlich sind es nicht mehr als 90 Kilogramm, sonst hätte ich es nicht von der Stelle bewegen können. Mit einem 6-zu-1-Seilzugsystem, bei dem mein Köpergewicht um ein Vielfaches multipliziert wird, sollte ich in der Lage sein, den Brocken herauszuheben, selbst wenn die Hälfte der Kraft durch Reibung verloren geht. Es ist schon zu spät, um das Zugsystem neu zu installieren. Die meisten Teile benutze ich ohnehin als Wärmedämmer.

Die Nacht bricht herein. Ich schließe die Augen und visualisiere mein tiefstes Verlangen. Ich sehe mich im Wind auf einer Flutwelle der Dunkelheit reiten, fort von hier. Sie trägt mich wie ein Rabe über das Wüstengestrüpp in die Leere. Ich schwebe über die kahlen Berge, das rotbraune Tafelland und den Erdmantel von Süd-Utah in Richtung Westen über das schwarze Great Basin und die Berge der Sierra Nevada hinweg, und nirgends ist auch nur ein Licht. Wie bei einem Zaubertrick verwandelt sich das Land geisterhaft, während ich den Sonnenaufgang außer Kraft setze und den Tag irgendwo an der pazifischen Küste erhasche.

Immer wenn mir mein Überlebenskampf aussichtslos vorkommt, scheinen die Zeit stillzustehen und meine Qualen unendlich zu sein. Ich altere schneller, besonders nachts, wenn ich nicht sehen kann, wie die Zeit vergeht. Wenn ich tatsächlich drei Minuten lang vor Kälte zittere, friere ich vom subjektiven Gefühl her zehn Minuten. Als fiele ich in ein Loch, in dem ich auf unabsehbare Zeit misshandelt werde. Aber ich habe ein Gegenmittel für dieses Elend gefunden: In der nebelhaften Freiheit meiner Phantasie tauche ich in wispernde Wolken über dem Meer, schaumgekrönte Wellen werden zu Wellenbrechern, je weiter ich nach Westen komme. Ich fliege immer höher und sehe von oben, wie sich das Land um den kobaltblauen Ozean in einen grünen Rahmen verwandelt, Inseln zu Punkten schrumpfen. Ich zerschneide eisige Strudel kristallisierten Wasserdampfes, ich schwebe bis ins Unendliche, überlasse meinen Körper einem finalen Akt der Evolution, werde zu einem farbigen Lichtstrahl, einer schillernden Wolke schwebender Photonen.

Ein Zitteranfall holt mich zurück in die Wirklichkeit, die tanzenden Lichtpartikel verlieren sich im Dunkel, und ich öffne meine Augen. Diese innere Reise schien von kurzer Dauer gewesen zu sein, doch als ich auf meine Uhr schaue, ist es schon 21.45 Uhr. Es war kurz nach neun, als ich die ersten Sterne am Himmel sah. Durch den engen Spalt zwischen den Wänden der Schlucht sehe ich dieselben Konstellationen wie in der Nacht zuvor. Zwei heben sich ganz deutlich von den anderen ab, wie ein Paar ineinander geschlungene Pferdehufe. Möglicherweise ist einer der beiden der Stachel des Skorpions, dem Sternzeichen, unter dem ich am 27. Oktober geboren wurde. Wie sie auch heißen mögen, für mich sind die Sterne nur eine Mahnung daran, dass es weit und breit kein Licht gibt, das einem den schönen Ausblick verdirbt. Ich bin so weit von der Zivilisation entfernt, ich könnte ebenso gut auf dem Mond gelandet sein.

Ich klappere mit den Zähnen und versuche meine provisorischen Kleidungsstücke so zurechtzuziehen, dass sie mich wenigstens ein bisschen wärmen. Oberhalb meines Knies hat sich das Kletterseil gelockert, und meine Schenkel sind der Kälte ausgesetzt. Ich ziehe das Seil fester und stecke dann meinen linken Arm in die Seiltasche, bevor ich die Tasche über meinen Kopf streife und den Kopf auf die linke Hand lege, die auf meinen rechten Oberarm ruht. Das ist etwas bequemer. Da ich in dem Gurt sitze und mit der linken Hüfte an der Schluchtwand lehne, kann ich mich nach rechts beugen und meinen Oberkörper entspannen. Genauso habe ich früher meinen Kopf auf die Schulbank gelegt, wenn ich müde war.

Mir ist warm, und ich verharre in dieser Position fünfzehn Minuten, bevor ich wieder anfange zu frieren. Ich zittere derart, dass sich die Seile um meine Beine lockern und ich sie wieder festziehen muss. Ich leuchte mir mit der Stirnlampe, zupfe das Gurtband um den rechten Arm zurecht, ziehe die Kameratasche am linken Arm an die richtige Stelle und bewege mich in dem Gurt, damit das Blut in meinen Beinen zirkuliert. Schließlich stecke ich Arm und Kopf wieder in die Seiltasche und nehme die Position ein, die ich mir vorher ausgedacht hatte. Weitere fünfzehn Minuten gesegneter Trägheit und wieder ein Kälteschauer. Ein Muster. Erneut ziehe ich das Seil fest, arrangiere es eine halbe Stunde lang, mir wird wärmer, und ich kann mich weitere fünfzehn Minuten zurücklehnen. Doch immer wieder obsiegt die Kälte, Kälteschauer durchzucken meinen Körper, meine Zähne klappern so stark, dass ich das Gefühl habe, sie brechen.

Nachdem ich die Prozedur viermal wiederholt habe, ist es Mitternacht und Zeit für ein Schlückchen Wasser. Die Stunden sind schnell vergangen. Nicht so schnell wie letzte Nacht, aber ich verbrenne auch weniger Kalorien. Der Schraubverschluss der Nalgene-Flasche ist zu fest zugedreht, ich verfluche mich dafür – ich bekomme ihn einfach nicht auf. Schließlich klemme ich mir die Flasche zwischen die Beine, und es gelingt mir, den Verschluss zu öffnen. Ich führe die Flasche zum Mund und trinke etwa 30 Milliliter. Ich möchte noch mehr trinken. Dieser kleine Schluck löst eine Kettenreaktion aus, mein Durst ist so groß, dass ich den ganzen Rest trinken will.

Tu es nicht, Aron.

Ich befehle meiner Hand, die Flasche zu verschließen, und ich sehe, dass ich meine Instinkte unter Kontrolle habe. Innerhalb der nächsten vierundzwanzig Stunden wird mir das Wasser ausgehen. Wie viel Disziplin werde ich dann aufbringen? Werde ich weiterhin die Wasserflasche öffnen und versuchen, ihr noch einen letzten Tropfen abzuringen? Ich stelle mir vor, wie meine trockene Zunge verzweifelt die leere Öffnung der leeren Flasche ableckt.

Wieder bewege ich mich ein wenig, ruhe mich aus und bereite mich seelisch auf die nächsten sechs Stunden vor. Noch achtmal wickele ich die Seile neu um die Beine fest, habe immer wieder zehn bis fünfzehn Minuten Ruhe, dann dämmert es. Schlafen kann ich nicht, aber im Sitzen kann ich meine Kraft besser einteilen. An Rettung versuche ich erst gar nicht zu denken oder an irgendeine Art der Selbstbefreiung. Die meiste Zeit starre ich auf meinen Atem, der in der wasserfesten Seiltasche kondensiert. Aus irgendeinem Grund tröstet mich der Schein der Stirnlampe, wenn ich den Kopf in die Tasche stecke; vielleicht bekomme ich auf diese Weise keine Platzangst. Die Tasche ist nur um weniges größer als eine Einkaufstüte. Kinder sollten damit nicht spielen. Aber so verliere ich tatsächlich weniger Wärme an den nächtlichen Himmel. Nachdem ich mich an das Plastikinnere gewöhnt habe, schalte ich die Lampe aus und höre meinen Atem. Ich entspanne mich, so gut es geht, und warte auf den Morgen.

Jetzt ist es noch kälter. Das Thermometer meiner Uhr zeigt zehn Grad an, aber ich halte mich ganz gut. Die Kälteschauer machen mich fast wahnsinnig, doch immerhin funktionieren meine Reflexe noch. Sie hätten schon aufgrund des Traumas und des Unfalls außer Kraft gesetzt werden können. Gott sei Dank habe ich kein Blut verloren. Wahrscheinlich hätte das zu einem hypovolämischen Schock geführt, bei dem mein Herz eine nicht ausreichende Menge Blut durch meinen Körper pumpt. Das ist eine bedeutungslose Gnadenfrist. Es wird die Zeit kommen, in der der Stoffwechsel nicht mehr normal funktioniert, und ein gestaltloser Tod wird mich hinforttragen.

Damit mir wärmer wird, klopfe ich wieder an dem Stein herum. Nur die Beine in eine andere Stellung zu bringen reicht nicht. Außerdem lenkt mich die Arbeit ab, auch wenn ich nicht mehr darauf aus bin, irgendwelche Fortschritte zu machen. Je mehr ich von dem Fels abklopfe, desto stärker wird er sich auf meine Hand legen. Das weiß ich. Dort, wo ich gestern Stein abgeklopft habe, liegt jetzt mein Arm und macht jeden nächtlichen Fortschritt null und nichtig. Nach fünf Minuten ist mir warm, und ich lege das Multitool wieder auf den Felsen, ziehe die Seiltasche über den Kopf und setze mich zurück.

Langsam färbt sich der dunkle Nachthimmel weiß. Mit meiner Disziplin habe ich eine weitere Nacht durchgestanden, doch die ermüdende Wiederholung meines Überlebens erfüllt mich nicht gerade mit Genugtuung. Nur Stimulierung und Aktionismus geben mir Durchhaltevermögen. Abgesehen von der physischen Qual, kommt psychologisch erschwerend hinzu, dass ich nicht in der Lage bin, mich geistig zu beschäftigen. Für Augenblicke, manchmal auch eine ganze Stunde lang, ist mein Geist beschäftigt, aber dann grübele ich wieder nur einzig und allein über die Monotonie dieser Unbeweglichkeit nach. Wenn ich nicht in den nächsten Tag dehydriere oder unterkühle, wird die Langeweile meine Instinkte lähmen und meinen Überlebenswillen auslöschen. Eine Frage beschäftigt mich: Wie lebensmüde werde ich sein müssen, wenn mir Selbstmord als einziger Ausweg aus der Eintönigkeit erscheint?

Der Sonnenaufgang ist farblos und zu hell, als dass noch Sterne aufleuchten könnten. Das geisterhafte Weiß verblüfft mich. Ich kann nicht sagen, ob ich in den blassen Himmel oder in Wolken starre. Nächtliche Wolken wären nicht schlecht, dann würde der Boden nicht so auskühlen. Tagsüber sind Wolken in der Wüste weniger wünschenswert, denn dann erwärmt sich die Wüste nicht, und es könnte regnen. Dann würde sich die Schlucht mit Wasser füllen, und das Spiel wäre aus. Eine Stunde vergeht, und es beginnt ein azurblauer wolkenloser Tag.

Ich ziehe es vor, mein Seilzugsystem neu zu takeln, als darauf zu warten, dass sich der Canyon erwärmt. Zuerst entferne ich das Gurtband von meinem Arm. Gestern fing ich an zu schwitzen, als ich versuchte, den Fels anzuheben. Jetzt wird mir sicherlich wieder von der Arbeit warm werden. Auf mein SAR-Training zurückgreifend, glaube ich, dass ich mit dem Arrangement von Karabinern und Prusikknoten ein Kräfteverhältnis von 6 zu1 erreiche. Bevor ich alle Schlingen und Karabiner befestigt habe, muss ich das Band um 15 Zentimeter kürzen, um den Abstand zwischen Felsblock und Abseilachter zu vergrößern. Ich binde eine Reihe von Überhandknoten in das Gurtband über dem Abseilachter und befestige so die Einhängeschlaufe ausreichend. Die Verankerung hebt sich und ist nunmehr schwer zu erreichen. Ich stemme die Sohlen meiner Laufschuhe gehen die Canyonwand und bin jetzt 60 Zentimeter größer, allerdings auf Kosten eines stechenden Schmerzes in meinem rechten Handgelenk.

Diesmal mache ich eine Prusikschlinge zwischen Verankerung und Hauptseil. Auf diese Weise kann ich, sollte ich den Brocken um ein paar Zentimeter anheben, das Hauptseil mit dem Prusikknoten packen und noch einmal zum Heben ansetzen. Wenn ich bei einem Kräfteverhältnis von 6 zu 1 das Seil 30 Zentimeter ziehe, werde ich den Fels anheben können. Da das ganze Seilzugsystem nicht mehr als einen Meter Platz hat, bleiben mir vielleicht 30 Zentimeter Spielraum beim Ziehen. Ich muss den Fels 15 bis 20 Zentimeter anheben, um den oberen Teil meiner Handfläche befreien können. Dazu muss ich das Ganze dreimal zurücksetzen. Wenn dann immer noch zwei oder drei Finger eingeklemmt sind, dann werde ich das tun, was notwendig ist, um meine Hand herauszubekommen. Ich werde sie abreißen.

Nun ziehe ich mich so weit hoch, dass ich in die Fußschlaufen steigen kann. Ich bin furchtbar aufgeregt, und in mir kommt die Hoffnung auf, dass ich bald frei sein werde. Ich ziehe am Seil, es spannt sich, die Prusikknoten schließen sich um das Hauptseil, doch der Fels rührt sich nicht. Niedergeschlagen, aber nicht verzweifelt, untersuche ich das System, justiere die Prusikschlingen und überlege, ob ich das Gurtband an der Verankerung noch stärker kürzen soll. Ich brauche einfach mehr Platz, um den Fels anzuheben. Also mache ich noch zwei Knoten über dem Abseilachter. Beim nächsten Versuch spannt sich das ganze System, aber der Stein bleibt, wo er ist. Nicht einmal ein stechender Schmerz in meiner Hand deutet darauf hin, dass sich der Felsbrocken auch nur einen Millimeter bewegt hätte. Verdammt, was ist bloß los? Ich wippe in den Fußschlaufen und ziehe gleichzeitig am Zugseil. Das Seil ist straff; ich ziehe, sosehr ich kann. Dann taste ich das Seil ab und stelle fest, dass es an den Karabinern locker ist. Ich stemme mein ganzes Gewicht in das System und erkenne das Problem: Dem Seil fehlt die Spannung. Durch die Reibung zwischen Seil und Karabinern verpufft die ganze Kraft, die ich aufwende. Zu viele Windungen, zu viel Verlust. Vielleicht hätte ich mit Seilrollen eine Chance, so habe ich keine.

Jetzt kommt die Enttäuschung. Nachdem ich mir gestern schon eingestehen musste, wie sinnlos jeder Versuch ist, mich freizuschlagen, und mich dazu entschloss, auf Rettung zu warten, bin ich nach der Zerstörung dieser neuen kleinen Hoffnung mehr als bedrückt. Mit hängenden Schultern steige ich aus den Fußschlaufen und reiße das Zugsystem herunter, damit ich mich wieder in meinen Gurt setzen kann. Immer wieder muss ich seufzen und kämpfe gegen die Tränen an. Ich bin kurz davor aufzugeben.

Doch dann muss ich an meine Freunde in Aspen denken, wie sie an diesem Morgen aufstehen und zur Arbeit gehen, wie sie die Abschiedsparty für unsere Mitbewohnerin Leona vorbereiten, und ich fasse wieder Mut. Morgen um diese Zeit wissen sie, dass etwas nicht stimmt, und die Suche wird beginnen. Ein kleiner Hoffnungsschimmer flackert auf. Ich bin nicht schlechter dran als gestern; ich warte wieder.

Jedes Mal, wenn die Uhr die volle Stunde anzeigt, rechne ich nach, wie lange ich schon festsitze. Der Schlafmangel hat jedoch zur Folge, dass ich immer wieder von vorn zu rechnen anfangen muss. Es ist sieben Uhr, und ich bin seit vierzig Stunden hier. Vierzig Stunden ohne Schlaf, vierzig Stunden ohne hinreichende Nahrung und Wasser, vierzig Stunden Zittern, vierzig Stunden Stress, Müdigkeit und Qual. Genau vor zwei Tagen wachte ich in meinem Truck auf, in dem ich Freitagnacht geschlafen hatte, und kochte mir Haferflocken. Danach packte ich mein Canyoneering- und Biking-Equipment aus.

Mein unbeschreiblicher Durst lässt mich immer wieder an den 20-Liter-Wasserbehälter denken, den ich in Moab gekauft habe. Auch die zwei Einliterflaschen Gatorade fallen mir ein, die ich Freitagabend in einem Laden in Green River erstanden habe. Sie liegen auf dem Beifahrersitz zusammen mit Grapefruits, Orangen, Muffins, Burritos und Müsliriegeln, die von dem Geholpere auf der Schotterstraße aus der Tüte gefallen sind. Ich sehe die Grapefruits auf der Fußmatte und stelle mir vor, wie saftig sie sind. Ich wollte sie nach meinem Blue-John-Horseshoe-Rundgang essen. Nach einem so langen Tag würden sie besonders saftig schmecken. Ich schnalze mit der Zunge gegen den Gaumen und sehne mich nach Erfrischung. Bevor ich vor lauter Gier den Rest meines Wassers hinunterstürze, versuche ich an etwas anderes zu denken.

Die Eintönigkeit macht mich ungeduldig, und ich prüfe noch einmal meine Lage. Ein weiterer Versuch mit dem Zugsystem scheidet aus. Das ist so sinnlos, wie mit dem Multitool auf dem

Stein herumzuhämmern. All meine Möglichkeiten sind erschöpft. Zum fünfundzwanzigsten Mal überdenke ich meine Alternativen und frage mich, ob ich irgendetwas ausgelassen haben könnte.

Von einer Amputation habe ich bisher abgesehen, gestern habe ich es nicht einmal fertig gebracht, mir in den Arm zu schneiden. Hatte ich zu große Angst, dass es nicht gut gehen könnte, oder war ich einfach noch nicht bereit dazu? Beim Anblick des Messers auf meinem Handgelenk hatte ich die Hand zurückgezogen, und mein Magen verkrampfte sich. Auch das Tourniquet, das ich gestern gebastelt habe, hebt nicht gerade mein Selbstvertrauen. Vielleicht muss ich mich auch einfach besser vorbereiten. Wenn ich die Schlucht nach einer Totalamputation zu Fuß verlassen will – erst muss ich durch den gewundenen Canyon klettern, mich dann 19 Meter abseilen und danach weitere 13 Kilometer laufen –, brauche ich ein erstklassiges Tourniquet. Ob ich den Stumpf fehlerhaft abbinde, spielt keine Rolle, aber die Blutung muss komplett gestillt werden. Wie also kann ich das Tourniquet verbessern und damit meinen Plan? Der Schlauch vom Trinkbeutel kommt nicht in Frage; er ist zu steif, und man kann keinen festen Knoten binden. Das Gurtband ist nicht dehnbar genug; es passt sich meinem Arm nicht an. Außerdem habe ich die Befürchtung, dass ich es nicht fest genug binden kann. Ich brauche etwas, das flexibler ist als der Schlauch und elastischer als die … Das ist es! Elastisch! Die Schlauchisolierung meiner CamelBak-Tasche. Sie ist dehnbar und hält. Perfekt.

Diese Idee verleiht mir Flügel. Ich ziehe die Schlauchisolierung aus der Tasche, in der sich die Utensilien meiner gestrigen OP-Vorbereitung befinden. Warum habe ich nicht schon früher daran gedacht? Mit der linken Hand binde ich den dünnen schwarzen Schlauch um den rechten Unterarm unterhalb des Ellenbogens und mache einen einfachen Knoten. Ich ziehe ihn fest, mache noch einen zweiten und einen dritten. Dann nehme ich den Karabiner mit dem lila Klebestreifen – denselben, den ich schon gestern benutzt habe –, befestige ihn an dem Schlauch und drehe ihn sechsmal. Das Material schneidet in meine Haut. Ich streiche die Armhaare darunter glatt, aber es tut immer noch weh. Der Schmerz befriedigt mich, vielleicht, weil ich nun weiß, dass das Tourniquet funktioniert. Die rosa Haut meines Unterarms wird weiß, und die Haut zwischen dem Tourniquet und dem Ellenbogen hellrot. Na bitte, das ist doch schon viel besser als die Idee mit dem Gurtband. Ich habe heftige Schmerzen, aber meine Befriedigung hilft mir darüber hinweg. Es hat nichts mit Masochismus zu tun, es ist vielmehr ein neuer Funken Hoffnung. Ich unternehme etwas. Und das ist ein gutes Gefühl.

Jetzt kommt der nächste Schritt. Ich nehme mein Multitool und klappe das längere, aber weniger scharfe der beiden Messer aus. Anstatt seine Spitze zwischen die Sehnen an meinem Handgelenk zu stechen, setze ich die Klinge auf meinen Unterarm. Dann drücke ich sie herunter und ziehe sie langsam über den Unterarm. Nichts geschieht. Ich wiederhole das Ganze, verstärke den Druck. Immer noch nichts. Kein Schnitt, kein Blut, nichts. Nun klappe ich das kürzere Messer aus und schneide energischer und mit jedem Versuch werde ich frustrierter. Verzweifelt gebe ich auf. Verdammt noch mal! Das verfluchte Messer ritzt die Haut noch nicht einmal ein. Wie zum Teufel soll ich mit einem Messer, das noch nicht einmal Haut einritzt, Knochen durchsägen? Zur Hölle damit.

Verbittert lege ich das Messer auf den Felsbrocken, öffne den Karabiner und lockere das Tourniquet. Nach etwa einer Minute fließt das Blut zurück in den Unterarm, und kleine rote Linien zeichnen sich dort ab, wo ich mit dem Messer herumgesägt habe. Diese Linien sind der einzige Beweis für meinen fehlgeschlagenen Amputationsversuch.

Das ist doch lächerlich, Aron, einfach nur lächerlich.

Wieder warte ich.

Ein schwarzer Rabe fliegt über mich hinweg. Ich schaue auf die Uhr. Es ist 8.15 Uhr – genau wie gestern Morgen. Ich frage mich, ob es derselbe ist. Natürlich ist es derselbe. Wahrscheinlich hat er sich ein Nest im Canyon gebaut. Es ist doch verrückt, dass der Vogel genau zur selben Zeit wie gestern hier vorbeifliegt. Wahrscheinlich sagen ihm das Sonnenlicht oder die Temperatur, dass es Zeit ist, sich auf Nahrungssuche zu begeben. Ich weiß es nicht.

Vorhersehbar, aber nicht pünktlich, scheint der Sonnenstrahl eine Stunde später auf den Stein, und um 9.35 Uhr gebe ich mich meinem zehnminütigen Sonnenbegrüßungsritual hin. Mit dem Besuch des Raben und des Sonnenstrahls ist meine Morgenroutine vollständig. Dann spüre ich zum ersten Mal einen Druck auf der Blase. Ich mache mich von der Daisy Chain los, öffne den Reißverschluss meiner Shorts. Mein Urin versickert schnell im Sand. Der Geruch ist nicht so übel und die Farbe nicht so dunkel, wie ich erwartet hatte, immerhin war ich schon zwei Tage lang nicht mehr auf der Toilette. Dann spüre ich, dass ich nicht nur pinkeln muss. Ich nehme den Gurt ab und ziehe die Hose hinunter. Eigentlich möchte ich den Canyon nicht beschmutzen, aber ich habe keine andere Wahl. Doch es war falscher Alarm.

Müde von den morgendlichen Hoffnungen und Irrtümern, lasse ich meine Gedanken schweifen. Ich erinnere mich an eine Begegnung mit Warren MacDonald, einem australischen Outdoormann, beim Banff-Mountain-Filmfestival im vergangenen November. Auf dem Festival lief ein Dokumentarfilm über Warrens Wanderunfall in Tasmanien, bei dem er beide Beine verlor. Beim Abendessen erzählte mir Warren einige Einzelheiten. Eines Nachts hatte er das Camp ohne seinen Partner verlassen, weil er mal musste. Er watete durch ein nahe gelegenes Flussbett, machte sein Geschäft. Als er über ein paar Felsen nahe der Flussbank kletterte, fiel einer der Brocken auf ihn und zerschmetterte ihm beide Beine. Er lag in dem flachen Bach unter dem Stein begraben. Als sein Partner bemerkte, dass etwas nicht in Ordnung war, hatte es zu regnen angefangen, und Warren wartete im steigenden Wasser des Baches auf Hilfe. Zwei Tage brauchten die Rettungskräfte, um ihn zu befreien. Sie mussten den Felsbrocken, der so groß war wie ein Auto, mit einem hydraulischen Wagenheber hochheben. Ich sah den Film am nächsten Abend und war wie betäubt von den Bildern und beeindruckt, daß Warren sich erholt hatte und sogar wieder auf Berge kletterte. Zwei Jahre nach dem Unfall bestieg er mit Prothesen den Federation Peak, einen der höchsten und abgelegensten Berge in Tasmanien.

Hier, eingekeilt am Boden des Blue John Canyon, kann ich plötzlich nachvollziehen, was Warren durchgemacht haben muss. Seltsam, nur sechs Monate nach der Begegnung mit ihm bin ich der zweite Wanderer, der von einem Felsbrocken festgehalten wird. Vielleicht hat dieses Schicksal auch noch andere ereilt? Ich weiß es nicht. Ich frage mich, wie er sich seiner Notdurft entledigte, während er dort lag. Beneidenswert, dass sein Kumpel ganz in der Nähe war. Wenn ich doch bloß einen Partner hätte ... Warrens Geschichte bestärkt mich in dem Entschluss, dass ich, sollte ich lebend hier herauskommen, auch wieder klettern werde. Zwar werde ich keine Klavierkonzerte mehr geben können, wie ich es an der Universität getan habe, aber so ist das eben.

Den Rest des Morgens verbringe ich mit den immer gleichen Aktivitäten. Erst stehe ich, dann sitze ich, dann klopfe ich ohne großen Enthusiasmus an dem Stein herum, ich suche den Himmel nach irgendwelchen Zeichen einer bevorstehenden Springflut ab, schlage Insekten tot, zähle die Minuten und Stunden bis zu meinem nächsten Schluck Wasser. Endlich ist es 15 Uhr. Das ist mein zweiter Meilenstein, das Ende des zweiten Tages hier in der Schlucht.

Wieder hole ich meine Digitalkamera aus dem Rucksack, puste den Staub von der Linse und stelle sie auf den Felsbrocken. Aktiver werde ich an diesem Nachmittag nicht werden. Und es ist eine Freude, die Eintönigkeit des Wartens zu unterbrechen. Leider habe ich keine guten Nachrichten. Ich seufze und fange an zu sprechen.

»Jetzt sind achtundvierzig Stunden vergangen. Es ist 15 Uhr am Montag. Ich habe noch ungefähr 150 Milliliter Wasser übrig.«

Ich mache eine Pause und denke über meine unleidenschaftliche Reaktion auf diese Feststellung nach. Am ersten Tag meiner Gefangenschaft habe ich noch eine emotionale Bindung zu der Wassermenge gehabt, die mein Überleben garantieren könnte. Das brachte mich dazu, es so einzuteilen, dass es so lange wie möglich vorhielt. Jetzt ist das Gefühl weg. Irgendwann nachts hat mein letzter Countdown begonnen. Die Wassermenge ist so gering, dass es egal ist, ob überhaupt noch etwas da ist – es hat keine Auswirkungen mehr darauf, wie lange ich lebe. Morgen früh ist das Wasser getrunken. Das habe ich nun begriffen. Meine Furcht lässt nach, und ich fühle mich einfach nur noch leer.

Dann denke ich an meine Schwester. Ich blicke direkt in die Kamera, stelle mir vor, wie sie eines Tages im Wohnzimmer dieses Band sieht. Es ist, als schauten mich ihre Augen durch die Kamera an.

»Sonja, ich bin stolz auf dich. Ich weiß zwar nicht aus erster Hand, wie die Meisterschaft ausging, aber Mom hat mir erzählt, dass du sehr gut abgeschnitten hast, dass du den zehnten Platz in den Disziplinen ›Vortrag‹ und ›Debatte‹ belegt hast. Verdammt, Mädchen. Ich bin so stolz auf dich. Nicht nur auf deinen Erfolg, sondern darauf, wer du bist.

Über solche Dinge denke ich hier nach. Mein Freund Rob aus Aspen sagte manchmal ... oft – ich bin etwas verwirrt –, es kommt nicht darauf an, was du tust, sondern darauf, wer du bist. Ich habe das nicht besonders ernst genommen, denn ich dachte immer, wer ich war stand in direktem Zusammenhang mit dem, was ich tat; dass ich glücklich war, weil ich das tat, was mich glücklich machte. Wenn dich etwas glücklich macht, kann es dich genauso gut unglücklich machen.

Deshalb war ich immer so ehrgeizig und aktiv …« Der Wind unterbricht mich, ich zittere und murmele: »Es ist kalt«, dann fahre ich fort: »… und habe all die Touren unternommen.«

Die Rede an meine Schwester wird zu einer Beichte. Ich bereue zwar nicht, wie ich gelebt habe, aber ich möchte Sonja einen Rat mit auf den Weg geben, etwas, das ihr hilft, mit sich glücklich zu sein. Wir haben viel gemeinsam, haben beide viel Selbstbewusstsein, auch intellektuell sind wir uns ähnlich, und wir sind beide absolute Perfektionisten. Ich hoffe, dass sie nicht in dieselbe Falle tappt wie ich, zu denken, dass man ist, was man tut, nur weil man in der Lage ist, zu tun, was man will. Ja, ich bin Bergsteiger, Ingenieur, Musikenthusiast, Outdoormann. Aber ich bin nicht nur das. Ich bin auch jemand, der das Leben anderer bereichert und dessen Leben durch andere bereichert wird, wenn ich es zulasse.

»Rückblickend habe ich eine Menge gelernt. Zum Beispiel, dass ich die Gesellschaft anderer nicht hoch genug geschätzt habe. Eine Menge guter Leute haben viel Zeit mit mir verbracht. Oft habe ich ihre Anwesenheit nicht gewürdigt oder gar ignoriert und nur das Erlebnis gesucht.«

Durch meine weitschweifigen Erklärungen lässt mein Schuldgefühl wegen meines Egoismus ein wenig nach. Die Erinnerungen heben meine Laune, und ich muss sogar lächeln. Dass ich meine Freunde so oft allein gelassen habe, weil ich wieder einmal allein einen Berg besteigen wollte, oder sogar Zeit allein verbrachte, wenn ich mit ihnen zusammen war, ist purer Egoismus, und das missfällt mir. Die Zeiten, für die ich am dankbarsten bin, sind jene, die ich mit Freunden und Familie verbracht habe. Langsam begreife ich, wie unersetzlich ihre Nähe ist, und es macht mich unsagbar traurig, dass ich das nicht schon früher bemerkt habe.

Ich berichte Einzelheiten meiner Rettungsversuche: »Und was habe ich hier so gemacht? Ich habe getakelt und neu getakelt, habe sogar ein Seilzugsystem mit einem 6-zu-1-Kräfteverhältnis gebaut – zu viel Reibung. Nicht einmal das Hauptseil hat sich gespannt – zu viele Windungen im Seil. Ich habe noch etwas vom Stein weggeklopft. Es ist hoffnungslos.«

Vor Müdigkeit kann ich nicht mehr klar denken, und ich vergesse zu erwähnen, dass sich versucht habe, meinen Arm abzusägen.

Schließlich spreche über die schwache Hoffnung einer Rettung von außen. »Ich habe über die wenigen Faktoren nachgedacht, die zu meiner Rettung führen könnten, allerdings glaube ich nicht recht daran. Leona, meine Mitbewohnerin, zum Beispiel, macht sich genauso viele Sorgen um mich wie meine Familie. Ich habe ihr gesagt, dass ich nach Utah fahre, weiter nichts. Wenn ich also heute Abend nicht zurückkomme, weiß sie, dass ich überfällig bin. Doch selbst wenn sie sofort zur Polizei geht, dauert es vierundzwanzig Stunden, bis irgendetwas unternommen wird. Auch Ranger kommen hier nur vorbei, wenn sie eine Führung zur Great Gallery machen, über den Wanderweg.«

Ich schüttele den Kopf, schaue zum Himmel und auf den Seilzug, damit ich nur nicht die Reflexion meines Gesichts im Sucher sehen muss.

»Brad und Leah haben mich am Samstag erwartet, aber als ich nicht aufgetaucht bin, haben sie dem bestimmt nicht viel Bedeutung beigemessen. Ich sollte sie auf der Party im Goblin Valley State Park treffen. Sie haben mich sicher nicht derart vermisst, dass sie gleich irgendetwas in die Wege leiteten. Außerdem wissen sie auch nicht, wohin ich wollte. *Ich* wusste es ja nicht einmal. Der Spaß bestand ja gerade darin, dass ich von einem in den anderen Staat gefahren bin, ohne selbst zu wissen, wohin ich wollte, wo ich am Freitag enden würde. Und dann war ich mir auch noch nicht sicher, was ich am Samstag tun würde. Oh, Mann.«

Ja, ich habe gegen eine meiner eigenen Regeln verstoßen: Ich fuhr los, ohne irgendjemanden genauestens über meinen Plan zu informieren. Jetzt wird mir die Rechnung aufgetischt. Wie oft bin ich davongekommen, wenn ich aus irgendeinem Grund meine Reiseroute geändert habe, ohne dass jemand davon wusste? Das kam immer wieder vor. Nun nicht mehr.

»Kristi und Megan hätte ich auch genauer informieren können. Ich hätte mit ihnen mitgehen sollen. Nach links und raus durch die West Fork.«

Wieder schüttele ich voller Selbstmitleid den Kopf und kämpfe gegen die Tränen an. Das alles geschieht mir recht.

»Lieber Gott, ich sitze wirklich in der Tinte. Ich werde hier in den nächsten Tagen verschrumpeln. Wenn ich nur einen Weg wüsste, das alles zu beenden, würde ich es wahrscheinlich tun, morgen Nachmittag oder so. Mir ist elend zumute. Mir ist kalt. Der Wind fegt über mich hinweg. Er ist zwar nicht stark, aber kalt. Er kommt von dort hinten.« Ich weise mit dem Kopf in Richtung linke Schulter.

»Ich tue, was ich kann, aber es ist zum Auswachsen. Wirklich, es ist nicht einfach. Dies ist eine der schlimmsten Arten zu sterben. Wenn man weiß, was auf einen zukommt, es aber noch drei oder vier Tage bis dahin sind.«

Meine Stimme wird ein heiseres Flüstern. Ich hoffe nur, dass es nicht noch vier Tage dauern wird. Sollte ich am Freitag noch leben, möchte ich nicht wissen, in welchem Zustand ich bin.

Mein bevorstehendes Ableben vor Augen, gehe ich dazu über, meine Habseligkeiten zu verteilen. Natürlich macht es mich traurig, aber meine Familie soll wissen, was ich besitze, und so setze ich meinen letzten Willen auf.

»Was ich noch sagen wollte, ich habe eine Versicherung bei American Express, die für die Kosten der Bergungsoperation aufkommen wird. Das Geld, was ich auf meinem Konto habe, sollte für die Kreditkartenzahlungen reichen. Mein Haus müsst ihr verkaufen, Mom und Dad. Ob Sonja meinen Computer und meine Kamera gebrauchen kann, weiß ich nicht … Auf dem Memory Stick in meiner Tasche und in der Kamera sind noch Fotos. Mein Freund Chip in New Mexico soll alle meine CDs bekommen. Sonja, wenn du die ganzen Outdoorsachen haben willst und es dir passt, kannst du es haben.«

Den Tränen nahe, höre ich auf. Ich schalte die Kamera aus, den Bildschirm klappe ich herunter, und packe sie wieder in meinen Rucksack. Ich lege die linke Hand vor mein Gesicht, schniefe, streiche mit der Handfläche über Nase und Mund, mit Daumen und Zeigefinger reibe ich über die Augen und die Barthaare um meine Mundfalten.

Eine halbe Stunde später, gegen 13.35 Uhr, muss ich schon wieder. »Wie ist das möglich?« Das ist das zweite Mal heute, obwohl ich doch schon fast dehydriert sein müsste.

Heb es dir auf, Aron. Pinkele in den CamelBak-Beutel. Du wirst es brauchen.

Ich entleere also meine Blase in den Trinkbeutel und hebe mir die orange-braune Flüssigkeit für den wenig appetitlichen, aber unvermeidbaren Zeitpunkt auf, da es die einzige Flüssigkeit sein wird, die ich habe. Vorhin hätte ich das auch tun sollen. Der Urin war klarer und hat nicht so unangenehm gerochen. Soll ich jetzt trinken, überlege ich, aber ich verschiebe die Entscheidung lieber auf später.

Danach hole ich den digitalen Fotoapparat heraus und mache ein paar Bilder: von meinem Arm zwischen Fels und Schluchtwand, von der Verankerung, die den Sitzgurt hält; dann mache ich noch zwei Selbstportraits – eins schluchtabwärts und eins mit dem Felsbrocken im Hintergrund. Ich schaue mir die Fotos an und auch die anderen, die ich in den ersten zwei Tagen meines Urlaubs auf Mount Sopris und rund um Moab gemacht habe. Dann sehe ich die Fotos von Megan und Kristi im Blue John Canyon, den beiden Engeln.

8

»Ich fahre nach Utah«

Die Menschen behaupten, wir suchten nach dem Sinn des Lebens. Doch darum geht es meines Wissens nicht. Wonach wir in Wirklichkeit suchen, ist die Erfahrung, am Leben zu sein, so dass unsere körperlichen Erlebnisse eine innere Resonanz auslösen. So können wir das Gefühl bekommen, wirklich zu leben.

Joseph Campbell, *Die Kraft der Mythen*

Den ganzen Winter 2003 brachte ich damit zu, einen Viertausender nach dem anderen zu versuchen. Woche für Woche bestieg ich die herausfordernden Gipfel über eine neue Route. Jede für sich war eine befriedigende Klettertour, aber zusammengenommen waren sie Teil eines strengen Trainingsprogramms, mit dem ich mich auf meine große Reise zum Denali vorbereiten wollte. Auf der Stray-Dogs-Expedition im Jahre 2002 war mir klar geworden, dass die Besteigung des 6193 Meter hohen Berges mir alles abverlangen würde; dazu gehörte auch die Abfahrt und dass ich die Solotour innerhalb von weniger als vierundzwanzig Stunden schaffen wollte. Als der Winter offiziell vorüber war, hatte ich ein weiteres Kapitel meines Viertausender-Projekts abgeschlossen und widmete mich ganz dem Skifahren.

Auf einer Tour gewann ich mein Selbstvertrauen in Sachen Aufmerksamkeit für Lawinen und Einschätzung von Gefahren zurück. Ich fuhr mit meinem Freund und Arbeitskollegen

Rick Inman auf dem Mount Sopris in der Nähe von Carbondale in Colorado Ski. Wir waren die nicht allzu steilen Hänge oberhalb des Thomas Lake abgefahren, die steileren hatten wir wegen möglicher Lawinengefahr gemieden. Ich war froh, nicht mehr den Angeber spielen zu müssen, wie ich es einen Monat zuvor auf dem Resolution Mountain getan und uns alle in Gefahr gebracht hatte.

Ende März wollten Gareth Roberts und ich im Elk-Mountains-Naturschutzpark an einem Ski-Wettrennen über 70 Kilometer vom Crested Butte nach Aspen teilnehmen. Ich wollte mich mit der Route schon vorher vertraut machen und so unternahm ich eine Solorundfahrt um den Star Peak, eine Strecke von 38 Kilometern. Ich wollte zudem die Ausrüstung testen, die ich im Wettrennen benutzen würde, ein Paar ungewachster Langlaufski mit einem Metallrand, die ich mir im Laden, in dem ich arbeitete, borgte. Kurz vor Mittag startete ich am Ashcroft Ski Touring Center. Vor der Dunkelheit hatte ich die 29 Kilometer über die drei Pässe geschafft, doch den Pearl Pass überquerte ich erst bei Einbruch der Nacht und konnte nicht weiter. Ich fuhr etwa bis zur Hälfte des Pearl Basin, wo extreme Lawinengefahr herrschte, passte auf, dass ich nicht auf die Stellen kam, von denen eine Lawine ausgelöst werden konnte, fuhr aber im Kreis. Wann würde ich endlich begreifen, dass mein Kompass mich nicht anlog? Ich hatte mich oberhalb der Baumgrenze verirrt und kam in einen Sturm. Ich musste mir einen Unterschlupf aus Schnee bauen, das war meine einzige Chance.

Erst beim dritten Versuch hatte ich eine Stelle in der Schneedecke gefunden, die tief genug war, um in dieser Höhe einen Unterschlupf zu bauen. Fünf geschlagene Stunden saß ich in meiner Höhle, lugte alle zwanzig bis dreißig Minuten heraus, um zu sehen, ob Sterne, Bergspitzen, ein Tal oder Bäume zu erkennen waren. Irgendetwas, woran ich mich mit Hilfe meiner Karte orientieren könnte. Von meiner Position aus könnte ich drei Täler ansteuern, in zweien lagen Unmengen von gefällten Bäumen. Es war besser zu warten und meine genaue Position zu bestimmen. Dann könnte ich das Tal mit der Straße finden. Gegen drei Uhr ließ der Sturm endlich nach, und ich konnte mir von den Gipfeln 100 Meter über mir einen aussuchen. Durch frischen Schnee fuhr ich los, vermied aber die steileren Hänge. Um fünf Uhr war ich wieder zu Hause, legte mich aufs Ohr und kam ein paar Minuten zu spät zur Arbeit. Bei meinem Chef Brion After redete ich mich mit einer Notlüge heraus.

Das Rennen entpuppte sich als Drama, fast 40 Prozent der Teams schied wegen der bitteren Kälte und des starken Windes in der ersten und zweiten Hälfte aus. Manche Teilnehmer trugen ernsthafte Erfrierungen davon, die Ausrüstung gab ihren Geist auf, und Wasservorräte gefroren zu Eis. Die vereisten CamelBak-Taschen waren nicht nur überflüssiges Gewicht, manche Teilnehmer dehydrierten sogar. Gareth und ich verließen als letztes Team den Friends-Hut-Kontrollpunkt und überquerten erfolgreich den Star Pass; dann war es Zeit umzukehren. Für 29 Kilometer hatten wir bei minus 18 Grad acht Stunden gebraucht. Neuneinhalb Stunden später kamen wir als sechzehntes Team durchs Ziel, nur zwei Teams waren noch hinter uns (ein Doppel hatte die Nacht im Freien verbringen müssen, weil es unfreiwillig vom Kurs abgekommen war und seinen Fehler erst am nächsten Morgen bemerkte). Wir kamen den Hang im Aspen Mountain herunter, und Gareths Frau und ein Dutzend freiwilliger Helfer jubelten uns zu. Gareth und ich fielen im Free-Heel-Stil auf die Knie, nur weil wir beweisen wollten, dass wir noch Spaß an der Sache hatten. Als wir die Ziellinie überquerten, brach ein Blitzlichtgewitter los, wir bekamen unsere Medaillen, und mit Bierflaschen in der Hand grinsten wir in die Kameras, als hätten wir das Rennen gewonnen. In Wirklichkeit hatte das Gewinnerteam das Ziel über neun Stunden vor uns erreicht und war schon geduscht und ausgeschlafen. Wahrscheinlich waren deshalb alle bei den Abschlussfeierlichkeiten dabei. Wir hingegen hatten uns verfahren und feierten zu Hause mit Hamburgern und Bier in der Kneipe Little Annie's.

Zwei Wochen später unternahm ich einen Solotrip zum Cathedral Peak und bestieg ihn über eine Schlucht an der östlichen Seite des südlichen Bergrückens. Nachdem ich meine Sommer-Viertausender erklettert hatte, beschloss ich, nicht mehr so hoch zu steigen. Dafür setzte ich sechzig weitere Gipfel auf meine Liste. Das war meine Vision von den so genannten Centennial Peaks – den hundert höchsten Bergen in Colorado, dem Centennial-Staat. Im Jahr 2002 hatte ich 50 Berge bestiegen und damit 109 von 119 Gipfeln mit einer Höhe von über 4200 Metern geschafft. Vom Gipfel des Cathedral Peak filmte ich mit meiner Videokamera die Highland Ridge, die durch das Conundrum Greek Valley führt, denn ich hatte vor, diesen 29 Kilometer langen Gebirgskamm mit dem Schwierigkeitsgrad 5 im Mai zu überqueren, und wollte mit Hilfe des Videomaterials die Route planen.

Die Abfahrt vom Cathedral Peak war die extremste, die ich je gemacht hatte. Die 150 Meter lange Rinne mit einem Steigungswinkel von 50 Grad war meistens nur etwa drei Meter breit. Gott sei Dank war der Schnee durch die Sonne weicher geworden. So konnte ich die technisch schwierigsten Abschnitte im Slalom befahren und weiter unten auf dem weniger abschüssigen Teil entspannt weiterfahren. Um 15 Uhr fuhr ich am Pine Creek Cookhouse vorbei und war wohl einer der letzten Menschen, die das leere Gebäude noch sahen, bevor es 45 Minuten später durch eine Gasexplosion bis auf die Grundmauern niederbrannte. Ich war überrascht, als mir auf der Straße zum Castle Creek auf meinem Weg zurück in die Stadt die Feuerwehr entgegenkam. Erst am nächsten Morgen las ich in der Zeitung, was geschehen war.

Am 17. April fuhr ich auf Skiern in das Conundrum Basin in

der Nähe von Aspen. Am Morgen stieg ich zum Castleabra Point hinauf (mein 111. Centennial-Gipfel), einem 4206 Meter hohen Nebengipfel des Castle Peak, und fuhr bis zum Mittag ins Becken hinab. Das Beste am Klettern und Skifahren im Conundrum Basin sind die 40 Grad heißen Quellen in 3413 Metern. Hier reißt man sich die Sachen vom Leib und lässt es sich gut gehen, und das Auto steht noch 13 Kilometer weit weg.

Am Tag darauf unternahm ich mit meiner Teamkollegin Janet Lightburn eine Tour zum Quandary Peak über den Christo Couloir. Im Telemark-Stil fuhr ich auf Langlaufskiern die Gipfelhänge hinab – eine 900 Meter lange Vergnügungsfahrt, bei der ich meine technischen Fähigkeiten unter Beweis stellen konnte. Am Abend fuhr ich nach Hause nach Aspen. Am Samstag musste ich erst um 13 Uhr anfangen zu arbeiten und joggte morgens noch eine Runde. In dreieinhalb Stunden lief ich 42 Kilometer von Aspen nach Snowmass und zurück. Danach arbeitete ich acht Stunden.

Wenn ich mir überlegte, was ich in den letzten sechzig Stunden geschafft hatte – ich war über 80 Kilometer Ski gefahren, war gewandert, gejoggt und bis auf 3048 Meter gestiegen –, war ich überzeugt, dass ich für meine Alaskatour bestens vorbereitet war. Dass ich mich in ausgezeichneter körperlicher Verfassung befand, würde auf meiner Reise in der Woche darauf eine nicht unbedeutende Rolle spielen.

Ich hatte mich mit zwei Freunden meines Klettermentors Gary Scott verabredet. Dianne und Wolfgang Stiller wollten über den Cross Couloir den Mount of the Holy Cross besteigen, eine spektakuläre steilwandige Schlucht, die am Gipfel bei 4268 Metern endet. Für den Aufstieg – zunächst war eine knapp 20 Kilometer lange Anfahrt auf Skiern zu bewältigen – hatten wir zwei Tage eingeplant. Dies sollte unsere erste gemeinsame Tour sein, und wenn alles gut lief, wollten wir später zusammen den Liberty-Bergrücken des Mount Rainier erklimmen. Allerdings machte uns ein Wintersturm einen Tag vor unserer Abreise einen Strich durch die Rechnung, es fielen acht Zentimeter Neuschnee. Dadurch erhöhte sich die Lawinengefahr, und es war wenig ratsam, sich in die enge Schlucht zu begeben und auf die Gnade der Berge zu hoffen. Eine Lawine würde uns mitsamt des Eiswerkzeugs, Steigeisen und Firnankern wie in einem Fleischwolf durch die Schlucht in die Tiefe reißen und über das Kliff spucken. Es wäre keine Frage des Überlebens gewesen, sondern ob unsere Familien uns überhaupt noch hätten identifizieren können.

Die Entscheidung fiel uns nicht schwer. Dianne und Wolfgang waren einverstanden, und wir nahmen uns vor, es im Juni noch einmal zu versuchen. Ich hatte mir freigenommen und noch fünf Tage Urlaub und beschloss, mit einem Freund auf dem Mount Sopris Ski zu fahren und dann vielleicht nach Moab in die Wüste, um von den Bergen einmal wegzukommen.

Im vergangenen Jahr hatte ich die Erfahrung gemacht, dass, wenn man den Juni in Alaska verbringt, auf Gletschern campiert, Schneehütten baut und an Eiswänden hochklettert, weniger Zeit für die typischen Sommerfreizeitaktivitäten bleibt. Führe ich jetzt für vier Tage nach Utah, könnte ich sozusagen die Sommerzeit genießen, bevor der Sommer begann. So packte ich meine Mountainbike- und Kletterausrüstung zusammen, bevor ich zu Bett ging. Mit meinem Freund Brad Yule war ich für drei Uhr nachts verabredet, um zu unserer Tour auf den Mount Sopris aufzubrechen, und ich brauchte noch ein wenig Schlaf.

Während ich packte, kam Leona nach Hause, sie war aus gewesen.

»Wo willst du denn diesmal hin?« Sie hatte einen kleinen Schwips.

»Morgen früh geht's zum Mount Sopris – Ski fahren.«

»Und dazu brauchst du all diese Sachen?« Meine Aufbewah-

Im Grand Canyon, April 1999

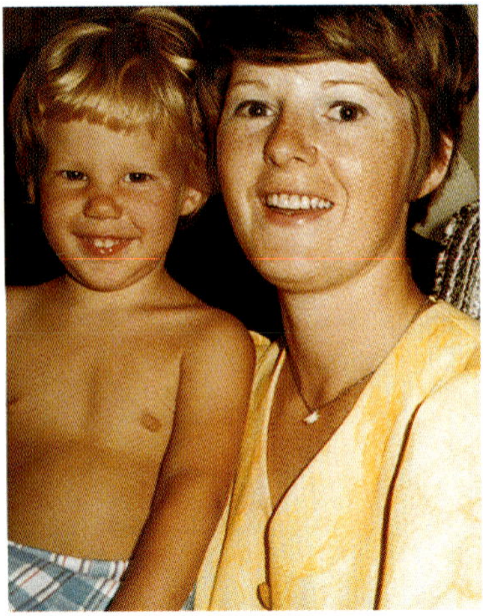

Mom und ich, 1977

Meine Schwester und ich bei Großmutte
Ralston, 1983

Im Yellowstone National Park, 1987

Ich laufe zum ersten Mal Ski, 1987.
Angsterfüllt.

Betty Darr und ich bei der Abschlussfeier an der Carnegie Mellon University im Jahre 1997

Amerikanische Gotik: Mom und Dad am Lake Chelan, Washington

Mit Mom, Dad und Sonja auf dem Gipfel des Handies Peak im Jahre 2000

Sonja und ich beim Havasup Wasserfall, Thanksgiving 1

Mein erstes alpines Felsenklettern: Mark Van Eeckhout und ich vor der Wham Ridge auf dem Vestal Peak, Labor Day 1998

Der Grand Teton, zwei Tage, bevor ich von dem Bären verfolgt wurde

Auf dem Gipfel von Mount Humphreys in Arizona, März 1998

Meine erste Solobesteigung im Dezember 1998 auf dem Quandary Peak

Auf dem Gipfel des South Maroon Peak im März 2(

ve Patchett, Jason Halladay, ich und Bob Graham auf dem Gipfel des Dallas ak, Labor Day 2001

Meine Fußspuren auf der Knife Ridge, Capitol Peak Februar 2003

Maroon Bells und Sleeping Sexton im Winter

Mount Sop

ie Ausrüstung, die ich im Blue John Canyon dabeihatte. Alles im Original außer r CamelBak-Tasche, dem Band und den Burritos

Tourniquet und Multitool

Im Blue John Canyon – das letzte Foto von meiner rechten Hand

Megan McBride und Kristi Mo

Der S-förmige Baumstamm am Eingang zur unteren Schlucht des Blue John Canyon

In der unteren Schlucht des Blue John Canyon, 13 Meter oberhalb der Stelle, an der der Unfall passierte

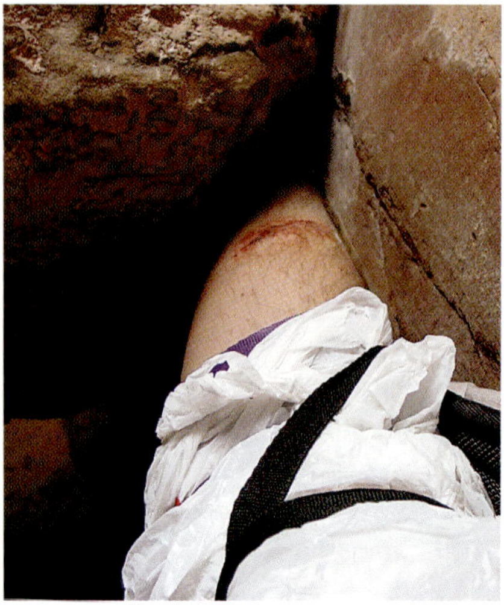

Seit achtundvierzig
Stunden eingeklemmt

tter Tag

11.36 Uhr am Donnerstag, dem 1. Mai 2003

Am Fuß des Big Drop, fünfundvierzig Minuten nach der Amputation

Bei der Wasserstelle am Fuß des Big Drop

er Rettungshubschrauber

Meine Retter: Mitch Vetere, Greg Funk, Terry Mercer, Kyle Ekker und Steve Swanke

Ich klettere an der Nordwand des North Maroon Peak, Mai 2004.

rungsbehälter für meine Ausrüstung, mein Schlafsack und meine Rucksäcke lagen in der Mitte des Wohnzimmers.

»Danach will ich nach Utah. Ich hab noch keinen genauen Plan. Die Klettertour auf Holy Cross haben wir abgesagt.«

»Och, schade.«

»Nicht so schlimm. Ich wollte sowieso mal in die Wüste und mich ein bisschen aufwärmen. Dort mache ich eine Bikingtour und steige in ein paar Canyons. Brad hat erzählt, dass am Samstag im Goblin Valley eine Party steigt. Vielleicht fahr ich da auch noch hin. Eine ganze Menge Leute aus der Stadt wollen da das ganze Wochenende über feiern.«

Die Skisaison in Aspen war am Montag zu Ende gegangen, und traditionsgemäß machten sich die Einheimischen nun in exotischere Gegenden rund um den Globus auf. In der Hauptsaison verlässt kaum jemand das Tal, und sogar eine Fahrt in das 30 Kilometer entfernte Basalt erscheint einem wie eine halbe Weltreise. Aber zwischen April und Mai, wenn der Independant Pass für den Autoverkehr geöffnet wird, wird es ruhiger in der Stadt, und die Menschen reisen in wärmere Klimazonen nach Mexiko, Thailand, auf die Bahamas oder nach Utah. Es war also an der Zeit, dass ich mich den Scharen anschloss, und zwar gleich im Anschluss an meine Skitour.

Später in der Nacht, so gegen vier Uhr, saß Brad auf dem Beifahrersitz, und ich lenkte den Truck auf der Zufahrtsstraße zum Mount Sopris durch 60 Zentimeter tiefe Schneeverwehungen. Es war wie in einem Werbespot für einen Vierradantriebswagen, der Schnee flog nach beiden Seiten, und wir grinsten von einem Ohr zum anderen. Wir waren überrascht, dass wir zu dieser Jahreszeit bis zum Wanderweg fahren konnten. Im Dunkeln luden wir unsere Skiausrüstung aus, mal lief der eine, mal der andere bis zu den Thomas Lakes voraus, wo ich schon einen Monat zuvor mit meinem Freund Rick gewesen war. Die Morgendämmerung brach gegen 5.30 Uhr über dem unteren der Seen an. Der Himmel über der Baumgrenze war bedeckt. Trotz des eher mäßigen Wetters und der durch Schneefall am Vortag erhöhten Lawinengefahr war ich nicht besonders nervös. Wenn die Schneebedingungen es nicht zuließen, würde ich wieder umkehren, und ich wusste, Brad würde es auch tun.

Mount Sopris ist deshalb etwas Besonderes, weil seine zwei Gipfel mit 3960 Metern gleich hoch sind. Wir suchten uns eine sichere Aufstiegsroute über den östlichen Gipfel und fuhren auf unseren Skiern oberhalb der Seen auf den nach Norden gewandten Gebirgskamm. Weil wir nur eine Sichtweite von drei Metern hatten und die Schneedecke in den höheren Lagen zu dünn war, entschlossen wir uns gegen eine Abfahrt vom Gipfel. In etwa 3600 Meter Höhe legte ich meine Skier ab, und Brad entledigte sich seines Snowboards. Dann kletterten wir weiter. Im dichten Nebel, der Erde und Himmel zu verschmelzen schien und wie eine weiße Wand vor uns stand, verloren wir jedes Gefühl für Entfernung. Wir gingen dem abschüssigen Felsen zu unserer Rechten aus dem Weg und standen bei 3900 Metern an einer Schneewechte. Blindlings sprang ich auf die harte Schneedecke und trat mit meinen Telemark-Stiefeln Trittlöcher in die Wand. Brad hatte es schwerer als ich, weil er in seinen Snowboardstiefeln kletterte. Ich borgte ihm meinen Eispickel, und dann ging es schneller voran. Wir erreichten den östlichen Gipfel gleichzeitig um 8.30 Uhr. Ich schoss ein Foto davon, wie wir über Brads gefrorenen Spitzbart lachten.

Schließlich machten wir uns auf den Rückweg zu den Skiern und dem Snowboard und fuhren dann hintereinander den steilen Berghang hinab zum Becken, von wo aus wir gestartet waren. Der Neuschnee lag fest auf dem alten, und wir dachten, es würde sich lohnen, ins Becken hinunterzufahren. Wir prüften die Schneedecke und beschlossen, nicht durch eine Felsrinne in der Mitte des Beckens, sondern vom oberen Rand hineinzugleiten. Als sich die Wolkendecke am Vormittag aufgelöst hatte, fuhren wir in weiten Kurven den Hang hinunter. Zwei Stunden lang malten wir Spuren in den Schnee, bevor wir uns hinsetzten und uns einen von Brads Fruit Rollups schmecken ließen. Während wir die Fruchtgummis aus Trockenobst aßen, lachten wir über den Spaß, den wir an diesem Tag gehabt hatten. Als wir zu meinem Truck abstiegen, hatte die Nachmittagssonne den Schnee in Matsch verwandelt. Auch der Parkplatz und die Straße waren aufgrund der milden Witterung eine einzige Schlammlache. Die Räder meines Wagens drehten durch, und beinahe wären wir von der engen Straße abgekommen. Das machte den Tag noch aufregender, als er ohnehin schon gewesen war. Wir hatten die letzte matschige Schneepfütze schon fast hinter uns, da lenkte ich falsch, und der Wagen brach aus. Ich brachte den Truck gerade noch zum Stehen, sonst wären wir seitlich in den nassen Wald gerutscht. Brad war der Meinung, dass mein Vierradantrieb nicht in Ordnung war; sonst wäre ich in der Lage gewesen, den Wagen aus unserer misslichen Lage herauszulenken. Die Räder drehten durch, wir saßen eineinhalb Stunden fest, bis – Gott sei Dank gibt es Handys – Brads Freundin Leah mit einem Abschleppseil auftauchte. Wir legten meine Schneeketten um die Reifen von Brads Wagen, befestigten das Abschleppseil und befreiten meinen Truck.

Wir verabredeten noch, dass ich Brad am Samstag auf seinem Handy anrufen sollte, er wollte mir die Wegbeschreibung zur Party im Goblin Valley geben, und dann fuhren Brad und Leah weiter über den McCure Pass in Richtung Silverton und ich nach Glenwood Springs. Ich war drei Stunden unterwegs und schaute immer mal wieder in meinen Bergführer über die Canyons in der Nähe von Moab und Green River. Ich durchdachte die verschiedenen Routen und nahm mir vor, am Morgen mit dem Mountainbike den Slick Rock Trail zu nehmen und am Samstag durch einen Canyon zu wandern, der mich in die Nähe von Goblin Valley brachte. Acht Kilometer hinter Thompson Springs, Utah, fuhr ich vom Highway ab auf einen großen Parkplatz. Dort stellte ich meinen Truck rückwärts zwischen zwei 18 Meter hohen Laternen ab, die ein halbes Dutzend Mesquite-Bäume in der Nähe der Picknickplätze anstrahlten. Hinten im Truck kroch ich in meinen Schlafsack und nahm noch schnell meine Kontaktlinsen heraus, bevor ich in einen wohlverdienten Tiefschlaf fiel.

Am Freitagmorgen fuhr ich 50 Kilometer weiter in Richtung Süden nach Moab, von wo aus ich meine Tagesradtour auf dem Slick Rock Trail startete. Slick Rock ist einer der bekanntesten Biking-Wege in Utah, denn fast 20 Kilometer geht es über unwegsamen Sandstein; außerdem gibt es dort unzählige Aussichtspunkte über die Schluchten am Colorado. Und nicht zuletzt ist er ganz in der Nähe von Moab. Ich musste lachen, als ich meinen Wagen auf dem Parkplatz sah: Skier auf dem Dach, wo doch weit und breit keine einzige Schneeflocke zu sehen war.

Ziemlich schnell traf ich auf vier erfahrene Mountainbiker und bewältigte mit ihnen die ersten Hindernisse. Dann nahmen die vier eine technisch schwierige Anhöhe; das lag jenseits meiner Fähigkeiten. Ich fuhr auf eine drei Meter hohe scheinbar senkrechte Felsplatte, kippte zur Seite und war gerade noch in der Lage, meine Schuhe aus den Pedalriemen zu ziehen, um nicht hinzufallen und mir eine Blöße zu geben. Zum ersten Mal in meinem Leben fuhr ich auf Sandstein und musste einsehen, dass ich noch viel zu lernen hatte. Schon an den ersten Dutzend Hindernissen mit einem Schwierigkeitsgrad von 6 auf einer Skala von 1 bis 10 scheiterte ich. Gott sei Dank konnte ich jedes Mal noch schnell vom Rad abspringen.

Ich ließ mich nicht beirren, und manche Probleme bewältigte ich beim dritten oder vierten Anlauf. Auf der steilen, 15 Meter hohen Sandsteinkuppel versuchte ich einige der besseren Biker-Techniken: Ich fuhr im Stehen und legte mein ganzes Gewicht auf die Lenkstange. Kaum zu glauben, dass meine Reifen nicht wegrutschten und ich nicht erneut hinfiel. Ich trat im niedrigsten Gang in die Pedalen und kämpfte mich den Weg hoch. Ein Ausrutscher und ich würde mit dem Hintern auf der Lenkstange landen. Keuchend merkte ich, wie meine Kräfte schwanden, meine Beine schmerzten, dennoch kurbelte ich weiter und fiel auf der Spitze der Kuppel auf meinen Sitz.

Nach 13 Kilometern bewältigte ich ohne Probleme die Schwierigkeitsstufen 6, 7 und 8. Und als ich mich schließlich sicher fühlte, wie sollte es anders sein, wurde mein Ego auf dem Rückweg erschüttert. Ich fuhr in eine Sandfalle und hatte mich mit meinem ganzen Gewicht zu weit über die Lenkstange gebeugt. Ein Wimpernschlag und ich lag auf dem Bauch, meine Nase tief im Sand vergraben, der Kopf unter der Lenkstange. Ich versuchte mich zu befreien, aber meine Beine waren irgendwie verdreht, mein rechter Fuß steckte noch im Pedalriemen. Von einem zweirädrigen Wrestling-Champion war ich zu Boden gerungen worden. Ich musste lachen und pustete mir dabei Sand ins Gesicht, und der Staub blieb an meinen verschwitzten Wangen kleben. Sollte ich erleichtert sein, dass niemand meinen Sturz gesehen hatte, oder enttäuscht, weil niemand da war, der mit mir über meinen Zustand der Verwirrung lachte? Ich wusste es nicht. Als ich wieder am Anfang des Rundweges war, nahm ich mir noch einmal die Felsplatte vor, an der ich ganz zu Anfang gescheitert war, und schaffte es diesmal vor einer Gruppe von anderen Bikern, die allesamt abgestiegen waren und geschoben hatten.

Erschöpft und zufrieden, saß ich neben meinem Truck und studierte den Reiseführer über den Negro Bill Canyon. Nach drei Kilometern zu Fuß würde ich auf eine natürliche Brücke stoßen, die sechstlängste in den USA. Ich hatte noch genug Zeit, um zum Trailhead zu fahren und vor der Dämmerung zur Brücke zu joggen, wenn genau das richtige Licht zum Fotografieren vorherrschte.

Auf meinen früheren Reisen nach Utah war ich auch schon

einmal an einem Tag Routen von 160 Kilometern mit dem Mountainbike gefahren oder hatte 65 Kilometer lange Schluchten durchquert. Natürlich war schon allein die physische Herausforderung ein Reiz, aber ich nahm doch immer auch meine Kamera mit, um die surrealen Erscheinungen der marsähnlichen Landschaft festzuhalten, die faszinierenden Farben und verborgenen Schätze der Felszeichnungen und die Vielfalt längst vergangener Kulturen. Bei der Wanderung durch den Negro Bill Canyon schoss ich ein halbes Dutzend Bilder von dem Wanderweg und der natürlichen Brücke. Mein Lieblingsbild ist ein Foto, das den azurblauen Himmel und die rostroten Wüstenwände zeigt, die sich in einem spiegelglatten Wasserbecken, umgeben von saftigem Gras und Schilf, spiegeln. Ich war froh, dass ich mich zu dieser Wanderung entschlossen hatte, und meine Lust zu fotografieren wurde größer. Ich wollte zur Schlucht und mir ein paar Felszeichnungen ansehen.

Für mein Samstagsabenteuer hatte ich mir schon die Gegend um Robbers Roost östlich von Hanksville ausgeguckt, hatte aber noch keine bestimmte Schlucht gewählt. Ich wollte es nicht mehr so weit haben zur Party am Samstagabend, und Robbers Roost bot sich an, denn es war nur zwei Stunden von Moab entfernt und zwei Stunden vom Goblin Valley. Da ich die Zivilisation hinter mir lassen und innerhalb der nächsten zwei Tage an keinem Supermarkt vorbeikommen würde, musste ich mir noch einen Vorrat an Wasser und etwas zu essen zulegen. Damit ich nicht das ganze Buch mitschleppen musste, fotokopierte ich die Seiten aus dem Reiseführer über die drei Canyons mit den engsten Schluchten und den besten Felszeichnungen. Ich füllte meinen Benzinkanister auf und war bereit für meinen längeren Ausflug. Am späten Abend brach ich in Moab auf und fuhr in Richtung Norden zur Interstate. Ich stellte den Tempomat ein und sah die fotokopierten Seiten durch. Auf der Grundlage der Beschreibung zweier benachbarter Canyons stellte ich mir meine eigene Route zusammen. Ich würde vom Trailhead des Canyonlands National Park aus 25 Kilometer mit dem Mountainbike fahren bis zum Anfang des Blue John Canyon, dann würde ich durch zwei enge und tiefe Schluchten wandern, mich aus 19 Metern abseilen und zu dem Punkt gelangen, an dem der Blue John auf den Horseshoe Canyon traf. Dann weiter zu den Felszeichnungen an der Great Gallery und zurück zu meinem Fahrzeug. Das wären 50 Kilometer an einem Tag. Wenn ich um 9 Uhr aufbrach, könnte ich bis 17 Uhr zurück sein.

Ich nahm die Interstate 70 und bog dann am Kilometerstein 260 in Richtung Green River ab. In Green River hielt ich an einem Laden, der vierundzwanzig Stunden am Tag geöffnet hatte, und überlegte, ob ich Brad und Leah noch einmal wegen der Party anrufen sollte. Es war aber schon spät, und so entschied ich mich dagegen. Ich konnte sie ebensogut am nächsten Morgen von Hanksville aus anrufen. Brad würde sowieso früh aufstehen, um Ski zu fahren, und ich müsste sie nicht wecken. Ich kaufte zwei Flaschen Gatorade und fuhr anschließend die Hauptstraße von Green River hoch und runter, bis ich den Abzweig in Richtung Süden und aus der Stadt heraus gefunden hatte.

Am südwestlichen Rand von Green River fahre ich am leeren Parkplatz des Büros des Emery County Sheriffs vorbei, einem gelben Gebäude mit Seitenwänden aus Aluminium. Dann biege ich rechts auf die Airport Road ab, unter der Interstate hindurch und in die absolute Finsternis. Nicht ein einziges Licht scheint in der Dunkelheit der San Rafael Desert.

Auf der schlecht asphaltierten Straße wachsen Gräser, und ich frage mich, ob das ein Zeichen für die Zähigkeit der Natur ist oder für laxe Instandhaltung. Vor einer Kreuzung nehme ich den Fuß vom Gas und biege nach links auf eine Schotterstraße, die nach Robbers Roost führt. Kurz nach 21 Uhr komme ich an einem Schild vorbei, auf dem steht, dass es bis zum Horseshoe

Canyon Trailhead noch 76 Kilometer sind. Ich fahre über einen Steppenläufer, als ich an einem dreieckigen Warnschild vorbeikomme mit dem Text: STRASSEN WEGEN STURM MÖGLICHERWEISE UNPASSIERBAR. Ich habe das Gefühl, ich fahre in ein Niemandsland. Kaninchen schießen im Scheinwerferlicht auf die Straße, machen ein Wettrennen mit mir, huschen nach links und wieder nach rechts, laufen direkt vor mir die Straße entlang und preschen wieder in das Ödland.

Als ich mit hoher Geschwindigkeit in eine Bodensenke rase, stoße ich mit den Scheinwerfern beinahe in ein trockenes Flussbett, bevor ich blind nach links schwenke und wieder auf die Straße finde. Mein Wagen bricht hinten aus, und das ist nicht das letzte Mal. In den Kurven und Schlaglöchern komme ich immer wieder beinahe von der Straße ab, aber es gelingt mir jedes Mal, den Wagen unter Kontrolle zu bekommen. Es kommt mir vor, als führe ich bei einer Ralley mit: Schleudern in den Kurven, Staub wird aufgewirbelt, Beschleunigung nach der Kurve, Holpern über Bodenunebenheiten. In der Fahrerkabine fliegt alles durcheinander, und die Rockmusik aus dem Kassettenrekorder treibt mich an. Die Straße erinnert mich an Mr. Toads Wild Ride, einen berühmten Mountainbikeweg in Kalifornien. Ich fahre mit Fernlicht, damit ich die Kurven hinter den Berggipfeln schon von weitem sehen kann, aber auch aufgeblendet ist es nicht leicht. Natürlich könnte ich langsamer als 90 Stundenkilometer fahren, aber ich bin müde und möchte noch vor Mitternacht schlafen.

Durch das Fenster an der Fahrerseite erkenne ich am Himmel die Perseuskonstellation. Außer in einer Schlucht, die ich für die ausgetrocknete San-Rafael-Drainage halte, gibt es nirgends einen Baum, nur hier und da ein paar Zentimeter hohe Grasbüschel. Einmal komme ich an einem Elektrozaun vorbei – die Pfähle sind erst kürzlich gelb gestrichen worden – und weiß, dass hier jemand immer noch Rinderzucht betreibt. Doch nicht ein Licht bricht den Fluch der Trostlosigkeit, der nachts auf diesem unfruchtbaren Land liegt. Im Licht meiner Scheinwerfer sehe ich eine Bierflasche auf der Straße; ich weiche ihr nicht aus. Das rechte Vorderrad rollt über den Faschenhals, und die Flasche stößt gegen den Wagenboden.

Manchmal holpert mein Truck über gerillte Sandsteinplatten, hier wurden mit Planierraupen Unebenheiten beseitigt. Zu beiden Seiten der Straße ist Erde aufgehäuft, und das Licht meiner Scheinwerfer wird von dort zurückgeworfen. Über die nächste Bodensenke rausche ich mit 60 Sachen, gleich danach kommt eine Kurve, und ich muss scharf bremsen. Gerade noch rechtzeitig. Ich schaffe es um die Kurve und schalte auf der nächsten Geraden vom dritten in den vierten Gang. An einem skelettartigen Wald von Büschen jage ich den Motor hoch und rase durch die Nacht.

Noch ein Kaninchen.

Noch ein Elektrozaun.

Noch eine Kurve.

Plötzlich fliegt ein braunes Hinweisschild an mir vorbei, der Wegweiser zum Horseshoe Canyon. Ich halte, fahre rückwärts, biege nach links ab auf eine noch holprigere Straße bis zu einem Parkplatz. Dort sind noch drei andere Wagen geparkt. Ein bisschen weiter weg stehen zwei Zelte, obgleich Schilder darauf hinweisen, dass das Campen auf den Parkplätzen verboten ist. Ich wende und finde ein ebenes Fleckchen gleich neben dem Eingangsschild, das Besucher im Horseshoe-Canyon-Gebiet im Canyonlands National Park willkommen heißt. Nachdem ich meine Ausrüstung vom Bett geräumt habe, schlüpfe ich in meinen Schlafsack. Vor dem Einschlafen denke ich noch an die Wanderung durch die Canyons, die ich mir für den morgigen Tag vorgenommen habe, während der Wind meinen Truck wie zu einem Wiegenlied des Canyonlandes schaukelt.

9

Vierter Tag: Ohne Wasser und Nahrung

Ich glaubte an das Glauben – um seiner selbst und seines wunderbaren Selbstzwecks willen. Fest zu glauben angesichst völliger Hoffnungslosigkeit, wenn einfach alles dagegenspricht, und offensichtliche Katastrophen zu ignorieren – hatte man denn eine andere Wahl? … Wir sind so viel stärker, als wir meinen, und die Fähigkeit zu glauben gehört zu den heldenhaftesten und altehrwürdigsten Merkmalen des Menschen. Zu glauben, obwohl wir alle miteinander wissen, dass es kein Mittel gegen die Kürze dieses Lebens gibt, dass nichts unsere grundsätzliche Sterblichkeit aufzuheben vermag – das ist eine Form des Heldentums.

Lance Armstrong: *Tour des Lebens*

Diffuses Sonnenlicht fängt sich unter den dahintreibenden Wolken hoch über der Wüste von Utah. »Es wird ein wunderbarer Sonnenuntergang«, denke ich in den Tiefen der Spalte. Hoffentlich bleiben die Wolken, dann hält sich die Wärme die Nacht hindurch. Es ist früh am Montagabend. Ich bin seit zweiundsiebzig Stunden wach. Seit fünfzig Stunden bin ich eingeschlossen, und seit dreiundvierzig Stunden geht mir immer wieder derselbe Song im Kopf herum. Wie bei einem Radio, bei dem der Sendersuchknopf ständig gedrückt ist, sucht mein rastloses und unausgeruhtes Hirn nach irgendeiner Form der Ablenkung und landet immer wieder bei demselben Sender. Der Sender spielt nur jeweils zehn Sekunden des Songs an. Immer und immer wieder die gleiche Zeile: »BBC1, BBC2, BBC3, BBC4, BBC5, BBC6, BBC7, BBC Heaven!« Den Song gibt es nicht einmal. Ich komme mir vor wie der Antiheld Dr. Evil, mein Plan ist wieder einmal nicht aufgegangen. Mir bleibt nur eins, ich erhebe die Faust – »Warum lässt du mich nicht in Ruhe, Austin Powers? Warum quälst du mich so?«

Vor Müdigkeit fühle ich mich schwer betäubt, wie bei hohem Fieber. Früher bin ich schon an unmöglichen Orten eingeschlafen, einmal im Stehen, als ich mir in Paris ein Bild anschaute; in einem 110-Dezibel-Konzert von Guns N' Roses – aber noch nie habe ich so unter Schlafmangel gelitten wie jetzt. Es ist, als setze eine Krankheit mein Hirn außer Kraft und als nähere ich mich immer mehr der Grenze zur Irrationalität. Vielleicht ist es ja auch gut, dass ich nicht schlafen kann, damit ich nicht unterkühle. Doch ich bin auch nicht mehr richtig wach – dieses Miasma bringt mich an den Rand des Wahnsinns.

Einmal habe ich mich schon so ähnlich gefühlt, als ich mit meiner Ausdauertrainerin Theresa Daus-Weber während der ersten unserer jährlichen Viertausender-Odysseen im Jahre 2002 im Dunkeln in das östliche Becken des Mount Princtons abstieg. In achtundvierzig Stunden überquerten wir sieben Gipfel. In der zweiten Nacht unserer über 95 Kilometer langen Kletterorgie über insgesamt 7620 Meter verlor mein matter Geist jeden Sinn für die Realität.

Ich hetzte vor Theresa über ein abschüssiges, drei Kilometer breites Geröllfeld. Beide hatten wir unsere Stirnlampen angeschaltet, und jeder hatte einen Wanderstock zu Hilfe bei der Überquerung des unwegsamen Terrains. Manchmal verlor ich sie aus den Augen, denn die geriffelten Felsen am Berghang versperrten mir die Sicht. Wenn ich an einer Ecke anhielt und wartete, setzte ich mich und schlief einen Moment lang ein. Nach zwanzig oder dreißig Sekunden wachte ich von dem gleichmäßigen Klackern von Theresas Treckingstock auf. Das Licht ihrer Stirnlampe schien mir ins Gesicht, als sie sich näherte. Ich stand wortlos auf und stolperte über das nächste Dutzend Felsbocken, bis ich sie wieder aus den Augen verloren hatte und das Ganze von vorn begann.

Obwohl ich mich eineinhalb Stunden lang bewegte, hatte ich nicht das Gefühl, der anderen Seite des Beckens näher zu kommen, wo wir in etwa 3600 Meter Höhe auf eine Zugangsstraße stoßen sollten. Irgendetwas stimmte nicht. Nachdem ich zum zehnten, zwölften oder fünfzehnten Mal das Stolper-Dösen-Aufwachen-Klacker-Geblendetwerden-Stolper-Ritual wiederholt hatte, war ich dem irrsinnigen Gedanken verfallen, dass ich jedes Mal, wenn ich einschlief, wieder in die Mitte des Geröllfeldes zurückgesetzt würde und immer und immer wieder dasselbe erlebte.

Noch zwei solcher Kreisläufe und ich war mir sicher: Ich war in der Zeit gefangen, wie Bill Murray in dem Film *Und ewig grüßt das Murmeltier*. Irgendjemand tat mir das an. Theresa. Sie hatte mich verflucht, da gab es keinen Zweifel. Nur indem ich wach blieb, konnte ich die Macht, die sie über mich hatte, brechen. Aber ich konnte mir nicht helfen – wenn ich auf sie wartete, schlief ich sofort ein. Von dieser Wahnidee besessen, kam ich nicht auf den Gedanken, auf die Uhr zu schauen, mit Theresa zu sprechen, die Eintönigkeit irgendwie zu unterbrechen oder mit ihr gemeinsam zu laufen, so dass ich gar keine Möglichkeit mehr hatte, einzuschlafen. Mir kam eine andere Idee: ich merkte mir, wie die Steine aussahen, über die ich geklettert war. Wenn ich mir beweisen konnte, dass ich nicht denselben Steinen wiederbegegnete, hatte ich mir alles nur eingebildet. Das führte aber zu einem weiteren Problem; ich konnte mir die Felsen nicht einprägen, nicht einmal die, auf denen ich einschlief.

Nach zwei Stunden erreichten wir das Ende des Geröllfeldes, und ich erzählte Theresa von meinem Wahn. Sie erklärte mir, dass Halluzinationen Teil von Extrem-Wandern bei gleichzeitigem Schlafmangel sind. Fast vierundzwanzig Stunden später war ich wieder bei meinem Truck, der 50 Kilometer weiter weg gestanden hatte, und machte dem Delirium mit einem wohlverdienten Schlaf ein Ende.

Hier in der Schlucht lindert nur die Frage, ob ich meinen Urin trinken soll, diese endlose BBC-Folter. Sie verdrängt jeden anderen Gedanken. Ob es schmecken wird, ist mir eigentlich egal, die Frage ist, ob der Urin mein Leben verlängert oder mich umbringt. Wahrscheinlich ist sein Salzgehalt jetzt ziemlich hoch, ich weiß aber nicht, ob er höher ist als der Salzgehalt in meinem Blut. Wenn der Salzgehalt im Urin geringer ist als der meines Blutes, ist es kein Problem. Bei höherer Konzentration könnte ich auch gleich Salzwasser trinken und die Dehydrierung beschleunigen. Ich frage mich auch, ob die Toxine und andere Schadstoffe in gefährlicher Konzentration vorhanden sind. Denn mein Körper will sie eigentlich ausscheiden, und ich führe sie ihm stattdessen zu.

Der brackige orangefarbene Urin in meinem CamelBak-Trinkbeutel auf dem Felsbrocken in Augenhöhe direkt vor mir sieht in dem schummrigen Abendlicht braun aus. In den vier Stunden, seit ich das letzte Mal in den Behälter hineingepinkelt habe, haben sich in der Urinflüssigkeit verschiedene Schichten abgesetzt: am Boden eine übel aussehende braune Suppe, in der Mitte ist die Flüssigkeit schmutzig orange und oben ein klares Gold. Ganz unten sitzt eine eineinhalb Zentimeter dicke gelbweiße Ablagerung. Je stärker der Urin abkühlt, desto mehr Bodensatz bildet sich. Ich stupse den Trinkbeutel mit dem Finger an, die Schichten vermischen sich. Das erinnert mich an die Hefe am Boden von selbstgebrautem Bier. Natürlich ist es weniger appetitlich.

Wieder bricht die Nacht herein, angekündigt wird sie durch eine kühle Brise und eine Mückeninvasion. Warum werden die nur vor Anbruch der Dunkelheit so aktiv, frage ich mich. Und dann sage ich laut vor mich hin: »Und wo zum Teufel kommen sie her?« Irgendwo im Canyon muss es Brackwasser geben –

auf dem Weg hierher habe ich keins gesehen, aber vielleicht ist welches am Boden des Big Drops. Irgend so etwas habe ich doch in dem Reiseführer gelesen. Ich schaue auf die Karte. An der Faltlinie ist das Papier dünner, aber ich kann trotzdem erkennen, dass unter dem Felsen, an dem man sich abseilt, ein Wasserbecken eingezeichnet ist. Wahrscheinlich ist es ein Strudelloch, ein Überbleibsel des letzten Regens, ebenso wie die grüne Schliere an der Südwand hinter mir. Laut meiner Karte sollte sich weiter oben in der Schlucht noch ein Wasserloch befinden, und eins da, wo ich jetzt bin, aber sie sind offenbar ausgetrocknet. Hoffentlich gibt es dort, wo man sich abseilen muss, noch frisches Wasser. Im Sommer und Winter ist bestimmt alles ausgetrocknet. Aber die Schliere, die Mücken und die kiesigen Rückstände an den Wänden deuten darauf hin, dass es dort noch Wasser gibt. Das ist wichtig, sollte ich hier rauskommen – es ist die einzige Wasserquelle im Umkreis von sechs Kilometern. Die nächste ist der Barrier Creek am Fuß des Horseshoe Canyon, jenseits der Great Gallery.

Du kommst hier nie raus, Aron. Du wirst in deinem ganzen Leben kein Wasser mehr sehen.

Dunkelheit.

Kälte.

Sterne.

All.

Zittern.

Ich beschäftige mich wieder mit Herumhantieren und Ausruhen, das hat mir geholfen, die letzte Nacht zu überstehen. Allerdings kann ich jedes Mal nur zehn Minuten still sitzen. Heute Nacht scheint es kälter zu sein, vielleicht kommt es mir auch nur so vor, weil ich entkräftet und dehydriert bin. Seitdem ich hier eingeschlossen bin, hat mein Körper abgebaut, und sicherlich produziert er jetzt weniger Wärme. Die große Kälte verstärkt meinen Drang, jedes kleine bisschen Wärme zu konservieren. Was kann ich noch tun, um mich zu wärmen? Aus den Kopfhörern, die um meinen Hals hängen, kommt schon seit Tagen keine Musik mehr. Ich setze sie als Ohrenschützer auf. Wenn ich den Kopf in die Seiltasche stecke, ziehe ich den Reißverschluss so weit zu, dass er mir beinahe die Haut am Hals einklemmt. Ich möchte von der Wärme meines Atems profitieren, mein Gesicht wird warm, und der nächste Atemzug wird vorgewärmt, ohne dass mir Erstickungsgefahr droht.

Atemzug für Atemzug füllt sich die Tasche mit feuchter Luft. Ich atme gegen das wasserfeste Innenfutter. Mein Atem dringt nicht in die kühle Nachtluft, und ich versuche den Wassergehalt meines Körpers durch das Einatmen der feuchten Luft wiederzugewinnen. Die Seiltasche als eine Art Atemkammer zu benutzen hört sich theoretisch gut an, aber ob es in der Praxis funktioniert? Ich ahne, dass ich das Unabänderliche nur hinauszögere. Nach fünf oder sechs Minuten klettert die Kälte an meinen Beinen hoch und erfasst meinen ganzen Köper. Zitternd versuche ich, noch drei Minuten im Gurt sitzen zu bleiben, die linke Hand am rechten Ellenbogen, den Kopf auf dem rechten Oberarm, die Knie gegen den Felsvorsprung gelehnt. Als ich unkontrolliert am ganzen Leib zu schlottern beginne, ziehe ich den Kopf aus der Tasche und zurre die Seile um die Beine und die Bedeckungen an den Armen fest. Dazu brauche ich ganze zwanzig Minuten – ich habe schon zu viel Übung. Deshalb wird mir auch nicht mehr so warm. Das Messer nehme ich schon gar nicht mehr in die Hand, um an dem Felsbrocken herumzukratzen; ich ertrage nur noch die Qualen und bete, dass ich die Nacht überstehe.

Mitternacht. Es ist Dienstag, 29. April. Nach stundenlangem Hin und Her beschließe ich, einen Schluck des Urins zu trinken. Zwar habe ich noch 100 Milliliter Wasser, aber ich will wissen, wie der Urin schmeckt und ob ich ihn im Magen behalte.

Das Mundstück des Trinkbeutels habe ich auf das Stückchen Restschlauch aufgesetzt, ich sauge etwa zwei Teelöffel voll und schlucke. Durch die Nachtluft ist der Urin von 37 auf vielleicht 27 Grad abgekühlt. Der salzige Geschmack ist scharf und bitter. Ich verziehe das Gesicht. Überraschenderweise ist es weniger ekelhaft, als ich erwartet habe – ich würge nicht und muss mich nicht übergeben. Mein Dilemma wird nicht kleiner. Wäre mein Urin ungenießbar, hätte ich die Antwort – trink ihn nicht. Weil ich aber die Hälfte der Flüssigkeit bis dorthin, wo sie ekelhaft braun wird, trinken könnte, bleibt die Frage offen. Ich habe solchen Durst, ich könnte auf der Stelle die ganzen 400 Milliliter trinken. Das ist wohl keine gute Idee. Manche Leute machen Diäten, bei denen sie ihren Urin trinken, habe ich gehört, aber sicher müssen sie zusätzlich andere Flüssigkeit zu sich nehmen. Vielleicht bilde ich mir auch nur ein, dass ich es gehört habe – ich kann meinem Verstand nicht mehr vertrauen. Jedenfalls wäre klarer Urin besser als das, was ich zur Verfügung habe. Am Ende weiß ich nicht einmal mehr, ob ich überhaupt noch etwas davon trinken sollte. Ich kann auch keine Vermutungen darüber anstellen. Ich lasse es darauf ankommen, nur jetzt noch nicht. In den nächsten zwölf Stunden werde ich erst einmal das Wasser trinken. Wenn ich keins mehr habe, kann ich immer noch darüber nachdenken, ob ich Urin trinken soll.

Der Kreislauf beginnt von vorn. Es ist drei Uhr nachts, die sechzigste Stunde bricht an. Zweieinhalb Tage sind vergangen. Die Intervalle werden kürzer, ich trinke häufiger. Vorsichtig ziehe ich die Flasche aus dem Beutel und sehe, wie viel ich noch habe: gerade noch knapp 90 Milliliter. Ich klemme die Flasche zwischen die Beine und schraube den Verschluss auf. Dann setze ich zum Trinken an, doch bevor ein Tropfen auch nur meine Unterlippe benetzt, setze ich die Flasche wieder ab.

Das letzte Wasser ist heilig. Die Flüssigkeit ist nicht mehr von dieser Erde, sondern etwas Heiliges, Ewiges – sie bedeutet Zeit und Zeit bedeutet Leben. Je länger Wasser vorhanden ist, desto länger lebe ich. Jedenfalls bilde ich mir das ein. Es gibt inzwischen körperliche Anzeichen dafür, dass der Prozess der Dehydrierung begonnen hat. Selbst wenn ich mir das Wasser aufhebe, werde ich bald sterben. Mein Körper verfügt nicht mehr über genügend Körperflüssigkeit, um optimal zu funktionieren. Meine Augen sind eingefallen und trocken. Mit Absicht habe ich nicht in die Kamera geschaut, ich wollte die bis zum Zerreißen gespannte Haut über meinen Wangenknochen nicht sehen. Von der trockenen Wüstenluft sind meine Augen – ich trage ja Kontaktlinsen – zusätzlich irritiert. Mein Herz schlägt schwächer, manchmal unregelmäßig und schnell, in der Ruhephase zähle ich 120 Schläge pro Minute, 60 mehr als normalerweise. Trotz der erhöhten Herzfrequenz fließt mein Blut jetzt langsamer als vor drei Tagen. Es ist dicker geworden, und weniger Nährstoffe werden zu den Organen transportiert und weniger Schadstoffe weggespült. Mein Herz leistet Rekordarbeit und versucht die sich verfestigende Flüssigkeit durch meine Adern zu pumpen. Mein Blutdruck sinkt stetig, die Körpertemperatur schwankt, und bei der leichtesten Brise fange ich wie verrückt an zu zittern. Meine Organe leiden am meisten unter dem drastischen Flüssigkeitsverlust; insgesamt verliere ich vier bis fünf Pfund Gewicht täglich. Die Haut auf meinem Handrücken gleicht zerknitterter Reptilienhaut; sie gibt nicht nach, wenn ich mit den Zähnen an ihr ziehe, so wenig elastisch ist sie nur noch.

Aber die physische Notwendigkeit, meinem Körper Flüssigkeit zuzuführen, ist nichts im Vergleich zu den Durstqualen, die ich erleide: nicht zu stillen … nicht zu befriedigen … nicht zu unterdrücken.

Das Ende wird in Form eines Herz-Kreislauf-Kollapses kommen, aber ich frage mich, ob ich vorher nicht schon verdurstet bin. Zwei Stunden später, es ist fünf Uhr, ist es wieder Zeit für mein Wasserritual. Ich klemme die Flasche zwischen die Beine und drehe den Verschluss auf. Ich führe die Flasche zum Mund. Plötzlich fällt der Deckel auf meinen Sitzgurt, die Flasche rutscht mir aus der Hand und fällt mir in den Schoß. Meine Reaktionsfähigkeit ist zu verlangsamt, ich kann sie nicht auffangen und die heilige Flüssigkeit fließt auf meine Shorts, der rote Staub darauf verwandelt sich in Schlamm.

Verflucht, Aron. Pass doch auf! Sieh doch, was du angestellt hast!

Wasser bedeutet Zeit. Wie viele Stunden habe ich gerade verloren? Vielleicht sechs, vielleicht zehn, vielleicht einen halben Tag? Dieser Fehler demoralisiert mich vollkommen, der Schutzwall aus Disziplin und Penibilität, der die Verzweiflung in Schach gehalten hat, bröckelt. Was auch immer ich vorher gedacht habe, nachdem ich die Hälfte des verbleibenden Wassers verschüttet habe, wird mir klar, dass ich seelisch an ihm gehangen habe. Rein physiologisch gesprochen spielt es keine Rolle mehr, ob ich noch Wasser habe oder nicht, aber psychologisch gesehen habe ich gerade den Rest meines Lebens fortgeworfen.

Trotz meiner Bedeckungen friere ich wie ein Schneider. Ich stecke den Kopf in die Seiltasche und versuche die Kälte zu vertreiben, als ich einen Ruf höre: Es ist Dienstag, kurz nach 6.15 Uhr.

»Larry!« Meine Mutter ruft meinen Vater. Ich sehe sie in ihrem Morgenmantel, sie schießt aus dem Schlafzimmer die Treppe hinunter, um meinem Vater eine schlechte Nachricht zu überbringen, die sie gerade erhalten hat. Das Bild verflüchtigt sich, bevor sie meinen Vater erreicht. Es war kein Erinnerungsfetzen oder Traum, sondern eher so, als wäre aus Versehen in meinem Gehirn ein Fernseher angeschaltet worden, eine Direktübertragung aus dem Haus meiner Eltern. War das etwas, das schon geschehen ist? Oder eine Vorahnung von dem, was kommen wird? Wie auch immer, ich bin mir ziemlich sicher, dass ich der Grund dafür war, warum meine Mutter zu meinem Vater lief. Wollte sie ihm sagen, dass ich in Schwierigkeiten stecke oder dass man mich gefunden hat? Oder dass ich tot bin? Alle drei Varianten sind möglich.

Langsam durchflutet Licht den Canyon, und ich bekomme Auftrieb, weil ich eine weitere Nacht überstanden habe. Da ich jetzt wieder sehen kann, beschließe ich, meine Videoaufnahme zu aktualisieren.

Ich reibe mit der Hand mein linkes Auge und seufze. Dann bringe ich mich so ins Bild, dass ich wenigstens halbwegs zu erkennen bin, vermeide es aber, direkt in die Kamera zu schauen.

»Es ist 6.45 Uhr am Dienstagmorgen«, sage ich wie zu meiner eigenen Vergewisserung. »Jetzt wird mich Leona hoffentlich bereits vermissen, da ich nicht zur Party erschienen bin. In anderthalb Stunden werden sie mich bei der Arbeit vermissen. Ich kann an nichts anderes denken. Im besten Fall wird die Polizei alarmiert, dann wird es noch vierundzwanzig Stunden dauern, bis eine Vermisstenanzeige aufgenommen wird. Das heißt, dass ich vielleicht morgen Mittag offiziell als vermisst gemeldet bin.«

Meine Enttäuschung ist so groß, dass es mich schier zerreißt. »Verdammt. So viele Dinge. Es wird lange dauern, bis irgendjemand mich hier findet. Ich denke nur noch daran. Sie müssen den Felsbrocken zerkleinern oder meinen Arm amputieren. Wenn jemand mich findet und die entsprechenden Werkzeuge heranschafft. Dann muss ich über zwei ziemlich große stufenartige Felsgefüge hochgezogen werden, bis zu einem Platz, an dem ein Hubschrauber landen kann. Der Flug bis Grand Junction dauert eine Stunde, vielleicht auch ein bisschen weniger. Vielleicht nur eine halbe. Egal.«

Ich stelle mir vor, wie ein Rettungsteam einen Pressluftbohrer in den Blue John Canyon schleppt, ich immer noch eingezwängt, und der Gedanke an eine Rettung rückt erneut in weite Ferne. Mich zu befreien ist eine ungeheure Aufgabe, ganz zu schweigen davon, mich auf einer Tragbahre aus der engen Schlucht zu evakuieren. Der Platz ist so beschränkt, ich zweifle daran, dass es einen brauchbaren Weg gibt.

Das logistische Problem vernichtet jede meiner Hoffnungen. Es ist alles nur Theorie, und selbst in der Theorie hört es sich an wie eine mehrtägige Nervenprobe, wenn sie mich einmal gefunden haben. Jemanden 100 Meter eine abschüssige breite Straße entlangzutragen, dauert mit sechs Trägern etwas mehr als fünf Minuten. Bei einem schmalen gewundenen Weg könnte es eine halbe Stunde dauern. Sobald ein Zugsystem zu Hilfe genommen wird, braucht man noch einmal eine oder zwei Stunden länger. Und das unter idealen Bedingungen. Wenn es kompliziert wird, muss zusätzliche Zeit eingerechnet werden, möglicherweise ist mehr Werkzeug vonnöten, und das Risiko, das die Rettungskräfte eingehen, erhöht sich. Jeder der Felsbrocken, über den ich hinüber- oder unter dem ich hindurchgeklettert bin, verringert die Chancen meines Überlebens. Es würde zu lange dauern, mich zu evakuieren. Sollte ich noch am Leben sein, wenn mich ein Rettungsteam findet, werde ich sicher auf dem Weg ins Krankenhaus sterben. Aber das ist ja auch egal – ich werde sowieso tot sein, wenn ein Rettungsteam endlich diesen Teil des Canyons erreicht. Ich verziehe mein Gesicht schmerzhaft und fahre mit der Aufnahme fort. Ich bin verzweifelt.

»Ich habe ... ich habe versucht, meinen Arm abzuschneiden. Ich konnte mit dem blöden Messer nicht einmal die Haut einritzen. Ich habe es auch schon mit der anderen Klinge versucht, habe aber nur Druckstellen hinterlassen.

Ein wenig Wasser habe ich noch. Ich habe es mir aufgehoben ... Ich habe ein paar Schlucke von meinem Urin aus dem CamelBak-Trinkbeutel genommen. Ich destilliere sozusagen. Die Sedimente lagern sich ab.

Es schmeckt ekelerregend«, sage ich und betone jedes Wort. Ich mache eine Pause, versuche zu schlucken. »Einen Bissen von dem Burrito habe ich auch noch, den kann mein Magen sowieso nicht vertragen.

Ich habe noch einmal versucht, den Felsbrocken zu bewegen. Das bringt auch nichts. Es ist jetzt fast zweiundsiebzig Stunden her, seit ich mit meinem Fahrrad den Horseshoe Trailhead verlassen habe. Seitdem habe ich drei Liter Wasser getrunken und zwei Mundvoll Pisse. Über Essen mache ich mir keine Gedanken, und ich bin inzwischen so müde, dass ich kaum noch etwas tun kann. Auch zum Herumklopfen am Fels fehlt mir die Kraft. Es ist … ich bin müde und ich habe weder die Energie noch die Lust … Es ist lachhaft.«

Angewidert von meinem Unvermögen, schaudert es mich, und ich stöhne. Ich schüttele den Kopf, runzele die Stirn und verziehe das Gesicht. Dann nehme ich Haltung an und blicke direkt in die Kamera.

»Mom, Dad, ich liebe euch wirklich. Ich wollte euch nur sagen, die Zeiten, die wir miteinander verbracht haben, waren wirklich wundervoll. Ich habe euch nicht so wertgeschätzt, wie ich es hätte tun können. Mom, ich liebe dich. Ich danke dir, dass du mich in Aspen besucht hast. Dad, danke für die Zeit, die wir im letzten Jahr zusammen bei der Golden-Leaf-Tour verbracht haben. Das war seit langem eine der besten Zeiten mit dir. Ich danke euch beiden für euer Verständnis und eure Unterstützung und euren Zuspruch im ganzen letzten Jahr. Ich habe in diesem Jahr wirklich gelebt. Natürlich wünschte ich mir, ich hätte mehr gelernt, schneller. Ich liebe euch. Und ich werde für immer bei euch sein.«

Ich presse die Lippen zusammen, Tränen steigen mir in die Augen, ich senke den Kopf, dann nicke ich der Kamera zu, so als würde ich auf Wiedersehen sagen, bevor ich die Pausentaste drücke.

Eine Brise durchzieht den Canyon. Die laue Nacht geht zu Ende. Als ich die Aufnahmetaste erneut drücke, muss ich an meine Schwester denken und das Unglück, das ihre Abschlussfeier an der Universität und ihre Hochzeit überschatten wird.

»Sonja und Zack möchte ich sagen, dass ich euch von Herzen das Beste für euer weiteres Leben wünsche. Sonja, du wirst Karriere machen. Ich weiß auch, dass ihr beide sehr glücklich miteinander werdet. Ich wünschte, ich könnte dabei sein. In einem Monat wirst du mit dem Studium fertig sein. Mach das Beste aus deinem Leben – das würde mich ehren. Ich danke dir.«

Der Gedanke an meine Schwester macht mich glücklich. Obwohl auch ich gute Noten an der Universität hatte, war sie immer um einen Deut besser, und dafür liebe ich sie. Lernen ist ihr wichtig – sie möchte als freiwillige Lehrerin arbeiten. Ich freue mich für sie und bin glücklich darüber. Es ist, als würde Sonja meine Schulden zurückzahlen, denn ich habe von dem System profitiert, ohne etwas zurückzugeben. Ich bin stolz auf das, was sie in der Universität geleistet hat, mehr noch als auf das, was ich getan habe, seit ich vor sechs Jahren meinen Abschluss gemacht habe. Auch wenn ich nicht mehr da bin, werden in meiner Familie große Dinge geschehen, sie wird dafür sorgen. Es beruhigt mich, dass sie einen solch hohen Anspruch hat.

Wieder weht eine Brise durch die Schlucht, und ich frage mich besorgt, ob sich das Wetter ändert. Die Wolken nehmen zu, das sehe ich, jedenfalls ist die Wolkendecke jetzt dicker. Es sind zwar keine Gewitterwolken, aber das muss nichts heißen. Das Risiko einer Sturzflut habe ich vollkommen vergessen. Ich beschließe, noch ein paar Sekunden zu filmen, bevor mich ein Regen überrascht. Ich schalte auf Start und mache einen Schwenk über das Geröll über mir.

»Natürlich bin ich mir im Klaren darüber, dass es auch zu einer Sturzflut kommen kann. All das Zeug da wurde schließlich hierher gespült ... Auch der Fels, der mich hier festhält, wurde von einer Flut hergetragen. Weiter oben gibt es vier große Canyons, die alle hier in diesem knapp einen Meter breiten Spalt zusammenlaufen. Selbst wenn ich dann schon tot bin, wird es ... wird es ziemlich schlimm. Dann wird das Video nicht mehr zu gebrauchen und mein Körper verstümmelt sein. Manchmal habe ich mir eine Sturzflut geradezu herbeigewünscht. Dann käme ich wenigstens zu etwas Wasser. Ich weiß nicht, ob das lächerlich klingt, aber ich habe letzte Nacht daran gedacht. Wenn man so weit ist, dass man die eigenen Körperflüssigkeiten trinkt ... das sollte ich nicht tun, ich weiß. Das Salz darin wird den Prozess nur beschleunigen.

Drei Tage, seit anderthalb Tagen habe ich schon kein Wasser mehr. Das bedeutet höchstwahrscheinlich, dass ich noch anderthalb Tage leben werde. Ich werde stark sein. Doch es würde mich überraschen, wenn ich noch bis Mittwoch durchhielte.«

Ich stoppe das Band. Das sind harte Worte. Ich habe mir gerade noch dreißig Stunden zu leben gegeben. Und diese Art von Endgültigkeit berührt meine Seele an der falschen Stelle. Ich lege die Kamera auf den Felsbrocken und sinke in den Sitzgurt zurück. Die Worte hallen in meinem Kopf wider: »wenn ich noch bis Mittwoch durchhielte« – und dann macht es plötzlich Klick. Im nächsten Moment reiße ich mir das Gurtband vom Arm und binde das lila Band wieder zu Prusikschlingen. Ich bin schon so in Übung, dass ich das 6-zu-1-Zugsystem in einem Bruchteil der Zeit wiederhergestellt habe, die ich beim ersten Mal gebraucht habe. Ich ziehe das Seil, das um den Felsbrocken gewickelt ist, durch die Karabiner und binde die Prusikknoten mit einer Geschicklichkeit, die sogar mich beeindruckt. Ich dachte schon, dass ich meine Koordinationsfähigkeit verloren hätte. Danach stopfe ich die Wasserflasche, den Urinvorrat, das Messer und die Kameras in meinen Rucksack. Ich räume alles vom Felsbrocken herunter und stecke mir zum Schluss die zerkratze Sonnenbrille ins Haar.

»Bereit zum Abheben«, sage ich zu mir, nachdem ich die Prusikschlingen noch einmal geprüft habe. Die Trittschlaufen befinden sich ein wenig über Taillenhöhe und liegen etwas höher als gestern – ich muss diesmal etwas mehr Seil verwendet haben. Zuerst steige ich mit dem linken und dann mit dem rechten in eine Fußschlaufe.

Okay, jetzt beweg den Stein, Aron. Mach schon. Spring, noch mehr. Zieh an dem Seil – reiß daran. Springen und ziehen. Stärker! Du musst es tun. Beweg das Ding!

Ächzend wuchte ich an dem Zugseilsystem herum. Ich stemme mein ganzes Gewicht in die Steigbügel und ziehe an dem Seil. »Los, komm schon, verflucht noch mal!«

Nichts. Gegen diesen Stein bin ich machtlos. Die Füße steigen aus den Fußschlaufen, als hätten sie ihren eigenen Willen und wüssten, dass ich es nicht noch einmal versuchen werde. Wieder muss ich mich geschlagen geben. An nichts kann ich mich mehr festhalten. Ich werde in dieser schaurigen Einsamkeit zugrunde gehen; je mehr ich mich dagegen auflehne, desto überwältigender wird sie und presst alles Leben aus mir heraus. Ich lege eine fünfzehnminütige Pause ein. Mir ist zum Heulen zumute, doch das Schluchzen ist tränenlos. Es ist, als wäre ich so entmutigt, dass meine Kraft nicht einmal mehr für Tränen reicht. Außerdem, was würde Weinen nützen? Ich würde nur das bisschen Körperflüssigkeit, das ich noch habe, verschwenden.

Das Messer in meinem Rucksack starrt mich kühl an. Für alles gibt es einen Grund, auch dafür, warum ich das Messer mitgenommen habe. Und dann weiß ich, was ich tun werde. Ich nehme all meinen Mut zusammen, binde die lila Prusikschlinge vom Takelwerk los und schlinge das Band um den Arm. Anschließend bereite ich wie gestern das Tourniquet vor – den Schlauch der CamelBak-Tasche zweimal um den Arm gebunden, Doppelknoten, mit dem Karabiner drehe ich es fest und befestige daran das lila Gurtband.

Auf meiner Uhr ist es 7.58 Uhr.

Ich klappe das kürzere Messer aus, nehme den Messergriff in die Hand und lege die Klinge auf meinen rechten Arm, genau neben einer Sommersprosse und knapp über dem Abdruck von gestern Morgen. Ich zögere, ziehe die Hand wieder zurück. Lege das Messer wieder an, und bevor ich mich ein zweites Mal stoppe, steche ich die sechs Zentimeter lange Klinge in das Fleisch.

»Oh Mann, Aron, was hast du getan?«

Ich verstumme, und alles um mich herum verschwimmt. Das Licht in der Schlucht wird matt, die Kontraste werden schwach, als wäre ich plötzlich in einem sepiafarbenen Film. Ich beuge mich über den Arm, es ist, als halluzinierte ich und als liefe dieser Pseudofilm nur bei zwei Dritteln seiner normalen Geschwindigkeit ab. Ich hatte erwartet, dass das Messer von meinen Arm abrutschen würde, doch als ich die Hand wegnehme, sehe ich, dass der Griff im rechten Winkel zu meinem Arm steht. Gestern schien es unmöglich, dass ich mit dem Messer in die Haut einschneiden könnte, aber jetzt habe ich es getan. Ich wackele an dem Messer, die Klinge liegt auf etwas Hartem auf. Es ist der Unterarmknochen. Ich tippe mit der Klinge auf dem Knochen herum.

Wow, das ist so grotesk.

Plötzlich werde ich neugierig. In der Schicht um den Knochen herum habe ich kaum Gefühl, die Nerven scheinen im äußeren Bereichen konzentriert zu sein. Als ich das Messer herausziehe, kommt die Bestätigung. Da sind sie. Das Fleisch klafft auseinander. Ich mache ein zwei Zentimeter großes Loch an der Stelle, wo die Nerven sitzen, der Schmerz zieht meinen Arm hoch. Ich warte, bis er etwas nachgelassen hat, und bemerke, dass nur sehr wenig Blut aus der Wunde tritt; die Kapillaren müssen sich schon geschlossen haben. Fasziniert bohre ich in der Wunde herum. Autsch. Ich besehe mir die verschiedenen Schichten. Die Epidermis ist doppelt so dick, wie ich gedacht habe, und zäh wie Leder. Um den Muskel herum befindet sich eine gelbe Fettschicht. Ich stochere darin herum, und dann sickert dunkelrotes Blut in die Wunde. Wieder stoße ich auf den

Knochen und spüre die Vibration in Zeigefinger und Daumen, sie schwingt sogar bis in den Ellenbogen. Das leise *Tock-tock-tock* sagt mir, dass dies das Ende meines Experiments bedeutet. Durch die Knochen kann ich nicht schneiden.

Ich wische diese düstere Erkenntnis beiseite, und mich überkommt ein gewisser Leichtsinn – das erste Mal seit dreizehn Jahren seziere ich wieder, und ich kann es besser an meinem eigenen Arm ertragen. Ich sehe das Schafsauge noch vor mir, wie es mich von dem rostfreien Stahltablett anstarrte, damals als ich in der neunten Klasse war. Ich schnitt in die weiche Kugel und wählte Biologie ab. Lieber machte ich Physik und Chemie. Tierisches gehörte für mich in ein kulinarisches Umfeld. Das Auge war indirekt mitverantwortlich dafür, dass ich Maschinenbauingenieur wurde. Sonderbar, dass ich nun in dieser Schlucht mit dieser Angst konfrontiert werde.

Ich schwitze, lege das Multitool auf den Felsbrocken und nehme die Wasserflasche. Zwar müsste ich eigentlich noch warten bis zum nächsten Schluck, aber ich habe einen verdient. Beim ersten Tropfen auf meiner Lippe öffne ich die Augen und starre irgendwie losgelöst auf den opalblauen Flaschenboden. Ich hebe die Flasche mit dem gemischten Gefühl aus Widerspenstigkeit und es verdient zu haben höher und höher. Als täte ich etwas Ungezogenes, doch es kümmert mich nicht. Ich werde es tun, und die Tatsche, dass ich es nicht tun sollte, reizt mich nur noch mehr.

Mach schon – bring es hinter dich. Es ist egal.

Jeder teelöffelgroße Schluck Wasser befriedigt mich so, als wäre es ein Mund voll. Ich stürze das Wasser hinunter, schließe die Augen … O Gott. Nach weiteren zu kurzen drei Sekunden trinke ich den letzten Tropfen meines Wasservorrats. Mein Körper verlangt nach mehr, aber mehr gibt es nicht. Ich starre durch die Flasche hindurch, schüttele sie, und ein paar Topfen lösen sich von der Flaschenwand.

Das war's, nicht ein Tropfen mehr da. Damit halte ich mich

nicht auf. Ich schraube den Verschluss auf die Flasche, und mir wird klar, dass ich auf diesen Moment seit drei Tagen gewartet habe. Jetzt ist es vorbei. Eine Sache weniger, um die ich mir Sorgen machen muss. Ich löse das Tourniquet – mein ganzer Arm schmerzt schon, ich werde mit der Amputation nicht fortfahren. Ich öffne den Karabiner und lockere den Schlauch. Mein Arm nimmt wieder seine ursprüngliche Form an. Im Schneckentempo fließt das Blut zurück und ich starre auf die Wunde. Beim Einschnitt ist der Blutfluss nicht stärker, auch kein Pulsieren. Ich habe offenbar keine Ader getroffen. Dennoch fließt weniger Blut, als ich erwartet habe. Es ist, als habe das Tourniquet gar nichts bewirkt. Wahrscheinlich hat der Felsbrocken die Adern und Venen in meiner Hand abgeklemmt und so den Blutfluss reduziert. Das würde auch erklären, warum mein Unterarm so kalt ist.

Ich hole die Videokamera hervor und filme das Ergebnis der Operation. Meine Baseballkappe, das Gurtband und das Tourniquet auf dem Felsbrocken erscheinen im Sucher.

»Dieser Teil ist vielleicht nicht für alle Augen geeignet. Es ist kurz nach acht. Punkt acht habe ich den letzten Schluck Wasser getrunken ... und ... mach die Augen zu, Mom ...«

Ich schwenke über den Felsbrocken auf meinen Arm, die klaffende Wunde und das hellrote Blut. Meine Atmung wird schwerer, als ich auf die Einstichstelle blicke.

»Ich habe es versucht – wie es scheint, ist meine Karriere als Chirurg nur von kurzer Dauer. Diese Messer sind für solch eine Aufgabe einfach nicht geeignet. Die Wunde ist ungefähr zwei Zentimeter tief. Ich habe in die Haut geschnitten, in das Fettgewebe und durch Muskeln. Ich glaube, ich habe eine Sehne durchtrennt, sicher bin ich mir nicht. Ich habe es zumindest versucht. Hat nicht sonderlich gut funktioniert. Das Tourniquet habe ich gelockert. Dass ich kaum blute, macht mir Sorgen. Es ist alles so merkwürdig. Eigentlich müsste die Wunde mehr bluten. Tja. Jetzt bin ich wirklich erledigt. Ich habe kein Wasser mehr.«

Ich stoppe das Band und bin deprimierter als je zuvor. Mit der Wunde ist eine weitere Komponente hinzugekommen – was wird mich zuerst umbringen: Dehydrierung, Unterkühlung, eine Sturzflut, eine Blutvergiftung von meiner zerschmetterten Hand oder eine Infektion, die gerade in meinem Arm brütet?

Sich mit einem schmutzigen Messer zu schneiden – das war wirklich überaus klug von dir, Aron.

Ich nehme an, dass die Blutung in der Wunde nicht schlimmer werden wird, und beschließe, sie abzudecken, damit kein Schmutz, Staub oder Insekten hineinkommen. Ich klemme den rosa Stoff meines Phish-T-Shirts zwischen kleinen Finger, Ringfinger und Handfläche, spanne es mit Daumen und Zeigefinger und mache mit der Messerspitze ein Loch hinein. Danach reiße ich einen Streifen aus dem Baumwollstoff heraus und wickle ihn dreimal um meinen Unterarm. Na bitte. Jetzt habe ich eine Bandage.

Plötzlich flattert der Rabe wieder 20 Meter über mir hinweg – einmal, zweimal – und begibt sich dann auf seine morgendliche Nahrungssuche. Ich schaue auf die Uhr, es ist 8.31 Uhr. Heute Morgen hat sich der Vogel um fünfzehn Minuten verspätet.

Die Sonne streift die oberen Wände, und die Felsen erglühen pastellrot. Da die Sonne pünktlicher ist als der Rabe, hole ich zum dritten Mal an diesem Morgen die Kamera aus dem Rucksack und warte auf das Sonnenbegrüßungsritual. Ich filme mich dabei, wie ich das Bein in den Sonnenstrahl strecke. Bevor der Sonnenstrahl die Nordwand hinaufklettert, schwenke ich die Kamera über die hellroten und orangefarbenen wellenförmigen Felswände 20 Meter schluchtabwärts und dann zu meiner Wade, die die Wärme des Sonnenlichts absorbiert.

»Dort hinten ist es wirklich schön. Für ungefähr ... zwanzig Minuten fällt sogar direktes Sonnenlicht auf mein Bein, wenn ich mich anstrenge.«

Wie der Gefangene mit einem schönen Blick durch die vergitterten Fenster seiner Zelle bin ich mir nicht sicher, ob die Schönheit der Schlucht im Morgenlicht meine Beharrlichkeit untermauert oder meine Entschlossenheit untergräbt. Ich sehne mich nach Freiheit.

Das Band habe ich gestoppt, und meine Gedanken wandern zu allen meinen Freunden, die nun zur Arbeit aufbrechen. Ob wohl auch nur einer an mich denkt, frage ich mich. Im Grunde zweifele ich daran, dass meine Abwesenheit andernorts als im Büro von Ute Mountaineer bemerkt wird. Aber wenigstens einer weiß sicher, dass ich überfällig bin. Mein Chef muss sich doch fragen, was mit mir los ist, wenn er nicht sogar nach mir sucht. Ich schwelge in Erinnerungen. Mit nur siebenundzwanzig Jahren habe ich das Gefühl, schon so viel erlebt zu haben wie jemand, der doppelt so alt ist wie ich. Und ich hatte das Glück, so viele liebenswerte und lustige Menschen um mich herum zu haben, auf Reisen, auf Konzerten und bei Outdoortrips. Plötzlich muss ich lächeln. Die Erinnerungen stärken meine Moral, befreien mich von der Qual der zerquetschten Hand. Meine Stimmung ändert sich, ich spekuliere nicht über die vagen Hoffnungen einer Rettung, sondern denke an die Lichtmomente in meinem Leben. Dieses Stimmungshoch möchte ich unbedingt festhalten. Natürlich frage ich mich, ob meine Freunde das Band bei meiner Beerdigung sehen werden, und dieser verdrießliche Gedanke macht mich sogar glücklich. Ich sehe eine Kirche gefüllt mit meinen Freunden, die in Schwarz gekleidet sind und auf einer großen Leinwand über dem Altar sehen, was ich zu sagen habe. Ich rücke die Baseballkappe zurecht, räuspere mich, versuche zu schlucken, dabei machen meine Lippen ein schmatzendes Geräusch, weil sie so trocken sind.

»Vorhin habe ich über mein Bedauern gesprochen, mich nicht genug mit Menschen auseinander gesetzt zu haben. Ich weiß nicht, vielleicht stimmt das ja gar nicht. Ich denke an einige Reisen, die mir besonders gefallen haben mit meinen besten Freunden. Mit Eik und Jon war ich auf dem Jazzfest in Winter Par. Ich denke daran, wie wir die Dr. Pepper Dosen auf dem Kühlschrank übereinander gestapelt, Nudeln an die Decke geklebt, bis spät in die Nacht hinein ferngesehen haben und von Kaffee mit Zucker völlig überdreht waren. Wie viel Spaß hatten wir. Wie wir diese widerlichen – sie waren wirklich köstlich – Erdnussbutterbrote mit Honig gegessen haben. Wie Jon und ich auf den Longs Peak geklettert sind, unser erster gemeinsamer Viertausender. Und die Autofahrt im vergangenen Jahr an der Ostküste, durch so viele Staaten, einfach losgedüst. Das hat wirklich Spaß gemacht mit dir und Christie.

Eric, ich denke an die Zeiten mit Maui und Matt. Das war eine tolle Woche. Das Konzert von String Cheese im Wiltern Theatre oder der Winterkarneval vor zwei Jahren. Oder das Jazzfest mit KPat. Du meine Güte. Ich war noch nie so betrunken wie an jenem Morgen, als wir an der Strandpromenade am Mississippi River gesessen haben. Mann, das war verrückt – wir sind zurückgegangen, haben uns in den Whirlpool gesetzt, sind nach zwei Stunden wieder los und haben das Ganze noch mal gemacht und das fünf Tage lang. Wahnsinn.«

Ich lächele. Bilder aus dieser wilden Woche in New Orleans schieben sich vor mein geistiges Auge. In fünf Tagen waren wir auf zwanzig Konzerten gewesen und hatten durchschnittlich drei Stunden geschlafen – meistens zwischen neun Uhr morgens und mittags. Am Ende war ich so erschöpft, dass ich auf dem Fußboden in einer Bar in N'Awlins eingeschlafen bin, inmitten einer biertrinkenden Menschenmenge, während eine Band ihr quälendes zweites Set spielte. Man kennt seine Grenzen eben nicht, bevor man an sie stößt.

»Auch an die Tour mit Erik Zsemlye und Rana muss ich denken, als wir von Albuquerque nach Denver gefahren sind und mitten in einem Sturm die Fenster öffneten und der ganze Schnee ins Auto wirbelte. Wie schön Rana in ihrem Schneeeisprinzessinnenkostüm aussah.

Ich erinnere mich an unsere Reise nach Washington, D. C., Sonja, und die Ausflüge, die wir gemacht haben. Nach Havasupai zum Beispiel, wo ich von dem Felsen auf einen Kaktus gefallen bin und beinahe im Colorado ertrunken wäre. Auch an die Zeit mit Jean-Marc und Chad in Phoenix denke ich. Wir fuhren nach Mexiko und haben uns mit Margaritas voll geschüttet, segelten um das Horn bei Rocky Point und zurück, nachdem wir am Strand jede Menge Coronas und Tequila getrunken hatten. Es war auch wunderschön, als Jamie und ich nach Havasupai gewandert sind. Es war so wunderbar, als wir am Neujahrstag zusammen aufwachten. Wow.«

Ich lache erschöpft, und plötzlich wird mir die Ironie dieser Erinnerungen klar. Oftmals kam ich nur knapp mit dem Leben davon, und das sind mir die liebsten Erinnerungen, weil das Erlebnis so intensiv war. Welche psychologischen Erklärungen es auch dafür geben mag, ich empfinde eine gewisse Erleichterung in meiner derzeitigen Situation und frage mich, ob ich mich auch so fühlen werde, falls ich überlebe.

»Und all die tollen Fahrten und Ausflüge mit meiner Familie. Aber Dad, du und ich haben ganz besondere gemacht, zum Beispiel nach Gettysburg, die Geschichte von Virginia und Pennsylvania. Da war ich noch auf dem College. Oder als wir das erste Mal nach Canyonlands, Zion, Bryce, Capitol Reef und Arches fuhren. All diese Orte ziehen mich jedes Mal wieder in die Wüste. Ich danke dir dafür.«

Ich schüttele den Kopf über dieses Glück. Die Erinnerungen überrumpeln mich, und ich kann sie nicht mehr sortieren, zusammenfügen, und sie fangen an, sich zu überschlagen.

»Erik, weißt du noch, als wir das erste Mal zu einem Konzert gefahren sind? Zu Grateful Dead über das 4.-Juli-Wochenende 1995. Oder Gary, unser Ausflug zum Denali – danach habe ich meinen Job aufgegeben. Danke. Ich wünsche dir viel Glück für den Everest, Mann. Ich weiß, dass du da jetzt wahrscheinlich bist, beim Camp III oder so. Pass auf dich auf und komm zurück.

Oder als Judson und ich von Phoenix kamen und zusammen in einer Art Blitzaktion auf den Mount Rainier kletterten. Bei Disappointment Cleaver in 3657 Meter haben wir ein Schläfchen gehalten, am Nachmittag um drei, nachdem wir den Gipfel erreicht hatten. Und wie wir nachts um zwei starteten. ›Noch zwei Minuten bis Camp Muir!‹ Von wegen.«

Mein Lächeln wird breiter. Judson fragte mich immer wieder, wie weit es noch bis zum Camp war; ich konnte zwar den Weg erkennen, aber im Mondlicht konnte ich die Entfernungen nicht mehr genau abschätzen. Und ich machte eine Prognose nach der anderen, dass wir in fünfzehn Minuten bei den Hütten wären, dann wieder fünf Minuten, bis wir endlich nach ungefähr einem Dutzend »fünfzehn Minuten« kurz vor Sonnenaufgang beim Lager ankamen. Ich konnte von Glück reden, dass Judson nicht in eine Gletscherspalte gefallen war.

»Ich weiß noch, Chip, wie du und ich nach Flagstaff gefahren sind und dann zurück zum Keller Williams. Das war wieder so eine Blitzaktion. Oh Mann, so viele unglaubliche Zeiten. Die Orte, an denen ich mit meinem Freund Erik Kemnist war. Einmal an einem Wochenende in seinem Haus in Rochester. Wir gingen noch zum College. Oder als ich ein paar Mal nach Kalifornien gefahren bin, wo ich mich mit Soha und Craig und Buck getroffen habe. Ich glaube sogar zwei von euch sind mit zum Phish-Konzert gegangen.«

Ich bin so müde, dass ich kaum noch zusammenhängend sprechen kann. Meine Anstrengungen konzentrierten sich darauf, wach zu bleiben. Eigentlich müsste ich mich ausruhen, aber ich kann nicht schlafen. Mit dem linken Ellenbogen stütze ich mich an der Südwand ab, stütze den Kopf in die Hand und mache weiter.

»Bryan Long, auch wir haben letztes Jahr etwas zusammen gemacht. Wir sind mit den Mountainbikes gefahren und gewandert und waren an den heißen Quellen. Dann waren wir noch auch zwei Cheese-Konzerten. Zach, danke, dass du mein

Freund warst. Wir sind zusammen mit Erik zum Sandia Peak gewandert. Ja, das war gut. Ich bin für all das dankbar, es gab so viele tolle Menschen in meinem Leben. Und Rana, unser Ausflug nach Telluride, wo wir uns Cheese angesehen haben. Der »beste letzte« Tag, den ich je gehabt habe, war, als wir auf unseren Skiern unsere Schleifen drehten, gebatikte T-Shirts, pinkfarbene fluoreszierende Boa, und uns an diesem Tag rein gar nichts etwas anhaben konnte.«

Meine trockenen Lippen springen auf, als ich lächele. Ich bräuchte mein Lippenbalsam, aber ich warte noch, bis ich es raushole. Selbst der Schmerz in den Lippen erfüllt mich mit Dankbarkeit für die Menschen, die ich liebe.

»Also, ich danke euch allen. Danke für die tollen Zeiten. Ich weiß jeden von euch zu schätzen. Norm und Sandy, auch ihr seid mir so nah. Ich danke auch allen Freunden meiner Eltern, dass sie solche wunderbaren Menschen großgezogen haben, die Teil meines Lebens waren. Ich danke meine Freunden in Aspen, mit denen ich die letzten sechs Monate verbracht habe, wunderbare, wunderbare Menschen. Ich danke Bryan und Jenn Welker, Bryan Gonzales und Mike Check. Und Rachel, du bist eine wunderbare Frau. Ich könnte das über viele Menschen sagen. Und ich sage es jetzt voller Dankbarkeit: Ich liebe euch alle. Ich umarme euch.«

Wow. Wie gut ich mich jetzt fühle. Ich frage mich, ob es so ist, wenn das Leben noch einmal an einem vorüberzieht. Warum reagiert das menschliche Gehirn in der Stunde des Todes mit Reflexion? Ich dachte immer, die Menschen sehen in der Stunde des Abschieds Bilder ihrer Angehörigen. Wenn ich aber darüber nachdenke, was die Erinnerungen mit mir gemacht haben – sie haben mich mit positiver Energie erfüllt, ich lache, bin froh –, frage ich mich, ob es einen übergeordneten Zweck gibt. Vielleicht sind die Lichtmomente des Lebens nur ein Überlebensinstinkt, etwas in unserem Unterbewusstsein, der letzte Trick, um weiterzumachen. Wenn das Adrenalin nicht mehr für einen Kampf- oder Fluchtimpuls ausreicht, werden die Erinnerungen eine Art zweiter Reflex, der uns motiviert, weiterzukämpfen, selbst wenn wir glauben, dass unsere Kräfte dazu nicht mehr ausreichen. Angesichts des bevorstehenden Todes schaltet das Gehirn unfreiwillig in den höchsten Gang und sagt: »Du glaubst, das war's? Und was ist mit all den Menschen, denen du am Herzen liegst? Und was mit jenen, die dir am Herzen liegen?«, und schon hast du wieder Mumm. Vielleicht scheint einem Selbstmord nur dann erstrebenswert, wenn niemand da ist, der einem sagt, ich liebe dich, oder wenn es einem egal ist, dass jemand es tut. Dann gibt es keine aufblitzende Erinnerung, dann funktioniert das Sicherheitssystem nicht. Vielleicht speichert unser Gehirn Erinnerungen, damit unser widerspenstiger Körper im Endspiel noch einmal aufbegehrt. Ich genieße das Glücksgefühl und den Auftrieb und beende das Psychogeschwätz. Mir geht es gut, das ist das Wichtigste.

Gegen Mittag warte ich, an die Schluchtwand gefesselt, auf den Tod. Inzwischen habe ich genug Übung darin, die beste Sitzposition im Gurt zu finden. Ich weiß, welcher Winkel für meine Knie am bequemsten ist, wo die Daisy Chain sitzen und wie das Seil als Polster zusammengerollt vor meinen Waden liegen muss. Meinen Körper versorge ich, so gut ich kann, mit den mir zur Verfügung stehenden Mitteln. Merkwürdigerweise muss ich schon wieder pinkeln. Ich beschließe, von meinem Urinvorrat etwas abzugießen, bevor ich den Reißverschluss herunterziehe. Doch klarere Flüssigkeit in den Trinkbeutel umzufüllen ist eine Herausforderung an die Geschicklichkeit. Ich klemme die leere Nalgene-Flasche zwischen die Beine, halte sie gerade und nehme den oberen Teil des CamelBak-Trinkbeutels zwischen meine Zähne. Ich halte ihn etwas schräg, und der Bodensatz verlagert sich auf die eine Seite der Öffnung. Ich drücke das Trinkventil mit den Fingern zusammen, und die Flüssigkeit fließt langsam in die Nalgene-Flasche. Die Ablagerungen bleiben im Beutel. Jetzt befinden sich im CamelBak-Trinkbeutel nur noch die Reste, ich verschließe die Flasche und stelle sie auf den Felsbrocken. Danach schütte ich die Reste in den Sand zu meinen Füßen. Das Zeug stinkt.

Gut, das bedeutet, dass du das Übelste losgeworden bist.

Ich pinkele in den Trinkbeutel und mache den Deckel zu. Danach lege ich ihn neben die Nalgene-Flasche auf den Stein. Die Flüssigkeit ist dunkel, warm und riecht stechend. Ich lasse sie abkühlen und sich setzen, bevor ich sie wieder öffne – wenn der Urin kühl ist, schmeckt er nicht so intensiv.

Gegen 13.30 Uhr fange ich wieder an zu beten. Dieses Mal kenne ich die Antwort auf die Frage, was ich tun soll. Es gibt nur noch eine Möglichkeit: zu warten, auf den Tod oder auf Rettung. Der Tod scheint wahrscheinlicher zu sein. Anstatt also um einen Hinweis zu bitten, bitte ich um Geduld.

»Gott, ich bin es noch einmal, Aron. Ich brauche deine Hilfe immer noch. Hier wird es immer schlimmer. Ich habe kein Wasser mehr und auch nichts mehr zu essen. Bald werde ich sterben, das weiß ich. Aber ich möchte auf natürliche Weise sterben. Was ich auch durchmachen muss, ich habe beschlossen, mir nicht das Leben zu nehmen. Natürlich habe ich daran gedacht, es zu tun, aber so möchte ich mich nicht verabschieden. Wahrscheinlich werde ich nicht noch einen Tag überleben – drei Tage sind schon vergangen. Bitte, Gott, gib mir Standhaftigkeit, nicht Hand an mich zu legen.«

Ich werde das hier durchstehen, wie auch immer es endet.

Die dritten vierundzwanzig Stunden sind vorüber. Wasser, das ich konservieren könnte, gibt es nicht mehr. Auch keinen weiteren Befreiungsversuch. Um 15 Uhr reduziert sich meine Existenz darauf, mich zu versorgen, so gut ich kann, physisch und psychisch. Physisch gesehen brauche ich, bis die Nacht anbricht, nichts zu unternehmen. Die wärmste Zeit ist am Nachmittag, ich muss also nur immer mal wieder meine Haltung ändern, damit das Blut zirkuliert.

Da mein Körper nichts mehr braucht, gilt meine ganze Aufmerksamkeit meiner Psyche. Ohne Schlaf, erscheinen äußere Stimuli unwirklich, auch wenn manche ganz real sind. Seit ich das Geheimnis um die Kängururatte gelüftet habe, habe ich noch zweimal Stimmen gehört. Doch es waren keine echten Stimmen, sie existierten nur in meinem Kopf und dienten dazu, die Stille in der Schlucht zu füllen. Die Verbindung zwischen bewusstem Denken und zuverlässiger Ratio hängt an einem seidenen Faden. Ich passe auf, dass mir nichts entgeht und mich dazu bringt, eine übereilte oder gefährliche Entscheidung zu treffen. Die Zeit vergeht am schnellsten, wenn ich mir Erinnerungen ins Gedächtnis rufe. Also befasse ich mich wieder damit. Dabei fällt mir ein, dass ich einen sehr engen Freund noch gar nicht erwähnt habe: Es ist wieder Zeit zu filmen.

Mein schwerer, flacher Atem hallt in der Schlucht wider. Bevor ich beginne, versuche ich normaler zu atmen, aber dafür muss ich nach fast jedem zweiten Wort pausieren. Meine Halsmuskeln sind müde, und ich muss meinen Kopf erneut mit der linken Hand stützen.

»Um nicht vom Thema abzukommen. Ich dachte an Mark Van Eeckhout und all die tollen Zeiten, die wir miteinander verbracht haben. Auf unserer Rückfahrt von Aravaipa, als ich hinten in deinem Truck saß und mir mit Angie schmalzige Songs anhörte. Oder als wir den kleinen Williams Peak bei Flagstaff abfuhren. Und der Tag mit dem Neuschnee am Wolf Cree. Das war einer meiner schönsten Ski-Tage. Und all die wunderbaren Tage bei Pajarito und wie wir nach Los Alamos kamen. Wir sind so oft Mountainbike gefahren und geklettert. Zum Beispiel auf den Mount Baldy, mein erster Ausflug ins Hinterland. Oder all die Ausflüge, die wir mit Patchett an den Labor-Day-Wochenenden gemacht haben, Mann, das waren tolle Zeiten. Vier Jahre hintereinander sind wir an Labor Day losgezogen. Ich habe sie alle genossen. Vestal Peak und der Ausflug zur Wham Ridge, im folgenden Jahr Pidgeon, danach Jagged und im Jahr darauf Dallas. Einige meiner liebsten Ausflüge habe ich mit euch gemacht. Oh, wow.«

Ich lächle erschöpft, und ein leises Stöhnen kommt über meine Lippen. Nach einer Pause wende ich mich einem anderen Thema zu. Ich erinnere mich plötzlich an meine Finanzreserven.

»Jetzt mal kurz zu etwas Praktischem. Ich besitze Aktien von CompuServe, UBS Paine Webber. In der Aktentasche unter meiner Kleiderablage in Aspen findet ihr die Unterlagen. Die sind für Sonja oder Mom und Dad, wenn sie sie brauchen. Es wäre angemessen, dem Rettungsteam, das meine Leiche bergen wird, eine Spende zukommen zu lassen.«

Nun habe ich alles gesagt, was meinen Eltern die Regelung meines Nachlasses erleichtert. Ich bin froh darüber. Und trotzdem kann ich an nichts anderes denken als an Essen und Trinken. Gekühlte saftige Nektars, Früchte, kalte Nachspeisen, alles, was saftig und lecker ist.

»Mann, ich muss dauernd an Grapefruitsaft denken, an eine Margarita oder an Orangensaft oder Wassereis. All das hätte ich jetzt gern. Eine Orange oder Tangerine. Oh, ich darf gar nicht daran denken. Im besten Fall hat jemand inzwischen Mom und Dad erreicht, und sie wissen, dass ich vermisst werde …«

Ich möchte, dass meine Eltern wissen, dass ich noch am Leben war, als sie von meinem Verschwinden erfuhren.

Ungefähr vierzig Minuten später, es ist fast 16 Uhr, nehme ich das letzte Stück Burrito aus der Plastikfolie. Die blassweiße Mehltortilla, die um die Bohnenfüllung gewickelt ist, ist hart geworden – und staubtrocken. Der Bissen, den ich gegen Mittag gegessen habe, schmeckte nach Pappe und war wie geschaffen dafür, auch die letzte Körperflüssigkeit aufzusaugen. Wieder wäge ich die Folgen meines Tuns ab. Wird der letzte Bissen mich mehr austrocknen als mir Lebenskraft geben? Ich weiß es nicht. Ich weiß, dass ich Hunger habe. Nach dem, was auf der Folie steht, habe ich mit dem Verzehr der beiden Burritos innerhalb der letzten zweiundsiebzig Stunden 500 Kalorien zu mir genommen. Dieser letzte Bissen enthält vielleicht noch 50 Kalorien. Wenn ich viel unternehme, esse ich 4000 bis 5000 Kalorien am Tag, das ist das Doppelte der empfohlenen Menge. Da ich seit Samstag nichts Nahrhaftes mehr gegessen habe, greift mein Körper auf seine Reserven zurück, um die Differenz auszugleichen. Das Stück Burrito ist so klein, dass es im Grunde egal ist, ob ich es esse oder nicht, aber immerhin habe ich dann etwas im Magen.

Ich schiebe mir das vertrocknete Stück in den Mund und kaue zwanzig Sekunden lang darauf herum. Dann nehme ich einen Schluck von dem Urin aus der Nalgene-Flasche. So wird das Ganze ein bisschen weicher. Es ist ekelerregend. Ich verziehe das Gesicht, kaue noch zehn Sekunden und schlucke dann das widerliche Zeug hinunter. Mit einem Schluck Urin spüle ich nach. Ich hätte das Stück Burrito in den Urin dippen und dann versuchen sollen, es hinunterzuschlucken; so hätte ich mir vielleicht den Schluck Pisse am Ende erspart. Egal, noch einmal werde ich es sowieso nicht tun müssen. Denn jetzt habe ich auch nichts mehr zu essen. Immer wieder habe ich das Einwickelpapier meiner Schokoriegel abgeleckt, die Muffinkrümel aus der Tüte geklaubt, und nun habe ich die Burritos aufgegessen. Das war's. Jetzt mache ich eine Urindiät.

Ich widme mich wieder der Kamera. Meine Stimme ist höher geworden, und ich frage mich, ob das an der Dehydrierung liegt.

»Es ist Dienstag, 16 Uhr. Draußen sind vielleicht noch 25 Grad. Für das Kid hier gibt es nur noch wenig Hoffnung. Gerade musste ich den Burrito mit Urin hinunterspülen. Zwar war es die weniger dickflüssige, obere Schicht aus der Flasche, aber es war kein Slurpee. Das könnte ich jetzt gebrauchen. Ich wollte mich nicht verabschieden, ohne Grandma und Grandpa gesagt zu haben, ich liebe euch. Ich liebe auch alle meine Verwandten in Ohio. Ich fühle mich geehrt, dass ich zu dieser Familie gehöre.«

Ich sehne mich danach, meine Familie wiederzusehen, aber der Countdown bis zu meinem Tod hat begonnen. Es wird eine schwere Nacht werden.

10

Erste Anzeichen einer Rettung

Dum spiro, spero

Staatsmotto von South Carolina

Samstagnachmittag. Kristi und Megan hatten die Stelle, an der sie mich zum letzten Mal sahen, verlassen, wanderten zur West Fork des Blue John Canyons und machten Mittagspause. Die beiden jungen Frauen ruhten sich eine halbe Stunde lang aus, unterhielten sich und packten dann die Essensreste ein und machten sich wieder auf den Weg. Bald verloren sie die Orientierung und konnten sich auch mit Hilfe der Karte nicht zurechtfinden. Sie waren unter einem vier Meter hohen Felsen in eine Sackgasse geraten und wussten nicht mehr, wie weiter. Sie liefen zurück, schluchtaufwärts, irrten unter dem Felsen herum. Sie brauchten eine Stunde, bis sie aus der Wegbeschreibung auf der Karte schlau wurden.

»Wenn wir rechts hochlaufen, sieht es so aus, als ob wir aus der rechten Schlucht rauskommen. Das kann nicht der Weg sein.« Kristi deutete auf die zwei Abzweigungen schluchtaufwärts. »Und das sieht nicht gerade einfach aus, über den Felsvorsprung zur linken Seite der Schlucht zu kommen.«

»Ich klettere da jedenfalls nicht drüber. Aber wie sollen wir sonst nach oben kommen?«

Der Sandsteinbrocken vor Megan war erschreckend steil und hatte oben noch dazu eine nach hinten gewölbte Abrundung. Megan blätterte im Reiseführer, schlug die Seite vom Blue John

Canyon auf. »Okay, hier steht ›Nehmen Sie an der rechten (östlichen) Seite den kleinen Pfad, dann weiter über zwei steil abfallende Abschnitte‹. Ist das denn auch wirklich die östliche Seite?«

»Ich glaube weder die eine noch die andere ist die östliche Seite. Osten ist schluchtabärts, wo wir hergekommen sind. Wir wandern die West Fork hoch, also gehen wir in Richtung Westen. Verstehe ich nicht; hier ist keine östliche Seite. Kann ich die Karte noch mal sehen?«

Megan gab Kristi die Karte, und wieder und wieder zeichnete Kristi mit dem Finger den Weg auf dem Papier nach.

»Mann, ich wünschte, Aron wäre hier. Der hätte sofort den Durchblick.« Sie seufzte.

»Okay, hier am Anfang der West Fork haben wir mein Fahrrad abgestellt. Und hier sind wir jetzt … oder jedenfalls irgendwo hier. Wir müssen nach links gehen. Warum steht da nach rechts?«

»Oh … mein … Gott«, platzte Megan heraus. »Kristi, was sind wir für Idioten. Es ist rechts, wenn man schluchtabwärts blickt. Aber wir gehen aufwärts. Der ›kleine Pfad‹ ist links von uns. Irgendwo da oben.«

Sie deutet nach links.

»Machst du Witze? Wie konnten wir nur so blöd sein!« Kristi war ziemlich verärgert, dass sie einen solchen Anfängerfehler gemacht hatten.

Megan fand einen sandigen Felsvorsprung, der nach oben führte. Sie folgten dem Pfad über den Felsen, liefen weiter im Trockenbett, bis sie zu sandigen Hügeln mit kleinen Schluchten und Wasserdrainagen kamen. Zwei Stunden später, es war schon nach 17 Uhr, erreichten sie die Schotterstraße, wo Kristis Fahrrad an eine Pinie angeschlossen war. Sie knobelten, wer das Fahrrad zurück zum Auto am Granary Spring Trailhead fahren sollte. Kristi verlor. Unterwegs hielt Kristi nach meinem roten Mountainbike Ausschau. Hätte sie gewusst, wo sie suchen muss, hätte sie gesehen, dass es immer noch an dem Wacholderbaum lehnte, 100 Meter links von der Straße entfernt und etwa auf halbem Weg zu ihrem Wagen. Sie montierte das Rad auf den Dachgepäckträger und fuhr zurück, um Megan abzuholen. Sie dachte, dass ich, da sie so lange im Canyon gebraucht hatten, schon dagewesen wäre, um sie zu treffen, und sie mich verpasst hätten.

Kristi hielt neben Megan an, kurbelte die Fensterscheibe hinunter und fragte: »Na, soll ich dich mitnehmen?«

Im Auto füllten die Frauen ihre Wasserflaschen auf und löschten nach der anstrengenden Wanderung durch die West Fork ihren Durst.

»Sollen wir nicht zum Granary Spring Trailhead zurückfahren und auf Aron warten?«, fragte Megan.

»Ich glaube, der ist schon längst weg.«

Megan war anderer Meinung. »Niemals. Er hatte doch noch 15 Kilometer vor sich. Nie und nimmer ist er vor uns rausgekommen.«

»Aber ich habe sein Fahrrad nirgends gesehen. Und hier gibt es nicht so viele Stellen, an denen man ein Fahrrad verstecken könnte. Ich glaube, dass er schon weg ist. Er ist wahrscheinlich schon auf dem Weg zur Party im Goblin Valley.«

Megan glaubte, dass Kristi mein Fahrrad übersehen hatte und dass ich in einer oder zwei Stunden auftauchen würde.

»Wir könnten zurückfahren und noch ein bisschen warten.«

Kristi machte sich Sorgen, dass sie nicht genug Benzin hatten. Bis zur nächsten Tankstelle waren es 30 Kilometer. Sie zögerte.

»Wenn wir noch eine Weile rumfahren, schaffen wir es nicht bis nach Hanksville. Wir haben vielleicht noch genug für 45 Kilometer. Wir sollten losfahren, tanken und ihn noch vor der Dunkelheit im Goblin Valley treffen.«

Weder die eine noch die andere Sichtweise war wirklich überzeugend. Megan gab nach, und so fuhren sie schließlich nach

Hanksville. Dort tankten sie und bestellten Hamburger und Milchshakes.

Eine Stunde später, etwa zu der Zeit, als Brad und Leah über die Wüstenstraßen nach Goblin Valley holperten, fuhren Kristi und Megan in den Naturschutzpark auf der Suche nach der Party. Auf einem großen Schild stand, dass der Campingplatz belegt war. Kristi hielt an, und sie überlegten, was sie nun tun sollten.

»Sollen wir zum Campingplatz fahren und versuchen, die Party zu finden?«, fragte Megan.

»Ich weiß nicht.« Kristi musste lachen. »Ist doch komisch, der ganze Tag war schon so unentschieden. Sollen wir warten oder sollen wir tanken fahren? Sollen wir diesen Weg nehmen oder jenen?«

»Es wird bestimmt lustig, aber ich bin müde.«

»Ich auch.«

Weil Kristi und Megan davon ausgingen, dass sie mich am nächsten Morgen beim Little Wild Horse Canyon antreffen würden, wendeten sie und fuhren zurück auf die Interstate in Richtung Little Wild Horse Canyon. Sie bogen auf eine Nebenstraße, wo sie für die Nacht ihr Lager aufschlugen. Am Sonntagmorgen ließen sie sich Zeit und fuhren dann den kurzen Weg zum Parkplatz am Little Wild Horse Canyon. Dort parkten sie ihren Wagen neben einem Toyota Tacoma. Kristi bemerkte den Truck zuerst.

»Weißt du noch, was für ein Auto Aron hat?«

»Hm. Ich glaube, das hat er gar nicht erwähnt«, sagte Megan, die noch immer müde war von den Anstrengungen vom Vortag.

»Der Toyota da sieht aus, als könnte er ihm gehören. Skier sind drauf. Und er hat ein Colorado-Kennzeichen. Ich wette, dass es sein Wagen ist.«

»Wahrscheinlich ist er schon in der Schlucht«, erwiderte Megan.

»Ja, es ist schon 11.30 Uhr. Wahrscheinlich ist er schon losgegangen.«

»Wir sollten ihm einen Zettel mit unseren E-Mail-Adressen an die Scheibe heften, falls wir ihn verpassen.«

»Und wenn es doch nicht sein Truck ist?«

Megan war es gewohnt, anderen Leuten ihre E-Mail-Adresse zu geben. Auf diese Weise arrangierte sie Reisen oder Einladungen. Sie war überrascht, dass sie es nicht schon am Tag zuvor gemacht hatte.

»Wenn es sein Wagen ist, hat er unsere Mail-Adressen. Wenn nicht, dann werfen die Leute den Zettel sicher weg.«

»Es gibt nur einen Weg in den Canyon hinein und auch wieder heraus. Wenn er da ist, dann werden wir ihn treffen.«

»Also gut.«

Beim Laufen stellte Megan weiter Spekulationen darüber an, ob sie mich in der Schlucht treffen würden.

»Glaubst du wirklich, er ist angekommen und gleich losgegangen?«

Kristi dachte ein paar Sekunden nach.

»Entweder ist er richtig früh aufgestanden und ist schon durch, oder er hat einen fürchterlichen Kater und geht heute gar nicht wandern.«

»Warum haben wir ihn nicht nach seiner Telefonnummer gefragt?«

»Ja, das ist komisch. Normalerweise tausche ich immer Telefonnummern aus, oder E-Mail-Adressen, aber wir haben das nicht getan. Er war wirklich nett. Es war toll, dass wir ihn getroffen haben und er mit uns mitgelaufen und nicht einfach an uns vorbeigerauscht ist.«

Die beiden machten sich einen schönen Morgen und erkundeten die schmale Little-Wild-Horse-Schlucht. Dann gingen sie wieder zurück zum Parkplatz. Nachdem sie Kristis weißes Auto mit den Überbleibseln ihres Wochenendabenteuers bepackt hatten, fuhren sie am Sonntagnachmittag über Green River zurück nach Moab. Megan fragte sich, was wohl aus mir geworden war, aber keine von beiden vermutete, dass mir etwas Außergewöhnliches zugestoßen sein könnte. Es gab zu viele vernünftige Erklärungen. Sie machten sich keine Gedanken darüber, ob sie mich noch einmal wiedersehen würden; sie unterhielten sich darüber, wie schön und wie erfrischend es gewesen war, eine Abwechslung von der Arbeit gehabt zu haben, und sie beschlossen, bald wieder einen Ausflug zu machen. Mit der Aussicht darauf war der Schrecken, in die Zivilisation zurückkehren zu müssen, nur halb so groß.

Nachdem meine Freunde Brad und Leah mir am Donnerstagnachmittag geholfen hatten, meinen Wagen aus dem Matsch zu ziehen, verließen sie die Gegend um den Mount Sopris bei Carbondale, Colorado, und nahmen die landschaftlich reizvolle Bundesstraße über den bewaldeten McClure Pass in den südwestlichen Teil des Staates. Es war schon dunkel, als sie vom Highway 550 in die schöne Bergbaustadt Silverton abfuhren. Dort schliefen sie in ihrem Truck, den sie auf der Hauptstraße geparkt hatten. Leah war im vierten Monat schwanger, und am nächsten Tag holte ihre Mutter sie ab, um mit ihr in Durango einkaufen zu gehen. Brad wollte derweil mit einigen Kollegen aus Aspen die Berge um Silverton abfahren. Für die Nacht hatten sie ein Hotel in Silverton gebucht, um die Nachwirkungen eines lokalen Bierfestes auszuschlafen. Am nächsten Morgen kamen sie erst spät los, und Brad fuhr nach Durango, wo er Leah treffen wollte. Sie nahmen den Devil's Highway und die Route 666 in die Wüste von Utah. Am späten Samstagnachmittag, Leah hatte ihr Handy an, warteten sie auf dem Highway 95 am oberen Arm von Lake Powell auf einen Anruf von mir.

Gegen 19 Uhr waren sie in San Rafael Swell angekommen und verließen den Highway 24 in Richtung Westen. Das Empfangssignal auf dem Handydisplay verschwand, als sie auf flacher Straße weiterfuhren. Nur wenn sie über kleine Hügel fuhren, hatten sie wieder ein Netz zur Verfügung.

»Warum rufen wir ihn nicht an?«, wollte Leah wissen.

»Er hat kein Handy. Er wollte doch anrufen und nach dem Weg fragen.«

»Weißt du was? Bevor wir so weit draußen sind, dass wir gar keinen Empfang mehr haben, sollten wir unsere Mailbox abhören. Fahr noch mal zurück zu dem Hügel. Dort hatte ich einen guten Empfang.«

Brad kehrte um. Die eigenhändig aufgebaute Camperkabine schaukelte so, dass sich der Wagen, als Brad scharf wendete, zur Beifahrerseite neigte.

»Okay, halt auf diesem kleinen Hügel an.« Leah hörte drei Nachrichten ab, aber keine war von mir.

»Ist doch komisch, dass er nicht angerufen hat. Wollte er wirklich kommen?«

»Das hat er so nicht gesagt. Ich habe ihm von der Party erzählt und dass wir hingehen. Und dass eine Menge Leute aus Aspen kommen würden, die er auch kennt. Er klang interessiert und sagte, er würde anrufen, um zu erfahren, wie er dort hinkommt.«

»Vielleicht hat er sich umentschieden. Sollen wir warten, vielleicht ruft er noch an?«

»Er hatte keinen richtigen Plan, bevor er losfuhr. Er wollte klettern gehen und wandern und mal aus Dodge rauskommen. Du weißt schon, Freizeit außerhalb der Saison. Ich habe ihn nicht darum gebeten, mit Blut zu besiegeln, dass er kommen würde. Wir sollten weiterfahren und die Plakatwand suchen.«

Einer von Brads Freunden hatte versprochen, eine genaue Wegbeschreibung an einer Plakatwand anzubringen, die am Eingang des Parks stand.

Fünf Minuten später hatte ihr Auto einen Platten. Auch der Ersatzreifen war nicht funktionsfähig und so ging es mit acht Stundenkilometern weiter in Richtung Goblin Valley State

Park. Brad las die Wegbeschreibung. Sie sollten bei einem ausgestopften Scooby-Doo-Monster an einem Wacholderbaum links abbiegen. Die Abendsonne blendete, die von Staub bedeckte Windschutzscheibe war wie ein Vorhang aus Glas. Sie verpassten den Abzweig und fuhren eine Stunde lang ziellos herum. Die Sonne ging unter, und die Wüste versank in Finsternis.

Erschöpft von der Herumfahrerei, hatten sie wenig Lust, auf irgendwelchen Nebenstraßen mit Tempo acht herumzufahren. Brad parkte in einem kleinen Canyon, und sie verbrachten die Nacht im Camper. Dass sie die Party verpasst hatten, machte ihnen nicht viel aus. Sie hatten einen Ausflug machen wollen und nahmen es, wie es kam. Als die ersten Sonnenstrahlen sie am Sonntagmorgen begrüßten, tuckerten Brad und Leah herum, bis sie die Partygäste fanden – Freunde, die in der Wüste herumlagen, als seien sie Opfer eines Flugzeugabsturzes geworden. Einer von ihnen konnte sich so weit aufrappeln, dass er sie nach Green River fuhr, wo sie den Reifen reparieren ließen. Am frühen Nachmittag kamen sie wieder zurück.

Entweder war ich auf der Party gewesen oder ich hatte etwas Besseres zu tun gehabt, jedenfalls waren Brad und Leah nicht sehr beunruhigt, mich nicht in Utah angetroffen zu haben. Ihnen blieben noch zwei Tage in Aspen, bevor sie sich auf ihre Hochzeitsreise auf die Bahamas begaben, und sie hatten noch einiges vorzubereiten. Außerdem gingen sie davon aus, dass sie mich am Abend darauf auf der Party bei mir treffen würden.

Am Montag ging es bei mir zu Hause hektisch zu. Meine Mitbewohner bereiteten unsere erste Party außerhalb der Saison vor, ein großes Fest zum Jahreszeitenwechsel und gleichzeitig ein Abschiedsfest für Leona. Die vier Skigebiete in Aspen waren nun geschlossen und die Saison offiziell beendet. Leona Sondie zog nach Boulder, um dort den Sommer über als Landschaftsgärtnerin zu arbeiten. Elliot Larson zog bei uns ein, sein

Mannschaftskamerad für Mountainbike-Rennen Joe Wheadon wohnte schon bei uns. Damit war das Quartett um Brian Payne und mich komplett. Brian war nach einer zweimonatigen Abwesenheit wieder in der Stadt – nach seinem Skiunfall im Januar war er zwecks Genesung und Reha zu seinen Eltern nach Ohio gezogen. Und auch ich würde aus dem Urlaub zurück sein. Dass wir alle zusammen waren, kam selten vor. Die Party stieg zwar an einem Wochentag, aber das war irrelevant, denn die meisten Gäste hatten am nächsten Tag keine ernsthaften Verpflichtungen. Nach Ende der Wintersaison ließ man es im Allgemeinen etwas lockerer angehen. Für die Party musste ein Fass Bier besorgt werden, etwas zum Grillen, Lichterketten rund ums Haus mussten angebracht werden. Fünfzig Leute waren eingeladen, und das Garagentor zwischen Wohnzimmer und Garage musste hochzogen werden, damit wir mehr Platz hatten in unserem rund 100 Quadratmeter großen Haus.

Die ersten Freunde kamen am frühen Abend, darunter auch Brad und Leah und Rachel Polver, und noch bevor die Sonne mit einem spektakulären Farbenspiel untergegangen war, war das Grillen vorbei. Rachel fand es sonderbar, dass ich nicht zum Essen erschienen war, wo ich doch immer einen unstillbaren Hunger hatte. Aber Leah versicherte ihr, dass ich bestimmt aus Utah zurück sei, bevor die Party richtig losginge. Immer mehr Freunde und Bekannte trudelten ein, und das Fest kam in Schwung, Musik dröhnte nach draußen, und meine Mitbewohner schrien sich Bemerkungen über meine Abwesenheit zu.

Mit einem Bier in der Hand fragte Elliott schließlich: »Hey, Brian, hast du Aron schon gesehen? Muss er nicht morgen wieder arbeiten?«

»Er ist wahrscheinlich noch unterwegs. Ich habe ihn seit Mittwoch nicht gesehen. Weiß er von der Party?«, fragte Brian Leona.

Leona wiederholte, was sie schon zuvor Rachel gesagt hatte.

»Als er losfuhr, sagte er, er würde zur Party wieder da sein. Ich habe ihm gesagt, dass ich am Dienstag abfahre und es wohl die letzte Chance wäre, noch ein bisschen rumzuhängen, und er sagte, er wäre sicher da. Es ist doch meine Abschiedsparty. Wehe, wenn er nicht kommt. Dann bin ich echt sauer.«

»Wie spät ist es? Wenn er erst spät zurück ist, wird er sich sicherlich gleich schlafen legen.« Elliott hatte die Befürchtung, dass sie die Musik leiser stellen müssten, wenn ich käme und gleich ins Bett gehen wollte. »Hier wird er kaum eine Minute Schlaf bekommen. Vielleicht hat er sich das schon gedacht und übernachtet woanders.«

»Das wäre besser, als alle rauszuwerfen. Es sieht ja so aus, als geht das hier noch eine Weile.«

Brian hatte Recht – es ging noch eine Weile. Zwar war er schon kurz vor Mitternacht im Bett, aber als Joe und Leona die letzen Gäste hinausbegleiteten, war es schon nach zwei Uhr.

Um 8.15 Uhr am Dienstagmorgen war ich noch immer nicht zur Arbeit erschienen. Mein Chef Brion After rief bei uns zu Hause an. Leona war gerade aufgestanden und war noch verschlafen und verkatert.

»Hey, Leona, ich bin's, Brion. Ist Aron da?« Brion klang eher hoffnungsvoll als neugierig, aber er klang auch ein wenig besorgt.

»Was? Nein. Ist er nicht bei dir?« Leona war auf der Stelle hellwach.

»Nein, er ist nicht gekommen. Angerufen hat er auch nicht. Ich dachte, er schläft sich vielleicht nach seinem Urlaub aus. Ist sein Wagen da?«

Leona ging mit dem schnurlosen Telefon durchs Haus und blickte zum Küchenfenster hinaus, um zu sehen, ob mein Truck vor dem Holzzaun geparkt war. Da ich immer, wenn ich frei hatte, bis zum letzten Moment fort blieb, hatte sie gedacht, dass ich vielleicht direkt zur Arbeit gefahren war. Sie ging noch in mein Zimmer, weil sie wissen wollte, ob ich hiergewesen und wieder gegangen war. Nein. Irgendetwas stimmte nicht.

»Vielleicht macht er jetzt auf Leona und hat vergessen, dass seine Schicht gewechselt hat.« Brion und Leona lachten über den bescheidenen Witz. Leona hatte diesen Ruf weg, seit sie einmal nicht zur Arbeit gekommen war, obwohl sie Schicht hatte, und eine Woche später zur Arbeit kam, obwohl sie gar nicht eingeteilt war.

»Möglich, aber als er ging, sagte er: ›Wir sehen uns am Dienstag.‹ Er wusste, dass heute sein Projekttag ist.«

»Dann ist er sicher noch auf dem Rückweg von Utah«, sagte Leona. »In einer Stunde oder so ist er vielleicht da.«

»Vielleicht. Aber ich melde mich noch mal. Wann fährst du los?«

»In einer Stunde, wenn ich das Auto gepackt habe.«

»Okay. Ruf mich an, sobald er auftaucht.«

»Mach ich.«

Leona legte auf und lief schweren Herzens im Haus auf und ab. Sie fing an, ihre Sachen in den Subaru ihrer Tante zu packen und sich auf ihre Fahrt nach Boulder vorzubereiten. Doch je voller das Auto wurde, desto unruhiger wurde sie.

Ich hatte mich noch nie mehr als fünfzehn Minuten verspätet, und nun fing auch Brion an, sich Sorgen zu machen. Gegen 8.30 Uhr ging er in den Laden. Er wollte mit Sam Upton, einem anderen Mitarbeiter und Kletterer, sprechen.

»Hast du Aron heute schon gesehen?«

Sam ordnete gerade Wanderschuhe in der Auslage und schaute auf.

»Nein – sollte er heute Morgen nicht die Campingwand neu gestalten?«

Brion ignorierte die Frage und drängte: »Er hat auch nicht angerufen?«

Sam bemerkte Brions Anspannung. »Nein. Ist irgendwas nicht in Ordnung?«

»Ich weiß es nicht. Ich habe gerade mit Leona gesprochen. Zu Hause ist er nicht. Sie sagte, es sieht auch nicht so aus, als ob er schon da gewesen wäre. Jetzt ist es 8.30 Uhr. Aron ist nur einmal ein paar Minuten zu spät gekommen, und das war nach seinem Drama auf dem Pearl Pass.«

Das war vor einem Monat, als ich die Nacht in dem Schneeloch verbracht hatte. Brion war sich sicher, dass ich auftauchen würde, es sei denn, ich steckte in ernsthaften Schwierigkeiten.

»Meinst du, er hatte einen Unfall?«, fragte Sam.

»Nun, ich weiß nicht. Ich weiß nur, dass er die Arbeit nicht schwänzt. Möglich, dass ihm etwas zugestoßen ist.«

»Er könnte sich verlaufen oder verletzt haben. Allerdings glaube ich nicht recht, dass er sich verirrt hat. Er hat seinen Kompass und seinen Höhenmesser immer dabei. Er kann damit umgehen«, sagte Sam.

»Ja, ich weiß. Selbst wenn er 80 Kilometer entfernt irgendwo da draußen ist, würde er es innerhalb eines Tages hierher schaffen. Ich will ja auch keine Panik machen. Er ist stark und wenn irgendetwas passiert ist, wird er sich zu helfen wissen. Nichts, außer vielleicht ein gebrochenes Bein, würde ihn daran hindern. Und wenn er sich ein Bein gebrochen hätte, würde er zurückkrauchen. Er würde eine Weile brauchen, aber er würde rauskommen. Wir müssen ihm noch vierundzwanzig Stunden geben«, schloss Brian, und Sam stimmte ihm zu.

Leona rief einmal in der Stunde im Laden an und sprach mit Brion und Paul Perley, dem Geschäftsführer. Sie erzählte ihnen, wann sie mich das letzte Mal gesehen hatte, am Mittwoch, das war fast eine Woche her.

»Er hat seine Kisten mit Kletterausrüstung und sein Bikingzeug rausgeholt. Er sagte, er wollte ein bisschen klettern, ein bisschen durch Schluchten wandern und vielleicht Mountainbike fahren. Er packte irgendwie unsortiert. Normalerweise plant er im Voraus, aber diesmal wusste er, glaube ich, selbst nicht, wohin er wollte. Er sagte, er führe nach Utah in die Canyonlands-Gegend. Die Frage ist, ob er je dort angekommen ist.«

Der Nachmittag ging vorüber, und Brion wiederholte Paul gegenüber seine Entscheidung. »Wir müssen ihm bis morgen früh um neun geben. Jeder Bergsteiger will die Chance haben, sich selbst aus einer schwierigen Situation zu befreien, bevor Hubschrauber losfliegen. Wenn er morgen nicht aufkreuzt, rufe ich seine Eltern an und bringe den Ball ins Rollen.«

Dienstagabend gegen 18.30 Uhr saßen meine Mitbewohner Brian und Joe nach der Arbeit im Wohnzimmer. Sie hatten die Garagentür hochgezogen und entspannten sich bei einem Bier.

»Was gibt es Neues von Aron?«, wollte Joe wissen.

»Er ist immer noch nicht zurück«, antwortete Brian. »Ich glaube, Leona hat heute Morgen im Geschäft angerufen. Er ist nicht zur Arbeit erschienen.«

»Was sollen wir tun, die Bullen anrufen oder so etwas?«

Joe war sich nicht sicher, ob es das Richtige war, aber Brian horchte auf.

»Weißt du was, ich glaube das ist keine schlechte Idee«, sagte er, nachdem er einen Moment nachgedacht hatte. Er holte das Telefonbuch unter dem Sofatisch hervor und suchte nach der Nummer der Polizei von Aspen. Er wählte die normale Nummer, nicht die Notrufnummer, und hatte gleich nach dem ersten Freizeichen einen Beamten am Apparat.

»Ein Freund von uns sollte letzte Nacht von einem Ausflug zurück sein. Er ist nicht nach Hause gekommen, und jetzt ist schon ein Tag um. Ich wollte Sie nur wissen lassen, dass wir ihn für vermisst halten. Wir übertreiben nicht – wir machen uns Sorgen, geraten aber nicht in Panik. Was sollen wir tun?«

»Wir können eine Vermisstenanzeige aufnehmen. Sie sagen, er ist schon vierundzwanzig Stunden überfällig?«

»Ja, er sollte gestern aus Utah zurückkommen, und er ist nicht zur Arbeit erschienen.«

»Wie ist sein Name?«

Brian übermittelte meinen Namen, mein Alter, meine ungefähre Größe, mein Gewicht und eine Beschreibung von mir. Der Beamte gab die Daten in einen Computer ein.

»Kennen Sie sein Autokennzeichen?«

»Ähm, ja, bleiben Sie dran. Ich glaube, ich kann es Ihnen sagen.«

Brian ging in mein Zimmer und fand einen alten Kletterplan von meiner Solotour auf den Maroon Bells Peak von vor zwei Monaten. Darauf stand mein Autokennzeichen – NM 846-MNY – und das Baujahr meines Trucks.

»Wo ist er Ihrer Meinung nach hingefahren? Utah, sagen Sie?«

»Ich weiß, dass er am Donnerstag zum Mount Sopris wollte, um Ski zu fahren, aber er hat alles Mögliche für einen längeren Ausflug eingeladen. Ich glaube, er wollte in die Gegend um Moab in Utah.«

»Irgendetwas Genaueres oder nur die Gegend um Moab?«

»Das ist alles, was ich weiß. Normalerweise hinterlässt er einen Reiseplan, aber diesmal hat er nichts gesagt.«

»Also gut. Das reicht für den Anfang.« Das Gespräch war beendet.

Was der Beamte Brian nicht sagte, war, dass ich noch nicht lange genug vermisst wurde, damit die Polizei etwas unternahm.

11

Fünfter Tag: Zufluchtsstätte Trance

Eine Entscheidung wird auf eine echte Probe gestellt, wenn man sie ein zweites Mal zu treffen hat.
Niemand kann hinter die Entscheidung blicken, die er nicht versteht.

Das Orakel in Matrix Revolutions

Glückselige Elfenbeingesichter lächeln mich an. Sie ragen an den roten, einer Leibesfrucht ähnelnden Felsen hervor, surreal und kahl, wie mit Mehl bestäubt. Die Wände scheinen einen roten Schlauch aus organischem Gewebe darzustellen, einen faserartigen Tunnel, der wellenartig pulsiert und eine zweieinhalb Meter lange Blutbahn sein könnte. Nur, ich befinde mich darin. In meiner träumerischen Vision strecke ich die Hand aus und berühre mit den Fingern das schwammige Gewebe. Es erwidert meine Berührung mit freundlicher Zärtlichkeit. Als hätte ich einen Auslöser betätigt, habe ich das Gefühl, dass ich mich wie von einer Welle getragen durch das Rohr bewege. Klebrige Fasern haften an Gesicht und Armen, sanft wie das Blütenblatt einer Feldblume, während ich durch die verschleierten Windungen schwebe. Ich komme an den heiligen Gesichtern vorbei und nehme vage ihre verwischten Bewegungen wahr, wie Mimen, die mich anbeten und mich anrufen, doch ich kann ihre Stimmen nicht hören. Eine ungewisse Vertrautheit bewegt mich dazu, mir die Gesichter genauer anzuschauen. Aber ich kann in der Röhre nicht lange genug still stehen, und sie schweben an mir vorbei, bevor ich ein bestimmtes Gesicht ins Auge fassen kann. Ich kann ihr Geschlecht nicht bestimmen, aber sie scheinen in meinem Alter zu sein, vielleicht ein bisschen älter. Ich fühle mich wohl hier, als seien die Gesichter meine Freunde – oder besser gesagt, als seien die Gesichter die Gesichter meiner Freunde. Aber ich kann es nicht genau sagen.

Ich bewege mich noch eine ganze Weile weiter, entspannt werde ich durch den einer Plazenta ähnlichen Korridor getragen, wie beim sanften Crowd Surfing, aber ich bin auch beunruhigt. Was geschieht hier? Was ist das alles um mich herum? Wo bin ich? Ist es ein Traum? Wo ist die Schlucht? Meine Umgebung scheint mich jetzt fester zu stützen, und dann biegt sich die Röhre direkt vor mir nach oben. Bis jetzt verlief meine Reise horizontal. Bisher habe ich die Erdanziehungskraft nicht gespürt. Jetzt aber ist es, als führe ich die Steigung einer bizarren Achterbahn hinauf. Die Gesichter sind fort. Nur die Wände gleiten in monotoner Abfolge an mir vorüber. Wie hoch bin ich schon? 100 Meter wahrscheinlich. Die fleischigen Wellen haben meinen Körper weniger fest im Griff, aber ich spüre die leichten Schwingungen, irgendetwas zerrt an meinen Beinen, meiner Taille, meinem Rumpf und Rücken.

Dann werden die Schwingungen stärker und peinigen mich. Jetzt will ich wissen, was mich am Ende der Steigung erwartet. Ich habe das Gefühl, dass sich dort eine Art Tor befindet. Ich möchte es sehen, vielleicht hindurchgehen, aber ich ahne, dass ich von der zarten Wandbekleidung losgerissen werde, bevor ich das Ende erreiche. Von den Schwingungen bekomme ich heftige Zuckungen. Es wird mir nicht gelingen, das Ende der Steigung zu sehen. Ich löse mich von der Wandbekleidung. Zuckungen reißen mich von den entschwindenden Wänden der Blutbahn los. Ohne deren Stütze mache ich in Zeitlupentempo einen Rückwärtssalto und zittere so stark, als würde ich jeden Moment explodieren. Die Dunkelheit löscht den Tunnel aus, und das traumhafte Erbeben wird von realem Frösteln abgelöst.

Mein Körper versucht sich von den dunklen Krücken der Schluchtnacht zu befreien.

Es ist Dienstagabend, die Sonne ist gerade untergegangen, und mein vom Schlafmangel rastloser Verstand fabriziert eine wahnhafte Flucht aus der Gefangenschaft, wenn schon nicht für meinen Körper, dann wenigstens für meine Seele.

Weil es verhältnismäßig warm ist und die Müdigkeit mich ablenkt, habe ich meine Lycrashorts noch nicht wieder angezogen, doch die drohende Kälte der Nacht signalisiert mir, dass mir erneut neun Stunden einer ermüdenden Schlacht bevorstehen. Ich hatte die Shorts vor meinem OP-Versuch heute Morgen ausgezogen. Weil ich an einen Erfolg geglaubt hatte, wollte ich den wattierten Einsatz als Bandage für den Stumpf verwenden. Aber so weit bin ich nicht gekommen. Dafür, dass ich über keine medizinische Ausbildung verfüge, kann ich stolz darauf sein, so viele medizinische Notwendigkeiten improvisiert zu haben. Ich bin fast enttäuscht darüber, dass ich ihre Wirksamkeit nicht werde testen können, denn ich habe mich dazu entschossen, keinen weiteren Amputationsversuch vorzunehmen. Ich habe mir bewiesen, dass es unmöglich ist, die Knochen durchzuschneiden. Meine begrenzten Fähigkeiten würden bei einem erneuten Versuch unweigerlich einem Selbstmord gleichkommen.

Der Tod durch Dehydrierung ist psychologisch zermürbender, als ich mir am Samstag noch vorgestellt habe. Der Gedanke, kein Wasser zu haben, lässt mich nicht mehr los. Der unbezähmbare Leviathan der Wüste holt mich mit jeder Stunde näher zu sich heran. Die Schlaflosigkeit verschlimmert die Qual und löst eine vierdimensionale Verirrung in meinem Kopf aus. Ich existiere nicht länger in einem normalen Raum-Zeit-Kontinuum. Minute für Minute setzt der Schlafmangel eine weitere Gehirnfunktion außer Kraft. Wenn ich meinen schlechten Allgemeinzustand bedenke, wäre es schon ein Erfolg, den Mittwochmorgen zu erleben. Ich habe meiner Vorhersage getrotzt, dass ich den Dienstagabend nicht erleben würde. Vielleicht überlebe ich mich noch einmal.

Nur nicht aufgeben. Mehr kannst du nicht tun.

Ich beschließe, meine Lycrashorts wieder unter die Nylonshorts anzuziehen. Dazu brauche ich fast zehn Minuten. Ich löse meinen Sitzgurt vom Seilsystem, ziehe den Taillengurt aus dem Sicherheitsring und lasse den Sitzgurt auf meine Füße rutschen. Nachdem ich die Nylonshorts ausgezogen habe, bestaune ich einen Moment lang meine dürren teigigen Beine im Schein der Stirnlampe. Ich habe viel Gewicht verloren, 20 Pfund oder mehr. Und als ich in diesen Canyon kam, war ich nicht gerade mollig. Doch bis ich diese ganze Körpermasse aufgebraucht habe, wird es noch eine Weile dauern. Das Traurige daran ist, dass sich die Insekten und Aasfresser der Wüste daran gütlich tun werden. Ich ziehe meine Bikinghose an und bleibe mit den Schuhen in den Beinöffnungen hängen. Die anderen Shorts lassen sich leicht hochziehen, dann kommt der Sitzgurt mit den verdrehten Bändern. Drei Anläufe brauche ich, bis ich mit den Beinen durch die richtigen Schlaufen gestiegen bin und das Gewirr beseitigt habe. Den Gürtel kann ich mit einer Hand leicht durch den genuteten Ring ziehen, aber das Gurtband zur Sicherheit durch die Doubleback-Schnallen zurückzuziehen ist schwieriger. Nach fünf Minuten gebe ich auf und lasse es so, wie es ist.

Finsternis hüllt mich vollkommen ein. Eine weitere Nacht hypothermischer Nebeneffekte erwartet mich. Ich bin rastlos und binde unzählige Male das Seil um meine Beine. Ich drifte in neue Trancezustände. Meine Seele sehnt sich nach Freiheit, und ein Dutzend Mal verlasse ich meinen Körper. Manchmal sind die Reisen psychedelische Traumsequenzen, wie die Fahrt durch die Blutbahn, manchmal sehe ich mich von oben, wie ich Urlaub von meinem Körper mache und meine Seele die Schlucht verlässt, so wie am Sonntagnachmittag, als ich über den Pazifischen Ozean flog und mich im Weltraum in ein Photon verwandelte.

Andere beginnen damit, dass ich meine Freunde sehe, von Kopf bis Fuß durchsichtig, Geister, die vorrübergehend mit mir in der Schlucht sind, bis wir uns gemeinsam zu einem vertrauteren Ort aufmachen. Sie sprechen nicht, gestikulieren nur und vermitteln ihre Gefühle durch nonverbale Wellenlängen; wenn sie mich ermutigen und wollen, dass ich mich sicher fühle, dann fühle ich mich auch so. Wenn sie mir Angst machen wollten, dann würde ich auch Angst bekommen, aber ich habe keine – ich fühle mich in den Trancezuständen wohl. An welchem Ort und in welcher Gesellschaft ich dabei auch bin, es gibt immer eine mahnende Stimme, die mich daran erinnert, dass ich mich wieder um mich kümmern muss. Unweigerlich zögere ich meine Rückkehr so lange hinaus, bis ich aufgrund der Unterkühlung am ganzen Leib zittere, aber ich weiß immer, wann es an der Zeit ist.

Im wirklichen Leben, eingezwängt zwischen Felsbrocken und Schluchtwand, gieße ich periodisch die obere Schicht des Urins aus dem CamelBak-Beutel in die Nalgene-Flasche und die abstoßenden Ablagerungen in den Sand. Das tue ich öfter als nötig, um die Eintönigkeit zu unterbrechen. Oh, ich gäbe alles für einen eiskalten Erdbeerdaiquiri, eine Margarita, einen Milchshake, ein großes Glas Grapefruitsaft oder ein kaltes Budweiser. Jedem Gedanken, den ich habe, folgt oder geht der Gedanke an irgendein Getränk voraus – Getränke, die vor meinem geistigen Auge auftauchen und, als seien sie real, nur wenige Zentimeter vor mir dahinschweben. Es ist sonderbar, aber jedes der Getränke hat mit meiner Vergangenheit zu tun, es ist immer in greifbarer Nähe und trotzdem nicht da. Ich bin mir nicht sicher, ob meine Phantasievorstellungen mich stärken oder meinen Durst nur verschlimmern. So war es bei dem letzten Burrito und bei allen anderen wichtigen Entscheidungen. Immer ging es um die Frage, ob mir etwas gut tut oder alles nur verschlimmert. Jede Entscheidung habe ich wohl erwogen. Und ich bin immer noch da.

Verwirrung, Delirium und die unbarmherzige Kälte streiten um ihr Vorrecht in der Nacht. Die kleinsten Zeiteinheiten verzerren sich zum unendlichen Kampf gegen die Grausamkeit der Elemente. Dieselbe hufeisenförmige Konstellation, die ich bereits Sonntagnacht bemerkt habe, steht über dem Blue John Canyon. Ich schaue zwischen den Scheuklappen der Schluchtwände in den Himmel und verfolge mit den Augen ihren Weg. Dabei frage ich mich, ob noch jemand auf dem Wüstenplateau in den Sternenhimmel blickt, und wenn, ob dieser Jemand auch bemerkt, dass sich die Sterne drehen. Weiter komme ich mit dem Gedanken nicht, so wie ich kaum noch einen Gedanken zu Ende denke. Mein Verstand stottert, so als gehe ihm das Benzin aus. Jede Frage oder jeder Vorsatz endet nach zwei oder drei Wörtern, verliert sich im Schweigen oder wird von einem anderen Gedanken überlagert. Ich kann mich nicht konzentrieren.

Immer wieder schweifen meine Gedanken ab. Ich habe kein Zeitgefühl mehr, weder bewusst, wenn ich auf die Uhr schaue, noch instinktiv, worauf ich mich eigentlich immer verlassen konnte. Am Anfang meines Eingesperrtseins sah ich auf die Uhr, dachte an die Hochzeit meiner Schwester, setzte die Stirnlampe richtig auf, zog das Band um meinen rechten Arm fest und wusste intuitiv, dass etwa zwei Minuten vergangen waren. Was immer ich tat, ich hatte ein Gefühl dafür, wie lange es gedauert hatte, und es stimmte mit der tatsächlich vergangenen Zeit überein, wie mir ein Blick auf die Uhr bestätigte.

Jetzt stimmt es nicht mehr überein. Da ich nur noch in Fetzen denke, scheint alles länger zu dauern. Ich kann nicht begreifen, warum nur zwei Minuten vergangen sind, wenn es mir vorgekommen ist wie zehn. Plötzlich habe ich die Paranoia, dass meine Uhr bei dem Unfall beschädigt wurde und nicht mehr richtig funktioniert. Vielleicht dämmert es eher, als ich annehme; vielleicht ist es schon einen Tag später (oder vielleicht bin auch vollkommen verwirrt). Ich brauche eine Weile, bis ich begreife, dass meine Suunto perfekt funktioniert – woher sonst wüsste ich, wann es dämmert, zu welcher Zeit der Rabe erscheint oder der Sonnenstrahl und wann die Nacht beginnt? Okay, okay, es ist wirklich erst 1.30 Uhr.

Bis zu meinem nächsten Schluck Urin ist es noch eine halbe Stunde hin. Wenigstens ist er jetzt gekühlt. Darüber bin ich froh. Noch glücklicher machen mich die Erinnerungen an Getränke und die lebensechten Projektionen, die mich von Zeit zu Zeit hypnotisieren.

Ich schließe die Augen und bin acht Jahre alt. Ich sitze mit meinem Großvater Ralston hinter seinem Haus auf der Veranda in Zentral-Ohio. Wir spielen Rommé. Gegen die Hitze trinken wir eisgekühlte 7-Ups aus Styroporbechern mit Eiswürfeln darin. Die Kohlensäure kitzelt mich in der Nase, wenn ich den Becher an den Mund nehme. Ich kann die Süße geradezu schmecken, und die Erinnerung wird zur Vision. Da steht er, der Styroporbecher, vor meinen Augen, in einem Glorienschein. Er leuchtet wie der Heilige Gral, die Kohlensäure sprudelt im Gegenlicht über den Rand. Mich schaudert es, und ich öffne die Augen, und obwohl es in der Seiltasche vollkommen dunkel ist, verschwindet die Vision.

Wieder schließe ich die Augen. Ein spätsommerlicher Nachmittag im Jahre 1987. Mit Freunden der Familie hole ich Heu auf einem grünen Hügel in Ost-Ohio ein und mache gerade eine Pause. Man hat einen weiten Blick in Richtung Norden über das satte Grün; nur ein paar gefällte Baumstämme 200 Meter weit weg versperren die Sicht auf den Horizont. Wir sitzen hinten auf dem Heuwagen und trinken abwechselnd aus einer roten Thermoskanne eiskalten zuckersüßen Tee. Als ich an der Reihe bin, hebe ich die Thermoskanne hoch, und kondensiertes Wasser tropft vom Deckel auf meine Wange. Ich wische die Tropfen ab, dann zittere ich, und die Vision verschwindet, bevor ich den sirupartigen Tee hinunterstürzen kann.

In einer Reihe anderer Visionen reise ich um die Welt, und mein Leben zieht an mir vorüber. Mein erster Schluck Bier aus einer Dose Budweiser auf der Veranda meiner Eltern zusammen mit meinem Vater und meinem Onkel im Jahre 1985. Ein warmer Sake mit meinen Freunden Jon, Erik, Moody und Christie in einem Hotelzimmer in Nagoya in Japan vor einem Phish-Konzert im Juni 2000. Mit dem Fahrrad fahre ich von einem 7-Eleven zurück nach Hause und ziehe an einem Strohhalm, der in dem Slurpee steckt, das in einer Befestigung an meinem Fahrradlenker steht. Es ist ein Nachmittag im Juli 1991, als ich noch keinen Führerschein hatte.

Besonders ein Getränk kommt mir immer wieder in den Sinn. Der Salzrand am Glas verhüllt den süßen Geschmack der Mixtur aus Eis, Tequila, Triple Sec und Limettensaft. Ich stelle mir vor, wie ich sabbere, Schaum vor dem Mund aus Lust auf die Margarita, doch meine Zunge klebt am trockenen Gaumen. Mein Atem kratzt im ausgedörrten Hals, und ich keuche und ersticke fast an meinen Stimmbändern. Die Erinnerungen an die Getränke haben nur über eins hinweggetäuscht: Ich sterbe.

Drei Uhr. Ich reibe meine Lippen mit Balsam ein, in der Hoffnung, die letzte Feuchtigkeit zu bewahren. Dann kommt mir die Idee, dass ich auf diese Weise auch die Feuchtigkeit meiner Zunge erhalten könnte. Ich reibe meine Zunge mit dem Stift ein und sondere Speichel ab. »Vielleicht hat das Lippenbalsam ja Kalorien«, denke ich, und sauge daran. Dadurch wird mein Hungergefühl stärker, vielleicht wäre es einen Versuch wert, etwas davon zu essen. Also beiße ich ein Stück von dem Stift ab, ungefähr ein Zehntel, und kaue darauf herum. Eine wachsige Schicht überzieht meine Zähne und Zunge, und winzige Mengen Speichel sickern durch die Schicht des geschmacklosen Gelees. Das klebrige Zeug setzt sich in meinen Backenzähnen fest, und ich beschließe, es nicht hinunterzuschlucken. Die Tatsache, dass ich noch Speichel produziere, ermutigt mich; ich befinde mich noch nicht im letzten Stadium der Dehydrierung. Abgesehen von dieser Einsicht, bringen meine Anstrengungen nichts. Mein Hunger bleibt ungestillt.

Da ich nichts tun kann, verbringe ich die kalten Stunden damit, mich an Dutzende meiner liebsten Reisen mit Familie und Freunden zu erinnern; von Japan nach Peru und Europa, von Alaska nach Florida und Hawaii, an Klettertouren und Konzerte unserer Lieblingsbands. Mein Lebensziel habe ich erreicht, denn ich habe viel von der Welt gesehen, und das hat mich mit Glück erfüllt und andere inspiriert. Bei jeder Gelegenheit bin ich meiner Berufung gefolgt und habe ein intensives und dramatisches Leben geführt.

Trotzdem will ich noch nicht sterben. Ich falle in mehrere Trancezustände. In einem erscheint ein mir unbekannter Freund vor dem Felsbrocken. Er hat eine himmelweiße Robe an und fordert mich schweigend auf, ihm zu folgen. Wir drehen uns zur Canyonwand, gleich links, wo meine Verankerung befestigt ist. Ich drücke auf ein Stück Sandstein, und die Wand schwingt nach rechts auf. Wir gehen zusammen, er vor mir, durch den Türrahmen, der wie durch ein Wunder entstanden ist, und treten von dem sandigen Schluchtboden in den mit Teppich ausgelegten Flur eines Hauses. Mein Freund führt mich in ein Wohnzimmer, in dem noch mehr Freunde auf Sofas und Sesseln sitzen. Sofort überkommt mich eine Welle der Fröhlichkeit, als sei ich gerade von einer langen Reise nach Hause zurückgekehrt. Ich kann die Freunde noch immer nicht erkennen, aber sie unterhalten sich miteinander wie auf einer Dinnerparty, und die Stimmen murmeln und rauschen unverständlich in meinem Ohr.

Ich stehe in der Türöffnung, bin ungezwungen, kann aber mit niemandem Kontakt aufnehmen. Sie befinden sich auf einer anderen Ebene, und obwohl wir uns sehen können, unterscheide ich mich von ihnen – irgendwie sind sie unwirklich. Meine Freunde schauen von ihren Gesprächen auf, als wollten sie mir sagen, dass sie gehört hätten, was ich gedacht habe, und antworten gedanklich vereint: »Wir sind hier, wenn du uns brauchst. Wenn du bereit bist, werden wir real sein.«

Das beleidigt mich. »Was geht hier vor? Was geschieht mit mir? Träume ich?« Ich frage mich, ob ich schlafe. Ich bin mir ziemlich sicher, dass ich während dieser Phasen nicht das Bewusstsein verliere oder einschlafe. Meine Muskelfunktionen scheinen intakt zu sein. Nein, dieser mentale Rückzug ist abstrakter als mein tägliches Bewusstsein, aber ist auch keine Traumwelt. Irgendwie erhalte ich meinen Körper in diesem Canyon, und gleichzeitig verlasse ich ihn.

Am lautesten schreit es in mir nach einer Verifizierung dessen, was wahr ist. Doch bevor ich eine Entscheidung fällen kann, verzichtet mein Verstand auf die Frage, die er gerade gestellt hat. Meine Sinne nehmen genug realistische Informationen auf, die mir sagen, dass diese Trancewelt in Wirklichkeit nicht existiert. Ich kann die Wände und die Möbel in diesem Raum voller Menschen anfassen. Ich spüre die Brise, wenn jemand die Glasschiebetür zur Veranda öffnet und nach draußen geht. Obwohl sich die ganze Atmosphäre überzeugend darstellt, ist es, als beobachte ich alles von der anderen Seite eines Einwegspiegels. Es passieren Dinge, aber ich kann nicht an ihnen teilnehmen. Dann merke ich, dass ich nur noch meinen Kopf und meine Arme bewege; meine Beine sind vom Knie abwärts eingefroren. Und die Sache mit der sich öffnenden Schluchtwand? Das ist verrückt.

Irgendwann kehre ich in meinen Körper zurück, und wie vorherzusehen war, zittere ich vor Kälte. Eine Stunde lang beschäftige ich mich mit meinen Umwickelungen und der Seiltasche, dann verlasse ich den Canyon wieder. Aber diesmal folge ich einem Freund, den ich sofort erkenne. Es ist Jon Heinrichs, mein bester Freund aus der High-School. Und ich sehe, wie mein Geist aus meinem von der Seiltasche verhüllten Kopf herausschwebt. Wir laufen, wie ich es schon zweimal getan habe, durch die aufklappbare Canyonwand. Wir betreten einen kleinen, dunklen, vollgepackten quadratischen Raum mit kaum Platz für uns beide. Es ist stockfinster, bis auf einen Streifen hellen Lichts auf dem Zementboden. Jon hat offenbar den Schlüssel zur Tür verlegt. Er betätigt einen Lichtschalter, und schmale Metallregale voller Reinigungsmittel erscheinen an drei Wänden, zur Linken steht ein Wischeimer mit Mopp. Wir befinden uns in der Abstellkammer eines Hausmeisters. Aus irgendeinem Grunde weiß ich, dass wir uns in einem Krankenhaus befinden, und meine Gedanken spielen verrückt.

Trommle gegen die Tür, Aron! Steh auf! Du brauchst medizinische Hilfe, und diese Leute können sie leisten.

Aber Jon lässt mich nicht gegen die Metalltür schlagen, als wolle er mir sagen, einen Aufstand zu machen sei zwecklos – das Krankenhaus und die Schlucht sind Welten voneinander entfernt. Minuten verstreichen. Langsam begreife ich, dass Hilfe nicht von den Ärzten und den Krankenschwestern auf der anderen Seite der Tür kommt, sondern von Jon. Mein Freund, der mir Mut macht und mir durch sein Mitgefühl und seine Dankbarkeit Kraft gibt. Mir wird klar, wie glücklich ich mich schätzen kann, dass ich ihn kenne, und ich bin von seiner Anwesenheit ganz erfüllt. Doch plötzlich bricht eine Stimme den Zauber der Trance: »Es ist Zeit, sich zu verabschieden.«

Ich will nicht gehen. Wieder, jetzt beharrlicher, stupst mich die Wirklichkeit an: »Es ist Zeit, sich zu verabschieden.« Mit dem Daumen signalisiere ich Jon meine Absicht und nicke ihm dankbar zu. Ich bin den Tränen nahe, weil ich ihn verlassen muss, aber ich kann nicht bleiben, das weiß ich. Mein Aufbruch fühlt sich sonderbar an, so als sei mein Bewusstsein erstarrte Energie, die plötzlich wie eine Kugel Eiscreme schmilzt. Es tropft auf den Boden der Abstellkammer und dann aus der

Phantasiewelt in den Raum zwischen den Schluchtwänden. Langsam, von den Beinen hoch, kehre ich in meinen vor Kälte erstarrten Körper zurück.

Das Zittern beginnt und erfasst mich mit aller Macht, und ich frage mich, ob die Stimme mich diesmal zu lange weggelassen hat. Da ist immer diese lautlose Stimme. Sie ist in mir, ein Wächter, der mich zurückholt, bevor ich über den unsichtbaren Rand des hypothermischen Schlafes falle. Ich spüre weder die Kälte noch den Schmerz, den Hunger, die Müdigkeit oder den Durst. Ganz gleich, wohin sie mich führt, jede Erfahrung ist tröstend, und ich möchte nicht, dass es aufhört. Jons Besuch hat mich ermutigt und mir Hoffnung gegeben, und während ich zittere, rufe ich laut: »In mir stecken noch ein paar Tage.« Meine Stimme hallt im Canyon wider. Vielleicht hilft mir die Trance, länger am Leben zu bleiben als bis Mittwoch. Das war meine eigene Prognose.

Die Trancezustände erfüllen mich mit Hoffnung, aber ich weiß auch, dass sie immer wieder mit derselben tiefen Verzweiflung enden wie die Rückkehr in die Schlucht, wo mir kalt ist, wo ich Durst habe und mit allen anderen Entwürdigungen meiner Gefangenschaft zu kämpfen habe. Trotz des Auftriebs, den ich jedes Mal verspüre, erinnern mich diese Zustände auch daran, dass ich nicht wirklich frei bin. Vielleicht habe ich wieder zehn Minuten einer Nacht überstanden, wenn ich meinen Körper verlassen habe, doch es sind zehn Minuten, die mich meinem unabwendbaren Schicksal näher bringen. Selbst wenn ich noch zwei Tage am Leben bin, ist es nicht genug Zeit für die Retter, mich zu finden.

Aus der Brutalität der Nacht flüchte ich mich wiederholt in diese Trancezustände. Doch sie lösen sich auf, in dem Moment, in dem ich mich im Canyon wiederfinde. Wenn es im Himmel so behaglich ist wie in Trance, dann ist das, wohin ich immer wieder zurückkehre, nicht weit von der Hölle entfernt. Die

Hölle wird immer überfüllt dargestellt; ein gehörnter Teufel überwacht die Folter der verlorenen Seelen. Ich aber weiß es besser. Die Hölle ist in Wirklichkeit ein tiefes Loch, ein finsterer und unerträglich kalter Ort der Einsamkeit, ein arktisches Gefängnis ohne Aufseher und mit nur einem Gefangenen, der selbst vom angeblichen Rädelsführer der Unterwelt aufgegeben wurde. In der Hölle gibt es nur ein Gefühl: pure Verzweiflung und elende Einsamkeit.

Endlich breitet sich die Dämmerung im Blue John Canyon aus. Ein Dutzend Mücken umschwirrt mich, und eine milde sandige Brise durchzieht die Schlucht. Nachdem ich beides zwei Stunden lang ignoriert und die Insekten erschlagen habe, tröstet mich das Tageslicht. Ich bin nicht mehr so allein; die Sonne scheint und begleitet mich auf eine neue Reise. Herrlich goldenes Licht strahlt auf die zehn Meter hohen Wände hinter mir und durchflutet den beengenden Canyon. Zum ersten Mal seit zwei Tagen hole ich meine Digitalkamera heraus und mache ein Foto von der Lichterflut. Wenn ich über meine linke Schulter auf das himmlische Farbenspiel in der Schlucht blicke, scheinen die Sandsteinoberflächen die Kolorierungen nicht nur zu reflektieren, sondern sie förmlich auszustrahlen. Tränen steigen mir in die Augen. Bevor ich die Kamera wieder verstaue, mache ich ein Selbstportrait mit dem glänzenden Farbenspiel hinter mir wie ein Glorienschein. Mit dem Licht setzen auch die natürlichen Aktivitäten der Wüste wieder ein. Die Känguruhratte baut an ihrem Nest, und immer mehr Getier erwacht zum Leben und summt um meinen Kopf herum.

Ein Bestandteil meines Morgenrituals besteht im Lagebericht vor der Videokamera. Kurz vor neun Uhr hole ich den kleinen Apparat aus meinem Rucksack. Warum ich die Kamera nicht gleich draußen stehen lasse, weiß ich auch nicht. Vielleicht ist es nur eine Form der Beschäftigung, die Schnalle des rechten Schulterriemens zu öffnen und wieder zu schließen.

Ich frage mich, ob meine Eltern bereits überlegen, wo ich stecken könnte. Über die Bank- und Kreditkarteneinkäufe können sie meine Spur bis nach Moab und Green River verfolgen. Nein, Moment mal: Das Gatorade in Green River habe ich bar bezahlt. Verdammt. Die Ermittler brauchen schon etwas Glück, um meinen Wagen zu finden. Wenn sie nur wissen, dass ich am Freitag in Moab war – das ist vier Tage her –, dann könnte ich inzwischen überall in den USA sein. Sobald die Wartezeit um ist und die Polizei anfängt, nach mir zu suchen, muss erst einmal die Möglichkeit ausgeschlossen werden, dass ich abgehauen bin. Dann muss man voraussetzen, dass ich mich noch in Utah aufhalte, und den National Park Service und die örtlichen Sheriffs beauftragen, die Umgebung von Moab abzufahren. Die schlechteste Nachricht ist, dass ich mich an einem der unwahrscheinlichsten Orte der fünf Countys aufhalte. Es gibt weitaus beliebtere Gegenden in der Nähe von Moab, die der NPS und die Sheriffs zuerst überprüfen, bevor sie sich in abgelegenere Regionen wie den Horseshoe Canyon begeben. Bei seiner Suche wird sich der NPS zunächst auf historische Daten stützen, wo sich in der Vergangenheit jemand verirrt hat. Im Horseshoe Canyon, der drei Stunden Fahrt von der Stadt entfernt ist, wird sicher als Letztes gesucht, wahrscheinlich erst einen ganzen Tag nach dem Start der Suche.

Sollte der NPS zuerst meinen Truck finden, was höchst unwahrscheinlich ist, werden Suchtrupps den Horseshoe Canyon durchkämmen. Sollten sie den Truck erst am Nachmittag finden, werden die Suchtrupps am nächsten Morgen den Oberlauf der Schlucht durchsucht haben. Das ist 25 Kilometer von hier. Nach elf Kilometern durch die Schlucht würden sie auf mich stoßen. Doch ein solches Team hat natürlich keine Rettungsausrüstung dabei, die notwendig wäre, um mich von dem Felsbrocken zu befreien. Nachdem sie mich gefunden haben, wird es schätzungsweise noch einmal vierundzwanzig Stunden dauern, bis ich befreit und von einem Hubschrauber ausgeflogen werde. Wenigstens brächten sie Wasser mit. Nur ein oder zwei Liter, und ich könnte noch leicht einen weiteren Tag durchstehen. Sicherlich haben sie mehr dabei, so viel ich trinken kann. Tagträume von frischem klarem Wasser lenken mich von dem Gedanken an die Suche ab.

Endlich wende ich mich der Kamera zu. Bevor ich mit der Aufnahme beginne, betrachte ich mich auf der Scheibe. Für die Lage, in der ich mich befinde, sehe ich außergewöhnlich munter aus, und ich bin erstaunt darüber, dass meine Augen nicht mehr rot sind. Dafür sind meine Wangen eingefallen. Über meine rechte Schulter fällt das Tageslicht auf die Scheibe, ein anmutiger kanariengelber Schein. Ich räuspere mich, drücke den Aufnahmeknopf und fange an zu sprechen. Meine Stimme ist seit gestern um eine Oktave höher geworden. Meine Stimmbänder haben sich aufgrund der Dehydrierung gestrafft.

»Mittwochmorgen, neun Uhr. Ich möchte zu gerne wissen, ob die Suche da draußen vorangeht. Hoffentlich hat schon jemand meine Kreditkartenzahlungen ausgewertet und herausgefunden, wo ich überall war, von Grand Junction nach Moab und so weiter.«

Meine Augen bewegen sich unwillkürlich nach rechts und links, nach oben und unten, dann starre ich ausdruckslos auf meinen linken Fuß. Ich neige meinen Kopf zur Seite und überlege. »Vielleicht hat der Ranger vom NPS Bericht über meinen gefundenen Wagen erstattet. Was weiß ich.« Ich zucke mit den Schultern.

Dann fällt mir plötzlich ein, dass ein paar Sachen in Aspen an ein paar Leute geschickt werden müssen. Also instruiere ich meine Eltern.

»Jedenfalls soll das Fahrrad in meinem Zimmer John Curier bekommen, der nur ein paar Häuser weiter von Erik Zsemlye wohnt. Die ganzen Namen und Adressen findet ihr in meinem Palmpiloten. Der liegt im Handschuhfach in meinem Wagen. Den Schlafsack in einem Schließschrank auf der Arbeit gebt bitte Bill Geist, er hat schon dafür bezahlt. Schickt ihn bitte an ihn, ist noch von der Denali-Tour.«

Zum Schluss erzähle ich wieder von meinen liebsten Erinnerungen. »Ich denke an 7-Up in Styroporbechern«, erkläre ich und schließe die Augen, um mir das Bild noch einmal ins Gedächtnis zu rufen. Ich seufze und berichte dann von einem weiteren Getränk, an das ich mich erinnere. »Five-Alive in Großmama Andersons Haus. Meine ganzen Lieblingsgetränke fallen mir ein.«

Zwischen den Sätzen schnappe ich nach Luft. Genug der Stimulierung im Moment, beschließe ich. Nachdem ich die Videokamera auf dem Felsbrocken verstaut habe, aktualisiere ich meine Stundenstrichliste: seit 96 Stunden bin ich ohne Schlaf, seit 90 Stunden bin ich eingeschlossen, seit 29 Stunden nippe ich an meinem Urin, und vor 25 Stunden habe ich das letzte Wasser getrunken.

Weniger schwerwiegend ist, dass ich seit vier Tagen weder Zahnbürste noch Zahnpasta benutzt habe. Was würde ich darum geben, dies zu tun. Eine Woche ist es her, seit ich mich zum letzten Mal rasiert habe. Meine Barthaare sind jetzt einen Zentimeter lang. Ich streiche mit der Hand über Kinn und Nacken und frage mich, wie lang der Bart sein wird, wenn ich gefunden werde – er wird noch ein oder zwei Tage nach meinem Tod weiterwachsen – vielleicht noch einen Zentimeter?

Die Zeit hat ihre Bedeutung verloren. Die Stunden und Tage zu zählen ist nichts anderes mehr als Kontoführung. Diese Übung löst keine Emotionen in mir aus, sondern ist einfach nur eine Feststellung der Tatsache: »So lange bist du also schon hier.« Am späten Vormittag schaue ich schon gar nicht mehr auf meine Uhr. Ich will nicht wissen, wie schnell der Tag vergeht. Denn ich weiß, was mich in der Nacht erwartet. Das Beste ist, es zu ignorieren. Ich kann es ja doch nicht beschleunigen oder verlangsamen; ich kann nur die surrealen Eindrücke aufnehmen: verschobene Abdrücke an den Wänden, verräterische Pfade der mentalen Klaustrophobie, die von der langen Schlaflosigkeit herrühren und mein Denken einschränken und nach und nach jeden rationalen Prozess abschalten.

Plötzlich kommt mir eine Idee – wie wäre es, einen Stein als Abrissbirne zu benutzen und damit den Felsbrocken zu zertrümmern? Habe ich daran schon früher gedacht? Ich erinnere mich nicht. Das wäre brutale Gewalt, nicht die taktische Präzision, mit der ich mit dem Multitool an dem Felsbrocken herumgehackt habe. Das verleiht dem Ganzen einen positiven Aspekt. Das wäre doch einmal etwas anderes.

Ich löse aus dem Haufen zu meinen Füßen einen Stein, der so groß ist wie eine Melone. Mit dem linken Arm stütze ich mich an der Felswand ab und mit den Füßen rolle ich die Kegelkugel auf den Felsvorsprung bei meinen Knien. Als mir klar wird, wie schwer er ist, zögere ich. Wenn ich die Kontrolle über den Stein verliere, fällt er mir in den Schoß oder gar auf den Fuß. Mit einem Gewicht von etwa zehn Kilogramm ist er für das, was ich vorhabe, unverhältnismäßig groß. Trotzdem ist es einen Versuch wert. Ich hebe den Stein auf die linke Schulter und stoße ihn gegen den Felsbrocken. Es kommt, wie es kommen musste, der Brocken prallt vom Felsen ab und fällt hinunter. Hastig ziehe ich die Füße weg, und der Stein landet wieder auf dem Haufen. Wahrscheinlich ist es klüger, ihn dort zu lassen, wo er ist. Dem Felsbrocken hat er sowieso nicht viel angetan: Der meiste Staub, der aufgewirbelt wurde, kam von dem Stein, den ich geworfen habe. Ich bräuchte einen Stein, der härter ist als der Felsbrocken. Alle Steine um mich herum sind unbrauchbar. Deshalb war mir ja auch schon vor drei Tagen nichts mehr eingefallen.

Manchmal, wenn ich klettere, bleibe ich an einer schwierigen Stelle stecken, weil ich immer wieder den gleichen Schritt probiere und, wenig überraschend, immer wieder scheitere. Dann wird mir klar, dass ich nicht alle Möglichkeiten bedacht habe – ich verbeiße mich an einer, ohne das ganze Spektrum in Betracht gezogen zu haben. Wenn ich mich umschauen würde, sähe ich vielleicht ein Trittloch oder einen Vorsprung zum Festhalten, der mir vorher entgangen war.

Was ist mir hier entgangen? Was habe ich ignoriert, weil es vielleicht nicht offensichtlich war? Ich lehne meinen Kopf zurück, so weit ich kann. Zwischen dem Geröll um den großen Felsbrocken hinter mir sehe ich ein paar Handflächen große Steine. Ein schwarzer Stein mit einem leichten Rotstich hebt sich von den anderen ab; der scheint nicht aus Sandstein zu sein, sondern von Erz durchsetzt. Möglichweise ist er nicht härter als der Felsbrocken, aber er könnte auch genauso hart sein, und dann hätte ich eine Chance. Ich greife nach oben in das Nest der Kängururatte und nehme den Stein. Dabei rutscht ein anderer Stein heraus und fällt mir beinahe auf den Kopf.

Diese verdammten Felsen. Man sollte ein Warnschild aufstellen.

Der schwarze Stein wiegt so viel wie eine Kugel beim Kugelstoßen. Perfekt. Ich kann ihn ohne weiteres anheben und gegen den Felsbrocken schlagen, ohne dass er mir aus der Hand rutscht. Warum habe ich mich nicht schon früher umgedreht und in dem Nest gesucht. Es kann nur an meiner Benommenheit liegen, die mich zerstreut und verwirrt. Wieder etwas zu unternehmen ist jedoch eine Errungenschaft für sich.

Von den Rückstößen der Hammerschläge ist meine Hand schnell grün und blau. Nach zwölf Schlägen muss ich aufhören. Die Verletzungen sind zu groß.

Da ich annehme, dass meine Chancen zu überleben nun auf dem Nullpunkt angelangt sind, greife ich zur Kamera und nehme meine letzten Wünsche auf. Ich klinge angespannt; die Erschöpfung macht meine Anstrengungen zunichte, verständlich zu sprechen.

»Es ist zwei Uhr nachmittags. Beinahe vier Tage bin ich jetzt in diesem Loch. Es gibt noch einige praktische Dinge zu besprechen. Eine Feuerbestattung ist wahrscheinlich eine gute Idee. Am Ende wird von mir nicht mehr viel übrig sein. Sollte es doch Sargträger geben, dann wäre es mir lieb, wenn meine Freunde Jon Heinrich, Erick Johnson, Erik Zsemlye, Brandon Rigo, Chip Stine, Norm Ruth und Mark Van Eeckhout diese Aufgabe übernehmen.« Das sind meine engsten Freunde, eigentlich zu viele, um mich zu meiner letzten Ruhestätte zu tragen, aber ich möchte sie möglichst alle dabeihaben.

Während ich überlege, ob ich noch irgendetwas zu sagen habe, ist die Kassette zu Ende. Ich spule sie zurück und spiele sie von Anfang an ab. Die Bilder fesseln mich, und ich bin hingerissen, wie ein Kind, das die Sesamstraße sieht. In meinen Händen halte ich einen Mini-Fernseher! Eine Stunde vergnüge ich mich mit dem Film, den ich gemacht habe. Das Thema ist eigentlich bedrückend, trotzdem freue ich über die Bilder von mir. Doch gleichzeitig bin ich mit der Botschaft an meine Familie unzufrieden und korrigiere und schneide, so als machte ich eine zweite Aufnahme. Was für eine dumme Idee. Ich stelle mir mich als meinen eigenen Regisseur vor: »Okay, das war gut, Aron, nur sag es diesmal mit etwas mehr *Gefühl.*« Lächerlich.

Ich halte das Band an und spule es ein zweites Mal zurück, damit ich weiterfilmen kann. Ich überspiele die Aufnahme über Mount Sopris mit einer dringenderen Botschaft; ich möchte nämlich, dass meine Überreste an meinen Lieblingsplätzen in den Vereinigten Staaten verstreut werden.

»Am liebsten wäre es mir, wenn meine Asche an den Stellen verstreut wird, die für mich eine ganz besondere Bedeutung hatten. Ich weiß, dass, ähm, wenn es möglich ist, wäre es schön, wenn meine Familie auch Asche behält. Und dann – ich bin mir noch nicht ganz im Klaren darüber – etwas soll Erik mit nach Kalifornien nehmen, vielleicht an die Küste, nach Big Sur. Dorthin hatten wir einen so wunderbaren Ausflug gemacht. Vielleicht kann Jon etwas mit an die Ostküste nehmen, vielleicht nach Mount Greylock, dorthin, wo wir beinahe das Stachelschwein angefahren hätten. Sonja, könntest du ein bisschen nach Havasupai bringen, wenn du je wieder dorthin fährst, das würde mir sehr viel bedeuten. Mark, es wäre wunderbar, wenn du ein bisschen mit auf den Sandia Peak mitnimmst und mich dort in alle Winde streust.

Mein letzte Bitte, ... also, Chip und Norm und Erik, vielleicht könntet ihr etwas von meiner Asche zum Rio Grande bringen und in den Fluss streuen. Dan und Julia habe ich noch nicht erwähnt. Sie bedeuten mir wirklich viel. Vielleicht könnt ihr zusammen mit Mark, Jason, Allison, Steve Patchett und den Jungs vom Such- und Rettungsteam an einem schneereichen Tag meine Asche bei Pajarito oder Wolf Creek verstreuen.«

Dann fällt mir ein, dass ich noch gar nicht von meinen schönsten Konzerterlebnissen gesprochen habe. Mein Atem ist schwer und flach, und ich muss mich beim Sprechen anstrengen. »Natürlich muss ich auch Japan 2000 und Bonnaroo und Hornings erwähnen. Mit die beste Zeit, die ich je mit meinen Freunden hatte. Es gibt noch so vieles. Neujahr bei Phish in Big Cypress, Neujahr bei String Cheese in Portland – die Nacht des Space Cowboy. Ich danke euch dafür.«

Wieder komme ich zu einem Ende, irgendwie bin ich euphorisch wegen meiner Ausdauer, aber ich weiß auch, dass ich die letzten Meter gehe. Nun schaue ich direkt in die Kamera und sage noch ein letztes Mal Adieu: »Ich halte mich noch, aber es wird alles langsamer, die Zeit vergeht langsamer. Also, ich liebe euch alle. Lebt euer Leben in Frieden, Glück und voller Liebe. Das würde mir eine Menge bedeuten. Ich danke euch. Ich liebe euch.«

Am Nachmittag ziehen ein paar dünne Wolken vorbei, so dass die Temperatur in der Schlucht nicht um die gewohnten zehn Grad ansteigt. Das Thermometer meiner Uhr zeigt gerade einmal 17 Grad an. Die Wolken ziehen über das Plateau von Robbers Roost und lösen sich am Abend auf. Der heutige Tag war der kälteste von allen, das bedeutet eine kalte und harte Nacht. Meine Kräfte schwinden, und meine Reserven sind voll und ganz erschöpft. Sogar am frühen Abend zittere ich schon. Ich schneide einen Streifen von dem Band an der Verankerung ab und wickele ihn ein halbes Dutzend Mal um meinen Hals. Nur um nackte Haut zu bedecken. Vielleicht ist mir dann um ein halbes Grad wärmer, überlege ich.

Ich würde gern mit dem Stein weiter an dem Felsbrocken herumhauen, aber meine linke Hand schmerzt zu sehr. Es ist, als würde ich immer wieder mit der bloßen Hand gegen eine Ziegelsteinmauer schlagen. Vielleicht sollte ich meine Socke als Polster benutzen. Zwar tut jeder Schlag immer noch weh, aber ich mache unglaubliche Fortschritte, mehr als mit dem Messer. Im Laufe des Nachmittags habe ich mehr Stein abgeklopft als in den ersten vier Tagen zusammen. Über meine Schnittwunde habe ich bereits die Kameratasche gelegt, damit kein Staub hineingerät. Kurz nach 18 Uhr mache ich eine Pause, meine Hand muss sich ausruhen, und hole erneut die Kamera hervor. Ich mache ein Foto von meiner rechten Hand und den Gesteinsklumpen, die ich abgeklopft habe – eine zweieinhalb Zentimeter dicke Schicht Sand und Fels. Ich lege die Kamera beiseite und wische den Schutt weg, damit kein Dreck in die Wunde gelangt. Plötzlich überkommt mich absolute Hoffnungslosigkeit. Selbst in dem Tempo kann ich den Felsbrocken nicht so klein kriegen, dass ich meine Hand herausziehen kann. Nicht, bevor ich sterbe. Es ist sogar amüsant, dass ich glaube, ich könnte mit der Zerstörung des Felsbrockens fortfahren, obwohl ich mir wahrscheinlich den kleinen und den Ringfinger gebrochen habe, oder sogar einen Handknochen. Niedergeschlagen schaue ich auf den Stein. Über der Hand die Wollsocke wie ein Handschuh. Und ich beschließe, auch das aufzugeben.

Lass es sein, Aron. Lass den Felsen, wo er ist. Warum willst du dir noch mehr Schmerzen zufügen, wenn es sowieso aussichtslos ist.

Ich ziehe die Socke wieder über den Fuß bis über meine Wade. Es ist das Beste, mich für die bevorstehende Nacht so gut wie möglich gegen die Kälte zu isolieren. Aus irgendeinem Grunde weiß ich, dass ich die Nacht im Blue John Canyon nicht überleben werde. Zuvor habe ich darüber noch Wut empfunden und blindlings auf den Felsbrocken eingeschlagen. Jetzt akzeptiere ich die Tatsache, dass ich keine Kontrolle über diese Situation habe. Wenn die Zeit gekommen ist, dann ist sie gekommen, und ich kann nichts dagegen tun. Und wenn die Zeit noch nicht gekommen ist, dann brauche ich mir auch keine Sorgen zu machen. Jedoch scheint mir die erste Variante wahrscheinlicher zu sein. Das Ende ist nah, ich werde die Nacht nicht überleben. Dieser Gedanke beunruhigt mich nicht einmal, weil ich mich nicht mehr dagegen wehre. Als ich aufhöre, den Ausgang meiner Gefangenschaft irgendwie beeinflussen zu wollen, wird mir ganz leicht ums Herz, und es erscheint mir wie ein Segen. Ich frage mich, ob Glückseligkeit sich so anfühlt, diese mystische Erfahrung, wenn die Seele den Körper verlässt und sich mit dem Göttlichen vereint. Es ist nicht dasselbe Gefühl wie die Trance, und es ist auch keine Apathie oder Resignation. Nein, es ist eher das Loslassen einer Last. Mir ist, als hätte ich plötzlich eine große Wahrheit erkannt: Eine andere wunderbare Macht hat jetzt die Kontrolle übernommen oder schon die ganze Zeit. Man kann es nennen, wie man will, ich weiß nur eins sicher: dass ich keine Angst mehr zu haben brauche, denn ich habe nicht mehr das Kommando.

Feuchtkalte überirdische Winde saugen mir die Wärme aus dem Körper, und ich zittere immer heftiger. Die Schlucht gleicht einer Tiefkühltruhe. Jede Nacht war schlimmer als die davor. Aber diese Winde sind tödlich.

Ich zähle die Minuten von der Abenddämmerung bis zum

Morgen. Doch schon nach zwei der schmerzhaften eiskalten neun Stunden beschließe ich, dass es Zeit ist für eine letzte Anmerkung. Meine Uhr zeigt das Datum des 30. April an; noch für eine Stunde. Am Nachmittag habe ich das Interesse daran verloren, wie spät es ist. Aber jetzt zählt jede Minute. Jede könnte die letzte sein. Ich ritze meinen Namen noch einmal über meiner linken Schulter in die Sandsteinwand, ziehe die Buchstaben nach, die ich am Samstag mit dem Messer geschrieben hatte: »Geologische Zeit schließt das Jetzt mit ein.« Über den Großbuchstaben meines Vornamens ritze ich »OKT 75« ein. Unter meinen Namen schreibe ich »APR 03«. Auf die Idee »MAI« zu schreiben, komme ich nicht, denn ich glaube nicht daran, dass ich die Dämmerung nach dieser furchtbar kalten Nacht erleben werde. Ich beende die Grabinschrift mit »RIF«, ruhe in Frieden, über meinem Namen und dem Monat, in dem ich geboren wurde. Danach lehne ich mich in den Sitzgurt zurück, lege das Messer auf den Felsbrocken und falle wieder in einen Trancezustand.

Farben explodieren in meinem Kopf. Dann laufe ich allein durch die Schluchtwand in ein Wohnzimmer. Ein blonder dreijähriger Junge in einem roten Polohemd kommt über den von Sonne beschienenen Holzfußboden auf mich zugelaufen. Aus irgendeinem Grund weiß ich, dass dies mein zukünftiges Zuhause ist. Und ich weiß auch intuitiv, dass er mein Sohn ist. Ich beuge mich hinunter und nehme ihn in meinen linken Arm, mit der handlosen Rechten halte ich ihn, damit er nicht umfällt. Wir lachen, als ich ihn auf meine Schulter hebe. Diese Episode unterscheidet sich vollkommen von den anderen Trancezuständen, wo ich wie verzaubert war und nicht interagieren konnte. Jetzt nehme ich aktiv an der Handlung teil. Ich kann mich bewegen und bin frei.

Der Junge liegt fröhlich auf meiner Schulter, umklammert mit seinen kleinen Händen meinen rechten Arm. Lächelnd renne ich im Zimmer herum, auf Zehenspitzen trete ich in die

Sonnenflecken auf dem Boden, und er lacht dabei. Dann verschwindet die Vision so plötzlich, wie sie gekommen ist. Ich bin wieder in der Schlucht. Seine fröhliche Stimme hallt in meinem Kopf wider und gibt mir die Rückversicherung, dass ich doch überlebe. Obwohl ich mich schon mit meinem Tod abgefunden hatte, glaube ich nun, dass ich leben werde.

Dieser Glaube, dieser Junge hat alles verändert.

12

Feuersturm

Es ist nicht genug zu wissen, man muss auch anwenden; es ist nicht genug, zu wollen, man muss auch tun.

Johann Wolfgang von Goethe

Um neun Uhr morgens am Mittwoch, den 30. April, waren die vierundzwanzig Stunden um. Brion After lief im Ute Mountaineer an den Regalen für Skiausrüstung, Schneeschuhen und Campingzubehör auf und ab und grübelte vor sich hin. »Wo zum Teufel steckt er?«

Meine Schicht hatte gerade begonnen, und zum zweiten Mal war ich nicht zur Arbeit erschienen. Um 9.15 Uhr sah Brion auf seine Uhr und beschloss, dass er lange genug gewartet hatte. Er ging die Treppe hoch in sein Büro. Zuerst rief er in bei mir zu Hause an. Er wollte wissen, ob ich vielleicht aufgetaucht sei, aber niemand nahm ab. Brion wusste, was er zu tun hatte. Das Telefon klingelte.

»Ist er gekommen?« Es war Leona, sie konnte ihre Angst kaum verhehlen. Trotz ihrer Bemühung, gelassen zu klingen, schwankte ihre Stimme. Mein Verschwinden hatte sie mitgenommen, und sie hatte die ganze erste Nacht in Front Range an nichts anderes denken können.

»Nein, er ist nicht hier. Er sollte vor zwanzig Minuten anfangen, um neun.« Brion war besorgt, und es war aus seiner Stimme herauszuhören. »Er ist so gewissenhaft. Irgendetwas muss passiert sein.«

Leona war derselben Meinung. »Das geht jetzt schon lange genug so. Wir müssen seine Eltern informieren.«

»Das habe ich auch gerade gedacht. Vielleicht hat er dort angerufen und Bescheid gesagt, was los ist. Könntest du sie anrufen? Ich muss den Laden aufmachen.«

Natürlich war es nicht Pflichtbewusstsein, das ihn dazu brachte, Leona um diesen Gefallen zu bitten. Weder er noch sie wollten die Person sein, die meinen Eltern sagen musste, dass ich verschwunden war und wahrscheinlich in Schwierigkeiten steckte. Leona wich aus.

»Ich habe die Telefonnummer gar nicht: Die hast du, Brion.«

»Ach ja? Wo denn?«

»In seinen Unterlagen. Mit Sicherheit steht die Nummer seiner Eltern auf seinem Bewerbungsbogen. Hast du seine Akte?«

»Ja, klar. Eine Sekunde … hier im Schubfach … hier.« Brion zog den gelben Hefter hervor und schlug ihn auf. Obenauf lag der Bewerbungsbogen, darauf die Adresse meiner Eltern und die Telefonnummer.

Um 9.30 Uhr rief Brion bei meinen Eltern in Denver an. Mein Vater war in New York. Er führte seit vier Tagen eine Reisegruppe durch die Stadt. Meine Mutter war gerade von der Post zurückgekommen und saß oben im Büro. Früher, bevor ich zum College ging, war das mein Zimmer gewesen. Sie nahm den Hörer ab und sagte lächelnd: »Hallo, hier spricht Donna.«

»Donna, hi, ich bin's, Brion vom Ute Mountaineer aus Aspen. Ich bin der Chef von Aron.«

»Ach ja, guten Morgen, Brion. Wie geht es Ihnen?« Meine Mutter hatte mich vor einer Woche in Aspen besucht und bei der Gelegenheit Brion kennen gelernt.

»Mir geht's gut, danke«, antwortete Brion. Er zögerte, wusste er doch, dass er gleich die Bombe platzen lassen würde. »Ich rufe nur an, um zu fragen, ob Sie wissen, wo Aron ist.« Er machte eine kurze Pause, dann redete er weiter. »Er ist seit zwei Tagen nicht zur Arbeit gekommen. Er hat auch nicht angerufen, und seit einer Woche hat ihn keiner mehr gesehen.«

Brions Worte versetzten meiner Mom einen Schock. Sie versuchte zu begreifen, was er ihr gerade gesagt hatte. Jetzt war der Tag gekommen, vor dem sie sich immer gefürchtet hatte.

Die Stille am anderen Ende bedeutete Brion, dass auch sie nichts von mir gehört hatte. Würde sie jetzt anfangen zu weinen, sich aufregen, in die Luft gehen? Er war erleichtert, als sie endlich mit fester Stimme fragte: »Sie wissen doch, was das bedeutet?«

»Wir glauben, dass ihm etwas zugestoßen ist.«

»Ja. Das, was er macht, ist sehr gefährlich. Und er ist fast immer allein unterwegs. Er würde anrufen, wenn er könnte. Irgendetwas Furchtbares ist geschehen. Wir müssen herausfinden, wo er ist. Was haben Sie unternommen? Haben Sie schon mit seinen Mitbewohnern gesprochen?«

Die Reaktion meiner Mutter beeindruckte Brion. Der seelische Druck der Verantwortung wich etwas von ihm, denn jetzt hatte er den Verbündeten gefunden, den er brauchte, um die Suche nach mir zu beschleunigen.

Meine Mutter fand es sonderbar, dass ich meinen Mitbewohnern nichts von meinen Plänen erzählt hatte. Aber sie war nicht wirklich überrascht. Zu beginn meiner Winterkletterei hatte sie mir immer wieder gesagt, ich solle in der Firma oder bei Freunden eine Nachricht hinterlassen, wohin ich fuhr. Zuerst legte ich Zettel aufs Armaturenbrett, wenn ich das Auto auf einem schneebedeckten Weg geparkt hatte. Sobald ich entlegenere Gegenden besuchte, brauchte ich ein besseres System. Es könnte Wochen, wenn nicht Monate dauern, bis jemand meinen Wagen an irgendeinem Wanderweg fand. Ich folgte also der Bitte meiner Mutter und gewöhnte mir an, wenigstens eine Person über meine Pläne zu unterrichten. In der Wintersaison 2000/2001 hatte ich vor und nach jedem Aufstieg auf einen Viertausender meine Mom angerufen. Aber sie wollte die Einzelheiten meiner haarsträubenden Abenteuer gar nicht wissen, also habe ich lieber wieder meine Freunde informiert.

Meine Mutter hatte furchtbare Angst um mich. Sie konnte kaum einen klaren Gedanken fassen.

»Haben Sie schon die Polizei benachrichtigt?«, wollte sie von Brion wissen.

»Nein. Das wollte ich jetzt tun.«

Meine Mutter hatte mit Such- und Rettungsaktionen wenig Erfahrung. Sie wusste nicht genau, was die Polizei brauchte, bis eine Suche eingeleitet wurde. Aber, und da war sie sich sicher, etwas musste passieren. Sie sprach mehr mit sich selbst als mit Brion, als sie sagte: »Vermisstenmeldungen müssen in dem County gemacht werden, in dem die Person lebt. In diesem Fall in Aspen. Ich weiß nicht, wie das vor sich geht, ob der Sheriff eingeschaltet werden muss. Aber die wissen schon Bescheid. Würden Sie zur Polizei gehen und die Vermisstenmeldung aufgeben?«

»Ich rufe sofort an und melde mich dann gleich zurück.«

»Danke, Brion. Ich muss jetzt auflegen.« Meine Mutter hatte das Gefühl, dass die Welt um sie herum zusammenstürzte. Sie rief Michelle Kiel, eine ihrer besten Freundinnen, an und bat sie zu kommen. »Aron wird vermisst«, stammelte sie.

Ein paar Minuten später trat Michelle durch die Fliegengittertür in die Küche, wo meine Mutter auf einem Stuhl saß, die Arme vor dem Bauch verschränkt, und laut klagend vor und zurück wippte. Sie hielten sich einige Minuten im Arm, weinten, und dann nahm meine Mutter all ihren Mut zusammen. Die Anwesenheit Michelles half ihr, sich zu sammeln, und sie überlegten gemeinsam, wer etwas von meinen Plänen wissen könnte.

Es war die bewegendste Stunde im Leben meiner Mom, all diese Wenns und Abers drehten sich im Kreis. »Normalerweise sagt er irgendjemandem, wohin er fährt. Wenn er seinen Mitbewohnern nichts gesagt oder im Laden eine Nachricht hinterlassen hat, dann hat er vielleicht eine E-Mail an jemanden geschrieben.«

Michelles Gesicht hellte sich auf. »Das sollten wir überprüfen. Kennst du sein Passwort?«

»Nein, keine Ahnung.«

»Lass mal sehen, was wir tun können.« Michelle dachte, sie könnten versuchen, mein Passwort zu ändern, um so an meine Mails ranzukommen.

Auf der Login-Seite klickte Michelle auf den Link »Haben Sie Ihr Passwort vergessen?« Sie kamen auf eine Seite, auf der meine E-Mail-Adresse, Bundesstaat und Postleitzahl abgefragt wurde. Meine Mutter lief runter und holte ihr Adressbuch. Dann gaben sie meine Postleitzahl ein, aber der Zugang wurde verwehrt.

Zwanzig Minuten überlegten sie. Sie gaben die Postleitzahl für das Haus meiner Eltern ein. Dann erinnerte sich meine Mutter, dass ich meine E-Mail eingerichtet hatte, als ich noch in New Mexico wohnte. Wieder sah sie in ihrem Adressbuch nach. Sie tippte die Postleitzahl von Albuquerque ein, und dann kam die Sicherheitsfrage: »High-School?«

»Die Antwort kenne ich«, rief meine Mutter. Allerdings musste die Schreibweise genau mit der übereinstimmen, die ich bei der Registrierung eingegeben hatte. Die beiden Amateurhacker probierten alle möglichen Abkürzungen aus. Immer wieder hieß es in großen roten Buchstaben »Bitte schreiben sie die korrekte Antwort.« So nah dran und doch so weit weg. Dann klingelte das Telefon.

Im Ute Mountaineer überschlugen sich die Ereignisse, seit Brion mit meiner Mutter telefoniert hatte. Brion hatte kurz nach zehn Uhr Adam Cider vom Aspen Police Department angerufen und mich als vermisst gemeldet. Er sagte ihm, ich sei übers Wochenende weggefahren, sei aber seit zwei Tagen überfällig. Adam nahm die Vermisstenanzeige auf. Dazu notierte er, dass Brion »sich wirklich Sorgen machte«, und gab die Aussage um 10.27 Uhr in den Computer ein. Adam bat Brion, herauszufinden, wo ich mich aufgehalten haben könnte, und sagte, sie würden in ein paar Minuten im Laden vorbeikommen.

Um 10.19 Uhr rief Brion Elliott an. Der war allein zu Hause. Er bat ihn, nach allem zu suchen, was irgendeinen Hinweis darauf geben könnte, wohin ich gefahren war. Brion erzählte auch, dass er eine Vermisstenanzeige aufgegeben hatte und mehr Informationen benötigte. Besonders interessierten ihn Einzelheiten meiner Alaskaexpedition.

»Elliott, ich brauche deine Hilfe«, sagte er. »Irgendjemand hat erzählt, dass Aron sein Denali-Team zu einem Klettertraining treffen wollte. Kannst du mal in seinem Zimmer nachschauen, ob da irgendetwas herumliegt, auf dem steht, wo sie sind?«

»Klar.« Elliott musste sich mit dem Aufräumen und Saubermachen nicht beeilen. Seit Aufgabe seines Jobs als Mechaniker in einem Fahrradladen hatte er keine ernsthaften Verpflichtungen. Er ging in mein Zimmer und suchte nach Notizen. Er fand eine Menge. Ein Stapel mit Fotokopien von Landkarten und Reiserouten in einem meiner Regale fiel ihm zuerst ins Auge. Doch bei näherer Betrachtung war ihm klar, dass es sich um Karten von alten Trips handelte, von denen ich auch schon erzählt hatte.

Elliott ging ein Dutzend Schnellhefter durch, die auf dem Boden gestapelt waren, einen mit Korrespondenz, einen mit alten Rechnungen und Steuererklärungen. Nach einer halben Stunde hatte er einen orangefarbenen Hefter gefunden, auf dem »Denali 02« stand, mit Namen und Telefonnummern. Nachdem er den Antrag auf Klettererlaubnis gefunden hatte, den ich im April 2002 eingereicht hatte, nahm er davon Abstand, alle alten Teamkollegen anzurufen. »Die Parkverwaltung hat die Informationen über Arons neues Team«, dachte er bei sich. Er zog sein Handy aus der Tasche und wählte die Nummer vom Büro des Denali National Park and Preserve in Talkeetma, Alaska.

Trotz Elliotts Versicherungen, er suche einen Freund, der vermisst wird, und er wolle sich bei den Teamkollegen nach ihm erkundigen, gaben die Ranger keine Namen oder Telefonnummern an Privatpersonen heraus.

Elliott verstand ihre Einstellung, wollte sich aber später noch einmal melden und unter Umständen mit einem Vorgesetzten sprechen. Er dankte den Rangern und legte auf. Er fragte sich, ob er die Polizei von Aspen darum bitten sollte, in Talkeetma anzurufen. Zuerst wollte er aber noch einmal mit Brion sprechen. Die Zeit verging wie im Fluge. Seitdem sie telefoniert hatten, war Brion fündig geworden.

»Brauchst nicht mehr weiterzusuchen. Ich habe einen Hefter in seinem Schließfach gefunden, da hätte ich gleich nachschauen sollen. Jedenfalls habe ich die Informationen über die Leute.« Um 10.48 Uhr hatte Brion eine Mail an das Team Green Chili Wind geschickt, sie von meinem Verschwinden in Kenntnis gesetzt und um Informationen gebeten.

Von: Brion After
Gesendet: Mittwoch, 30. April 2003, 10.48 Uhr
An: Janet Lightburn, Bill Geist, Jason Halladay,
David Shaw
Betreff: Suche nach Aron Ralston

Hallo,
ich bin Arons Chef vom Ute Mountaineer in Aspen. Er ist seit zwei Tagen nicht mehr zur Arbeit erschienen. Wir machen uns Sorgen um ihn. Weiß einer von euch, wo er stecken könnte? Keiner seiner Freunde/Mitbewohner hat eine Ahnung, wohin er wollte. Wir nehmen an, dass er am 24. oder 25. April nach Utah gefahren ist. Möglicherweise um euch zum Training zu treffen. Wenn ihr irgendetwas wisst, meldet euch bitte bei mir. Ihr könnt mich auch im Laden anrufen. Wir haben die Polizei informiert und seine Fa-

milie. Normalerweise ist Aron sehr gewissenhaft, kommt pünktlich und hält Kontakt zu uns und seinen Freunden.
Herzliche Grüße
Brion After

Bis jetzt hatte Brion hervorragende Detektivarbeit geleistet, aber eigentlich hatte er vorgehabt, heute seine mehrwöchige Reise nach Australien vorzubereiten und den Laden vorher auf Vordermann zu bringen. Jetzt hinkte er etwas hinterher. Er brauchte jemanden, der ihm zur Hand ging. Er rief Elliott an und fragte: »Hast du heute schon etwas vor?«

Elliott, der ahnte, was kommen würde, sagte: »Ich wollte Leonas Zimmer sauber machen und mein Zeug einräumen, auspacken und so. Brauchen Sie mich? Ich helfe gern.«

»Nun ja. Langsam kommen die ersten E-Mails. Morgen wollte ich eigentlich für zwei Wochen in den Urlaub fahren. Könntest du kommen, einige Anrufe für mich erledigen und die Mails abrufen?«

»Klar doch. Ich bin in zehn Minuten da.«

Ein paar Minuten vor halb elf rief Brion meine Mutter an, die immer noch dabei war, mit Michelle am Passwort herumzuknobeln. Sie war froh, dass Brion sie über die neuesten Entwicklungen informierte. Sie sprach mit ihm über die Daten, die die Polizei vielleicht noch benötigte. Brion wollte wissen, ob meine Mutter mein Autokennzeichen wusste. Wieder ging sie nach unten. Auf ein Blatt Papier hatte sie sich Marke, Modell, Baujahr und Kennzeichen meines Trucks notiert. Das war Weihnachten 2000 gewesen, kurz vor einer meiner Solotouren auf einen Viertausender. Zur Sicherheit. Ich hatte ihr rasch alle Informationen gesagt, und sie gab nun unwissentlich einen Fehler weiter, den ich damals gemacht hatte.

Während Brion die Daten bestätigte, drückte sie die Returntaste. Sie atmete auf, als sich auf dem Computerbildschirm zum ersten Mal seit einer halben Stunde eine neue Seite öffnete. Michelle und meine Mutter riefen gleichzeitig: »Wir haben es! Wir haben es!« und umarmten sich.

»Was ist los? Was ist passiert?«, wollte Brion wissen, der noch in der Leitung war.

»Wir versuchen seit einer Stunde an Arons E-Mails heranzukommen. Gerade eben haben wir sein Passwort ändern können. Wir werden jetzt seine Mails lesen. Vielleicht steht in irgendeiner etwas darüber, wo er ist.«

Brion konnte ihre Euphorie hören. »Sind Sie jetzt eingeloggt?«, wollte er wissen.

Meine Mutter überflog die neuesten Mails von Freunden. »Ja, wir haben den Posteingangskasten vor uns. Wenn wir in seinen Mails nichts finden, könnten Sie dann ein Rundmail an alle seine Freunde schicken?«

»Sicher, das ist eine großartige Idee«, erwiderte Brion. Meine Mutter gab Brion das neue Passwort. Die Rundmail sollte schon losgeschickt werden, während Michelle und sie die Mails lasen, die ich seit dem Mittwoch zuvor empfangen hatte. Brion rief noch Adam Crider an und gab ihm die Wagenbeschreibung und mein Kennzeichen durch.

Nachdem meine Mutter und Brion aufgelegt hatten, verabschiedete sich Michelle. Sie und ihr Mann wollten am nächsten Tag verreisen, und es mussten noch Koffer gepackt werden. Wieder allein, rief meine Mom meine Schwester in Lubbock an, die an ihrer Abschlussarbeit für das Honor College an der Texas Tech schrieb. Ihre Stimme war vom vielen Weinen und der Aufregung der letzten zwei Stunden ganz heiser, und sie flüsterte fast.

»Sonja, ich habe heute Morgen erfahren, dass dein Bruder seit zwei Tagen nicht zur Arbeit erschienen ist. Hast du eine Ahnung, wo er stecken könnte?«

Sonja blieb ruhig. Sie wusste auch nichts, was weiterhelfen

konnte, denn wir hatten schon seit zwei Wochen nicht mehr miteinander gesprochen.

»Ich habe keine Ahnung, Mom, es tut mir leid. Geht es dir einigermaßen? Soll ich nach Hause kommen?«

»Nein, bleib und schreib deine Arbeit zu Ende. Ich halte dich auf dem Laufenden. Lass dich nicht ablenken.«

Leichter gesagt als getan. Weder für meine Mutter noch für meine Schwester ging das Leben normal weiter. Sie konnten sich einfach nicht wieder an ihre Arbeit setzen, ohne sich dauernd zu fragen, was mir zugestoßen war. Da half es auch nicht, dass Elliott sich um die Mails kümmerte und jeden Hinweis an die Polizei in Aspen weitergab, die die Suche nach mir eingeleitet hatte.

Ein paar Minuten nach zwölf Uhr mittags kam Elliott zum Laden und rannte die Treppen hoch zum Büro. Dort gab ihm Brion den Denali-Schnellhefter und fasste zusammen, was er bisher erreicht hatte.

»Hier sind die Leute aufgelistet, mit denen er zum Denali wollte. Ich habe schon Antwort von ein paar von ihnen bekommen und mit einem, Jason Halladay, gesprochen. Seine Nummer steht auf einem Zettel. Auch die Nummer von Arons Mutter. Und das hier sind Arons E-Mail-Adresse und sein Passwort. Seine Mutter möchte, dass wir an jeden, der in seinem Adressbuch steht, eine Mail schicken.« Brion redete wie ein Maschinengewehr, und es fiel ihm schwer, in diesem heftigsten Feuersturm, den er je erlebt hatte, einen kühlen Kopf zu bewahren.

»Wer ist die Kontaktperson bei der Polizei?«, fragte Elltiott.

»Ach ja. Ich habe ein paar Mal mit ihm gesprochen. Hier ist die Nummer von dem Mann, ähm, Adam.«

»Was haben Sie ihm gesagt?« Elliott war sehr genau und wollte alles von jedem wissen, der eingeweiht war.

Brion fasste zusammen, was er Adam erzählt hatte. Eliott saß an Brions unaufgeräumtem Schreibtisch und überlegte, was er als Nächstes tun sollte. Brion ging in den Laden, das Personal war knapp, und er wollte sich vergewissern, dass alles seine Ordnung hatte.

Unter den E-Mails, die Brion am Morgen ausgedruckt hatte, befand sich auch die Antwort von Jason Halladay. Jason hatte fünfzehn Minuten nachdem er Brions Mail erhalten hatte, geantwortet und bestätigt, dass die Reise zum Denali für die Zeit vom 1. bis 4. Mai geplant war. Um 11.30 Uhr hatte er Folgendes geschrieben: »Wir haben seit letzter Woche nichts mehr von ihm gehört. Die letzte Mail von Aron, die ich hier auf der Arbeit erhalten habe, stammt vom 22. April. Von seinen Plänen hat er nichts erwähnt.« Jason wollte gerade zum Mittagessen nach Hause fahren und hatte weiter geschrieben: »Vielleicht habe ich eine Mail jüngeren Datums von ihm zu Hause. Sobald ich dort bin, schaue ich nach.« Eine gute halbe Stunde später schickte er eine zweite Mail, in der er sich auf eine Mail von mir im Januar bezog. Darin hatte ich ihm vorgeschlagen, mich durch ein paar Canyons und auf die Expedition zum Denali zu begleiten. Elliott saß an Brions Schreibtisch und las die Mail:

Von: Jason Halladay
Gesendet: Mittwoch, 30. April 2003, 11.40 Uhr
An: Brion After
Betreff: RE: Suche nach Aron Ralston

Brion,
noch mal hallo. Ich habe zu Hause meine Mails abgerufen. Zum letzten Mal habe ich von Aron am 23. April gehört. Er schrieb mir von seinem Ausflug nach Quandary. Von seinen Plänen für die kommenden Wochenenden erwähnte er nichts. Aber Anfang des Jahres schrieb er mir etwas von Canyons, die er in Utah besuchen wollte.

Canyons:
Black Box of San Rafael
Virgin River in Zion
Cable/Seger-Schluchten (San-Rafael-Gegend)
Und irgendwelche anderen, die in Kelseys Buch auf der »Bestenliste« stehen (hast du das San-Rafael-Swell-Buch? Es ist hervorragend).

Vielleicht hat er wirklich nicht gewusst, dass er arbeiten muss, und hoffentlich sehen wir ihn morgen in Georgetown. Aber es entspricht nicht seinem Charakter, nicht zur Arbeit zu kommen und sich bei niemandem zu melden. Danke, dass Sie uns kontaktiert haben.
Jason

Brion kam ins Büro zurück. Gemeinsam überlegten sie, wen sie als Nächstes anrufen sollten.

»Brad Yule war der Letzte, der Aron gesehen hat. Aber ich weiß nicht, wie man ihn erreichen kann«, sagte Brion.

»Ich habe seine Handynummer«, erwiderte Elliott. Er zog sein Handy aus der Tasche, suchte Brads Nummer und rief ihn an. Brad war am Flughafen von Denver und gerade dabei, in das Flugzeug nach Atlanta zu steigen.

»Hey, Brad. Ich muss dich mal was fragen. Gestern ist Aron nicht zur Arbeit erschienen, heute auch nicht, und wir fangen wirklich an, uns Sorgen zu machen. Wir versuchen alles Mögliche herauszufinden, damit die Polizei ihre Suche starten kann. Anscheinend bist du der Letzte gewesen, der ihn gesehen hat. Weißt du, wohin er wollte? Hat er dir irgendetwas gesagt?«

Brad erinnerte sich an den Skiausflug zum Mount Sopris, dass mein Wagen steckengeblieben war und dass ich in die Wüste wollte. Genaueres wusste er auch nicht.

»Wir dachten, wir würden am Samstag noch vor der Party

von ihm hören, aber er rief nicht an. Und wir haben es auch nicht zur Party geschafft.«

»Okay. Weißt du noch, was er in seinem Wagen hatte?«

»Sein Mountainbike und seine Ski waren auf dem Dachgepäckträger. Und er hatte seine Kletter-, Ski- und Campingausrüstung dabei.«

»Wollte er Ski fahren?«

»Nein. Ich bin mir ziemlich sicher, dass er in Canyons herumklettern wollte.«

»Oh, okay. Die Polizei will wissen, wie seine Sachen aussahen. Sein Rucksack, seine Jacke.«

»Ich kann mich nicht genau erinnern, außerdem sitze ich gleich im Flugzeug, ich muss jetzt auflegen. Ich denke darüber nach und rufe zurück, wenn ich gelandet bin.«

Im Flugzeug holte Brad seine Digitalkamera hervor und sah sich die Fotos vom Mount Sopris an, auf denen ich meinen Rucksack trug und meine Jacke. Sobald er in North Carolina landete, würde er Elliott zurückrufen.

Kurz bevor meine Mutter mit meiner Schwester telefonierte, hatte sie an die Mitglieder des Denali-Teams eine E-Mail geschickt und um Informationen gebeten. Jason Halladay rief sie aus dem Los Alamos-National-Labor an, wo er als Computertechniker arbeitete, und sagte ihr das, was er schon Brion erzählt hatte. Meine Mutter ging in den Keller und holte einen Straßenatlas. Auf einer Karte kreiste sie die in Frage kommenden Stellen im Zion National Park und San Rafael Swell ein. Jason versuchte, so gut er konnte, zu helfen. Er brauchte seinen Canyoneering-Reiseführer, aber der lag zu Hause.

Elliott berichtete Adam von der Polizei in Aspen, wo ich zuletzt gesehen worden war und welche Richtung ich danach wahrscheinlich eingeschlagen hatte. Adam wollte wissen, ob Elliott mehr über meinen möglichen Aufenthaltsort wisse, als dass er in Utah liegt. Elliott zog die Liste mit den Canyons hervor und las sie Adam vor. Zwar waren das Ortsangaben aus einer drei Monate alten Mail, aber es waren bis dato die einzigen genaueren Hinweise. Kurz vor 13 Uhr schickte Adam Crider Fernschreiben an die Büros der Sheriffs der Countys Washington, Emery Grand und Zion. Telefonisch fragte er in Zion und Grand County noch einmal nach, ob die Information angekommen sei, um sicherzugehen, dass die Nationalparks die Anfrage erhalten hatten.

Grand County ist die Heimat des Arches-und-Canyonlands-National-Parks, zwei der bekanntesten Nationalparks im Westen der Vereinigten Staaten. Weil verschiedene staatliche Einrichtungen die Aufsicht über das Gebiet haben und es in Sektionen aufgeteilt ist, kann man entweder mit dem Fahrrad, mit einem Wagen mit Vierradantrieb oder auf einer Tageswanderung leicht drei bis vier und sogar ein halbes Dutzend Gegenden durchqueren. Um effektiv arbeiten zu können, haben die Park- und Forstverwaltung, der Utah State Service und das Bureau of Land Management eine gemeinsame Kommando- und Besucherzentrale in Moab. Jetzt besaß also fast jede Einrichtung meine Fahrzeuginformation. Zwar wurde noch nicht aktiv nach dem Wagen gesucht – es wäre zu kostspielig, jedes Auto im Staat, auf das die Beschreibung passte, zu überprüfen –, aber alle waren alarmiert und würden die Polizei in Aspen anrufen, wenn sie meinen Truck fanden.

Elliott kontaktierte nacheinander alle meine Freunde in den Vereinigten Staaten und teilte ihnen mit, dass ich vermisst wurde. Außerdem überwachte er meine E-Mails, Brions und seine eigenen. Doch auf diesem Weg kamen nur wenige Hinweise. Eine Mail unterschied sich von den anderen. Sie stammte von meinem Freund Dan Hadlich, der Elliott auf den Mount Sopris und den Mount of the Holy Cross aufmerksam machte. Von Utah schrieb er nichts.

Von: Daniel Hadlich
Gesendet: Mittwoch, 30. April 2003, 12.27 Uhr
An: Brion After, Jason Halladay
Betreff: RE: Suche nach Aron Ralston

Brion und Jason,
ich glaube nicht, dass Aron an diesem Wochenende nach Utah wollte. Anbei sende ich eine Mail, die ich von Aron am 20. April erhielt:

>Ich fahre zum Skilaufen nach Conundrum Hot Springs und gehe morgen klettern
>auf dem Castlebra. Vielleicht nehme ich auch in ein paar Becken mit! Am Freitag steige ich mit
>Janet durch den Cristo Couloir und fahre am Sonntag zum Ende der Saison in Ajax Ski.
>Am Mittwoch will ich am Mt. Sopris Ski fahren und Freitag/Samstag im Holy Cross Couloir klettern.
>Wer weiß, was ich dort noch machen werde! Vielleicht ist der Frühling schon da, doch wenn ich irgendwo noch Ski fahren oder klettern kann,
>hebe ich mir das Wandern für später auf!
>
>Grüße
>Aron

Das würde bedeuten, dass Aron Mittwoch und Donnerstag (23. 4.–24.4) auf dem Mt. Sopris war und Freitag und Samstag (25. 4.–26. 4.) im Holy Cross Couloir. Hat man die Gegend schon nach seinem Wagen abgesucht? Wenn ihr von ihm hört, gebt mir bitte SOFORT Bescheid. Solltet ihr noch Leute brauchen, die am Wochenende nach ihm oder seinem Wagen suchen, informiert bitte mich und Julia.
– Dan

Auch wenn sie dem widersprach, was ich Brion gesagt hatte, so war die Reiseroute von Dan doch die einzige, die sie hatten. Elliott wusste, dass er der Sache nachgehen und es der Polizei von Aspen melden musste. Kurz nach 13 Uhr sprach er mit Adam, der umgehend die Polizei von Minturn benachrichtigen wollte. Das war die nächstgelegene Stadt am Mount Sopris. Die Polizei sollte auf der Tigiwon Road nach meinem Wagen suchen.

Doch das Kennzeichen hatte sich als falsch erwiesen. »Die Leute in Eagle County suchen nach einem braunen Toyota Tacoma, aber wir brauchen das korrekte Kennzeichen«, sagte Adam.

Elliott versprach, noch einmal bei meiner Mutter nachzufragen.

Meiner Mutter war nicht nach Mittagessen zumute, und so begab sie sich wieder ins Büro. Sie ordnete Papiere auf dem Schreibtisch, während sie die quälenden Gedanken an meine zweifellos schreckliche Lage fast um den Verstand brachten. Sie konnte es einfach nicht ertragen, tatenlos herumzusitzen. Sie warf die Papiere auf den Boden und sagte laut vor sich hin: »Ich muss Aron helfen.« Für sie war es, als hinge mein Leben von ihr ab. Sie würde nicht einfach stillsitzen und warten. Das entsprach nicht ihrer Art.

Zweimal schon hatte sie meinen Vater in New York zu erreichen versucht. Sie wollte ihm sagen, was geschehen war, und ihn fragen, was sie tun könnten. Aber sein Handy war ausgeschaltet, und in seinem Hotelzimmer war er auch nicht. Meine Mutter hinterließ ihm, er solle sie so schnell wie möglich zurückrufen. Sie fing an zu überlegen, wen sie anrufen könnte: die Polizei von Aspen, Brad Yule, die Highway-Streife von Utah oder dem Zion National Park.

Bevor sie die erste Nummer wählte, klingelte ihr Handy. Es war Elliott, der ihr sagte, dass sie ihm das falsche Kennzeichen durchgegeben hatte. Sie verglichen noch einmal die Angaben, die sie Brion gegeben hatte. Nach der dritten Zahl unterbrach er sie.

»Warten Sie, Sie sagten 8–8-6? Okay, Brion hat 8–8–8 aufgeschrieben. M-M-Y stimmt aber? Ich rufe sofort die Polizei an.«

Nach einer guten halben Stunde meldete sich Elliott zurück. Auch diese Angaben stimmten nicht. Ein Wagen mit diesem Kennzeichen war auf eine Frau aus Albuquerque namens Chevy Blazer registriert. Auf eigene Faust hatte Elliott das Kraftfahrzeugamt in New Mexico angerufen und darum gebeten, im Computer nachzuschauen. Aber sie hatten ihm nicht weiterhelfen können. Weder er noch meine Mutter hatten eine Idee, wie sie mein korrektes Kennzeichen herausfinden konnten.

Wenige Minuten später, um 13.45 Uhr, klingelte das Telefon erneut. Es war mein Vater aus New York. Jetzt musste sie ihm die furchtbare Nachricht überbringen.

Bestürzt fing mein Vater zu überlegen an, was mir widerfahren sein könnte. Es beunruhigte ihn, dass ich niemandem auch nur ein Wort darüber gesagt hatte, wohin ich fuhr. Obwohl er außer sich war vor Angst, wusste er doch, dass sie sich im Moment auf die Sache konzentrieren mussten. Später war noch genug Zeit, seinen Gefühlen freien Lauf zu lassen.

Meine Mutter erzählte meinem Vater alles, was bisher vorgefallen war. Er hörte zu, fragte nach, vielleicht hatten sie ja etwas übersehen, doch sie hatte alles getan, was möglich war. Mein Vater wollte umgehend nach Hause kommen.

»Soll ich das in die Wege leiten?«

»Nein, es ist nur eine kurze Reise. In drei Tagen bist du hier. Bis jemand für dich einspringt, ist es Samstagabend. Du kommst Sonntag. Und du kannst hier auch nichts tun.«

Er tröstete meine Mutter, so gut es ging, und überredete sie, die United Methodist Church, die Gemeinde meiner Eltern in Greenwood Village in einem Vorort von Denver, anzurufen und zu bitten, dass jemand zu ihr kam.

Sie verabredeten, dass sie alles notierte, was geschah. Das war hilfreich, wenn man später mit einem anderen Beamten zu tun hatte.

Am Ende des Telefonats hatten sie alle möglichen Erklärungen für mein Verschwinden durchgesprochen. Es gab einfach keine vernünftige Begründung für meine lange Abwesenheit. Mein Vater war dermaßen beunruhigt, dass er Magenschmerzen bekam, und als er meiner Mutter sagte »Ich liebe dich« und auflegte, hatte er das Gefühl, jemand hätte ihm in den Bauch geschossen.

Meiner Mutter ging es auch nicht besser. Der Anruf bei der Kirche nahm sie jetzt doch ziemlich mit. Sie war stark und war es nicht gewohnt, jemanden um Hilfe zu bitten. Doch als ihre Freundin Ann Fort ein paar Minuten später zurückrief und sagte, sie sei gegen 19 Uhr bei ihr, war sie froh, dass sie es getan hatte.

Um 17.23 Uhr fing meine Mutter an zu telefonieren. Zuerst kontaktierte sie die Polizei von Aspen und wiederholte innerhalb von zwanzig Minuten dieselbe Geschichte ein Dutzend Mal. Zwei Stunden lang sprach sie mit Polizeibeamten in ganz Utah. Zunächst mit Dispatchern vom Department for Public Safety (DPS) und dann mit Beamten von der Polizei vom Zion National Park. Jedes Mal bat sie eindringlich um Mithilfe in meinem Fall. Und jedes Mal endete das Gespräch mit ihrer Frage: »Wen soll ich als Nächstes anrufen?«

Über das Netzwerk von Kletterfreunden und Such- und Rettungskollegen hatte Steve Patchett eine Kopie der Mail erhalten, die ich Jason geschickt hatte. Als Rettungsspezialist beim Albuquerque Mountain Rescue Council und als mein Mentor wusste er, dass Zeit eine entscheidende Rolle spielte. Die ersten vierundzwanzig Stunden bei einer Suche sind meistens die kritischsten. Von seinem Haus in Albuquerque aus rief er Mark Van Eeckhout in Los Alamos an, und sie sprachen über die

Canyons, die ich angegeben hatte. Sie versuchten herauszufinden, wo die ausgefalleneren Schluchten lagen. Mark tippte »Seeger Canyon« in eine Internet-Suchmaschine ein und fand den *Toms Utah Canyoneering Reiseführer* mit einer Wegbeschreibung und den topografischen Details der Schluchten. Steve verfolgte alles auf seiner Autokarte und fand den Cable Canyon in der Nähe von Seegers Hole am südlichen Ende von San Rafael Swell.

Dann rief Steve im Ute Mountaineer an und sprach fast zwanzig Minuten mit Elliott. Steve wollte sämtliche Behörden in Colorado und Utah kontaktieren. Elliott hatte inzwischen eine Mail von meinem Freund Wolfgang Stiller erhalten mit dem Hinweis, dass die Reise zum Mount of the Holy Cross aufgrund von Lawinengefahr abgesagt worden war. Aber Wolfgang meinte, dass ich unter Umständen trotzdem allein losgezogen war. Elliott sprach darüber mit Steve. Der wollte den Sheriff in Eagle County anrufen, um diese Möglichkeit auszuschließen. Danach wollte er sich auf Utah konzentrieren.

Zwischen 16.15 Uhr und 17 Uhr sprach Steve mit der Polizei vom Zion National Park und dem Sheriffbüro in Emery County (ECSO) mit Hauptsitz in Castle Dale, Utah. Er wollte erreichen, dass die Suche am Virgin River und der Black Box von San Rafael begann. Die Polizei in Zion erklärte, dass die Polizeistreifen bei ihrer allabendlichen Kontrollfahrt nach meinem Wagen suchen würden. Steve sprach mit Captain Kyle Ekker vom ECSO um 17.19 Uhr. Captain Ekker notierte sich die Informationen, ließ die Vermisstenmeldung und eine Beschreibung meines Wagens in den Computer eingeben. Außerdem veranlasste er, dass freiwillige Rettungshelfer verschiedene Wege nach meinem Auto abfuhren. Um 18.07 Uhr waren die Leute vom SAR auf dem Weg nach Swinging Bridge, Joe's Valley und der Upper und Lower Black Box. Um 18.51 Uhr berichteten die Einheiten dem ECSO-Dispatcher, dass sie die abgelegenen Wege der Gegend um San Rafael nach meinem Auto absuchten. Russel Jones und Randy Lake, zwei freiwillige Helfer vom Emery-County-Rettungsteam, trafen sich bei der Lower Black Box und fuhren mit Geländewagen die Wege ab, die normalerweise nur mit einem Mountainbike oder zu Fuß zu bewältigen sind.

Um 18.38 Uhr unterrichtete Steve meine Mutter telefonisch über den Stand der Suche. Außerdem hatte Steve eine Gruppe von Leuten mobilisiert, die am nächsten Tag nach Utah fahren wollten. Meine Mutter sagte, sie würde mit dem DPS und dem halben Dutzend anderer Anlaufstellen, die Steve ihr durchgab, Kontakt halten. Emery County hatte sich meine Mutter bereits während ihres Gesprächs mit Jason notiert. Nach dem Telefonat mit Steve, um 19.20 Uhr, rief sie dort an, als gerade die ersten Rückmeldungen von den Einsatzkräften einliefen. Sie erfuhr, dass die Polizei »negativen Kontakt mit dem Vermissten und dem Fahrzeug« hatte, und bat, die Suche auch nach Einbruch der Dunkelheit fortzusetzten. Der Dispatcher wehrte ab, denn die meisten Einsatzkräfte hatten Schichtende, und sagte: »Manchmal verirren sich Wanderer. Meistens finden sie nach ein paar Tagen wieder heraus.«

»Der Mann kennt meinen Sohn nicht«, dachte meine Mutter und erwiderte: »Er hat sich nicht verirrt. Ihm ist etwas zugestoßen.« Sie sah allerdings ein, dass nicht alle Streifenwagen für die Suche nach meinem Truck abbeordert werden konnten.

Nach dem Telefonat sprach sie mit Eric Ross von der Aspener Polizei, der inzwischen Adam abgelöst hatte. Eric wollte zu mir nach Hause fahren, um meine Kreditkartennummern zu holen. Meine Mutter rief Elliott an und bat ihn, Eric zu helfen. Elliott und der Beamte setzten sich ins Wohnzimmer und sprachen über das, was am Nachmittag geschehen war. Eliott war um 18 Uhr nach Hause gegangen und hatte die Schnellhefter mitgenommen. Die Mails würde er erst wieder am Morgen darauf abrufen, denn wir hatten im Haus keinen Internetanschluss. Nachdem Eric sich meine Kreditkartennummer notiert und einen ungültig gemachten Scheck an sich genommen hatte, sagte er zu, die Kreditkartenunternehmen anzurufen, um meine Ausgaben zurückverfolgen zu lassen. Am Morgen wollte er zu meiner Bank gehen, damit sie die jüngsten Kontobewegungen überprüfte.

Vollkommen erschlagen von den Ereignissen des Tages, schrieb Elliott noch einen Zettel für mich, den er, bevor er ins Bett ging, an meine Tür heftete. »Aron, du wirst vermisst. Alle suchen nach dir. Klopf an meine Zimmertür oder ruf mich auf dem Handy an, wenn du das gelesen hast.« Dann legte er sich schlafen.

Um 21 Uhr sprachen meine Eltern wieder miteinander. Meine Mutter informierte meinen Vater über den Stand der Suche. Nach diesem zweiten Telefonat lief mein Vater im Hotelzimmer auf und ab. Er war sich sicher, dass mich irgendetwas daran hinderte, zurückzukommen. Ich war nicht einfach nur fortgefahren oder hatte mich verirrt; er konnte sich nur vorstellen, dass ich abgestürzt und mir ein Bein gebrochen hatte. Oder dass ich nach einem Steinrutsch an einem Berghang unter einem Felsen lag.

»Halt durch, Aron«, betete er und schob andere furchtbare Gedanken beiseite. Mein Dad wusste, dass ich am Leben war. Zumindest wollte er es glauben. Das aber bedeutete, dass ich verletzt war. Dass ich leiden musste, tat ihm weh, aber das war immer noch besser, als tot zu sein. An Schlaf war nicht zu denken – seine Sorge hielt ihn wach. Er beschäftigte sich damit, aufzuschreiben, was in New York noch zu tun war, für den Fall, dass doch noch jemand für ihn einspringen musste.

In Boulder kam Leona gerade mit ihrer Tante von einer Meditation zurück. Auch das hatte ihr die Angst um mich nicht genommen. Sie schloss die Augen und spürte eine seelische Verbindung zu mir, und dann hatte sie eine verschwommene

Vision, wie ein Traum. Sie sah einen Geist. Der Geist war ich, und sie sah mich von der Taille an aufwärts. Sie erkannte mich, konnte aber nicht sagen, wo ich war. Ich war am Leben, aber ich hatte Angst. Meinen rechten Arm hielt ich vor der Brust, so als wäre er verletzt, und ich stand an einem dunklen engen Ort. Ich hatte ein grünes Hemd an. Sie spürte, dass ich mir ihrer Anwesenheit bewusst war und mich nicht vor ihr, sondern vor meiner Umgebung fürchtete. Sie streckte die Arme nach mir aus, um mir durch eine tröstende Berührung Sicherheit zu geben, aber auch sie war vor Schreck wie gelähmt. Sie konnte mich nicht erreichen. Ich musste mich entscheiden. Und offenbar konnte ich diese Entscheidung nur ganz allein treffen. Begleitet wurde ihre Vision von physischen Sinnesempfindungen: Sie zitterte vor Kälte, sie hatte einen unstillbaren Durst und war völlig erschöpft. Als sie aus ihrer Trance erwachte, war sie so müde, als hätte sie einen Lauf von 15 Kilometern hinter sich. Vor dem Zubettgehen trank Leona drei Liter Wasser und betete zu Gott, dass sie nicht von der Vision träumen würde. Sie konnte mir nicht helfen und wollte nicht noch einmal ein solches Erlebnis haben, wo sie doch machtlos war.

Nachdem meine Mutter um 22.20 Uhr noch einmal mit meiner Schwester telefoniert hatte, ging sie schlafen. Nach einer Stunde wachte sie wieder auf. Mit offenen Augen lag sie im Bett und konnte nur an mich denken. Um zwei Uhr, sie hatte den Schichtwechsel abgewartet, rief sie die Polizei in Aspen an. Die Kreditkarteninformation hatte nicht viel weiter geführt, so sagte man ihr. Offenbar hatte ich seit Donnerstag, dem 24. April, nachdem ich in Glennwood Springs getankt hatte, keine meiner Kreditkarten mehr benutzt. Es gab keinerlei Hinweise darauf, dass ich weiter gekommen war als Eagle County. Das größte Problem war noch immer das Kennzeichen meines Wagens; die Polizei war der Sache nachgegangen, aber weder die eine noch die andere Angabe des Kennzeichens stimmte mit der

Beschreibung meines Fahrzeugs überein. Meine Mutter wusste das, aber offensichtlich hatte Eric es noch einmal versucht. Was er ihr erzählte, machte ihr Hoffnung: Er hatte die Vierundzwanzig-Stunden-Servicenummer der Kfz-Stelle in New Mexico herausgefunden. Doch ohne eine Adresse, bei der der Wagen registriert war – und das war nicht Colorado –, konnte er keine Anfrage machen. Nun wollte meine Mutter es probieren, und sie war aufgeregt und erleichtert, dass sie wieder etwas zu tun hatte.

Um 2.54 Uhr hatte sie einen Beamten in Santa Fe am Apparat, und nachdem sie ihm die Beschreibung des Wagens und die Adresse – meine Mutter nahm an, dass ich den Wagen in Albuquerque angemeldet hatte – durchgegeben hatte, fand er innerhalb von zehn Minuten das Kennzeichen: NM 846-MMY. Diese Information gab sie an Officer Ross in Aspen weiter. Seit es ihr sechzehn Stunden zuvor gelungen war, mein Passwort zu ändern, hatte sie sich nicht besser gefühlt. Sobald das Büro des Sheriffs am Morgen öffnete, würde sie noch einmal die Telefonliste durchgehen. Mit dem schnurlosen Telefon lief sie durch die Küche, setzte sich auf die Stufen, die nach oben führten, wo ihre Freundin Ann im Gästezimmer schlief, hielt Nachtwache und betete zu mir: »Halt durch. Wir kommen, Aron. Wir kommen. Du musst nur durchhalten.«

13

Sechster Tag: Erleuchtung und Euphorie

Erst, wenn wir alles verloren haben, haben wir die Freiheit, alles zu tun.

Brad Pitt *als Tyler Durden in Fight Club*

Ich wage einen Blick aus dem Dunkel meiner Seiltasche und beobachte, wie die Morgendämmerung sich langsam im Canyon ausbreitet. Das Tageslicht verscheucht die Visionen, die die Nacht bestimmt haben. Trotzdem bin ich nach hundertzwanzig Stunden ohne Schlaf so benommen, dass mir selbst der Anbruch des neuen Tages wie eine Halluzination erscheint. Der hässliche Felsbrocken unterscheidet sich kaum von den Bildern, die mein Verstand hervorbringt. Auf meine Kontaktlinsen hat sich der Staub von fünf Tagen gelegt, jeder Lidschlag verursacht Schmerzen, und ich schaue wie durch einen Schleier. Meinen Kopf kann ich nicht mehr gerade halten; ich lehne ihn an die Nordwand, manchmal fällt er auf meine Brust, wo er auf meinem linken Unterarm ruht. Ich bin ein Zombie. Ein Untoter.

Heute ist Donnerstag, der 1. Mai. Ich kann gar nicht glauben, dass ich noch lebe. Ich müsste schon seit Tagen tot sein. Wie ich die Kälte der letzten Nacht überstanden habe, ist mir ein Rätsel. Eigentlich bin ich beinahe enttäuscht, dass ich überlebt habe, denn nun stimmt die Inschrift an der Wand nicht mehr – »Ruhe in Frieden, April 03«. Einen Moment lang überlege ich, ob ich das Datum ändern soll, mache mir aber die Mühe dann doch nicht. Dem Rettungsteam ist es egal, selbst, wenn es die Inschrift bemerkt, und der Leichenbeschauer wird den Zeitpunkt meines Todes feststellen können. Das reicht, finde ich.

Wo ist die Zuversicht geblieben, die mir die Vision von dem kleinen Jungen, meinem zukünftigen Sohn, gab? Ich dachte, dass ich, als ich die Inschrift in den Felsen ritzte, am Nullpunkt angelangt war, und dann kehrte das Vertrauen plötzlich zurück, nachdem ich den Jungen im Arm gehalten hatte. Mein Lebensmut wird von der Macht des Felsbrockens erdrückt. Die Schärfe des Urins, den ich Schluck für Schluck aus der Nalgene-Flasche trinke, macht meinen Mund wund. Mein Gaumen ist aufgesprungen, und das erinnert mich daran, dass ich sterbe. Die Säure des Urins ätzt jedes Selbstvertrauen weg, das ich in der Nacht noch hatte. Wenn ich sowieso nicht überlebe, warum trinke ich dann meinen Urin? Ist das nicht das typische Verhalten eines Verdammten? Ich bin verurteilt und werde verfaulen.

Es ist 8.30 Uhr, aber der Rabe ist noch nicht über mich hinweggeflogen. Eine Zeit lang hänge ich dem Gedanken nach, doch dann lenken mich die Insekten ab, die um den Felsbrocken herumschwirren. Zu meiner Alleinunterhaltung erschlage ich ein paar mit der linken Hand und schaue auf meine Suunto. Jetzt ist es 8.45 Uhr. Selbst der Vogel hat mich aufgegeben – er ist nie später als 8.30 Uhr gekommen. Heute aber nichts, kein Rabe. Meine Zeit ist bald gekommen, und es ist, als halte mich nur noch eine Gottheit aufrecht.

Ein Verlangen wächst in mir: Ich möchte mit Musik sterben. Irgendwann ist selbst der grässliche BBC-Song von Austin Powers aus meinem Kopf verschwunden. Jetzt fällt mir nicht eine Melodie mehr ein. Nur das furchtbare Schweigen des Canyons umgibt mich; die Stille raubt mir den Verstand. Ich brauche mein tragbares CD-Gerät. Seit fünf Tagen trage ich die Kopfhörer, aber der CD-Spieler und die zwei CDs liegen im Rucksack. Ich nehme den Rucksack ab und lege ihn auf mein Knie. Ganz unten in der Tasche sind die CDs und das Gerät … und zweieinhalb Zentimeter Sand. Noch bevor ich alles heraushole, weiß ich, dass es ein hoffnungsloses Unterfangen ist. Die CDs sind vollkommen zerkratzt. Sie sehen aus, als hätte ich sie abgeschmirgelt. Auch mit der CD, die noch in dem CD-Player steckt, geht nichts mehr. Jedes Mal, wenn ich die Abspieltaste drücke, zeigt das Display KEIN TRÄGER an. Ich wechsle die Batterien aus. Auch das nutzt nichts. Wahrscheinlich ist der Apparat irgendwann gegen die Canyonwand geschlagen, und der Laser ist beschädigt worden.

Der Camcorder hat Sand und Chaos überlebt. Ich beschließe also, statt Musik zu hören noch ein wenig zu filmen. Die Wahrscheinlichkeit, dass ich gerettet werde, wird immer größer, denke ich plötzlich. Nun setze ich den Rucksack wieder auf und ziehe den Schulteriemen zum fünfzigsten Mal fest. Die Videokamera steht auf dem Felsbrocken, und ich ordne meine Gedanken. Als ich zu sprechen anfange, reagiere ich erschrocken auf mein dünnes hohes Stimmchen, auch das eine Erinnerung daran, dass ich fast tot bin und nur noch auf den Sensenmann warte.

»Ich dachte gerade … Es ist Donnerstag, ungefähr neun Uhr. Ab jetzt besteht die Möglichkeit, dass ich gerettet werde.«

Das sind ja fast gute Nachrichten, denke ich. Allerdings kann ich nicht auf sofortige Rettung hoffen, denn nach dem Zeitfenster, in dem sich meinen Überlegungen zufolge eine Suchaktion abspielt, ist nicht vor Sonntag damit zu rechnen. Sagen wir also, die Chancen verbessern sich von »lächerlich unwirklich« zu »total unwahrscheinlich«. Ich möchte nicht näher auf das Thema eingehen. Und weil mein Verstand wie betäubt ist, könnte ich mich auch gar nicht stärker auf einen Gedanken einlassen, selbst wenn ich es wollte. Mir fehlt die mentale Kraft. Dann denke ich an meine Schwester und ihre Hochzeit. Sie und Zack wollten, dass ich auf der Zeremonie im August Klavier spiele, und ich hatte zugesagt. Das werde ich, wie es aussieht, nicht einhalten können. Ich werde nicht dort sein. Das entmutigt mich, aber vielleicht kann ich ja doch noch etwas tun.

»Sonja, wenn du immer noch wünschst, dass ich auf deiner Hochzeit Klavier spiele … im Keller bei Mom und Dad ist eine Kiste mit Kassetten. Auf der Kiste steht: ›Meine Klaviersachen‹ oder ›Meine Musik‹. Darin befindet sich eine Kassette mit Aufnahmen von mir aus dem Jahr 1993 oder 1994.«

Sofort sehe ich sie vor mir, wie sie die Kassette in einen Rekorder steckt und sich die Stücke zusammen mit meiner Mutter anhört. Natürlich weiß ich, dass es sie eine ungeheure Überwindung kosten wird, sich diese Kassette anzuhören, die ich vor zehn Jahren so fleißig bespielt habe: Mozart und Bach, Beethoven und Chopin. Wieder schiebt sich ein Bild vor mein geistiges Auge. Diesmal von der Hochzeit selbst. Den Ort kann ich nicht benennen, aber es ist irgendwo draußen auf dem Land. Dieselbe Klaviermusik kommt aus den Lautsprechern, wühlt die Hochzeitsgäste auf, und alle brechen in Tränen aus. Mein Tod wirft finstere Schatten auf ihre Hochzeitsfeier. Aber sie wird es trotzdem machen, sie wird die Hochzeit nicht verschieben. Das Leben geht weiter.

Die Bilder von meiner Mutter und meiner Schwester verflüchtigen sich. Später werde ich den Faden wiederaufnehmen. Jetzt kommt mir noch ein finanzielles Detail in den Sinn, das ich zu erwähnen vergessen hatte: meine Wünsche in Bezug auf meine angesparte Rente.

»Meine Konten bei Schwab IRA sollen auf Sonja übertragen werden, wenn …«

Ich führe den Satz nicht zu Ende. Unzusammenhängende Gedanken schießen durch meinen Kopf, ich beginne zu schwimmen. Wo eben noch ein Konzept war, das ich erklären wollte, herrscht jetzt Leere. Ich schwebe, ausdruckslos, verloren, und dann kommt mir ein neuer Gedanke. Aber ich kann ihn nicht schnell genug formulieren. Er versinkt, taucht wieder auf. Diesmal bekomme ich ihn zu fassen. Es geht um meine Einäscherung und die Verteilung meiner Asche.

»Oh ... ähm ... Klarstellung ... der Gipfel von Knife Edge. Meine Asche, die nach New Mexico gebracht werden soll. The Bosque und Knife Edge – auf dem Berg bin ich am liebsten herumgeklettert. Vielleicht können das Dan und Willow und Steve DeRoma übernehmen.«

Ich räuspere mich, drücke auf den silbernen Aufnahmeknopf hinten am Apparat. Ich habe die Hoffnung, dass das, was ich auf das Band gesprochen habe, sowohl einen Abschied an meine Familie als auch mein Testament beinhaltet. Meine Habseligkeiten und meine Finanzen habe ich erwähnt, ich habe meinen Nachlass so gut es ging zugunsten meiner Schwester geregelt. Sicher hätte ich noch mehr ordnen und organisieren können, aber an alles zu denken strengt mich ungemein an, und ich will die Aufnahme nicht noch einmal bearbeiten. Zum letzten Mal klappe ich den Bildschirm herunter und klemme die Kamera zwischen Felsbrocken und Schluchtwand.

Eine weitere Stunde vergeht. Wenigstens muss ich nicht darum kämpfen, mich warm zu halten. Die Außentemperatur entzieht meinem Körper nicht mehr die Wärme. Ohne den Drang, die Seile um meine Beine oder den Stoff und die Plastikabdeckung um meinen Arm neu binden zu müssen, fehlt mir aber auch die letzte Geschäftigkeit. Jetzt lenkt mich gar nichts mehr ab. Ich habe kein Leben mehr. Nur durch Taten ist mein Leben noch etwas mehr als das reine Dasein. Ohne Stimulus oder eine Aufgabe lebe ich nicht länger, überlebe ich nicht länger. Ich warte nur noch.

Da ich meine linke Hand durch das Herumschlagen mit dem Stein auf dem Felsbrocken verletzt habe, bleibt mir gar keine andere Wahl, als zu warten. Aber worauf ...? Rettung ... oder Tod? Es ist mir gleichgültig. Beides läuft auf dasselbe hinaus: Erlösung und Befreiung von dem Leid. Die Tatenlosigkeit, die meine Apathie hervorruft, kann ich nur schwer ertragen. Das Warten wird zur schlimmsten Phase meines Eingesperrtseins. Und wenn ich einige Zeit gewartet habe, muss ich weiter warten. Ich kann die Unendlichkeit förmlich berühren, und nichts deutet auch nur im Geringsten darauf hin, dass dieser Stillstand aufgebrochen wird.

Ich könnte ihn unterbrechen. Ich könnte die Schmerzen in meiner linken Hand ignorieren und mit dem Messer weiter am Felsbrocken herumhacken. Auch wenn es aussichtslos ist. All das, was ich schon während der letzten fünf Tage getan habe, könnte ich tun. Ich nehme den runden Stein in die Hand, brauche aber noch die Socke. Also ziehe ich den Schuh aus und ziehe die Socke über meine linke Hand. Der Daumen ist am meisten mitgenommen, bei jedem Schlag schreit er nach einer Gnadenfrist. Nach dem fünften Schlag mache ich eine Pause. Wut steigt in mir auf, ich hebe den Stein, diesmal aus Rache dafür, was dieses elende Stück Erdgeschichte meiner linken Hand angetan hat. *Wumm!* Wieder hämmere ich auf den Felsbrocken ein. Flammende Schmerzen in der Hand. *Rums!* Und wieder. *Kreisch!* Vor Wut sehe ich rot, kleine Wolken pulverisierten Steins steigen auf, die Socke riecht angekokelt von der Reibung durch jeden Schlag. Wieder haue ich den Stein gegen den Felsbrocken. *Knirsch!* Wie ein wütendes Tier knurre ich, weil der pulsierende Schmerz in der linken Hand nicht nachlässt. Ich zwinge mich dazu, aufzuhören, kann aber den Griff nicht lockern. Meine Finger sind wie gelähmt.

Jetzt bist du zu weit gegangen, Aron.

Langsam entspannen sich meine Finger, bis ich den Stein schließlich loslassen kann. Ich lege ihn auf den Felsbrocken. Um mich herum herrscht ein Durcheinander. Ich will den Schmutz von meinem Arm entfernen, von meiner offenen Wunde. Ich nehme das Messer und schiebe kleine Stückchen von meiner eingeklemmten Hand, dabei benutze ich die stumpfe Klinge wie eine Bürste. Als ich den Staub von meinem Daumen putzen will, steche ich mich versehentlich und reiße ein Stück verfaulter Haut ab. Sie lässt sich wie die Haut auf heißer Milch abziehen. Zwar wusste ich, dass meine Hand langsam verwest, aber erst jetzt begreife ich es wirklich. Die Hand fault, seit sie eingequetscht ist. Immer, wenn ich über eine Amputation nachdachte, war es unter der Voraussetzung, dass die Hand tot war und sowieso amputiert werden müsste, sobald ich befreit würde. Aber ich wusste nicht, wie weit der Fäulnisprozess seit Samstagnachmittag fortgeschritten war. Jetzt verstehe ich, warum die Insekten mehr und mehr Interesse an mir zeigen. Sie konnten ihre nächste Mahlzeit schon riechen, ihren Brutplatz, das Heim ihrer Eier.

Aus Neugier steche ich zweimal mit dem Messer in den Daumen. Beim zweiten Mal durchfährt die Klinge die Haut, als tauche sie in weiche Butter. Dabei entweicht ein verräterisch zischendes Geräusch. Austretende Gase sind kein gutes Zeichen; die Fäulnis ist schneller vorangeschritten, als ich ahnte. Der Geruch ist zwar nicht stark, aber doch unangenehm, der Gestank von Kadaver.

Dabei kommt mir plötzlich ein Gedanke – was in meiner Hand begonnen hat, wird sich in meinem Arm fortsetzen. Wenn es nicht schon passiert ist. Ich weiß nicht – und es ist mir auch gleich –, ob es sich um Wundbrand handelt, aber mein Körper wird vergiftet. Ich schlage um mich, versuche den Unterarm mit aller Kraft herauszuziehen. Niemals zuvor wollte ich mich mehr von diesem verwesenden Fortsatz befreien.

Ich will ihn nicht mehr haben.

Er ist kein Teil mehr von mir.

Er ist Müll.

Wirf ihn fort, Aron. Befreie dich davon.

Ich werfe mich vor und zurück, von einer Seite zur anderen, hoch und runter, runter und hoch.

Ich schreie hasserfüllt, während ich meinen Körper gegen die Wände der Schlucht werfe. Dabei verliere ich jede Selbstbeherrschung, um deren Bewahrung ich mich so sehr bemüht hatte. Plötzlich verbiege ich meinen Arm auf unnatürliche Weise, und dann habe ich eine Erleuchtung und halte ein: Wenn ich den Arm weit genug drehe, kann ich die Unterarmknochen brechen. So als wollte ich eine Stange krümmen, die in einem Schraubstock steckt, muss ich meinen verdammten Arm so weit biegen, bis er bricht.

Heiliger Jesus, Aron, das ist es, das ist es. DAS IST ES. VERFLUCHT NOCH MAL!

Schnell räume ich meine Sachen von dem Felsbrocken und versuche einen kühlen Kopf zu bewahren. Es gibt kein Zaudern. Unter dem Einfluss der göttlichen Kraft, die mich heimgesucht hat, realisiere ich kaum, was ich tue. Rasch gehe ich in die Hocke, komme aber nicht weit genug herunter. Ich löse die Daisy Chain aus der Verankerung und lasse mich fallen, so weit es geht. Mit dem Hintern berühre ich dabei fast den Boden der Schlucht. Mit der linken Hand drücke ich von unten gegen den Felsbrocken, so fest ich kann – FESTER! –, um die größtmögliche Kraft auf meinen Radiusknochen auszuüben. Dann drehe ich meinen Arm langsam nach links und *Knack!*, wie ein Schuss aus einer Waffe mit Schalldämpfer hallt es durch den Blue John Canyon. Ich gebe keinen Laut von mir, sondern betaste einfach nur meinen Unterarm. Über dem Handgelenk spüre ich eine ungewöhnliche Wölbung. Erneut nehme ich die Stellung von gerade eben ein, und tatsächlich, ich spüre eine Lücke dort, wo der Knochen war, er ist sauber durchgebrochen.

Ohne zu zögern und immer noch ohne ein einziges Wort, hieve ich mich auf den Felsbrocken hinauf und habe nur einen Gedanken im Kopf. Mit den Schuhen stemme ich mich gegen die Schluchtwand, mit der linken Hand ziehe ich mich mit aller Kraft weiter nach oben, fester, fester, FESTER! Ein zweiter Schuss macht der Ulna den Garaus. Schwitzend und euphorisch, betaste ich meinen rechten Arm. Beide Knochen sind zersplittert, die Ulna vielleicht einen Zentimeter näher am Ellenbogen. Ich kann meinen Arm drehen, habe eine gewisse Bewegungsfreiheit, unabhängig von der Knechtschaft des Felsbrockens.

Endlich habe ich das Rätsel meiner Gefangenschaft gelöst und bin ganz aufgeregt. Eilig zücke ich die kürzere, schärfere Klinge des Multitools. Die Prozedur mit dem Tourniquet lasse ich sein und platziere die Schneide zwischen den blauen Venen. Ich presse die Messerspitze in mein Handgelenk, die Haut wird eingedrückt, bis das Messer bis zum Griff eindringt. Ein stechender Schmerz durchfährt mich, und ich weiß, das ist erst der Anfang. Auf meiner Uhr ist es 10.32 Uhr. Ich mache mir Mut: »Okay, Aron, los geht's.«

Es spielt keine Rolle mehr, ob die Amputation glatten Selbstmord bedeutet. Da die Alternative das Warten auf einen langsamen Tod ist, entscheide ich mich dafür, das Risiko einzugehen. So unwirklich es aussieht, wie mein Arm in dem Sandstein wie in einem Handschuh verschwindet, so großartig fühle ich mich, dass ich endlich herausgefunden habe, wie ich ihn amputieren kann.

Zuerst muss ich so viel Haut wie möglich an der Innenseite meines Unterarmes durchschneiden, ohne dabei die nudelartigen Venen zu zertrennen. Sobald das Loch groß genug ist, ungefähr zehn Zentimeter oberhalb meines Handgelenks, nehme ich das Messer zwischen die Zähne und stecke meinen Zeigefinger und meinen Daumen hinein. Das Gewebe fühlt sich merkwürdig an, fremd, und im Geiste zeichne ich eine Abbildung meines Arminneren. Ich spüre Muskeln und Sehnen und schließlich die beiden schartigen Knochenenden und drehe den Arm so, als wollte ich, dass die eingequetschte Handfläche nach unten sieht. Dabei bewegen sich die beiden Knochenenden umeinander herum. Es tut weh, aber gleichzeitig versetzt mich der Gedanke, dass ich mich bald von der toten Hand befreit habe, in Erregung. Es ist nur noch eine Frage der Zeit.

Ich bohre weiter mit den Fingern in der Wunde herum und

kann zwischen den harten Sehnen und Ligamenten und den weichen, geschmeidigeren Adern unterscheiden. Wenn es sich irgendwie vermeiden lässt, sollte ich die Arterien erst zum Schluss durchtrennen, denke ich.

Dann ziehe ich die Finger heraus, halte einen Muskelstrang zwischen Messer und Daumen und schneide durch das rosafarbene fingerdicke Gewebe. Zwölfmal wiederhole ich diese Prozedur. Ohne ein Geräusch gleitet das Messer durch einen Muskelstrang nach dem anderen.

Aussondern, abklemmen, drehen, schneiden.

Aussondern, abklemmen, drehen, schneiden.

Welche blutverschmierte Masse mir auch zwischen Messer und Daumen kommt, sie wird Opfer der schlingernden Bewegung des Multitools, vor und zurück. Ich komme mir vor wie ein Rohrzuschneider, der an der Peripherie eines weichen Stückes Schlauch herumsägt. Dabei suche ich nach den bleistiftdicken Adern. Wenn ich eine finde, ziehe ich ein bisschen daran und separiere sie von dem Muskelstrang. Als ich mich durch ein Drittel des Weichgewebes hindurchgearbeitet habe, schneide ich in eine Ader. Ich habe meinen Arm noch nicht abgebunden, aber jetzt verhalte ich mich wie ein Fünfjähriger, der seine Weihnachtsgeschenke auspacken darf. Ich bin nicht mehr zu bremsen. Der Wunsch, weiter zu schneiden, mich zu befreien, ist zu groß, und ich bemerke, dass ich gar nicht viel Blut verliere, nur ein paar Tropfen. Meine Hand funktioniert wie eine Absperrvorrichtung, die mein Blut zurückhält.

Zehn, fünfzehn, vielleicht zwanzig Minuten vergehen. Ich verbeiße mich in den Gedanken, die Operation so schnell wie möglich hinter mich zu bringen. Eine etwa einen Zentimeter dicke gelbliche Sehne in der Mitte des Unterarms lässt mich innehalten und ich lege mein improvisiertes Tourniquet an. Inzwischen habe ich eine zweite Ader durchtrennt, und mehrere Milliliter Blut, vielleicht eine drittel Tasse, tropfen auf die Schluchtwand unter dem Arm. Vielleicht wird der Blutverlust jetzt schneller größer, weil ich das meiste Bindegewebe entfernt und einige Adern durchtrennt habe. Die Operation geht nun langsamer voran, weil mir die widerstandsfähige, störrische Sehne zu schaffen macht und ich mich bemühe, so wenig Blut wie möglich zu verlieren, solange ich noch festsitze. Für den Weg bis zu meinem Truck und die Fahrt nach Hanksville oder Green River brauche ich jeden Tropfen.

Noch immer habe ich keine Idee, wie ich am schnellsten zu einem Krankenhaus kommen soll. Das nächste Telefon ist in Hanksville, das ist eine Autostunde westlich von hier, wenn ich überhaupt mit der linken Hand schalten kann. Ich weiß auch nicht, ob es dort überhaupt eine Klinik gibt. Ich erinnere mich nur an eine Tankstelle und ein Hamburgerrestaurant. Green River ist zwei Stunden nördlich von hier, dort gibt es eine Klinik. Hoffentlich begegnet mir unterwegs jemand, der mich fahren kann. Allerdings standen am Samstag nur zwei Autos auf dem Parkplatz. Und das war am Wochenende, jetzt ist Mitte der Woche. Natürlich muss ich davon ausgehen, dass niemand dort sein wird. Sechs Stunden wird es mindestens dauern, bis ich ärztliche Hilfe in Anspruch nehmen kann.

Ich lege das Messer auf den Felsbrocken und nehme den schwarzen Schlauch aus der CamelBak-Tasche, der seit zwei Tagen unbenutzt dort liegt. Ich binde ihn zweimal um meinen Unterarm, etwa acht Zentimeter unterhalb meines Ellenbogens. Danach mache ich einen Doppelknoten, ziehe an einem Ende mit der linken Hand und am anderen mit den Zähnen. Als Nächstes befestige ich den Karabiner am Tourniquet und drehe ihn sechsmal herum, wie beim ersten Mal, als ich das Experiment machte. War es am Dienstag oder am Montag?

»Warum bin ich nicht schon damals darauf gekommen, dass ich die Knochen brechen kann«, frage ich mich. »Warum musste ich die ganze Zeit leiden?« Mein Gott, ich muss der dümmste Mann sein, dessen Hand je von einem Felsbrocken eingequetscht wurde. Sechs Tage habe ich gebraucht, bis ich verstand, wie ich meinen Arm amputieren kann. Ich bin angewidert von mir selbst und versuche wieder klar zu denken.

Aron, das ist alles nur Ablenkung. Es spielt doch keine Rolle. Mach dich wieder an die Arbeit.

Ich hake den Karabiner in eine zweite Schlaufe um meinen Bizeps ein, damit sich der Schlauch nicht lockert, und greife nach dem Messer.

Nun entferne ich die letzten Muskeln, die die Sehne umgeben, und durchtrenne eine dritte Ader. Noch nicht einmal ist mir ein »Autsch« über die Lippen gekommen. So weit denke ich gar nicht, meinem Schmerz Luft zu machen; er gehört dazu und ist genauso unwichtig wie die Farbe des Tourniquets.

Jetzt liegt die Sehne relativ frei. Ich säge darauf herum, kann sie aber nicht durchtrennen. Sie ist zu widerstandsfähig. Ich ziehe daran. Sie ist so unverwüstlich wie eine Flatwound-Gitarrensaite; wie ein mit Textilfaser verstärktes Paketklebeband. Da kann ich nicht hindurchschneiden. Ich drücke die blutverschmierte Klinge gegen meinen Bauch, um sie ins Multitool zurückzuschieben, und klappe die Zange aus. Mit der Zange reiße ich ein Stück von der Sehne ab. Ja, das wird funktionieren. Jetzt nehme ich die viehischste Prozedur in Angriff.

Greifen, zukneifen, drehen, reißen.

Greifen, zukneifen, drehen, reißen.

»Wenn ich das meinen Freunden erzähle«, denke ich. »Sie werden es nicht glauben. Verdammt, ich kann es ja selbst kaum glauben; und sehe mir doch dabei zu.«

Stück für Stück reiße ich mich durch die Sehne, bis ich das gewundene Gewebe durchtrennt habe. Dann ziehe ich mit den Zähnen das Messer aus dem Multitool. Es ist 11.16 Uhr. Seit über vierzig Minuten schnippele ich an mir herum. Mit den Fingern taste ich ab, was noch übrig ist: zwei Muskelstränge, noch eine Ader und die Haut, die an der Wand anliegt. Darüber hinaus ein blassweißer Nerv, der so dick ist wie ein Spaghetti. Den Nerv durchzuschneiden wird schmerzhaft sein. Schon allein deshalb versuche ich, ihn nicht mit den Fingern zu berühren. Ich möchte einfach nicht wissen, was auf mich zukommt. Die kleineren Nerven sind so empfindlich, dass mir bei der geringsten Berührung unsagbare Schmerzen die Schulter hochschießen. Jedes Mal bin ich wie gelähmt. Doch sie alle müssen durchtrennt werden. Ich lege die Schneide des Messers unter den Nerv und zupfe daran, als zöge ich eine Gitarrensaite fünf Zentimeter vom Bund. Bis der Nerv zerspringt. Der Schmerz zerreißt mich fast. Ich muss neue Maßstäbe setzen, was Schmerzen eigentlich sein können – es ist, als steckte ich meinen ganzen Arm in einen Kessel mit heißer Lava.

Ein paar Minuten später habe ich mich so weit erholt, dass ich weitermachen kann. Jetzt muss ich noch die Haut am äußeren Handgelenk an der Wand straff ziehen und, als wollte ich einen Knorpel auf einem Schneidebrett in Scheiben schneiden, darauf herumsägen. Je näher meine Befreiung rückt, desto mehr Adrenalin wird freigesetzt, und es ist fast so, als fließe nicht Blut durch meine Adern, sondern meine Zukunft. Ich schöpfe Kraft aus jeder Lebenserinnerung und all den Zukunftshoffnungen, die diese Erinnerungen repräsentieren.

Es ist 11.32 Uhr, Donnerstag, der 1. Mai 2003. Ich werde zum zweiten Mal geboren. Diesmal komme ich aus dem rosafarbenen Mutterleib der Schlucht, wo ich ausgebrütet wurde. Diesmal bin ich ein Erwachsener und verstehe die Bedeutung dieser Geburt. Beim ersten Mal ist uns das nicht gegeben. Der Wert, den meine Familie, meine Freunde und meine Leidenschaften für mich haben, verleiht mir eine Kraft, die ich sonst nur spüre, wenn ich einen Gipfel ersteige, nur fühlt sich diese neue Kraft zehntausendmal stärker an. Ich ziehe das Bindegewebe straff, lege das Messer an die Wand an und schneide durch das letzte Stück Haut; mehr als vom Schneiden reißt die Haut durch die Spannung.

Es ist, als würde etwas zerspringen, und die Welt ist ein anderer Ort. Wo erst Gefangenschaft war, ist jetzt Befreiung. Verschreckt von meiner plötzlichen Freiheit, schleudere ich meinen linken Arm nach vorn, meine Schultern entspannen sich, und ich lasse mich gegen die Nordwand fallen. Ich bin euphorisch, und während ich auf die Stelle an der Wand starre, in die ich vor noch nicht einmal zwölf Stunden »RIF OKT 75 ARON APR 03« eingeritzt habe, höre ich eine Stimme in meinem Kopf:

ICH BIN FREI!

Das ist das intensivste Gefühl, das ich in meinem ganzen Leben hatte. Ich fürchte fast, ich könnte jeden Moment von dem Rausch und der Ekstase, die meinen Körper lähmt, zerspringen. Fast eine Woche lang war ich an diesen Ort gefesselt, und nun bin ich wie betäubt und aus dem Gleichgewicht geraten. Gleichzeitig beschwingt mich die Freiheit. Mein Kopf rollt auf die rechte Schulter, dann auf meinen Brustkorb. Dann richte ich mich auf. Als ich meinen Fuß neben den Steinhaufen auf den Boden stellen will, rutsche ich ab, kann aber einen harten Aufprall gegen die Schluchtwand gerade noch abfangen. Dass ich hinfallen kann, ist für mich im Moment das Allerschönste. Ich schaue auf den blutverschmierten Felsbrocken. Hinter dem Blutfleck verbirgt sich die amputierte Hand, nur der weiße Knochen meiner Ulna und der Radiusknochen stehen hervor. Ich wende die Augen nicht ab. Um mich herum beginnt sich alles zu drehen, aber ich bin von dem Querschnitt meines Unterarms fasziniert.

Okay. Das reicht jetzt. Du hast einiges zu tun. Die Zeit läuft, Aron. Verschwinde von hier.

14

Heimkehr: »Wir haben seinen Wagen«

Du musst es glauben, bevor du es dir vorstellen kannst.

Mark Twight, *handschriftliche Widmung für mich in Kiss or Kill*

Seit drei Stunden saß meine Mutter im Dunkeln auf dem weißen Teppich der oberen Treppe unseres Hauses in Denver. Als ich noch zur Schule ging, hatte ich die Treppe hinauf immer zwei Stufen auf einmal genommen und mir unzählige Ermahnungen meiner Eltern anhören müssen. Meine Mutter kam einfach nicht zur Ruhe, sondern stellte sich alle möglichen schrecklichen Unfälle vor. Ihr Magen krampfte sich vor Aufregung zusammen, sie zog die Beine an den Körper, schlang die Arme um die Knie, legte den Kopf auf den linken Unterarm und blieb so sitzen.

Sie wartete darauf, dass die Leute von der Landverwaltung am Morgen zur Arbeit gingen. Genau wie ich konnte sie nicht gut warten. Sie betete, doch auch nachdem sie Dutzende Male gebetet hatte, war sie unruhig. Sie musste etwas unternehmen. Gegen 5.45 Uhr erhob sie sich von ihrer Nachtwache und ging die Liste mit den staatlichen Behörden durch, die sich um das öffentliche Land in Zentral- und Süd-Utah kümmerten. In den frühen Morgenstunden am Donnerstag rief meine Mutter ein halbes Dutzend Gruppen an. Erst das Bureau of Landmanagement (BLM) in Hanksville, dort hinterließ sie eine Nachricht. Dann die Polizei von St. George, wo sie eine Vermisstenanzeige aufgab, wie auch beim Department of Public Safety (DPS) in Cedar City und in Richfield. Ihre Stimme klang gehetzt und mitgenommen, als sie um 6.45 Uhr mit Georgia, der Beamtin in Richfield, sprach. Sie erklärte, dass ich bestimmt nicht sehr viel Geld dabeihatte und wohl neben meinem Wagen zeltete. Sie nannte mich einen Geizkragen, aber einen sehr verantwortungsbewussten Menschen. Mit Sicherheit hätte ich bei meiner Arbeitsstelle angerufen, wenn ich nicht kommen könnte, es sei denn, etwas Furchtbares sei mir zugestoßen.

Um 6.52 Uhr wurde über Funk eine Suchmeldung herausgegeben mit den Informationen, die meine Muter gegeben hatte:

An alle Wagen in Richfield: Suche nach Vermisstem aufnehmen. Er soll sich in Utah, wahrscheinlich in einem der Parks, aufhalten.

An alle Wagen in Richfield: Suche nach Vermisstem aus Aspen, Colorado, aufnehmen, ist auf dem Weg nach Utah. Wurde zuletzt am 24. April, also vergangenen Donnerstag, in Aspen gesehen. Er wollte in Utah, wo es warm ist, wandern.

Sein Fahrzeug ist ein brauner 1998er Toyota Tacoma mit dem Kennzeichen New Mexico acht-vier-sechs-Mike-Mike-Yankee, New Mexico acht-vier-sechs-Mike-Mike-Yankee. Hat Gepäckträger und Skihalterung auf dem Dach.

An alle: Der Gesuchte heißt Aron Ralston, ist siebenundzwanzig Jahre alt, weiß, männlich, 1,88 Meter groß, Gewicht 75 Kilogramm, braune Augen, braunes Haar. Er ist allein unterwegs, er ist ein erfahrener Wanderer und Kletterer, Skifahrer und kennt sich in Such- und Rettungsdingen aus. Sehr verantwortungsbewusste Person.

Gesuchter kam am Dienstag nicht zur Arbeit. Seitdem hat niemand etwas von ihm gehört. Skier und Skiausrüstung müssten auf seinem Wagen sein. Er hatte Freunden gesagt, er würde nach Utah fahren. Muss die Interstate 70 genommen haben, von dort Richtung unbekannt, müsste im Truck schlafen. Hat nur wenig Geld dabei.

Im BLM-Büro in Salt Lake sprach meine Mutter um acht Uhr mit Larry Shackleford. Gleich nachdem er aufgelegt hatte, schickte er eine Suchmeldung nach meinem Wagen an das BLM, das Utah-State-Fish- und das Wildlife-Büro. Danach rief er ein halbes Dutzend Bekannte in den Büros an, um sicherzugehen, dass sie seine Nachricht erhalten hatten. Meine Mutter war beruhigt, dass Georgia und Larry die Suche vorangetrieben hatten. Sie hatte es satt, dass die Polizei ihr immer wieder sagte: »das passiert immer wieder« oder »er wird schon wieder auftauchen«. Ihre Bereitschaft, etwas zu unternehmen, war für meine Mutter wie zwei Sonnenstrahlen an dem dunklen Morgen. Außerdem konnte sie es kaum erwarten, dass Captain Kyle Ekker seine Schicht antrat. Er war die kooperativste und hilfbereiteste Person, mit der sie in den letzten vierundzwanzig Stunden gesprochen hatte. Sie wollte von ihm die neuesten Entwicklungen erfahren.

Um neun Uhr trat Adam Crider mit einem ungültig gemachten Scheck von mir in der Hand aus dem Polizeipräsidium von Aspen und ging zur U. S. Bank. Es waren nur wenige Kunden in der Bank an diesem Donnerstagmorgen, und er näherte sich dem Schalter, an dem eine Angestellte gerade dabei war, ihre Schublade aufzuräumen.

Nachdem Adam sein Anliegen vorgetragen hatte, rief sie den Bankmanager, der seine Erlaubnis für die Überprüfung meiner Geldtransaktionen geben musste. Sie schauten alle drei auf den Computerbildschirm, während sie meine Kartennummer eingab.

»Die letzte Transaktion fand am 25. statt, im City Market von Moab.«

»Um welche Summe handelt es sich?«

»Zweiundzwanzig einunddreißig … kein Bargeld zurück.« (Ich hatte mir Wasser, Saft, Früchte, Schokoladenriegel und Burritos gekauft.)

»Und davor?«

»Neunundzwanzig zweiundzwanzig bei Clarks hier in der Stadt am 24.« (Am Abend des 23. hatte ich Lebensmittel eingekauft, bevor ich zu Hause meine Sachen für meinen Skiausflug mit Brad und den Urlaub in Utah packte. Der Markt hatte die Transaktion aber erst nach Mitternacht ausgeführt.)

»Und das ist alles? Nichts nach dem 25.? Wie oft wird das aktualisiert?«

»Sofort, innerhalb von wenigen Stunden. Es hängt davon ab, wann die Händler die Karten belasten.«

Crider wusste bereits, dass ich meine Kreditkarte zum letzten Mal am 24. benutzt hatte, als ich in Glenwood Springs getankt hatte, in der Stadt, von der aus es nach Roaring Fork River und Colorado River geht. Von Glenwood kann man auf der Interstate 70 entweder in Richtung Osten oder Westen fahren. Das half den Beamten auch nicht viel weiter. Nun wusste Adam jedoch, dass ich in Moab gewesen war und wahrscheinlich am Freitag, dem 25. April, weitergefahren war. Aber wohin?

Um 10.27 Uhr am Donnerstag saß Steve Patchett in der Küche seines Hauses in Albuquerque und überlegte, welche Schritte bei der Suche nach mir als Nächstes einzuleiten waren. Steve war Elektriker, aber derzeit arbeitslos – das war er alle sechs Monate für vier bis sechs Wochen – und er hatte Zeit. Zuerst rief er das Sheriffbüro von Emery County an und wurde zu Captain Kyle Ekker durchgestellt. Die beiden Männer besprachen den Stand der Suchaktion. Kyle erklärte, bisher gebe es keinerlei Hinweise auf meinen Aufenthaltsort.

»Unsere Männer waren bei der Black Box mit ein paar Leuten vom Such- und Rettungsteam, aber sie haben nichts gefunden. Zwei Beamte fuhren raus nach Joe's Valley, das war, glaube ich, nicht auf Ihrer Liste, aber dort wird viel gewandert. Auch kein Ergebnis. Vor Einbruch der Dunkelheit wurden alle Männer zurückgerufen.«

»Haben Sie jemanden zum Segers Hole geschickt?«, wollte Steve wissen.

Seger war das nächste Ziel auf Kyles Liste, er hatte aber noch niemanden rausgeschickt, weil es drei Autostunden von Castle Dale entfernt lag, einer entlegenen südlichen Gegend im nordwestlichen Teil des Landes. Am Tag standen mehr Männer zur Verfügung, und Kyle konnte einen Beamten mit einigen Freiweilligen vom Such- und Rettungstrupp nach Muddy schicken.

»Der Weg dahin ist weit, aber wir fahren hin. Wir wollten nur das Tageslicht abwarten und noch ein paar mehr Leute zusammentrommeln. Können Sie mir noch irgendetwas sagen?«

Steve dachte nach. Zwar war es nur eine Ahnung, aber – »Ich bin mir ziemlich sicher, dass er sich in Ihrem County aufhält«, sagte er.

Kyle versprach Steve, ihn anzurufen, sobald die ersten Rückmeldungen kamen, und dankte ihm für seine Unterstützung. Dann schaute er auf die Karte und markierte einige neue Stellen, die seine Leute und die Freiwilligen von SAR auf dem Weg nach Segers überprüfen sollten. »Die nördlichen Gegenden des Countys haben wir schon abgesucht«, dachte er, »und auch die meisten Wege in der Mitte. Wenn er hier ist, dann ist er im Süden. Wie kommen die Leute dahin? Es gibt ja nicht einmal Straßen.« Nur eine Schotterstraße, die Lower San Rafael Road, windet sich durch die südliche Region von Emery County in das Niemandsland am Rand des Canyonlands-Nationalparks. »Vielleicht in der Gegend um Robbers Roost«, dachte er. Dort gibt es Dutzende von Schluchten und ausgetrocknete Flussbetten, die meisten im Zuständigkeitsbereich des BLM. Erreichbar über die Lower San Rafael Road, die irgendwann im Maze District, dem so genannten Irrgarten, endet. Kyle wusste, dass das Gebiet viele Leute anzog, es wäre zumindest einen Anruf wert, auch wenn er seine Männer nicht über die Grenzen des Countys hinausschicken wollte.

Kyle wählte die Nummer der Hans Flat Ranger Station am Eingang des Maze Districts und erkundigte sich um 9.15 Uhr nach einem braunen Toyota Tacoma. Ranger Glenn Sheriff erkannte die Fahrzeugbeschreibung sofort wieder. Dieser Truck stand seit dem Wochenende am Horseshoe Canyon.

»Ich war gerade dort. Ich habe den Wagen vor drei Tagen gesehen, und er steht immer noch da.«

Normalerweise besuchen am Tag höchstens zehn Menschen den Horseshoe Canyon, am Wochenende sind es vielleicht ein paar mehr, und man kann die Schlucht innerhalb eines Tages erkunden. Täglich postiert der National Park Service Männer an der Great Gallery, zur Kontrolle der Besucher und dem Schutz der fünftausend Jahre alten Felsmalereien. Da sie meist die Ersten vor Ort sind und die Letzten, die ihn verlassen, finden die Rangers die Parkplätze normalerweise verlassen vor oder mit einem oder zwei Fahrzeugen, neben denen die Wanderer ihre Zelte aufschlagen. Wenn ein Wagen unter der Woche länger auf einem Parkplatz herumsteht, werden sie stutzig. Da mein Truck auch noch frecherweise vor dem Willkommenschild gleich gegenüber der Einfahrt geparkt war, fiel er umso mehr auf.

Obwohl er sich zu 90 Prozent sicher war, zögerte Glenn doch. »Zumindest glaube ich, dass es sich um das Fahrzeug handelt.«

»Haben Sie jemanden, der hinfahren und das Kennzeichen überprüfen kann?«

»Ja. Ich rufe zurück.«

Glenn informierte die Ranger über Funk, die sich gerade auf dem Parkplatz fertig machten, um in den Canyon zu wandern. Der Wagen stand immer noch da, und sie bestätigten das Kennzeichen. Glenn rief Kyle an und überbrachte die frohe Botschaft: »Wir haben seinen Wagen gefunden.«

»Danke für Ihre Hilfe, wir schicken sofort jemanden raus.«

Der Captain entsendete Seargent Mitch Vetere zum Trailhead und bat seinen Funker, Sheriff Kurt Tayler aus Wayne County zu kontaktieren. Sheriff Taylor war bis zum Nachmittag nicht im Dienst, aber sein Stellvertreter Doug Bliss rief noch in derselben Stunde zurück.

Der Trailhead vom Horseshoe Canyon liegt oberhalb der Grenze von Wayne County. Die Suche verlief demnach außerhalb des Zuständigkeitsbereichs von Kyle und seinen Beamten. Obwohl mein Wagen sich in Wayne County befand, könnte ich mich, wenn ich in Richtung Norden gelaufen wäre, schon in Emery County befinden. Mit Dougs Einverständnis behielt Kyle das Oberkommando und leitete die Rettungsaktion von der Parkverwaltung ein. Er hatte bereits den Funker in Price um Unterstützung aus der Luft durch einen Hubschrauber gebeten.

Die Nachricht, dass mein Wagen beim Horseshoe Canyon gefunden worden war, erreichte Elliott um 9.37 Uhr. Die nächste Stunde verbrachte er damit, alle Beteiligten telefonisch über den Durchbruch zu informieren. Meine Freunde schöpften neue Hoffnung. Rachel verschickte E-Mails an Freunde in Roaring Fork Valley in 48-Punkt-Schrift. Um 10.31 Uhr sprach Steve Patchett in New Mexico mit Jason Halladay. Innerhalb einer Stunde hatten sie zwei Gruppen zusammentrommelt, Freunde, Kollegen aus den Such- und Rettungstrupps und Kletterpartner aus Albuquerque und Alamos, die sofort zum Horseshoe Canyon fahren wollten. Steve unterrichtete Kyle Ekker davon, dass ein Team vom Albuquerque Mountain Rescue Council zusammengestellt war. Captain Ekker sagte Steve, sie könnten sich gern an der Suche beteiligen.

Bei uns zu Hause in Denver arbeiteten meine Mutter und Ann Ford an einem anderen Plan. Sie stellten ein Vermissten-Plakat her, das sie an verschiedene Methodistenkirchen in der Gegend von Grand Junction faxen wollten. Sie wollten sie bitten, mein Bild an Tankstellen vorzuzeigen. Vielleicht hatte mich ja jemand auf dem Weg nach Utah gesehen. Meine Mutter hatte den Artikel über mich aus der *Aspen Times Weekly* ausgegraben und das Foto, das ich von mir auf dem Capitol Peak gemacht hatte, ausgeschnitten. Sie klebte das Bild auf ein Blatt Papier und darunter schrieb sie eine Personenbeschreibung:

> Aron Ralston, geb. 27. 10. 75, 27 Jahre alt, 1,88 groß, Gewicht 75 Kilogramm, braunes ungekämmtes Haar. Zum letzten Mal am Donnerstag, 24. 4., gegen 18 Uhr in der Nähe von Carbondale, Col., gesehen. Hat Kreditkarte an einer Tankstelle in Glenwood Springs benutzt am frühen Abend des 24. 4. Sehr sportlich – wahrscheinlich auf dem Weg nach Utah zum Wandern, Mountainbike- und Skifahren.

Sie fügte noch die Beschreibung meines Autos hinzu, das Kennzeichen und die Telefonnummer der Polizei in Aspen als Kontakt. Sie und Ann standen gerade am Kopierer, als es an der Tür klingelte.

Es war Sue Doss, eine Freundin aus der Kirche. Sue war direkt von Hope UMC gekommen, wo sie von dem Hilferuf meiner Mutter erfahren hatte. Meine Mutter fasste das wenige zusammen, was sie von mir wusste. Sie weinten, umarmten sich und machten sich dann wieder an die Arbeit.

Um 9.45 Uhr klingelte das Handy meiner Mutter. Am anderen Ende war Steve Swanke vom Canyonlands National Park. Sie sprachen das erste Mal miteinander.

»Mrs. Ralston, wir haben das Auto Ihres Sohnes gefunden«, sagte Steve in einem freundlichen gedehnten Dialekt.

Meine Mutter atmete einmal tief durch und kreischte dann: »Sie haben seinen Truck gefunden! Gott sei Dank! Sie haben seinen Truck gefunden!«

Nachdem Steve genau Bericht erstattet hatte, umarmten sich meine Mutter und ihre Freundinnen, dann setzten sie sich auf die Veranda im Garten. Jetzt konnten sie nur noch beten, dass die Retter auch mich noch lebend finden würden.

Zusammen mit dem NPS und dem Sheriff von Emery County orderten Ranger Steve Swanke und Captain Kyle Ekker Hubschrauber, Spürhunde, ein Kletterteam, Bodenpersonal und Suchtrupps mit Pferden. In der Zentrale in Moab beauftragte Swanke zwei Ermittler damit, ein Personenprofil von mir zu erstellen. Im Internet fanden sie meine Webseite mit Links zu meinen Bergprojekten, den Berichten über meine Schluchtenwanderungen und dem Fotoalbum von den Felsgemälden in New Mexico. Sie folgerten aus den Informationen, dass ich ein erfahrener Outdoormann war, wenn auch nicht unbedingt vertraut mit der Gegend um den Horseshoe Canyon. Das war einer von neun Faktoren, die bei der Auswertung des Profils eine Rolle spielten.

Die Richtlinien der National Association of Search and Rescue (NASAR) helfen den Beamten, die Dringlichkeitsstufe einer Vermisstenanzeige festzustellen. Sie basieren auf der Anzahl der vermissten Personen und deren Alter, ihrer physischen Kondition, der Ausrüstung, ihrer Erfahrung. Hinzu kommen Wetterbedingungen, das Terrain und vergangene Rettungsaktionen in der entsprechenden Gegend. Jeder Faktor wird mit einem Wert von 1 bis 3 eingestuft, der für die Leiter der Suche den Maßstab für das Vorgehen festlegt. Eine 1 bedeutet eine höhere Dringlichkeit als eine 3. Eine ältere (1) und unerfahrene (1) Person, die in der Vergangenheit Herzprobleme (2) hatte und sich in einem Sturm (1) verirrt (1) und nur die Kleidung hat, die sie am Körper trägt (1), in einer steilen und felsigen Gegend (1), in der es schon häufig Vorfälle gegeben hat (1) und Suchaktionen sich stets als erforderlich herausgestellt haben (1), bekäme eine Profilauswertung von 10

Punkten. Bei einem Wert zwischen 9 und 12 gilt höchste Alarmbereitschaft.

Bei den Informationen, die sie über mich zusammentragen konnten, empfahlen die Richtlinien eine Alarmbereitschaft zweiten Grades, die sich von der höchsten Dringlichkeitsstufe nur in der Anzahl der einzusetzenden Personen, der Zeit, in der gehandelt werden musste, und der Ausrüstung unterschied. Da ich aber durch meine Alleinbesteigungen von Viertausendern im Winter als erfahrener Bergsteiger galt und seit fast einer Woche verschwunden war, stufte Ranger Swanke die Dringlichkeit herauf.

Auf Swankes Anfrage hin schickte New Air Helicopters, ein Charter Service in Durango, Colorado, am Donnerstag kurz vor zwölf Uhr mittags einen Hubschrauber zum Horseshoe Canyon. Der NPS bat bei der Feuerwehr einer Forstverwaltung in Süd-Utah um einen zweiten. Ziel der Operation war, abgesehen von der Gewährleistung für die Sicherheit des Suchtrupps, laut Swanke: »Bis 20 am 1. 5. 03 Ralston zu lokalisieren, aufzunehmen, zu stabilisieren und zu transportieren.« Das war eine Anordnung wie aus dem Lehrbuch, auch in der Abkürzung LAST gebräuchlich. In den ersten zehn Stunden der Suche sollte ich also aus der Wildnis gerettet werden.

Captain Ekker beriet sich mit Chief Deputy Doug Bliss aus Wayne County, um seine Rettungsgruppe loszuschicken. Auch Captain Ekker hielt es für sinnvoll, Pferde einzusetzen, und trotzdem witzelte er: »Wenn ihr die Pferde da unten habt, haben wir ihn mit dem Hubschrauber wahrscheinlich schon gefunden. Aber schickt sie trotzdem los und bereitet euch auf eine Nacht im Freien vor.«

Um 11.25 Uhr berief Chief Deputy Bliss das Such- und Rettungsteam nach Hanksville: »Trefft euch in Carl Hunt's, es geht um eine Suche in der Gegend rund um den Horseshoe Canyon. Bringt Pferde mit, bereitet euch auf eine Nacht im Freien vor.«

Terry Mercer, Pilot vom Department of Public Safety, war gerade ein Flug gestrichen worden, der Hubschrauber war noch voll getankt und stand auf dem Hubschrauberlandeplatz des Internationalen Flughafens von Salt Lake City, als er um 10.45 Uhr einen Anruf erhielt.

Innerhalb von fünfundzwanzig Minuten war Terry in der Luft und sprach mit Captain Ekker. Der bat ihn, einen seiner Beamten am Huntington-Flughafen abzuholen, etwa 115 Kilometer vom Horseshoe Canyon entfernt. Um 12.50 Uhr landete Terry, und der bärtige Detective Greg Funk stieg ein, er kam gerade von einem Undercovereinsatz beim Rauschgiftdezernat. Sie starteten in Richtung Canyon, der nur fünfunddreißig Minuten Flugzeit entfernt lag.

Terrys Hubschrauber war der erste, der den Horseshoe Canyon erreichte und auf dem Parkplatz landete. Sergeant Mitch Vetere zeigte Terry meinen braunen Wagen, und sie durchsuchten ihn nach Kletter- und Campingausrüstung. Nach einer raschen Besprechung mit den Rangers von BLM und NPS entschieden Terry und die zwei Beamten, dass die Suche nach einem erfahrenen Wanderer am nördlichen Ende des Canyons bei der Mündung des Green River gestartet werden sollte. Sobald der nächste Hubschrauber kam, sollte dieser den oberen Teil der Schlucht abfliegen, südlich vom Trailhead.

Nach Festlegung der Flugroute nahmen Greg und sein Kollege Mitch, der eine Flugphobie hatte, auf dem Rücksitz des Hubschraubers Platz. Die Bundesregelung sieht vor, dass BLM- und Parkverwaltungsangestellte kein Fluggerät besteigen dürfen, das keine Green-Card-Registrierung hat. Da die Beamten von Utah sich auf ihre County konzentrieren, geben sie den Piloten keine Green-Card-Registrierung und vermeiden so, Verpflichtungen auf Bundesebene eingehen zu müssen. Obwohl dieser Grundsatz normalerweise dem DPS zugute kommt und die geringe Anzahl geeigneter Männer auf lokaler Ebene oder nur im eigenen Staat eingesetzt werden können, kamen die BLM- und NPS-Rangers für eine Suche aus der Luft nicht in Betracht. Deshalb war Mitch der Einzige, der mitfliegen durfte.

Um 13.56 Uhr hob der DPS-Hubschrauber ab, eingehüllt in eine Wolke aus rotem Staub, und flog in den Horseshoe Canyon hinein und in nordöstlicher Richtung zum Zusammenfluss des Barrier Creek und des Green River. Über 30 Kilometer flog der Pilot unterhalb der Felskante und folgte dem Labyrinth des ausgetrockneten Barrier-Creek-Flussbettes. Greg und Mitch hielten nach Fußspuren auf dem sandigen Boden der Schlucht Ausschau, hatten aber immer auch ein Auge auf den irritierend kleinen Abstand zwischen den Rotorblättern und den Sandsteinwänden. Der Geruch von Treibstoff erinnerte Mitch daran, dass er in einem fliegenden Benzinkanister saß, und er fragte sich, was er dort zu suchen hatte.

Eine Stunde lang flog Terry durch den Canyon, bis sie Green River erreichten. Bisher hatten Greg und Mitch keine Spur von einem Wanderer entdeckt. Doch bei den zahlreichen Felsbrocken, Bäumen und Schatten war es geradezu unmöglich, mich zu entdecken, wenn ich verletzt irgendwo lag oder nicht in der Lage war, dem Hubschrauber ein Zeichen zu geben.

Um 14.50 Uhr drehte Terry um. Er hatte nur noch wenig Benzin und musste die Beamten absetzen, bevor er sich auf den zwanzigminütigen Flug über die Canyonlandschaft nach Moab aufmachte, um aufzutanken. Es reichte sowieso schon kaum noch bis zum Landeplatz.

Für den Moment hatte Terry alles getan, was möglich war. Er zog den Hubschrauber hoch, aus der Schlucht heraus, und Mitch atmete zum ersten Mal seit einer Stunde auf. Er konnte es kaum erwarten, endlich wieder festen Boden unter den Füßen zu haben.

15

Rendezvous mit dem Schicksal

Es war, als habe man Sex mit dem Tod.

Barry Blanchard *über den Versuch seines Teams, die Rupal-Wand des Nanga Parbat in Pakistan zu erklettern*

Es ist 11.34 Uhr, Donnerstag, der 1. Mai 2003. Ich lege das Messer auf den Felsblock und umwickele meinen Stumpf mit der Plastiktüte, die zwischen Arm und Wand eingeklemmt war. Darum binde ich das gelbe Gurtband und stecke den Arm in die CamelBak-Tasche. Die Riemen ziehe ich über den Kopf, damit der Arm wie in einer Schlinge an meiner Brust ruht. Die Fahrradhose auszuziehen und sie als zusätzliches Schutzpolster zu verwenden, kommt mir nicht in den Sinn; im Moment bin ich nur darauf aus, von hier wegzukommen. Ich löse zwei Karabiner aus dem Seilzugsystem und klicke sie an den Sitzgurt, dann stopfe ich schnell ein paar herumliegende Sachen in den Rucksack – den leeren Trinkbeutel, die Flasche mit dem Urin, die Videokamera, das Multitool. Als ich die Digitalkamera einstecken will, halte ich inne. Ich schalte den Apparat ein und mache zwei Nahaufnahmen von den Fleischfetzen zwischen Felsbrocken und Schluchtwand. Ein unsentimentaler Abschied. Ich schaue mich noch einmal um, ob ich auch nichts Wichtiges vergessen habe, klemme mir das zusammengerollte Seil unter den linken Arm und stolpere zurück durch die Schlucht.

Die ersten 15 Meter torkele ich von Wand zu Wand und muss

erst einmal stehen bleiben und ruhig werden. Mein Herz rast, schlägt dreimal so schnell wie gewöhnlich, jedoch nur mit einem Bruchteil seiner Kraft. Ich bin nahe dran, bewusstlos zu werden.

Beruhige dich, Aron. Du darfst jetzt nicht umkippen.

Eile und Überanstrengung werden mir nicht gut tun. Zuerst muss ich mir Wasser besorgen. Ich atme tief ein und dreimal stoßweise aus. Dann richte ich mich auf und fange an zu laufen, das Seil ziehe ich hinter mir her. Für die nächsten 150 Meter brauche ich zwanzig Minuten. Das Licht im Canyon ist, seit sich vor zwei Stunden der erste Sonnenstrahl zeigte, schwächer geworden. Aber ich bin an das Schummrige gewöhnt und schalte auch nicht die Stirnlampe an. Der sich schlängelnde Canyon ist eng, über weite Strecken nicht einmal schulterbreit; vorsichtig schiebe ich mich über die linke Seite vorwärts, damit ich nicht gegen den Armstumpf stoße. Mindestens an zehn Stellen muss ich einarmig relativ schwierige Klettermanöver vollführen. Dazu werfe ich zuerst das Seil durch jede schmale Windung und hangele mich dann daran entlang. Auf dem Hosenboden rutsche ich von einem Felsstück herunter, das aussieht wie eine Toilettenschüssel. Wasser hat am s-förmigen Boden ein rundes Loch ausgespült. Gott sei Dank ist es nur ein flaches Becken, darüber ein Vorsprung, über den man leicht klettern kann. Ein glattwandiges Loch könnte für mich jetzt ein unüberwindbares Hindernis werden, denke ich besorgt. Ich bin wie fanatisch; versuche, so schnell wie möglich voranzukommen, gleichzeitig bin ich von Adrenalin und Endorphinen wie benebelt. Diese 100 Meter durch die Schlucht kommen mir doppelt so lang vor, und vier- oder fünfmal denke ich, jetzt ist es geschafft, bis ich dann endlich in der Sonne auf einem Felsvorsprung auf halber Höhe eines 45 Meter hohen Amphitheaters stehe. Ich laufe zur Mitte des Vorsprungs und schaue mich um. Der Blick ist spektakulär, wie in dem Film *Indiana Jones und der Tempel des Todes,* als Indiana Jones in einer Lore aus einer Bergmine rast und über einer Bergwand gerade noch zum Stehen kommt. Zum Glück bin ich vorbereitet: Ich habe einen Klettergurt, Abseilgerät und genug Seil. Zu meiner Linken sind zwei Bohrhaken in den Fels getrieben, daran Bandschlingen und ein Ringhaken, der knapp einen Meter unter dem Vorsprung hängt. Das ist der Big Drop.

Zum ersten Mal seit sechs Tagen stehe ich in der Sonne, und mir wird ganz schwindelig. Ich schwanke an den Rand des Vorsprungs, der so groß ist wie ein Doppelbett, und schaue hinunter. Da unten im Sand sehe ich Wasser. Die Sonne brennt mir auf den Kopf. Bei dem verlockenden Anblick des Wassers schwinden mir die Sinne, und ich falle beinahe kopfüber über den Felsabhang. Gerade noch rechtzeitig finde ich mein Gleichgewicht wieder.

Langsam, Aron. Jetzt bloß keine dummen Fehler machen.

Hastig hake ich die Daisy Chain in die Verankerung und entrolle das 50 Meter lange Seil, das einmal zehn Meter länger war. Mit der linken Hand und unter Zuhilfenahme meiner Zähne entknote ich mühsam erst das eine, dann das andere Ende. Die Knoten sind in den letzten Tagen entstanden, als ich das Seil immer wieder um meine Beine geschlungen habe, dann habe ich es auch noch in der Schlucht hinter mir hergezogen. Versehentlich rutscht das eine Ende über den Vorsprung und zieht langsam, aber sicher den Rest nach. Ich kann das unverwechselbare Geräusch eines schlingernden Seils hören und sehe, wie das Seil aus meinem Blickfeld verschwindet. Wenn ich es verliere, ist es aus. Ohne die zehneinhalb Millimeter dicke Rettungsleine keine Flucht aus dem Blue John Canyon. Dann müsste ich durch die Schlucht klettern, aber dort gibt es kein Wasser. Ich müsste vier Stunden in meinem Zustand über unebenes Terrain laufen, bis ich endlich auf der Straße nach Maze jemanden auf mich aufmerksam machen könnte. Wenn ich dann überhaupt noch lebe. Und das würde ich nicht. Wenn ich das Seil fallen lasse, kann ich mich gleich mit in die Tiefe stürzen.

Lass das Seil nicht los, Aron. Mach keine dummen Fehler.

Ich binde einen Achterknoten in die Mitte des Seils und klemme ihn an den Anker. Nach diesem zweiten beinahe fatal endenden Fehler innerhalb von fünf Minuten konzentriere ich mich voll auf die Vorbereitungen für das Abseilen. Ich muss an das Wasser herankommen. Mit jeder Minute vertrockne ich mehr. Jetzt bin ungeschützt der Sonne ausgesetzt und merke, wie die Dehydrierung dreimal so schnell voranschreitet; das Seil gleitet Stück für Stück über meine spröden Lippen, und meine Zunge und mein Gaumen fühlen sich wie Sandpapier an. An jedem Knoten müssen meine Zähne dreißigmal ziehen. Endlich fällt mir eine bessere Methode ein: den Knoten zwischen den Zähnen halten und das Seil durch die Schlaufe ziehen. Dabei muss ich mich beherrschen, nicht automatisch mit der Zunge daran zu lecken. Das Atmen entzieht mir die letzte Flüssigkeit, und obwohl es vielleicht nur noch fünf Minuten dauert, bis ich das Wasser erreicht habe, muss ich sofort etwas trinken.

Ich spucke das Seil aus, klemme es zwischen die Knie und nehme den Rucksack ab. Dann ziehe ich vorsichtig den Schulterriemen über den Stumpf. Ganz unten im Rucksack befindet sich die Flasche mit dem Urin. Zuvor habe ich immer nur daran genippt oder höchstens einen Mund voll getrunken. Jetzt stürze ich in zehn Sekunden 200 Milliliter hinunter und muss würgen. Doch das Gefühl zu vertrocknen lässt nach, und ich kann mich wieder meiner Arbeit widmen.

Nach fünfzehn Minuten habe ich das Seil entknotet und zu zwei Rollen zusammengewickelt. Ich prüfe noch einmal den Knoten an der Verankerung und werfe dann eine Rolle nach der anderen über die Kante. Normalerweise würde ich das Seil so an der Verankerung befestigen, dass ich es, sobald ich unten bin, wieder lösen und herunterziehen kann; aber heute mache ich mir die Mühe nicht. Ich werde es nicht mehr brauchen, und im Moment habe ich andere Sorgen, als dafür zu sorgen, dass ich nicht irgendwo in der Natur etwas herumliegen lasse. Normalerweise würde ich die Verankerung auch mit einem zweiten Karabiner sichern, aber ich habe keine Angst, dass der eine Karabiner plötzlich aufgeht. Der Karabiner kann sich nirgends verhaken und ist so stark, dass man ihn ohne weiteres mit zwei Trucks beschweren könnte. Das Gurtband ist fast neu; es hat noch keine Gebrauchs- oder Abnutzungsspuren. Wenn ich dem Gurtband nicht trauen würde, könnte ich das Seil auch mit einem Karabiner direkt an einem der Bohrhaken befestigen, aber ich bin überzeugt, dass die Konstruktion halten wird.

Nun nehme ich das ATC, mein Abseil- und Sicherungsgerät, und ziehe jedes Seilende durch die Öffnungen. Dann befestige ich meinen Hauptkarabiner in einer der Schlingen. Nachdem ich den Karabiner verschlossen habe, kann ich mich endlich herunterlassen. Ich löse die Daisy Chain aus der Verankerung und gehe zurück, bis sich das Seil strafft. Noch einmal überprüfe ich den Klettergurt, noch habe ich den Taillengürtel nicht vorschriftsgemäß durch den D-Ring gezogen. Theoretisch zieht man den Gürtel durch den Ring. Hätte ich zwei Hände und würde ich nicht verbluten, würde ich den Gürtel doppelt sichern, aber so nehme ich das Risiko in Kauf.

Am Rand des Vorsprungs schaue ich zwischen meinen Beinen hinunter in die schwindelerregende Tiefe. Ich bin nervös, weil ich mich mit nur einer Hand abseilen muss. Sollte ich aus irgendeinem Grund loslassen müssen, habe ich keine Rückversicherung. Ich werde mich schnell herunterlassen, nur ein wenig langsamer als im freien Fall, und hart neben der Wasserlache landen, mir wahrscheinlich die Beine brechen. Den Überhang muss ich langsam nehmen, das ist wichtig.

Langsam zurück. Noch ein bisschen. Noch ein bisschen. So ist es gut, Aron. Steig auf den Felsen. Nein, linker Fuß zuerst. Gut. Gleichgewicht halten. Jetzt den rechten Fuß. Ausgezeichnet. Lehn dich zurück. Vertraue dem Seil. Den Po raus. Beine gerade. Jetzt ein bisschen nachlassen. Noch ein bisschen. Langsam. Laaangsam. Gut. Jetzt festhalten.

Die Reibung am ATC ist heftig. Außerdem strengt es mich ungemein an, die Seilenden Stück für Stück durch das Gerät zu führen. Es raubt mir fast die letzte Kraft. Aber ich verliere trotzdem nicht die Kontrolle. Es ist, als lenkte ich ein Auto durch dichten Verkehr, träte ständig aufs Gaspedal und regelte die Geschwindigkeit durch das Anziehen der Handbremse. Ich muss die Handbremse lösen, damit ich vorwärts komme, aber wenn ich sie zu weit löse, verliere ich die Kontrolle. Mit nur einem Arm kann ich mich nicht stabilisieren, wenn ich zu weit in die eine oder andere Richtung schwinge. Am meisten fürchte ich, dass ich zu viel Seil gebe, mich an der Schulter oder am Kopf stoße und loslasse. Meine Haut wird ganz trocken von der Luft, und drei lange Minuten muss ich winzig kleine Anpassungen vornehmen, um unter den Vorsprung zu kommen. Dann lasse ich ein bisschen Seil durch das ATC, meine Füße lösen sich von der Kante, und ich hänge 18 Meter über dem Boden. Die Anspannung fällt von mir ab, und ich freue mich wie ein Schneekönig, als ich über dem Amphitheater in der Luft kreise. Ich gleite am Seil hinunter. Je näher ich dem Boden komme, desto schneller werde ich. Dabei höre ich, wie das Seil durch das ATC gleitet.

Als ich endlich Boden unter den Füßen verspüre, ziehe ich die sechs Meter langen Seilenden aus dem ATC und haste zur Schlammlache. Im Schutz des Schattens nehme ich den Rucksack ab, erst über den linken Arm und dann etwas vorsichtiger über den Stumpf am rechten Arm und hole die Nalgene-Flasche heraus. Diesmal schütte ich den Inhalt in den Sand und fülle sie mit Wasser, dabei kommen auch tote Insekten und Blätter mit in die Flasche. Ich bin so ausgedörrt, dass ich die Luftfeuchtigkeit um die Wasserlache herum geradezu schmecken kann. Mein Durst wird davon nur größer. Ich spüle die Flasche aus. Wieder lasse ich das braune Wasser in die Flasche fließen. Als ich sie endlich zum Mund führe, überlege ich, ob ich langsam oder schnell trinken soll, und beschließe, mit kleinen

Schlucken zu beginnen. Als die ersten Tropfen meine Zunge benetzen, höre ich Engelsstimmen. Das Wasser ist kühl und süß wie Brandy oder ein guter Portwein nach dem Abendessen. Ich trinke einen ganzen Liter und fülle die Flasche erneut. (Von wegen kleine Schlucke.) Den zweiten Liter trinke ich genauso schnell. Und wieder fülle ich die Flasche. Ich frage mich, ob das Wasser auch so gut schmecken würde, wenn man nur ganz normalen Durst verspürte. Wie kann es sein, dass es so köstlich ist? Machen die trockenen Blätter das Wasser zu einer Art Wüstentee?

Ich sitze am Rand der Pfütze und genieße den Moment, so als wäre mein Durst das Wichtigste auf der Welt. Und jetzt, da ich ihn gelöscht habe, bin ich vollkommen entspannt. Wie bei einem Picknick fange ich an zu träumen, als säße ich nach einem guten Mittagessen im Schatten und hätte nichts weiter zu tun, als die Wolken am Himmel zu beobachten.

Doch ich weiß, dass die Erleichterung nur von kurzer Dauer sein wird. Bis zu meinem Auto sind es noch 13 Kilometer zu Fuß. Zu meiner Rechten bemerke ich ein paar Hufspuren. Irgendjemand, oder auch eine Gruppe von Leuten, ist seit dem letzten Sturm durch die Schlucht geritten. Mein Herz beginnt zu klopfen bei dem Gedanken, dass ich vielleicht ein paar Cowboys begegnen könnte. Doch sollte ich mir nicht zu große Hoffnungen machen oder gar anfangen, um Hilfe zu schreien. Die trockenen Pferdeäpfel sagen mir, dass es sicher einen Tag her ist, dass die Pferde hier durchgeritten sind. Und Touristen mit Pferden bleiben meistens nicht über Nacht im Freien.

Ich trinke den dritten Liter, wenn auch etwas zögerlicher, setze die Flasche für ein oder zwei Minuten in den Sand, durchwühle den Rucksack. Vielleicht kann ich das eine oder andere hier lassen. Ich nehme den kaputten CD-Spieler und die zerkratzen CDs heraus, alles andere will ich mitnehmen. Ich mache noch ein paar Fotos von dem Seil am Big Drop und einen Schnappschuss von mir mit der Wasserlache. Auf meiner Uhr ist es jetzt 12.16 Uhr. Dass ich so weit gekommen bin, macht mich froh, trotz des Sechstagebarts und der Blutflecken und meines geisterhaften Gesichtsausdrucks. Nachdem ich die Kamera wieder verstaut habe, versuche ich das Mundstück auf den abgeschnittenen Trinkschlauch des Wasserbeutels zu setzen und fülle ihn mit zwei Litern des sirupartigen Wassers.

Ich nehme meine Reiseführer zur Hand und schätze die Entfernung zur ersten Sehenswürdigkeit, dem Zusammentreffen von Blue John Canyon und Horseshoe Canyon. Bis dahin sind es etwa drei Kilometer, dann kommen etwa anderthalb Kilometer bis zur Canyonlands-Grenze. Nach weiteren drei Kilometern komme ich zur Great Gallery. Bis zum nächsten Wasser bei der Barrier-Creek-Drainage sind es dann noch einmal knapp anderthalb Kilometer. Also vor zwei Stunden komme ich nicht wieder an Wasser heran. Ich weiß nicht einmal, ob es dort überhaupt Wasser gibt – das hängt von dem Wasserstand ab und wie viel es in der Woche, bevor ich nach Utah kam, geregnet hat.

Ich muss also für meinen Marsch sowohl die Nalgene-Flasche als auch den CamelBak-Trinkbeutel füllen und gut verschließen. Jetzt bin ich bereit. Ich stehe auf. Das Wasser blubbert in meinem Bauch. Ich wünschte, ich könnte mich noch eine Weile ausruhen, bis mein Körper das Wasser aufnimmt, aber ich verblute langsam, und der Weg ist noch weit. Vor einer und einer dreiviertel Stunde habe ich eine Entscheidung getroffen. Als ich den Arm amputierte. Jetzt muss ich den Weg bis ans Ende gehen – zu meinem Wagen kommen und zu einer Klinik, oder, wenn mir das nicht gelingt, zu einem Telefon.

Ich begebe mich also in den sonnigen breiten Canyon und beginne meinen langen Fußmarsch. Die Hitze frisst sofort alle Flüssigkeit, die ich gerade aufgenommen habe, und nach 200 Metern muss ich schon wieder einen Schluck trinken. Nachdem ich die Flasche aus dem Rucksack gefischt habe, hänge ich sie mit Hilfe eines Karabiners an den Taillenriemen meines

Rucksacks. Ich laufe an Pappeln vorbei und einem Dickicht von Tamarisken, den Zeugen von den vielen Überflutungen in der Schlucht. Nach weiteren 100 Metern wird das Buschwerk spärlicher. In dem Klettergurt zu laufen ermüdet mich, das Abseilgerät und die Daisy Chain schlagen gegen meine Schenkel. Ich steige aus dem Gurt, lasse alles in den Sand auf ein paar tote Schlangen fallen. »Darüber kann sich der Nächste freuen«, denke ich.

In den ersten Kurven der Schlucht versuche ich im Schatten zu bleiben, doch obwohl ich relativ langsam laufe, bin ich nach einem Kilometer wieder genauso ausgedörrt wie auf dem Felsvorsprung. Einen ganzen Liter Wasser habe ich schon getrunken, das ist ein Drittel meines Vorrats.

Nur zehn Minuten, nachdem ich mich von der Wasserlache entfernt habe, macht sich zum ersten Mal seit Samstag mein Gedärm bemerkbar. Ich weiß, was kommen wird, und es kommt schnell. Ich haste an die Seite des Flussbettes und öffne hastig meine Shorts. Schnell ziehe ich die drei Hosen herunter und verrichte meine Notdurft. Das Wasser hat meinen Darm durchgespült.

Oh Mann, das ist ja widerlich!

Wenn das nicht schon genug wäre, muss ich mich jetzt auch noch irgendwie säubern. Abwischen geht nicht, ich habe ja nur meine Anziehsachen, und die brauche ich. Ich ziehe die Unterhose hoch, die Fahrradhose ziehe ich aus und stopfe sie oben in den Rucksack. Die hautfarbenen, blutbesprenkelten Shorts ziehe ich auch wieder an. Ohne die schwarze Fahrradhose ist mir in der Hitze hier schon viel wohler. Keine Zeit zum Nachdenken, die Episode gehört der Vergangenheit an. Ich laufe weiter, und bevor die Schlucht eine scharfe Biegung nach rechts macht, nehme ich den Weg in eine linke Seitenschlucht. Das muss die Hauptwasserdrainage sein. Nach vierzig Schritten habe ich das Gefühl, dass mir das Laufen schwerer fällt, und ich merke, dass ich bergauf gehe. Ich kehre um.

Keine dummen Fehler machen, Aron. Pass ein bisschen auf. Du wusstest doch, dass das nicht der Horseshoe Canyon ist. Richte dich nach deiner Karte. Du weißt doch, wie das geht.

Plötzlich fühlt sich mein Rücken ganz nass an. Meine CamelBak läuft aus. Sofort bleibe ich stehen, knie mich hin und schaue mir das Malheur an. Das Trinkventil hält nicht dicht. Es ist nicht dafür gemacht, dem Wasserdruck unten standzuhalten. Außerdem habe ich den Schlauch abgeschnitten, und nun habe ich ein echtes Problem. Ich schütte die Hälfte des Wassers in die Flasche um. »Und nun?«, fragte ich mich. Der Rest wird, wenn ich am Horseshoe Canyon angekommen bin, ausgelaufen sein. Ich verschließe die Flasche, klemme sie wieder an den Rucksack. Das Beste ist, ich trinke den Rest jetzt einfach und versuche mir das Wasser in der Flasche einzuteilen. Das ist keine Ideallösung, aber besser, als das Wasser zu verlieren.

Wenn ich es recht bedenke, habe ich in weniger als einer Stunde fünf Liter Wasser getrunken, aber nur anderthalb Kilometer zurückgelegt. Einen Liter Wasser habe ich noch. Mehr als zehn Kilometer liegen vor mir. Es wird heißer, und ich werde schwächer werden. Ich muss mir etwas anderes ausdenken oder ich sterbe, bevor ich die Great Gallery erreiche. Plötzlich erinnere ich mich an eine Geschichte über den legendären mexikanischen Indianerstamm Tarahumara, die ich vor Jahren in einer Zeitschrift gelesen habe. Die Tarahumara legen an einem Tag im Laufschritt 80 Kilometer zurück, oft barfuß und in der Hitze der Wüste, und das ohne Nahrung und Wasser. Ihr Trick liegt darin, gleich beim Start einen Schluck Wasser in den Mund zu nehmen, ihn aber nicht herunterzuschlucken. Durch die Atmung und das Wasser im Mund wird dann nach und nach die Lunge befeuchtet. Sie dürfen lediglich nicht übermäßig schwitzen und nur das an Feuchtigkeit verlieren, was sie ausatmen. »Es ist einen Versuch wert«, denke ich. Mit dem Mund voller Wasser nähere ich mich nun Meter für Meter meinem Truck, irgendwo da oben auf dem Tafelland im Norden.

Der Trick funktioniert tatsächlich. Zwar habe ich nach wie vor Durst, aber ich kann gleichmäßig atmen und fühle mich nicht halb so ausgedörrt wie zuvor. Vielleicht kann ich mir auf diese Weise meinen Wasservorrat erhalten.

Um 13.09 Uhr habe ich drei Kilometer hinter mir und komme an das Zusammentreffen von Blue John Canyon und Horseshoe Canyon. Ohne anzuhalten, gehe ich nach links weiter in Richtung Great Gallery. Nach fünf Minuten habe ich so viel Sand im Schuh, dass ich ihn ausziehen muss. Der Sand reibt, und ich halte es nicht mehr aus. Mein linker Fuß ist stärker mitgenommen als mein rechter, denn die Socke liegt immer noch beim Felsbrocken. Ich schütte den Sand aus, kann aber die Schnürsenkel nicht wieder zubinden. Also ziehe ich sie fest und stecke sie in den Schuh. Das ist gut genug. Jetzt achte ich auf jeden Schritt, den ich mache, damit ich nicht wieder so viel Sand in den Schuh kriege. Nach einem weiteren Kilometer komme ich an einen Stacheldrahtzaun, der über das Flussbett führt und an beiden Seiten an den Felsen befestig ist. Das muss die Grenze vom Nationalpark sein, denke ich. An einer Stelle, wo die Bretter am Boden locker sind, krieche ich hindurch. Jetzt bin ich im Horseshoe District. Mein Darm meldet sich wieder, mein Schließmuskel zieht sich zusammen. Ich eile in den Schatten eines Vorsprungs und entleere meinen Darm. Zwar stellt der Blutverlust immer noch die größte Bedrohung für mich dar, aber wenn es mit dem Durchfall so weitergeht, werde ich noch stärker dehydrieren.

Ich ziehe mich wieder an und laufe weiter. Der Wassertrick funktioniert immer noch. Ich komme zügig voran und muss weniger trinken. Alle fünf bis zehn Minuten nur nehme ich einen Schluck und habe noch immer etwas mehr als einen halben Liter übrig. Nach etwa sechseinhalb Kilometern komme ich an einer 90 Meter hohen Wand mit Felsmalereien vorbei; Dutzende von breitschultrigen übergroßen Figuren in allen Brauntönen. Das ist die Great Gallery, die ich in meinem Zustand nur noch als Meilenstein auf meinem Marsch wahrnehme. Etwas weiter trete ich zwischen Unterholz und Schilf auf wasserdurchtränkten Boden, der von Gras bewachsen ist. Nach ein paar Schritten schiebe ich das Riedgras zur Seite und finde Wasser. Hallelujah! Auf meiner Uhr ist es 13.55 Uhr. Ich beuge mich zu der 15 Zentimeter breiten und fünf Zentimeter tiefen Pfütze hinunter und versuche, meine Flasche aufzufüllen. Es ist ein schwieriges Unterfangen, aber es lohnt sich. Ich hatte nur noch 140 Milliliter übrig. Zuerst muss ich einen kleinen Damm bauen, damit ich das Wasser in den CamelBak-Beutel schöpfen kann. Ein paar Kaulquappen verirren sich darin, doch warum sie wieder rauslassen, denke ich. Wahrscheinlich habe ich sowieso schon etliche kleine Tierchen hinuntergeschluckt. Ein oder zwei mehr, was macht das schon – bloß, weil ich sie sehen kann.

Der Armstumpf blutet jetzt immer stärker, trotz Tourniquet und den Umwicklungen. Das Blut tropft in den nassen Sand. Die Schmerzen lassen nicht nach und senden mir immer wieder die gleiche Botschaft: Du bist schwer verletzt und musst etwas dagegen tun. Eigentlich möchte ich mich hinsetzen und Kraft schöpfen, aber ich weiß, dass ich das nicht darf. Wenigstens habe ich jetzt wieder Wasser.

Zwischen Sanddünen und Pappeln sind Fußspuren zu sehen, am Wegrand stehen Grenzsteine. Dieser Teil des Parks wird häufiger besucht wegen seiner Nähe zur Great Gallery. Wie alt die Fußspuren sind, kann ich nicht sagen, aber seit dem letzten Regen müssen ein paar Leute hier entlanggekommen sein. Nach meiner schmerzhaften Erfahrung während meiner Gefangenschaft in der Schlucht rufe ich jetzt nicht. Wenn hier irgendwo Leute sind, dann werde ich sie finden. Die Hoffnungen sollte ich dennoch nicht zu hoch schrauben.

Nach neuneinhalb Kilometern gehe ich nach links in Richtung einer riesigen Wandnische. Sie ist mindestens 100 Meter breit und mindestens ebenso hoch und steht an ihrem tiefsten Punkt gute 30 Meter hervor. Während ich mich ihr nähere, biegt das Flussbett nach rechts ab. Wie angewurzelt bleibe ich stehen, meine Motorik setzt aus, als wäre in mir eine Sicherung durchgebrannt. Da, nur 70 Meter vor mir sehe ich drei Wanderer. Menschen! Ich kann es kaum fassen. Bis jetzt war ich mir nicht sicher, ob ich hier jemandem begegnen würde. Ich schlucke das Wasser hinunter. Kommen sie auf mich zu oder nicht? Einen kurzen Moment lang frage ich mich, ob sie nur eine Erscheinung sind. Sie scheinen nicht auf mich zuzukommen.

Schnell, Aron, ruf nach ihnen. Sie werden dir helfen.

Bevor sie zu weit weg sind, muss ich mich bemerkbar machen. Ich rufe, aber mir bleibt der Laut im Hals stecken. Ich schlucke den letzten Rest Wasser hinunter und krächze: »Hilfe!« Einmal tief Luft holen. Ich rufe, so laut ich kann: »HILFE!«

Die drei bleiben stehen und drehen sich um. Ich laufe weiter und rufe »HILFE! ICH BRAUCHE HILFE!« Die drei rennen auf mich zu. Ich bin nahe daran, in Tränen auszubrechen. Ich bin nicht länger allein. Dieser Gedanke erleichtert mich ungemein, und ich schöpfe wieder Hoffnung. Ich werde durchkommen. Jetzt muss ich nicht allein irgendwohin fahren. Diese drei Menschen werden mir helfen.

Ich werde durchkommen.

Sie kommen näher. Es ist eine Familie, nehme ich an: ein Mann und eine Frau, beide vielleicht Ende dreißig, und ein Junge, offenbar ihr Sohn. Die Frau hat eine Gürteltasche, in den Seitentaschen stecken Wasserflaschen. Der Mann trägt einen mittelgroßen Rucksack, aber er scheint nicht schwer zu sein. Wahrscheinlich ist er fast leer.

Als sie nahe genug sind, fange ich an zu reden: »Ich heiße Aron Ralston. Am Samstag wurde ich von einem Felsblock eingeklemmt und seit fünf Tagen bin ich ohne Wasser und Nahrung. Ich habe mir den Arm abgeschnitten, um freizukommen, und eine Menge Blut verloren. Ich brauche einen Arzt.«

Bevor wir uns direkt in die Augen schauen können, habe ich meine Erklärung beendet. Meine rechte Seite ist vom Hals bis zu den Fußspitzen blutüberströmt. Ich sehe den Jungen an – er ist höchstens zehn Jahre alt – und befürchte, dass ich ihn gerade zu Tode erschreckt habe. Der Mann beginnt zu sprechen, seine kurzen Sätze erreichen mich wie durch eine Nebelwand, dann erst verstehe ich. Er hat einen nordeuropäischen Akzent.

»Sie haben uns gesagt, dass Sie hier sind.«

Es dauert ein paar Sekunden, bis ich die Bedeutung der Worte begreife, und ehe ich mich versehe, laufe ich in vollem Tempo los, schreie dabei die Familie an: »Wir müssen weiter. Wir können uns im Laufen weiter unterhalten. Können Sie mich verstehen?«

Der Vater nickt, widerspricht mir aber: »Sie sollten anhalten und sich ausruhen.«

Ich wiederhole – »Nein, wir müssen weiter« – und ich löchere sie mit Fragen. »Wer sind ›sie‹? Wer hat Ihnen gesagt, dass ich hier bin? Haben Sie ein Telefon dabei, das hier unten funktioniert?«

Die Familie holt mich ein, und der Mann sagt: »Auf dem Parkplatz ist Polizei. Die Beamten haben gesagt, wir sollten unsere Augen offen halten.«

»Haben Sie ein Telefon?«, frage ich erneut. Sie haben keins. Der Mann hat ein GPS-Gerät um den Hals hängen. »Können Sie mir sagen, wie weit es noch bis zum Trailhead ist?«

»Ähm, drei Kilometer.«

Oh Mann, wie kann das sein? Ich schaue auf meine Landkarte. Es sieht viel näher aus: über den Pfad aus der Schlucht hinaus und weiter steil bergauf. »Sind Sie sicher?«

Er hält mir den Bildschirm hin. Er hat die Route markiert, und laut GPS sind wir 2,91 Kilometer vom Weg entfernt. Außerdem befinden wir uns 220 Meter unterhalb des Trailheads. Der Anstieg wird der schwierigste Teil werden. Die Anstrengung, die es kosten wird, über die Meter hohen Sandbänke in der sich schlängelnden Rinne zu klettern, kann ich jetzt schon spüren. Mir kommen Zweifel, ob ich es schaffen werde. Vielleicht, weil ich weiß, dass dort Rettungsleute sind, die mich holen könnten. Doch ich merke, wie meine Kräfte schwinden. Ich habe zu viel Blut verloren. Jedes noch so kleine Hindernis wird mich zu viel Kraft kosten und meine Herzfrequenz in die Höhe treiben.

Rasch überlege ich, wie ich am schnellsten zu einem Arzt komme. Ich frage die Wanderer nach ihren Namen, will Zeit gewinnen, bevor ich sie bitte, dieses oder jenes für mich zu tun.

»Ich heiße Eric, und das sind Monique und Andy«, sagt der Mann. »Meijer mit Nachnamen. Wir kommen aus Holland.« (Das erklärt den Akzent und ihr hervorragendes Englisch.) Zwar haben weder Monique noch Andy bisher ein Wort gesagt, aber ich bin mir sicher, dass auch sie so gut Englisch sprechen.

»Okay, Eric, ihr seht noch ziemlich fit aus. Einer von euch muss vorlaufen, zur Polizei.« Wahrscheinlich sind die Leute da oben gar nicht von der Polizei, aber sie haben sie so genannt.

»Sie müssen ein paar Leute mit einer Trage hier herunterschicken. Ich glaube nicht, dass ich es aus dem Canyon schaffe. Könntet ihr das für mich tun?«

»Monique kann rennen – sie ist schnell.«

Im Gehen schaue ich zu Monique hinüber, und sie nickt.

»Haben Sie verstanden, was ich gesagt habe?«

»Ja, eine Trage und –«

Ich unterbreche sie. »Warten Sie. Hatte die Polizei Funkgeräte dabei und Telefone?«

Die beiden Erwachsenen nicken.

»Okay. Bitten Sie sie um einen Hubschrauber.«

Warum bin ich nicht gleich darauf gekommen. Vielleicht, weil ich so müde bin. Aber ein Hubschrauber ist besser als ein Team mit einer Trage. Dann muss ich es nur noch bis dahin schaffen, wo ein Hubschrauber landen kann. Das schaffe ich. Ich sehe Monique an.

»Bitte, gehen Sie. Schnell.«

Eric Meijer beschrieb unsere Begenung später in einem Brief:

Am Donnerstag, dem 1. Mai, machten meine Frau Monique, mein Sohn Andy und ich einen Ausflug zum Horseshoe Canyon, einem abgelegenen Ort im Nationalpark in Utah. Gleich am Trailhead stießen wir auf einen Ranger, der uns von einem Auto erzählte, das schon einige Tage dort geparkt war und dessen Besitzer als vermisst gemeldet war. Wir witzelten, dass wir unsere Augen offen halten und versuchen würden, ihn zu finden.

Wir waren 5,9 Kilometer bis zur Great Gallery gewandert (indianische Felsmalereien) und machten ein paar Fotos. Wir waren schon auf dem Rückweg, als wir hinter uns etwas hörten. Dann schrie jemand: »Hilfe, ich brauche Hilfe!«

Monique und ich waren uns sofort im Klaren darüber, dass es sich um den Vermissten handeln musste. Nicht wir haben ihn gefunden, er hat uns gefunden! Ein wenig unsicher lief er schnell auf uns zu, und wir sahen, dass seine rechte Seite voller Blut war.

Sein Arm, oder besser das, was davon noch übrig war, hing in einer selbstgemachten Schlinge. Wir rannten zu ihm, und er sprach klar. »Hallo, mein Name ist Aron Ralston. Am Samstag ist ein Felsblock auf mich gefallen. Ich war fünf Tage eingeklemmt und ohne Nahrung und Wasser. Ich habe mir vor vier Stunden den Arm abgeschnitten und brauche ärztliche Hilfe. Ich brauche einen Hubschrauber.«

Wir beschlossen, dass meine Frau und unser Sohn sofort zurücklaufen und Hilfe holen sollten. Ich blieb bei Aron und lief mit ihm zusammen weiter, gab ihm Wasser und etwas zu essen. Außerdem sprach ich ihm immer wieder Mut zu. Aron bat mich, seinen Rucksack zu tragen. Ich fragte ihn auch immer wieder, was er noch bräuchte. Am wichtigsten war es, mit ihm so schnell wie möglich aus der engen Schlucht auf eine freie Fläche zu laufen, wo ein Hubschrauber landen konnte.

Monique rennt los, und Andy folgt ihr. Beinahe bitte ich den Sohn, bei uns zu bleiben, damit Monique schneller vorankommt. Doch ich frage Eric lieber, ob er etwas zu essen dabeihat. Er denkt nach und ruft Monique hinterher. Sie bleibt stehen. »Wir haben noch ein paar Oreos, aber die hat Monique«, sagt Eric. Er ruft ihr zu, die Kekse dazulassen, während wir uns ihr nähern. Sie gibt uns die Packung und entschuldigt sich, dass sie und Andy schon fast alle aufgegessen haben. Dann laufen sie und ihr Sohn los.

Es sind nur noch zwei Kekse übrig. Aber es ist, als hätte sie der Himmel geschickt. Ich stecke mir einen in den Mund, dann spüle ich mit dem Wasser aus meiner Nalgene-Flasche nach. Danach esse ich den zweiten Keks. Eric reicht mir eine ungeöffnete Flasche mit stillem Mineralwasser. Es schmeckt nicht so gut wie das Wasser aus der Pfütze am Big Drop, aber viel besser als das sandige Wasser aus meiner Flasche. Ich bedanke mich bei Eric. Er nimmt mir den Rucksack ab, und ich fühle mich um ein paar Pfund leichter.

Eric spricht mit mir und fragt mich, wie das passiert sei. Noch immer behalte ich das Wasser im Mund, während ich laufe. Doch wenn ich ihm antworten will, muss ich es hinunterschlucken. Ich halte mich zurück, nehme wieder einen Schluck Wasser. Nach einem halben Dutzend Fragen sage ich Eric, dass ich mich auf das Laufen konzentrieren muss und nicht weiterreden möchte.

Fünf Minuten, nachdem Monique und Andy losgelaufen sind, treffen wir auf einen anderen Wanderer. Er ist Anfang vierzig. Zusammen mit einer älteren Frau, die aussieht wie seine Mutter, geht er in die entgegengesetzte Richtung. Er fragt uns, ob wir Hilfe benötigen. Ich antworte mit einer Frage: »Haben Sie ein Handy oder Satellitentelefon?« Er hat auch kein Telefon, sagt aber, dass er eine medizinische Ausbildung hat. Erleichtert, jemanden getroffen zu haben, der mehr Wissen auf diesem Gebiet hat als ich, bitte ich ihn, sich uns anzuschließen. Die Frau will weiterwandern, er kommt mit uns mit und stellt sich vor. Er heißt Wayne. Ich frage ihn alles Mögliche, will sichergehen, dass ich alles tue, was mir im Moment hilft. Wir laufen an unzähligen Tamarisken vorbei, deren Zweige mein Gesicht und meinen Arm streifen. Ich frage zum Beispiel: »Ist es okay, wenn ich etwas esse?« (»Wenn du dich nicht übergeben musst, sicher.«) Und: »Sollte ich vielleicht nicht so viel Wasser trinken?« (»Wenn du dich nicht übergeben musst, warum nicht.«)

Monique und Andy habe ich seit zehn Minuten nicht mehr gesehen. Wir kommen an eine lange Sandbank, die von Buschwerk und ein paar Bäumen bewachsen ist. Wieder muss ich anhalten und den Sand aus meinem Schuh schütten. Er reibt so sehr an meiner nackten Fußsohle, dass der Schmerz fast größer ist als der in meinem Arm. Es grenzt schon an Ironie, dass mein Fuß mich von der Tatsache ablenkt, dass ich mir den Arm amputiert habe. Noch ironischer ist es, dass Eric, als ich anhalte, protestiert. »Nein, Sie müssen weitergehen.«

»Nein. Ich werde mich setzen und den Sand aus dem Schuh schütten, und dann werden Sie mir den Schuh wieder zubinden.« Manchmal, wenn ich müde bin und Schmerzen habe, werde ich zu einem herrischen Schweinehund. Aber Eric nimmt es gelassen. Nachdem ich mich auf einen umgefallenen Baum gesetzt und den Schuh geleert habe, bindet er mir Schleifen.

Ich versuchte mir vorzustellen, was Aron in den letzten Tagen durchgemacht haben musste. Seine physische und seelische Kraft beeindruckten mich. Er wusste genau, was er tat, was er wollte und wo seine Grenzen lagen.

Obwohl er viel Blut verloren hatte, konnte er immer noch

ziemlich schnell laufen, bis der Sand im Schuh ihn störte, er sich im Schatten niederließ, sich des Problems entledigte und wieder weitermachte. Er bat mich, ihm die Schuhe zu zuzubinden.

Wir haben elf Kilometer hinter uns gebracht, und es ist ein paar Minuten nach 15 Uhr. Die Sonne knallt auf den Sand im schattenlosen, 243 Meter tiefen Horseshoe Canyon. Eric, Wayne und ich kommen gerade um eine weite Kurve in der offenen Schlucht. Links beginnt der Weg, der im Zickzack den steilen Hang zum Parkplatz hinaufführt. Irgendwo dort, 200 Meter über uns, warten die Rettungskräfte. Oh, ich wünschte, ich wär ein Rabe, könnte meine Flügel ausbreiten und mich mit einem rauen Krächzen in die Lüfte erheben; in zwei Minuten wäre ich dort.

Aus der Schlucht hinauszuwandern bedeutet meinen Tod. Ich habe zu viel Blut verloren; ich stehe kurz vor einem tödlichen Schock. Ich überlege, ob ich Eric hinaufschicken soll. Doch bevor ich zu sprechen beginne, unterbricht ein dröhnendes Echo meine Gedanken.

Tocka-tocka-tocka-tocka-tocka-tocka.

200 Meter vor uns steigt der metallene Corpus eines flügellosen Vogels über der Schluchtwand auf. Wie vom Donner gerührt, bleibe ich stehen. Ungläubig versuche ich mir vorzustellen, wie Monique und Andy zu dem Trailhead gelangen und die Rettungskräfte so schnell einen Hubschrauber herzaubern konnten. Dann wird mir klar, dass der Hubschrauber schon da gewesen sein muss. Mein Erstaunen verwandelt sich in grenzenlose Erleichterung. Jetzt brauche ich nur noch zu warten. Auch Wayne und Eric bleiben wie angewurzelt stehen und beginnen, mit den Armen in der Luft herumzufuchteln, dem Hubschrauber ein Zeichen zu geben. Wir stehen in der Mitte des Canyons. 30 Meter im Umkreis von uns sind nichts als Gras und Büsche. Kann man uns dennoch vom Hubschrauber aus se-

hen, frage ich mich, oder muss er erst weiter hinunter- und noch einmal über unsere Köpfe hinwegfliegen? Ich schaue mich nach dem besten Landeplatz um. Der ausgetrocknete Bach vor uns ist es. Eilig laufe ich zum Rand der Sandbank. Der Hubschrauber wendet und schwebt 60 Meter über dem trockenen Flussbett. Eric holt mich ein, und wir schauen zu, wie der Hubschrauber langsam zur Landung ansetzt. Ich mache zehn Schritte in das Flussbett und drehe mich mit dem Rücken zum Landeplatz. Die Rotorblätter werden eine Menge Sand aufwirbeln. Mit letzter Kraft halte ich mich auf den Beinen. Meine Knie sind weich, und eigentlich möchte ich nur niedersinken, die Erde küssen und für meine Befreiung danken. Ich kann die Schmerzen nicht länger ertragen, auch die Disziplin, die mich am Leben erhalten hat, kann ich nicht länger aufbringen. Ich möchte mich ergeben. Doch das darf ich nicht, nicht bevor ich in einem Krankenhaus bin.

Das Motorengeräusch wird leiser. Der Staubwind schwächt zu einer Brise ab. Ich drehe mich um und sehe, wie ein Mann mit linkischen Bewegungen aus dem Hubschrauber steigt. Der Mann winkt mir zu. Rasch laufe ich in einem weiten Bogen auf den Mann zu. Er ruft: »Sind Sie Aron?«

Ich nicke und schreie: »Ja, können Sie mich mitnehmen?«

Drinnen sitzt ein uniformierter Polizeibeamter und starrt mich an. Ich sehe keine Sanitäter mit Infusionsbeuteln, niemand trägt Latexhandschuhe, keine medizinische Ausrüstung in Sicht. Ich habe keinen Medevac-Helikopter erwartet, aber auch nicht ausschließlich Ledersitze.

Aus irgendeinem Grund erscheint mir meine Situation nicht mehr so dringlich zu sein. Bevor ich mich in den Hubschrauber setze, möchte ich dem Piloten oder den Beamten die Möglichkeit geben, ein Tuch auf das rote Lederpolster zu legen. Ich will nicht alles vollbluten. Mit meinem Rufen übertöne ich das Motorengeräusch: »Ich blute – Ihr Rücksitz wird vollkommen besudelt werden.«

Eine Stimme donnert: »Steigen Sie ein!«, und ich klettere über zwei übereinander liegende Rucksäcke in der Mitte des Rücksitzes. Dem Mann, der mich herangewunken hat, rufe ich zu: »Könnten Sie meinen Rucksack holen?« und weise mit dem Kopf in die Richtung von Eric und Wayne. Der Mann rennt zu Eric und mit dem fast leeren Rucksack in der Hand wieder zurück. Darin befinden sich nur noch die Wasserflasche und die CamelBak-Tasche mit ein bisschen Schlamm, meine Stirnlampe, das Multitool, die Kamera und mein Fotoapparat, läppische zwei Kilogramm wiegt er noch. Und doch hat es sich, bevor ich die Meijers getroffen hatte, angefühlt, als sei er fünfmal so schwer. »Nachdem ich ihn die ganze Zeit mit mir herumgeschleppt habe, möchte ich ihn nicht hier lassen«, denke ich. Als alle an Bord sind, schnallen wir uns an, der Pilot lässt den Motor aufheulen, Sand wird aufgewirbelt.

Irgendjemand reicht mir Kopfhörer. Der Beamte hilft mir dabei, sie über meine blaue Baseballkappe zu ziehen. Der Pilot fragt, ob ich ihn hören kann. »Ja«, antworte ich und lehne mich in dem Ledersitz zurück. Den Stumpf hebe ich über den Kopf, so ist der Schmerz erträglicher. Blutstropfen rollen am Gurtband entlang, das lose von meinem Ellenbogen hängt. Einer nach dem anderen landen sie auf meinem durchtränkten T-Shirt.

Wir heben ab. Jetzt interessiert mich der Canyon mehr als das T-Shirt. Wir steigen höher und höher, und ich möchte vor Dankbarkeit weinen. Durch die Dehydrierung bleiben meine Augen aber trocken. Ich schaue aus dem Fenster, blicke geradeaus, sehe, wie Wayne und Eric immer kleiner werden, zwei Punkte auf dem roten Boden des Barrier-Creek-Flussbettes.

Als wir den Schluchtrand überfliegen, versuche ich mir meine plötzlich veränderte Lage vor Augen zu führen. Sechs Tage lang war mein Universum auf kleinsten Raum beschränkt, und nun erweitert es sich in einem einzigen Moment um 100 Kilometer, erstreckt sich über die atemberaubende Landschaft der

Canyonlands bis in den Dunst über den La Sal Mountains im Osten.

Das Motorgeräusch ist laut und dumpf, die Kopfhörer dämpfen es nur wenig.

»Wie lange brauchen wir bis Green River?«, frage ich und strenge mich unnötig an, um laut zu sprechen.

Stark bleiben, Aron. Du bist fast da. Halt durch.

Der Pilot antwortet. Er ist klar und deutlich zu hören, trotz der rauschenden Nebengeräusche.

»Wir fliegen direkt nach Moab. Es dauert noch etwa fünfzehn Minuten.«

Wow! Mein Gott. »Gibt es hier Wasser?«

Beide Beamte werden unruhig, als hätte sie meine Frage aus ihrem Staunen herausgerissen. Ich nehme es ihnen nicht übel. Wenn neben mir ein blutüberströmter Typ sitzen würde, bräuchte ich auch ein paar Minuten, bis ich ihm etwas zu trinken anbieten würde. Der Mann links neben mir zieht eine Wasserflasche mit Drehverschluss hervor und reicht sie mir. Zuerst halte ich sie nur und starre sie wie benommen an. Er bemerkt, dass der Deckel noch drauf ist, schraubt ihn auf und gibt mir die Flasche zurück. Der uniformierte Beamte legt eine Jacke unter meinen Arm, damit das Blut aufgesaugt wird.

Unter uns wird ein großer Fluss sichtbar. Nach seiner Farbe und unserer Position zu urteilen, muss es sich um den Green River handeln. Über den Kopfhörer sagt der Pilot: »Sprecht mit ihm.«

Ich erwidere: »Ich trinke gerade.« Dass ich überhaupt noch Flüssigkeit aufnehmen kann und immer noch Durst habe, wundert mich. Mit dem, was ich in meiner Hand halte, habe ich in den letzten drei Stunden über neun Liter Wasser getrunken.

»Passt auf, dass er nicht ohnmächtig wird«, warnt der Pilot die Beamten. Ich habe keine Angst, dass ich das Bewusstsein verliere. Der Schmerz lässt mir keine Ruhe, ich möchte nur so schnell wie möglich in ein Krankenhaus.

»Wie lange dauert es noch?«, frage ich und komme mir vor wie ein quengelndes Kind, das auf einer Autoreise mit seinen Eltern unbedingt auf die Toilette gehen muss.

»Von hier noch zwölf Minuten«, sagt der Pilot. Wir folgen dem Fluss ein oder zwei Minuten schweigend in nördlicher Richtung. Ich trinke den Rest. Als wir nach rechts abdrehen, sehe ich eine kurvenreiche Schotterstraße, die zum Fluss hinabführt.

»Sehen Sie die Straße da?«, frage ich.

Der Mann rechts von mir schaut aus dem Fenster und nickt. »Ja?«

»Das ist der Anfang vom White Rim, ähm, Mineral Bottom heißt das. Da bin ich mit ein paar Freunden vor ein paar Jahren mit dem Rad langgefahren. Das sind über 150 Kilometer.« Der Beamte scheint nur langsam zu begreifen, was ich gerade gesagt habe. Vielleicht empfinde ich es auch nur so oder vielleicht ist es sein Unglaube, dass ich den Flug zu einer Landschaftsbeschau umfunktioniere. Wir befinden uns über Island im Sky District der Canyonlands und fliegen in Richtung Nordosten.

»Kommen wir am *Monitor* und *Merrimac* vorbei?«, frage ich.

»Ich habe keine Ahnung, was das ist?«, antwortet der Pilot.

Der Beamte zu meiner Rechten will wissen, was passiert ist, und ich erzähle ihm von meiner Woche. Dabei ziehe ich die Karte aus meiner Tasche und zeige ihm, wo ich festgesessen bin. Ich erzähle von dem Felsblock, wie ich eingequetscht wurde, wie ich fünf Nächte lang gezittert habe, kein Wasser mehr hatte und meinen Urin trinken musste, und wie ich endlich meinen Arm amputiert habe. Während ich spreche, frage ich mich, wieso der Helikopter in dem Moment, in dem ich ihn am meisten brauchte, in der Schlucht sein konnte. Wäre er eine Stunde später gekommen, wäre ich gestorben. Oder hätte ich den Arm schon zwei Tage früher abgeschnitten, wäre kein Hubschrauber zur Stelle gewesen, und ich wäre verblutet, bevor ich meinen Wagen erreicht hätte – ganz zu schweigen vom Green River. Ich hatte Recht, als ich am Sonntag in die Kamera sagte, dass eine Amputation einem langsamen Selbstmord gleichkäme.

Sechs Minuten lang erzähle ich meine Geschichte. Dann sehe ich plötzlich durch die Frontscheibe zwei Sandsteinkuppen. Diese zerklüftete Felsformation sieht aus wie zwei U-Boote in einer Schlacht, und ich erkläre: »Da sind sie, *Monitor* und *Merrimac.*« Jetzt ist es nicht mehr weit. Aber wir drehen nach rechts ab. Ich dachte, die Stadt liegt direkt vor uns. »Sind wir bald da?«

»In weniger als fünf Minuten. Wir fliegen über die Felskante und sind gleich über der Stadt.«

Eine Frage lässt mich nicht los. »Wie haben Sie meinen Wagen gefunden? Ich meine, ich hätte irgendwo sein können.«

»Ihre Mutter hat uns gestern angerufen und uns gebeten, alle Wanderwege abzusuchen.«

Vier Minuten später fliegt der Hubschrauber über die Felskante, Canyonlands liegt hinter uns, vor uns ein üppig bewachsenes Tal, grüne Felder und Tausende von Häusern, umgeben von einem Wald. Wir überfliegen den Colorado und werden langsamer, als wir uns dem Zentrum von Moab nähern. Unter uns Häuser und Straßen, Fußballfelder, Läden, Schulen, Parkplätze und Parks.

Nachdem wir noch eine Runde gedreht haben, sehe ich einen grünen Rasen. Das muss der Landeplatz sein. Der Pilot setzt den Helikopter sanft auf. Dann wird mir klar, dass das Gebäude zur Rechten ein Krankenhaus ist.

O mein Gott. Du hast es geschafft.

Ein Mann in der Uniform der Parkverwaltung steht in der Auffahrt rechts neben dem Hubschrauber. Neben ihm zwei Frauen in weißen Kitteln, zwischen ihnen eine fahrbare Krankentrage. Auf ein Zeichen des Piloten hin öffnet der Beamte rechts von mir die Tür und springt heraus. Er hält mir die Tür auf. Ich öffne den Sitzgurt und vergesse die Kopfhörer, die runterreißen, als ich aufstehe. Dann springe ich hinaus. Mit eingezogenem Kopf laufe ich sechs Schritte. Ich nähere mich dem uniformierten Mann, der mein gruseliges Aussehen als gegeben zu akzeptieren scheint. Ohne mich vorzustellen, erkläre ich: »Sie müssen wissen, dass ich eine Menge Blut verloren habe. Ich habe mir den Arm amputiert, nachdem ich sechs Tage ohne Wasser und Nahrung gefangen war. Das Tourniquet habe ich heute angelegt. Es ist um meinen Arm in dieser Tüte.«

Offenbar beeindruckt von meiner Selbsteinschätzung, erwidert der Mann: »Wir bringen sie jetzt da rein.« Er wendet sich an die Frauen, die die Krankentrage heranschieben. Ich setze mich drauf, lege mich auf den Rücken und hebe die Beine hoch. Glückseligkeit. Sechs Tage lang habe ich nicht mehr gelegen, und sofort entspanne ich mich. Wenn nicht der Schmerz wäre, könnte ich in einen siebenjährigen Schlaf fallen.

Die Schwestern schieben mich durch eine automatische Tür in eine leere Empfangshalle. Eine Frau, die irgendwelche Sachen hin- und herträgt, sieht mich überrascht an. Als hätte ich sie in einer kompromittierenden Situation ertappt. Ihr schockierter Blick weicht einem Blick des Erkennens. Jetzt weiß ich auch, warum niemand an der Rezeption oder in der Wartehalle ist. Das ist kein großes Krankenhaus in einer Großstadt, wo schwer verletzte Patienten alle paar Minuten von der Straße hereinlaufen, sondern ein kleines Landkrankenhaus an einem Donnerstagnachmittag. Die drei Frauen gehören wahrscheinlich zum Stammpersonal. Die Spezialisten für traumatisierte Patienten sind sicher unterwegs. Hoffentlich sind sie nicht weit von hier. Es hat fast den Anschein, als wüsste das Personal erst seit ein paar Minuten, dass es einen Patienten aufnehmen muss. Eine der Frauen bedeutet dem Mann von der Parkverwaltung, uns in die Notaufnahme zu folgen. Sie schieben mich in die Mitte eines sterilen Raums und parken die Krankentrage neben einem Tisch für Notfälle unter einer großen Lampe. Die Schwester am Kopf der Trage fragt mich, ob ich es allein auf den

Tisch schaffe. Das tue ich und halte den rechten Arm so, dass er nicht meine Brust berührt.

Außer dem Mann von der Parkverwaltung verlassen alle den Raum. Die Frauen kommen mit allen möglichen Geräten zurück, eine sagt: »Der Anästhesist ist in fünf Minuten hier.« Die Schwestern ziehen mir die Schuhe und Socken aus, nehmen die Baseballkappe ab und decken mich zu. Dann spricht mich der Mann an. »Aron, ich bin Ranger Steve von der Parkverwaltung. Kann ich irgendetwas für dich tun?«

Die Frage habe ich nicht erwartet. Zuerst denke ich an meine Mutter. »Sie könnten meine Mom anrufen und ihr sagen, dass es mir gut geht.« Meine Stimme zittert. Was muss sie durchgemacht haben.

»Ja, ich habe ihre Telefonnummer. Sobald wir hier fertig sind, rufe ich sie an.«

»Danke.« Nach einer Pause sage ich: »Ich habe eine Menge Zeug in der Schlucht liegen gelassen. Meine Seile, meinen CD-Spieler, meinen Gurt. Könnte Sie jemanden hinschicken, um es zu holen?«

»Das werden wir tun«, sagte Steve.

»Manches ist noch dort, wo ich eingeklemmt war, manches da, wo ich mich abgeseilt habe. Mein Fahrrad ...« – ich greife unter der Decke in die Hosentasche – »steht an einem Wacholderbaum etwa 100 Meter östlich von der Straße entfernt, anderthalb Kilometer südlich vom Burr Pass.« Ich ziehe die gefaltete Karte hervor und gebe sie Steve. Steve schaut darauf, während ich den Fahrradschlüssel aus der Hosentasche hole.

»Das ist der Schlüssel.«

»Kannst du mir zeigen, wo das Fahrrad in etwa steht?«, will Steve wissen und hält mir die Karte hin.

»Sicher.« Ich strecke die linke Hand aus. »O nein, das geht nicht. Das ist nicht mehr auf der Karte drauf. Aber es steht da, wo ich gesagt habe. Auf diesem Kilometer ist es der letzte Baum. Das ist da, wo der Plan aufhört.«

»Kannst du mir zeigen, wo du eingeschlossen warst?«

»Ja, in dem einzigen Ost-West-Abschnitt des Canyons, gleich über dem Big Drop. Sehen Sie?« Ich deute auf die Stelle, an der es heißt »Big Drop, 1550, Short Slot.«

»Okay, noch etwas?«

»Passen Sie bitte auf meinen Rucksack auf, das ist sehr wichtig. Der liegt noch im Hubschrauber. Und mein Wagen. Ich danke Ihnen.« Ich bin zwar aufmerksam, aber erschöpft, möchte meine Augen schließen, auch wenn ich weiß, dass ich nicht schlafen kann. Eine Frau in einem weißen Kittel und mit einem Mundschutz betritt das Zimmer. Sie ist die Anästhesistin und fragt, was passiert ist. Ich erzähle ihr die Kurzversion. Sie saust durch die Seitentür der Notaufnahme, verspricht, mit ein paar Medikamenten zurückzukommen.

»Aron, ich brauche so viele Informationen wie möglich. Wie groß war der Felsbrocken?«, fragt Steve.

»Vielleicht 90 Kilogramm schwer. Ein bisschen konnte ich ihn bewegen, aber anheben konnte ich ihn nicht, auch nicht mit dem Seilzugsystem.«

»Wann ist er auf dich gefallen?«

»So gegen 14.45 Uhr am Samstagnachmittag.«

»Wie ist das passiert?«

»Ich muss ihn gelöst haben. Er steckte fest – ein eingekeilter Felsbrocken. Ich bin draufgetreten, von dort runtergeklettert. Er prallte vor und zurück, hat erst meine linke Hand getroffen und dann meine rechte Hand eingequetscht. Ich habe noch versucht, ihm auszuweichen.«

Es ist unglaublich, dass ich diese Story erzähle. Dass ich auf diesem Tisch liege, verschlägt mir die Sprache. Wenn man meine Überlebenschancen bedenkt, nachdem ich sechs Tage lang dehydriert und unterkühlt war, meinen Arm amputiert und mich abgeseilt habe und dann auch noch elf Kilometer durch die Wüste gelaufen bin. Und dann der Hubschrauber. Es ist ein Wunder.

Bevor Steve wieder Fragen stellen kann, kommt die Anästhesistin zurück. Sie hat eine Spritze dabei. Die Nadel ist so lang, als wollte sie damit ein Pferd impfen. Ich weiß, was sie vorhat. Mit fester Stimme sage ich: »Ich muss Ihnen etwas sagen. Manchmal reagiere ich allergisch auf Nadeln. Ich bin schon bei Impfungen ohnmächtig geworden, auch einmal, als mir Blut abgenommen wurde. Mein Arzt hat mir geraten, das immer zu sagen, bevor ich eine Spritze bekomme. Wer weiß, was das in meinem Zustand für Auswirkungen hätte. Vielleicht bekomme ich einen Schock.«

Die Ärztin bleibt stehen und starrt mich an. Ich sehe nur ihre Augen, deren ungläubigen Ausdruck. »Sie meinen, Sie haben *keinen* Schock?«

»Ich weiß nicht, klinisch gesehen vielleicht schon. Ich habe nicht …«

Sie unterbricht mich. »Das hier ist Morphium. Wollen Sie es oder nicht?«

»Ja, bitte!«, sage ich laut und deutlich. »Geben Sie es mir. Nur halten Sie mich fest, sollte ich vom Tisch zu fallen drohen.«

Ich schaue zu Ranger Steve, als die Ärztin die Spritze setzt. Ein sanftes Brennen steigt meinen Arm hinauf, das Bewusstsein verliere ich nicht. Dann setzen Steve und ich unser Gespräch fort. Ich beschreibe ihm die Route, die ich mir vorgenommen hatte; vom Horseshoe Canyon Trailhead zur Straße nach Maze, durch den Blue John Canyon, über den Big Drop und zurück zu meinem Wagen durch den Horseshoe Canyon. Dann erzähle ich, wie breit die Schlucht an der Stelle war, wo ich eingeschlossen war. Ich erzähle, dass ich die ganze Zeit gestanden habe und eine Verankerung baute, um meine Beine zu entlasten. So gut ich kann, gebe ich den Ablauf wieder, dann werde ich vom Morphium schläfrig. Ich berichte noch schemenhaft, wann ich kein Wasser mehr hatte, kein Essen mehr, wann ich wusste, wie ich meinen Arm brechen und abschneiden kann. Dann höre ich eine neue Stimme, einen tiefen Bariton. Jemand fragt, was um meinen Arm gebunden ist. Ich spüre, wie jemand an der CamalBak-Tasche zieht, und höre Ranger Steve, der sagt: »Dort sind ein oder zwei Tourniquets. Der Rest ist Polsterung.«

Meine Welt taucht in einen Tunnel.

»Nur eins, am Unterarm«, murmele ich. Und dann endet die 127 Stunden dauernde Episode, um 15.45 Uhr am Donnerstag, dem 1. Mai 2003.

Ranger Steve Swanke läuft mit der Karte und den Notizen unseres Gesprächs in die Empfangshalle. Er sammelt sich kurz nach dieser surrealen Unterhaltung mit mir über zwanzig Minuten lang und ruft dann über sein Handy meine Mutter an.

Sie ist nach dem zweiten Klingeln am Apparat. »Hallo, hier spricht Donna.« Ihre Stimme klingt fester und hoffungsvoller als beim ersten Mal, als Steve diese Worte gehört hat.

»Hallo, Donna. Ranger Steve am Apparat. Ich habe eine gute und eine schlechte Nachricht für Sie. Wir haben Ihren Sohn gefunden: Er lebt, und er wird durchkommen.« Steve macht eine Pause und fährt dann fort: »Er musste sich einen Arm abschneiden, um sich zu befreien. Jetzt ist er in Moab, sicherlich wird er bald nach Grand Junction überführt.«

Meine Mutter atmet hörbar aus, so als hätte sie zwei Tage lang den Atem angehalten. »Gott sei Dank.« Ihr fällt ein riesiger Stein vom Herzen. Ihre Gebete wurden erhört: Ihr Sohn lebt, und es wird ihm gut gehen.

Mit dem Telefon in der Hand wendet sie sich Sue Doss zu, die am Küchentisch sitzt. »Sue, sie haben ihn gefunden! Er ist okay.« Niemals zuvor in ihrem Leben hat sie sich so gefreut wie in jenem Moment. Sogar die schlechte Nachricht war ein Segen, weil sie nicht schlimmer ausfiel. Sie sammelt sich.

»Oh, ich danke Ihnen, ich danke Ihnen. Danke, dass Sie ihn zurückgebracht haben. Wir fahren sofort los.«

»Kann ich noch etwas für Sie tun?«

»Rufen Sie mich an, sobald Sie mehr wissen.«

»Das ist doch selbstverständlich. Noch etwas?«

»Sicherlich müssen Sie einen Bericht schreiben oder mit der Presse über Aron sprechen. Bitte, bleiben Sie neutral«, bittet Sie ihn vorsichtig.

Ranger Steve wertet seine Notizen aus, sucht nach Ursachen. Als erfahrener Outdoormann überlegt er einen Moment, wie oft er schon allein wandern oder kajaken war. »Worum geht es dabei?«, sagte er zu sich. »Ich gehe in die Natur, mache riskante Dinge, ohne meiner Frau immer zu sagen, wohin ich gehe. Und das passiert auch in Canyonlands. Da draußen sind Leute, allein, ohne dass jemand weiß, wo sie sind.« Er fährt mit dem Finger über die Landkarte. Er weiß von meiner Webseite, dass ich ein erfahrener Canyoneerer bin. Und der Blue John Canyon ist keine schwierige Schlucht. Normalerweise richtet sich die Schwere eines Unfalles nach dem Terrain, in dem er passiert – extreme Konsequenzen in einer extremen Umgebung. Doch dieser Unfall war in Relation zum Gelände katastrophal. »Das ist Canyoneering der Stufen 1 bis 5. Leichter als das wird es nicht. Wenn ich durch Schluchten klettere, bewege ich ständig Felsen. Wir tanzen mit den Schluchten und tragen dabei weiße Handschuhe, als tanzten wir auf Eierschalen. Das tun Schluchtenwanderer. Sie sind sich dessen stets bewusst.«

Steve schaut durch das Fenster in der Tür des Behandlungszimmers. Die Schwestern und der Arzt eilen geschäftig um meinen bewusstlosen Körper herum. Steve denkt darüber nach, welche Entscheidung bei einem Ausflug den ausschlaggebenden Unterschied macht. »Meistens urteilen wir richtig, manchmal falsch«, überlegt er. »Und wenn wir falsch urteilen, sind die Konsequenzen meistens irrelevant. Gelegentlich sind die Konsequenzen bedeutsam. Hier war jemand zur falschen Zeit am falschen Ort. Das war großes Pech. Es ist einfach nur Pech gewesen.«

Nachdem meine Freundin Rachel Polver mit Captain Kyle Ekker telefoniert hat, ruft sie Elliott an. Ihre Stimme klingt euphorisch. »Sie haben Aron gefunden! Sitzt du?«

»Ja, sicher«, lügt Elliott. Er geht im Wohnzimmer auf und ab.

»Er lebt ... aber er hat sich den Arm abgeschnitten.«

Elliott dreht sich abrupt um. Er ist wie vor den Kopf geschlagen. »Heiliger Strohsack, ich hätte mich doch hinsetzen sollen.«

Gleich nach der Landung bestellt Terry Mercer einen Tankwagen vom Grand Country Such- und Rettungstrupp. DPS macht genügend Rettungsflüge in der Gegend um Moab, dass das örtliche SAR-Team über einen eigenen kleinen Tankwagen verfügt. Einer der Leiter vom Team, Bego Gerhart, fährt mit dem Wagen zum Krankenhaus. Terry hat nicht mehr genug Treibstoff, um bis zum Flughafen 16 Kilometer nordwestlich zu fliegen. Während der Hubschrauber aufgetankt wird, bittet Ranger Steve Detective Funk und Seargeant Vetere, einen Kühlbehälter mit Eis zu besorgen. Dr. Bobby Higgins will versuchen, ob die Hand noch zu retten ist. Greg und Mitch müssen also zum Blue John Canyon zurückkehren, den Ort finden, an dem ich eingeschlossen war, und die abgetrennte rechte Hand holen. Mitch will nicht mehr fliegen, höchstens noch bis zu seinem Wagen am Wanderpfad mitkommen. Aber der Tankwagenfahrer Bego begleitet sie.

Der Flug dauert fünfzehn Minuten. Terry setzt Mitch um 16.30 Uhr ab. Dann machen sich Terry, Greg und Bego auf die Suche nach der schmalen Schlucht. Mit Hilfe meiner Karte und Begos Ortskenntnissen landen sie auf einem Sandsteinhügel, unter dem sich die Schlucht verbirgt. Das ist nichts mehr für Terry, und Bego, der ein erfahrener Kletterer ist, steht ihm zur Seite. Sie lassen sich am Überhang hinab, laufen die Strecke zwischen den Felsbrocken, die wie beim Spießrutenlauf angeordnet sind, entlang durch den sich windenden Canyon. Nach fünf Minuten finden sie Seile und Gurtband, die von der Kante zu ihren Füßen hinabhängen. Das muss es sein.

Sie klettern hinunter und merken schnell, dass sie den Felsbrocken nicht ohne Werkzeug werden bewegen können. Der Stein klemmt zwischen den Wänden fest und liegt nicht, wie sie angenommen hatten, am Boden. Außerdem wiegt er wohl mindestens eine halbe Tonne, und nicht, wie ich gesagt hatte, 90 Kilogramm. Die Überbleibsel meiner längst toten Hand können also nicht so einfach geborgen werden. Greg macht ein paar Fotos zum Beweis, dann sammeln sie das gelbe Gurtband, das grüne und orangefarbene Seil und andere Reste meines sechstägigen Abenteuers ein und gehen wieder zum Hubschrauber; zurück bleiben der Blutfleck an der Canyonwand und die zertrümmerte Hand.

Nach stundenlanger Bewusstlosigkeit komme ich zu mir. Ich liege in einem dunklen Krankenzimmer. Das Neonlicht aus dem Raum der Schwestern dringt durch die heruntergelassenen Jalousien links von mir ins Zimmer. Ich sehe alles verschwommen, erkenne aber, dass ich allein bin. Bevor ich wieder ohnmächtig werde, habe ich nur einen Gedanken: »Ich *lebe*.«

Irgendwann wache ich wieder auf. Eine Schwester kommt herein und sagt mit freundlicher Stimme: »Habe ich mir doch gedacht, dass ich etwas Rascheln gehört habe.«

»Ich lebe«, sage ich atemlos. Ich weiß, dass ich lebe, denn ich habe Schmerzen. Mein rechter Arm tut weh, meine Beine, meine linke Hand; nicht ein Teil meines Körpers tut nicht weh.

»Ja, Sie leben. Ihre Mutter wird sehr froh darüber sein, wenn sie wiederkommt.«

»Mom?«, sage ich flüsternd. Plötzlich durchströmt mich ein unbeschreibliches Gefühl der Liebe, und ich fange an zu schluchzen.

Mom.

Das Weinen bereitet mir Schmerzen, aber ich kann nicht anders. Dann entdecke ich eine Uhr an der Wand, kann aber nicht erkennen, wie spät es ist. Jemand hat mir die Kontaktlinsen herausgenommen. Ich kneife die Augen zusammen und sehe die beiden Zeiger. Es ist kurz nach 7 oder 8.30 Uhr. Nur vier Stunden sind seit meiner Rettung vergangen. Von Denver nach Moab fährt man sieben Stunden. Irgendwie stimmt meine Kalkulation nicht, so weit kann ich noch klar denken.

»Sie kommt wieder. Sie kam letzte Nacht nach der Operation. Wahrscheinlich frühstückt sie jetzt. Es dauert sicher nur eine halbe Stunde oder so.«

Letzte Nacht? Frühstück? Lange grübele ich darüber nach. Es ist also morgens. »Welchen Tag haben wir heute?«

»Freitag«, erklärt die Krankenschwester und arbeitet weiter.

»Oh«, sage ich. Aber es klingt mehr wie ein Seufzer. Dass ich die Ereignisse der vergangen Stunden nicht zusammenbringen kann, erstaunt mich. Es kommt mir so vor, als hätte ich nur einmal geblinzelt, und nun bin ich in einem anderen Zimmer. Moab ist weit von Denver entfernt. Ist meine Mutter geflogen?

»Wie ist sie so schnell hierhergekommen?« Meine Kehle ist ganz trocken.

»Wo kommt sie denn her?«

»Aus Denver.«

»Das sind nur etwa vier oder fünf Stunden mit dem Auto.«

Fünf Stunden? Das kann nicht sein. »Fünf Stunden bis Moab?«

»Oh, wir sind nicht in Moab, mein Lieber, wie sind in Grand Junction. Letzte Nacht wurden Sie hierher verlegt.«

»Oh«, murmele ich und versuche mich zu orientieren. Ich kann mich an keinen Flug nach dem im Hubschrauber erinnern. Grand Junction. Ich bin also in Colorado.

Vor Erschöpfung kann ich mich nicht bewegen. Das ist auch gut so. Überhall hängen Schläuche und Kabel. Bevor ich meine

Umgebung genauer betrachten kann, werde ich erneut ohnmächtig.

Als ich das nächste Mal zu mir komme, sehe ich Sue Doss neben meinem Bett sitzen. Ich freue mich, sie zu sehen. Es tröstet mich. In ihrem weichen texanischen Dialekt sagt sie: »Deine Mutter ist vor der Tür.« Sie holt sie.

Meine Mutter kommt herein. Das helle Neonlicht von der Decke umgibt sie wie ein Glorienschein. Ich kann sie nicht genau erkennen, aber ich sehe, wie sie zwei Schritte auf mein Bett zumacht. Sie nimmt meine linke Hand in ihre Hände. Sie fühlen sich kalt an, weich, und sie zittern leicht. Sie beugt sich hinunter und küsst mich auf die Stirn. Jetzt sehe ich an ihrem Gesichtsausdruck, wie viele Sorgen ich ihr gemacht habe. Obwohl ich kaum sprechen kann, krächze ich: »Mom, es tut mir leid, dass ich dich so erschreckt habe. Ich liebe dich.« Sie schüttelt den Kopf, und dann fangen wir beide an zu weinen.

Nach ein paar Minuten beruhigt sie sich ein wenig. »Sue und ich haben herumgeulkt und gesagt, wenn du dir nicht ein Bein gebrochen hast und deshalb nicht nach Hause kommen kannst, hättest du zwei gebrochene Knochen gehabt, wenn wir mit dir fertig gewesen wären.«

Wir lachen. Und zwischen uns ist ein Gefühl der Liebe, das nur empfunden werden kann, wenn ein Sohn seine Mutter wiederfindet und eine Mutter ihren Sohn. Wir werden einander lange nicht von der Seite weichen, das wissen wir in diesem Moment ganz sicher.

Epilog

Abschied vom Arm

You've got to love the life you live, and live the life you love.

Jerry Garcia Band, »*(I'm a) Roadrunner*«

Die Tage und Wochen nach meiner Rettung waren alles andere als gewöhnlich. Noch bevor mein Vater nach Grand Junction kam, war meine Geschichte schon in allen Zeitungen rund um den Globus auf den Titelseiten. Ich hatte 18 Kilogramm abgenommen und die Hälfte meines Blutes in der Schlucht verloren. Vor mir lag eine lange Genesungszeit. Bei CNN im Nachrichtenticker las ich: »Kletterer aus Colorado, der seinen Arm amputierte, in kritischem Zustand«. Nach drei Operationen innerhalb von fünf Tagen und mehr Eierkuchen, die je ein Patient auf der Intensivstation des St. Mary Hospitals gegessen hatte, waren so viele Blumensträuße angekommen, dass ich in ein Zimmer eine Etage höher verlegt werden musste. Wenn ich bei Bewusstsein war, las mir mein Vater Briefe vor, die mir Freunde und Fremde schickten. Eine Frau aus Salt Lake City hatte die Tabletten ihres verstorbenen Mannes in die Toilette geworfen. Sie schrieb: »Ihr Mut hat mich dazu gebracht, stärker am Leben festzuhalten. Ich hatte mir geschworen, sollten die Dinge ein Jahr nach dem Tod meines Mannes nicht besser werden, würde ich mich umbringen. Jetzt weiß ich, dass Selbstmord keine Lösung ist. Sie geben mir Kraft, machen mir Mut, um mein Leben zu kämpfen.« Meinen Eltern und mir kamen immer die Tränen, wenn wir diese Briefe lasen; sie waren eine Mahnung daran, welchen Einfluss meine Rettung auf andere Menschen hatte.

In der ganzen Woche wichen meine Eltern nur selten von meinem Bett. Durch ihre Liebe, die Ermutigung aus Tausenden von Gebeten, die Besuche meiner Freunde und die exzellente Pflege im St. Mary konnte ich am Mittwoch, dem 7. Mai, zum ersten Mal seit meinem Unfall das Haus verlassen. Der Reha-Therapeut wollte mit mir und meinem Vater in den Park gegenüber gehen. Doch vor den Türen des Krankenhauses stand eine Armada von Journalisten und Polizei. So ließen wir uns auf ein paar Liegestühlen auf dem Dach nieder und genossen die Aussicht über die Wälder von Grand Junction und die felsigen Canyons. Eine halbe Stunde lang erzählten wir uns Geschichten unserer Outdoorerlebnisse und sprachen über Baseball. Das war einer der ganz besonderen Momente mit meinem Vater.

An jenem Nachmittag erhielt ich ein Paket: ein Geschenk von meinem Freund Chris Rhea aus Portland. Es war ein Schokoladenkuchen mit Zuckerguss – er hatte die Form einer Hand. Am Abend kamen ein paar Freunde aus Aspen. Sie brachten mir Musik-CDs mit. Meine Mutter servierte den Kuchen, und wir tranken Milch. Es war schon komisch, als meine Freunde und ich witzelten: »Hier, iss, in Erinnerung an deine Hand.« Wir nannten die Runde »Das letzte Dessert«.

Am Donnerstag durfte ich zum ersten Mal seit einer Woche meine eigenen Sachen anziehen. Ich borgte mir die Kamera meiner Mutter. In einem Wagen vom Krankenhaus fuhren wir zu einem Nebengebäude, aber ich war ziemlich benommen von den verschiedenen Medikamenten. Dort warteten fünf Dutzend Reporter und wahrscheinlich doppelt so viele Kamerateams und Fotografen. Ich konnte es mir nicht verkneifen, ein paar Schnappschüsse zu machen. So sah mich die Welt wieder, und sicher wurde ich in dieser zwanzigminütigen Konferenz genau beobachtet. Zu meiner Entschuldigung muss ich sagen, dass ich unter Drogen stand. Ein Journalist fragte, welche drei Dinge ich am liebsten tun würde. Ich antwortete: »Mit meinen Eltern nach Hause fahren, mit meinen Freunden spazieren gehen und eine große, eisgekühlte Margarita trinken.« Das war die Wahrheit. Ich weiß nicht mehr, wie oft ich an eine Margarita gedacht habe, als ich in der Schlucht festsaß – sicher nicht so oft wie an meine Familie und an meine Freunde, aber oft genug.

Gleich nach der Pressekonferenz sprach ich mit meinem Freund, dem Fotografen Dan Bayer, der im Auftrag der *Aspen Times* nach Grand Junction gekommen war. Am Anfang der Woche war er zum Horseshoe Canyon gefahren und dort die elf Kilometer bis zum Big Drop gewandert. Auf dem Weg hatte er meinen Gurt und das Abseil-Sicherungsgerät gefunden. Jetzt gab er sie mir zurück. Er sagte, er habe die Wasserlache am Boden gesehen, aus der ich getrunken hatte. »Darin schwamm ein toter Rabe, hast du das bemerkt?«, fragte er mich.

Nachdem die stärksten Schmerzmittel abgesetzt waren, wurde ich entlassen. Meine Eltern und ich fuhren nach Denver. Dort erwarteten mich Freunde aus sechs Bundesstaaten mit einer Überraschungsfeier. An einem Wochenende konnte ich mir wenigstens zwei der Wünsche auf meiner Liste erfüllen. Eine Margarita durfte ich erst genießen, als ich nicht mehr achtzehn Tabletten täglich schlucken musste.

Am 15. Mai, wieder ein Donnerstag, musste ich erneut ins Krankenhaus. Diesmal war es das St. Luke's Presbyterian Hospital in Denver. Zwei Tage zuvor hatten Ärzte eine möglicherweise tödliche Infektion in meinem rechten Arm diagnostiziert. Das schmutzige Messer, das mich gerettet hatte, brachte mich nun beinahe um. Wieder wurde ich operiert. Intravenös wurden mir die stärksten Antibiotika verabreicht, ein Bluttest folgte dem anderen, um zu sehen, ob die Medikamente anschlugen. Am Freitag hatte meine Schwester ihre Abschlussfeier an der Texas Tech University, und ich konnte, wie es schien, nicht dabei sein. Doch zwanzig Stunden vor den Feierlichkeiten hatten die Ärzte und Schwestern eine Idee: Sie instruierten meine Eltern und mich genauestens, wie die Antibiotika zu injizieren waren, und dann fuhren wir die ganze Nacht hindurch nach Lubbock, Texas. Mein Vater saß am Steuer, und meine Mutter kümmerte sich um meine Infusionen, die Beutel hängte sie an den Kleiderhaken über dem Seitenfenster. Als wir in Lubbock ankamen, war unser Auto mit aufgerissenen Verpackungen und gebrauchtem Zubehör übersät. Zur Zeremonie, wo Sonja als herausragendste Studentin des Jahres geehrt wurde, kamen wir pünktlich. Nach den Feierlichkeiten am Wochenende fuhren Sonja und ich zu unserer Großmutter Ralston und verbrachten die Zeit mit Kartenspielen wie in alten Zeiten.

Zurück in Denver, musste ich mich einer letzten Operation unterziehen, einer Angiographie. Sie begann damit, dass eine neugierig lächelnde Krankenschwester die rechte Hälfte meiner Schamhaare abrasierte. Dann wurde über die Oberschenkelvene, die als Schleuse dient, ein Kunststoffschlauch (Katheter) bis zu meinem Brustkorb hinaufgeschoben. Über diesen Katheter wurde dann ein Kontrastmittel injiziert, und bald konnte ich meine Venen auf einem Röntgenschirm sehen. Aber das war nur die Aufwärmrunde. Nachdem der Befund vorlag, wusste der Facharzt für plastische Chirurgie, welche der drei Adern er sich vornehmen musste. Das war wichtig, denn anschließend transplantierte er ein 1,2 Meter langes Muskelsegment aus meinem linken Oberschenkel an das Ende des Stumpfes. Nachdem er die Adern aus dem Stumpf gefischt hatte, verband er sie mit dem rohen Fleisch, das an meinen Unterarm genäht war. Zum Schluss schnitt er ein Hautstück aus meinem rechten Oberschenkel und setzte es über das Ende des Stumpfes. Alles in allem eine zehnstündige Operation, bei der ich natürlich nicht zugeschaut habe.

Die Stunden, nachdem ich aus der Narkose erwacht war, zählten zu den schlimmsten meiner ganzen Genesungszeit. In jener Nacht kam ich an einen Tiefpunkt. Ich war an sieben Schläuche angeschlossen, drei neue Schmerzquellen plagten mich, die Infusionen und eine Stelle an der rechten Ferse (während der OP war dort aufgrund der Lage meines Fußes ein Nerv eingeklemmt worden); ich konnte nicht schlafen und durfte weder trinken noch essen. Also beschwerte ich mich gnadenlos. Wie konnte es sein, dass ich ohne zu klagen meinen Arm abgeschnitten hatte, jetzt aber nur noch vor mich hin jammerte? Stunde um Stunde wurde die Dosis der Schmerzmittel erhöht, doch nichts half. Irgendwann war ich wieder in der Lage, Worte zu einem einigermaßen zusammenhängenden Satz zusammenzufügen; ich wollte meiner Mutter und meinem Vater sagen, dass es mir leid tat, dass ich so unausstehlich gewesen war. Der Versuch zu sprechen frustrierte mich nur noch mehr. Meine Mutter saß die ganzen sechs Stunden bis zur Morgendämmerung bei mir, machte kein Auge zu und versuchte mich zu trösten. Meine Qualen waren aber trotz der Medikamente unerbittlich. Das Morgenlicht fiel durch die Vorhänge, und ihr Gesicht schien darin engelhaft. Ich musste über ihre Schönheit weinen und wurde schließlich bewusstlos.

Am 25. Mai hatte ich siebzehn Tage im Krankenhaus verbracht und durfte endlich nach Hause. Ich hatte mein Normalgewicht fast wieder erreicht, die Infektion war so gut wie ausgeheilt. Da ich aber nach wie vor intravenös Antibiotika verabreicht bekam, musste ich mich alle acht Stunden eine halbe Stunde lang hinlegen und an einen Tropf angeschlossen werden. So ging es noch einmal sechs Wochen. Auch mitten in der Nacht waren meine Mutter und mein Vater zur Stelle und vergewisserten sich, dass ich meine Medizin zur rechten Zeit bekam. Ich musste nur still daliegen, aber allein das verabscheute ich wie auch die Abhängigkeit von den Medikamenten, und immer beklagte ich mich darüber.

Die Rekonvaleszenzzeit war schwer für mich. Nicht nur die Routine mit dem Tropf. Ständig plagten mich Phantomschmerzen. Oder ich hatte tatsächlich Schmerzen. Trotz der Medikamente. Niemals konnte ich mich wirklich ausruhen. Ich lag für gewöhnlich halb komatös im Bett – nicht wirklich wach, aber ich schlief auch nicht. Trotz der Narkotisierung, die einen teilnahmslos macht, kam mein Verstand nicht zur Ruhe. Wenn die Wirkung eines Medikaments einsetzte, wurde ich regelmäßig ohnmächtig – in der Praxis eines Arztes, während der Physiotherapie oder im Auto, wenn mich meine Mutter herumfuhr. Aus Frust über das alles entwickelte ich mich zu einem herrschsüchtigen Widerling und konnte mich selbst schon nicht mehr hören.

Mein Aufenthalt zu Hause war für uns alle kein Zuckerschlecken. Obwohl wir dankbar waren, dass wir einander hatten und eine Familie waren, hinterließ die Belastung ihre Spuren. Meine Eltern mussten neben der Sorge um mich ihren Berufen nachgehen. Zu den Terminen, Medikamenten, den Versicherungsfragen und dem ganzen Presserummel kam hinzu, dass wir zwei Monate lang den Hörer neben das Telefon legen mussten. Wir baten die Behörden um Hilfe, uns das Fernsehen, das sich vor unserem Haus niedergelassen hatte, vom Hals zu halten – unsere Nerven lagen blank.

In den ersten vier Wochen war ich so abhängig wie ein Kleinkind. Schnell hatte ich genug von den Anstrengungen meines neuen Lebens, in dem Ruhe, Genesung und Reha an die Stelle von Skifahren, Bergsteigen und Konzertbesuchen traten. Alles nahm so viel Zeit in Anspruch; für einen Termin in der Klinik mussten meine Mutter und ich den ganzen Vormittag einplanen und hin und her fahren. Und es gab Hunderte von Terminen, alle richteten sich nach dem Medikamentenplan. Ich hatte mich nicht aus dem Blue John Canyon befreit, um mein Leben qualvoll in strukturierter Gefangenschaft zu verbringen. Und doch sah es jetzt genau so aus.

Die Herausforderung in der Schlucht war groß gewesen, aber eindeutig. Nachdem ich draußen war, wurden die Anforderungen komplexer. Zuerst war ich unfähig, mich an die neuen Umstände zu gewöhnen. Ich wollte mein altes Leben zurückhaben. Das aber bedeutete, dass ich lernen musste, mit meiner Frustration umzugehen und mich zu motivieren. Die Medikamente waren mein erstes Ziel. Im Juni ließen die größten Schmerzen, die noch von der Operation herrührten, langsam nach und Schritt für Schritt konnte ich die Schmerzmittel absetzen. Jetzt war ich endlich wieder etwas freier – ich konnte selbst Auto fahren, mit Freunden joggen und große salzige Margaritas trinken. Ich erlangte meine Selbständigkeit wieder und wurde zum zweiten Mal erwachsen. Meine Mutter wollte nicht loslassen, das nahm ich ihr nicht übel, aber ich brauchte meine Unabhängigkeit zurück, um unserer beider willen.

Ohne die Schmerzmittel wurde alles schnell besser. Ich lernte meine Schuhe zuzuschnüren und konnte sogar mit einer Hand eine Krawatte binden. Ich lernte mit der linken Hand schreiben und tippte mit nur fünf Fingern auf der Tastatur meines Laptops. Mein Therapeut gab mir ein Schwingmesser, damit ich Fleisch klein schneiden konnte. Mit dem entsprechenden Werkzeug oder anderen Techniken lernte ich alles neu. Zum Beispiel, wie ich meine Uhr umbinden oder den linken Manschettenknopf mit den Zähnen zuknöpfen konnte. In manchen Dingen brauchte ich noch Hilfe. Manchmal brachte mich mein Unabhängigkeitsfanatismus dazu, nicht darum zu bitten. Dann wiederum war die angebotene Hilfe gut gemeint. Ich aber wollte es allein schaffen. Eines Nachmittags in der Küche sah mir meine Schwester dabei zu, wie ich eine Orange schälte.

»Brauchst du eine …« Sie sprach nicht weiter.

»… hilfreiche *Hand*«, beendete ich den Satz. »Natürlich, Dummerle. Ich habe ja nur noch eine.« Ich lächelte, und sie wurde rot. Mit dem Schwingmesser schnitt ich die ungeschälte

Orange in Achtel. So hatte ich sie immer beim Fußballtraining gegessen, als ich klein war. Ich steckte heimlich ein Stück in den Mund, schob es vor die Zähne und hüpfte wie ein Gorilla herum. Meine Schwester dachte schon, ich sei völlig durchgedreht, da grinste ich sie an, so dass sie die Orangenschale sehen konnte. Sie trank gerade einen Schluck Wasser und prustete ihn zurück ins Glas. Später wurde es unser Insider-Witz; sie fragte mich oft, auch wenn ich gerade nichts tat, ob ich eine hilfreiche Hand bräuchte.

Mein Kommentar zum Thema Margarita gegenüber der Presse hatte zur Folge, dass wildfremde Menschen mir alle möglichen Geschenke schickten: Zwanzig-Dollar-Scheine mit gelben Klebezetteln, auf denen »Margarita« stand, Geschenkgutscheine für mexikanische Restaurants mit Empfehlungen, wo es die besten Margaritas gab, ja sogar Flaschen mit Tequila. Manchmal bekam ich auch riesige Pakete mit allen Zutaten für Margaritas. Einmal, als ich ein Paket öffnete, war ich wirklich verblüfft. Ich rief meine Schwester in die Küche. Neben den Flaschen mit Tequila, Triple Sec und dem Margarita-Mix lag ein batteriebetriebener Mixer von Black & Decker. Das konnte nicht wahr sein. Meine Schwester und ich fingen an, herumzuspinnen, wie wir auf hohe Gipfel kletterten, den Mixer aus der Tasche holten und uns Margaritas im Schnee mixten. Das war einfach cool. Ich rief: »Gib mir fünf« und hob meinen Arm. Sie hob ihre Hand, wollte einschlagen und im letzten Moment fiel ihr ein, dass sie die linke Hand nehmen musste. »Ha-ha! Das hast du wohl total vergessen!«, foppte ich sie. »Nein, du hast es auch vergessen.« Sie hatte Recht. Wir lachen noch heute darüber.

Bestimmte Begebenheiten der folgenden Monate kommen mir heute noch so unwahrscheinlich vor, dass ich kaum glauben kann, dass sie sich zugetragen haben. Im Juni waren vier meiner Freunde und ich zu einem Abendessen mit unserem

Rockidol Trey Anderson und seiner Acht-Mann-Band vor einem Konzert in Denver eingeladen. Eine andere meiner Lieblingsbands, String Cheese Incident, veranstaltete unter dem Motto »Aron Incident« ein Konzert für mich in Santa Fe, New Mexico. Es gab eine Benefizauktion und einen Posterverkauf. Der Erlös von siebentausend Dollar ging den fünf freiwilligen Rettungstrupps in Utah, Colorado und New Mexico zu. Kristi und Megan, die beiden Frauen aus Moab, die ich im Blue John Canyon getroffen hatte, kamen zu dem Konzert wie auch meine Schwester, meine Eltern und eine Unmenge meiner Freunde.

In die Berge kehrte ich zurück, als ich das Lawinengebiet auf dem Resolution Mountain besuchte. Dort fanden wir die Sachen von Chadwick, Mark und mir wieder, die wir verloren hatten, als wir im Februar von der Lawine überrollt worden waren. Wir fanden sogar meine Digitalkamera, die, nachdem ich die Batterien ausgewechselt hatte, tatsächlich noch funktionierte, obwohl sie vier Monate dem Schnee und der Sonne ausgesetzt und von Murmeltieren angeknabbert worden war.

Im Juli trat ich in der David Letterman Show auf, lernte ein Dutzend berühmter Fernsehjournalisten kennen, ging mit Freunden auf vier Konzerte, ging mit meiner Prothese im Castlewood Canyon in der Nähe von Denver klettern und erwanderte innerhalb von dreißig Stunden fünf aneinander grenzende Viertausender in Zentral-Colorado. Im August kletterte ich mit meinem Freund und Leidensgenossen Malcolm Dale auf Felsen im El Dorado Canyon in der Nähe von Boulder. Für meinen Freund Rich Haefele betätigte ich mich als Pacemaker bei seinem ersten Ultramarathon auf dem Leadville Trail 100 und überlebte zwei haarsträubende Fotoshooting-Tage für die *GQ-Ausgabe* »Mann des Jahres« und *Vanity Fair's* »Menschen des Jahres 2003«.

Am 31. August sprach ich auf der Hochzeit meiner Schwester über die Liebe, dass sie wie ein Tanz ist. Meine Schwester sah schöner aus denn je, als sie ihrem Mann Zack Elder das Jawort gab. Auf dem Fest tanzten Sonja und ich einen Boogie zu dem Song »Climb«, ihrem Lieblingssong von String Cheese Incident.

Vier Tage nach der Hochzeit bestieg ich mit acht Freunden über die Standardroute den Mount Moran in Wyoming. Ein besonderes Vergnügen war es, dass ich bei den schwierigen Stellen die Führung übernahm, und das dank meiner speziellen Prothese, die ich zusammen mit drei sehr spendablen Firmen entworfen hatte: Hanger Prosthetics, Therapeutic Rectreation System und Trango (einer Firma für Bergsteigerausrüstung). Zwei Wochen später machte ich mit zwei Teamkollegen beim Minnesota-Adventure-Duluth-Rennen mit. Wir beendeten das Rennen nach 19 Kilometern Kajakfahren, 6 Kilometern Wildwasserfahren und 19 Kilometern Laufen im Mittelfeld.

Im September schauten sich meine Mutter und ich das Video an, das ich in der Schlucht aufgenommen hatte. Wir weinten zusammen – es fiel meiner Mutter nicht leicht, meine Leidensgeschichte anzusehen. Und wir waren doppelt dankbar dafür, dass wir uns hatten. Wir saßen auf der Couch und hielten uns an der Hand und sagten immer wieder zueinander: »Ich liebe dich.«

Dann kehrte ich zum Blue John Canyon zurück. Ich führte meine vier Freunde Mark Van Eeckhout, Jason Halladay, Steve Patchett und Kristi Moore und ein Fernsehteam von Dateline NBC in die Schlucht, in der ich vom 26. April bis 1. Mai eingeschlossen gewesen war. Ein merkwürdiger Zufall wollte es, dass ich sechs Monate später auf die Minute genau auf dem Felsen stand, der meine Hand eingeklemmt hatte. Nachdem alle fortgegangen waren, blieb ich noch einen Augenblick allein, verstreute in einer feierlichen Minute die Asche meiner rechten Hand an der Unfallstelle und radierte die Inschrift an der Südwand aus.

Im Laufe des Sommers hatten meine Schwester und ich uns

immer wieder über meinen neuen Status als Pirat lustig gemacht. Es amüsierte uns, als wir herausfanden, dass der 19. September 2003 offiziell der »Internationale Tag der Piratensprache« war. Einen Monat später verkleidete ich mich zu Halloween in Aspen als Captain Funhook und hatte riesigen Spaß, als ich einem Freund begegnete, der als Aron Ralston nach der Operation verkleidet war.

Im Herbst und Winter begann ich wieder Klettergruppen in die Berge zu führen, machte Mountainbikefahrten und Eisklettertouren, fuhr Telemark-und Skate-Ski und unternahm Alleinbesteigungen von Bergen. Am 17. und 18. März 2004 bestieg ich zum ersten Mal nach meinem Unfall ganz allein den Mount Wilson und den El Diente Peak. Damit hatte ich siebenundvierzig der neunundfünfzig Viertausender auf meiner Liste erklommen. In den beiden nächsten Saisons möchte ich mein Projekt abgeschlossen haben. Damit wäre ich der erste Mensch, der allein auf alle neunundfünfzig Viertausender-Gipfel in Colorado geklettert ist.

Zum Ende der letzten Saison war ich schon wieder so leistungsfähig wie vor meinem Unfall, manchmal sogar leistungsfähiger. Mein Mitbewohner und Freund Elliott Larson und ich nahmen an der Elk Mountains Grand Travers teil, einem Skiwettlauf von Crested Butt nach Aspen. Dabei waren wir sechs Stunden schneller als seinerzeit Gareth Roberts und ich, als ich noch beide Hände hatte. Im nächsten Jahr werde ich mir den linken Arm abschneiden, vielleicht werde ich dann noch schneller.

Nach allem, was passiert ist, und all den Möglichkeiten, die mir noch offen stehen, fühle ich mich gesegnet. Ich war Teil eines Wunders, an dem eine Menge Menschen Anteil haben. Um nichts in der Welt würde ich das wieder hergeben, nicht einmal für meine rechte Hand. Der Unfall und die Rettung aus dem Blue John Canyon waren das spirituellste Erlebnis in meinem Leben. Müsste ich mit diesem Wissen in der Zeit zurückreisen, würde ich wieder zu Kristi und Megan sagen: »Ich sehe euch später« und allein in die Schlucht steigen. Ich habe viel gelernt und nichts bereut. Eigentlich hat es mich nur in meinem Glauben bestärkt, dass wir als spirituelle Wesen unsere Glückseligkeit suchen, unseren Leidenschaften nachgehen und unser Leben als gegenseitige Inspiration führen müssen. Alles andere ergibt sich daraus. Wenn wir inspiriert sind, müssen wir handeln, für uns selbst und für unsere Mitmenschen. Selbst, wenn uns die Entscheidung manchmal schwer fällt oder wir etwas zurücklassen müssen.

Ein Abschied ist auch ein mutiger und kraftvoller Neuanfang.

Biographische Daten

1987 Umzug nach Englewood, Colorado; Beginn der Mittelstufe; zum ersten Mal Ski gelaufen

1988 Erster Wanderausflug mit Übernachtung im Freien im Rocky Mountain National Park

1990 Erste Reise nach Utah; Besuch der Nationalparks Arches, Capitol Reef, Bryce und Zion

1993 Abschluss der Cherry Creek High-School; Rafting durch den Cataract Canyon im Canyonlands National Park in Utah; Umzug nach Pittsburgh, Pennsylvania, und Beginn des Studiums an der Carnegie Mellon University

1994 Bergtour auf den ersten Viertausender, den Longs Peak in Colorado

1995 Während des Sommers Arbeit als Raftingführer auf dem Arkansas River in Colorado; ein Jahr Auslandsstudium in Lausanne in der Schweiz

1997 Abschluss des Studiums; Verfolgung durch einen Bären im Grand Teton National Park; Arbeitsbeginn bei Intel in Phoenix, Arizona

1998 Erste Winterbergtour auf dem Humphreys Peak in Arizona; erstes alpines Felsklettern auf dem Vestal Peak in Colorado; Thanksgiving-Wandertour in den Havasupai Canyon mit meiner Schwester; erster Viertausender-Soloanstieg im Winter auf den Quandary Peak

1999 Umzug nach Tacoma, Washington; Besteigung von Mount Ranier und Mount Shuksan; Umzug nach Albuquerque, New Mexico; werde Mitglied im Albuquerque Mountain Rescue Council

2001 Klettertour in der Cordillera Blanca, Peru; im November alle Viertausender in Colorado erklommen

2002 Bei Intel gekündigt; klettere im Juni auf den Denali in Alaska; im November Umzug nach Aspen, Colorado

2003 Klettere im Winter allein auf den Pyramid, Holy Cross, Longs, Capitol und Marron Bells Peak; gerate auf dem Resolution Peak in Colorado in eine Lawine der Stärke 5; Besuch des Blue John Canyon in Utah

Dank

Widmung

Dieses Buch ist der Liebe meiner Eltern Donna und Larry Ralston und meiner wunderbaren Schwester Sonja Marie Ralston Elder geschuldet. Für unsere gemeinsamen Erinnerungen und die Erlebnisse, die noch auf uns warten, habe ich es aus dem Canyon geschafft.

In großer Liebe für Marjorie Ralston und Grace Anderson und in Erinnerung an meine Großväter P. K. Ralston und Karl Anderson und an unsere Freundin Betty Darr – jedes Mal, wenn ich einen Sonnenaufgang beobachte, denke ich an dich. Für meine Freunde von der Cherry Creek High School, der Carnegie Mellon University, Intel und aus Aspen – durch euch habe ich in der Schlucht den Mut nicht verloren.

Um der ehrfurchtgebietenden Macht eines größeren Geistes willen bin ich Zeuge dafür geworden, dass es Kräfte gibt, die größer sind als wir und die uns überall umgeben. Wenn der richtige Zeitpunkt gekommen ist, können wir mit ihnen Kontakt aufnehmen. Das sind die spirituellen Wunder.

Für ihre Freundschaft und Hilfe bei meiner Rettung danke ich meinen Mitbewohnern Leona Sondie, Brian Payne, Elliott Larson und Joe Wheadon; meiner besten Freundin in Aspen Rachel Polver; meinen Kollegen und Chefs bei Ute Mountaineer, allen voran Brion After und Bob Wade; Steve Patchett, Mark Van Eeckhout, Jason Halladay, Dan Hadlich und Brad und Leah Yule; und allen meinen Freunden, die per Telefon und E-Mail den Ball meiner Rettung ins Rollen brachten. Dank an

Michelle Kiel, Ann Fort, Sue Doss und Dave Brush, die meinen Eltern in diesen schwierigen Tagen beiseite standen.

Dank an meine Retter; was ihr tagein, tagaus tut, kann gar nicht genug anerkannt werden: Ranger Steve Swanke und Genn Sherrill und dem National Park Service; Captain Kyle Ekker, Sergeant Mitch Vetere, Detective Funk und dem Büro des Sheriffs von Emery County. Dank auch an Chief Deputy Doug Bliss und das Büro des Sheriffs in Wayne County; an den Piloten Terry Mercer und das Department of Public Safety in Utah; die freiwilligen Rettungshelfer der Countys Grand, Emery und Wayne. Dank an Mountain Rescue Aspen, das Albuquerque Mountain Rescue Council, an die Polizei von Aspen, Familie Meijer, Wayne Marrs und das Spanish Valley Mortuary.

Großer Dank gilt auch dem Personal vom Allen Memorial Hospital in Moab, St. Mary's Hospital in Grand Junction, St. Luke's Presbyterian Hospital in Denver, dem Colorado Amputee Rehabilitation Management Team und dem Limb Perservation Institute; und den Chirurgen und Ärzten Dr. Bobby Higgins, Dr. Jeffrey Nakano, Dr. Michael Roks, Dr. Arline Burnell, Dr. Cynthia Kelly, Dr. Gary Snider und Dr. Rebekah Gass; darüber hinaus danke ich Dan Prinster, dem Vizepräsidenten für Planung und Geschäftsentwicklung vom St. Mary's, den Tag- und Nachtschwestern im St. Mary's – besonders herzlich danke ich Renae Mason und Kelly Owens –, dem Krankengymnasten Gary Saunders und dem Therapeuten James Tanner für meinen ersten Ausflug an die frische Luft auf das Dach des Krankenhauses.

Ich danke auch Dr. Skip Meier vom Amputee Service of Merica, der zusammen mit Erin Cantwell meine Rehabilitation koordinierte; Dr. Howard Belon, der Krankengymnastin Juli Klarich, die mir beibrachte, wie man mit einer Prothese Cracker isst (man braucht dazu das Fingerspitzengefühl eines Eierjongleurs), der Physiotherapeutin Carol McGowan und ihren Kollegen, die mich herausforderten, den Krankenhausrekord beim Balancieren von Bällen zu brechen, und ich danke den Patienten in der Gesprächsgruppe von Dr. Belon.

Unterstützung, Inspiration und Ermutigung

Ich danke meinen Freunden, die aus allen Ecken des Landes zu Besuch ins Krankenhaus oder zu mir nach Hause kamen.

Ich danke allen, die meiner Familie und mir E-Mails geschickt haben, sich telefonisch nach uns erkundigten oder nach meinem Unfall CDs, Geschenke, Margaritazutaten, Spenden und Hunderte von Briefen mit guten Wünschen geschickt haben. Es tut mir leid, dass ich mich nicht bei allen persönlich bedanken konnte.

Ein Dankeschön an Troy Farnsworth, Jack Uellendahl und Branden Petersen von Hanger Prosthetics, Malcolm Daly von Trango, Bob Radocy von TRS und Dr. Will Craig für die prothetische Ausrüstung, die es mir ermöglicht, wieder auf Felsen und Berge zu klettern, zu kajaken, in Canyons zu steigen, Kanu zu fahren, Skilanglauf zu machen und Telemarkski zu fahren, mit dem Mountainbike zu fahren und bei Such- und Rettungstrupps als freiwilliger Helfer mitzumachen.

Dank gilt dem liebenswerten Luke Dempsy für seine Mitarbeit am Buch; meinen High-School-Lehrern Dr. Harry »Show, Don't Tell« Kelleher und Bill Bradley; Sharon Carlson für die Titelidee; Ron Elberger, der immer sagte, Hartnäckigkeit kommt in kleinen Portionen; String Cheese Incident; Norm und Sandy Ruth, die Seelenverwandten meiner Familie in New Mexico; Trey Anastasion und Phish; den Autoren meiner Lieblingsbücher über Outdooraktivitäten: John Fielder, Lou Dawson, Gerry Roach, Michael Kelsey, Edward Abbey, Warren MacDonald, Mark Twight, Erik Weihenmayer, Jow Simpson und Simon Yates, Chris McCandless, Anatoly Boukreev, Neal Beidleman, John Muir, Jon Krakauer, Jon Waterman, Timmy O'Neal,

Douglas Mawson und Papillon; Quentin Tarantino, dessen Werk mich inspirierte, wie ich meine Geschichte gliedern könnte; ich danke den Leuten von NBC: Tom Brokaw, Colleen Halpin, Karen Epstein, Rich Platt, Craig White, Paul Thiriot und Shermanator und dem Landmark Forum.

Outdoorlehrer und Partner

Ich danke allen, die je mit mir durch ein Seil verbunden waren: Ihr habt mir nicht nur gezeigt, wie man sich am Berg bewegt, sondern mich auch Vertrauen, den Sinn für das Schöne und Freundschaft gelehrt; und dass Alleingänge nicht das Einzige sind, was in der Natur Spaß macht: Mark Van Eeckhout, Steve Patchett, Gary Scott, Jason Halladay, Marshall und Heather Ulrich, Tony DiZinno, Theresa Daus-Weber, Rich Haefele, Dawn Baker, Dan Hadlich und Julia Stephen, Steve DeRoma, Jon Jaecksm Eric Niemyer, Kyu Park, Pam Pelky, Bob und Yvonna Graham, Howard Huang, Bill Hemmen, Pual Budd, die Misiuks aus Washington, Jamie Laurens, Jon Heinrich, Scott MacLennan. Jim Dennis und dem NMMC, Rick Inman, Dave Jihnson, Dave Benjes, Jeff Herd, Greg Jackson, Aaron Blawn, Judson Cole, Jamie Stoutenberg, Angie Kokjer, Mike Michalek, Guido Bender, Carl Drew, Megan Simon, Sarah Hall, Chewy Hoover, Tony Angelis, Suwei Wu und Jackie Blumberg.

Literatur

Aus Pearl Bakers Buch lernte ich viel über die Geschichte von Blue John Griffith. Es liefert einen unterhaltsamen Einblick in das Leben der Antihelden, die sich am Ende des 18. und zu Beginn des 19. Jahrhunderts im südöstlichen Hinterland Utahs herumtrieben.

Baker, Pearl, *The Wild Bunch at Robbers Roost,* New York 1971

Außerdem haben folgende Bücher einen nachhaltigen Eindruck auf mich gemacht:

Abbey, Edward, *Desert Solitaire: A Season in the Wilderness,* New York 1968
Ders., *The Monkeywrench Gang,* New York 1975
Bickel, Lennard, *Mawson's Will: The Greatest Survival Story Ever Written,* New York 1977
Boukreev, Anatloy, und G. Weston DeWalt, *The Climb: Tragic Ambitions on Everest,* New York 1997 (deutsch: *Der Gipfel. Tragödie am Mount Everest,* München 1998)
Dawson II, Louis W, *Dawson's Guide to Colorado's Fourteeners.* Band 1 und 2, Monument, Colorado, 1994
Kelsey, Michael R., *Canyon Hiking Guide to the Colorado Plateau,* 4th Ed., Provo, Utah, 1999
Krakauer, Jon, *Into the Wild,* New York 1996 (deutsch: *In die Wildnis,* München 1997)
Ders., *Into Thin Air: A Personal Account of the Mount Everest*

Disaster, New York 1997 (deutsch: *In eisige Höhen. Das Drama am Mount Everest,* München 1998)
Pirsig, Robert, *Zen and the Art of Motorcycle Maintenance: An Inquiry into Values,* New York 1974 (deutsch: *Zen und die Kunst ein Motorrad zu warten,* Frankfurt am Main 1976)
Roach, Gerry, und Jennifer Roach, *Colorado's Thirteeners, 13,800 to 13,999 Feet: From Hikes to Climbs,* Golden, Colorado, 2001
Simpson, Joe, *Touching the Void: The True Story of One Man's Miraculous Survival,* New York 1988 (deutsch: *Sturz ins Leere. Überlebenskampf in den Anden,* München 2002)
Twight, Mark F., *Kiss or Kill: Confessions of a Serious Climber,* Seattle 2001
Ders. und James Martin, *Extreme Alpinism: Climbing Light, Fast & High,* Seattle 1999

Die Zeilen aus Songtexten von Phish wurden mit Erlaubnis von Who is She? Music, Inc. abgedruckt; The Random House Group Limited gab die Genehmigung für den Abdruck aus *Dark Shadows Falling* von Joe Simpson, herausgegeben von Jonathan Cape; der Textauszug aus dem Song »Desert Dawn« von String Cheese Incident/Christina Callicott wurde mit Erlaubnis von Christina Callicott abgedruckt; die Passage aus dem Buch *In die Wildnis* von Jon Krakauer wurde mit der Zustimmung des Malik Verlags, München, zitiert und Auszüge aus *Kiss or Kill* von Mark Twight mit Erlaubnis von Mountaineer Books; die Textzeile aus dem Song »Fearless« von Pink Floyd wurde freundlicherweise von Roger Waters zur Verfügung gestellt; das Zitat aus dem Film *Matrix Revolutions* wurde mit Erlaubnis von Warner Brothers Entertainment, Inc. abgedruckt; die Zustimmung für den Nachdruck des Zitats aus *Fight Club* gab *Fight Club* © 1999 Twentieth Century Fox Film Corporation, Monarchy Enterprises S. a. r. l. und Regency Entertainment (USA), Inc. Alle Rechte vorbehalten; für den Abdruck der Zeile aus dem Song »(I'm a) Roadrunner« von der Jerry Garcia Band gab Hal Leonard Corporation die Einwilligung.

MT
SD
IDAHO
YELLOWSTONE N.P.
Boise
GRAND TETON N.P.
Snake R.
WYOMING
N. Platte R.
NE
ROCKY MOUNTAINS
Great Salt Lake
Cheyenne
Salt Lake City
Green R.
ROCKY MOUNTAIN N.P.
Mt. of the Holy Cross
Longs Peak
Denver
Resolution Peak
UTAH
Castle Dale
Grand Junction
Aspen
Grays Peak
Quandary Peak
NEVADA
Green River
Mt. Sopris
Pyramid Peak
Colorado Springs
Capitol Peak
Maroon Bells
Pueblo
GOBLIN VALLEY S.P.
Moab
Arkansas R.
CANYONLANDS N.P.
Handies Peak
Cedar City
The Creststones
Vestal Peak
GLEN CANYON N.R.A.
Glen Canyon
Blanca Peak
Lake Powell
Cedar Mesa
COLORADO
Las Vegas
Paria Canyon
Page
CONTINENTAL DIVIDE
GRAND CANYON N.P.
Lake Mead
Havasupai Falls
Santa Fe
Humphreys Peak
Flagstaff
Albuquerque
Colorado R.
ARIZONA
NEW MEXICO
N
Phoenix
Tucson
El Paso
Rio Grande
GULF OF CALIFORNIA
MEXICO
0
100 Km

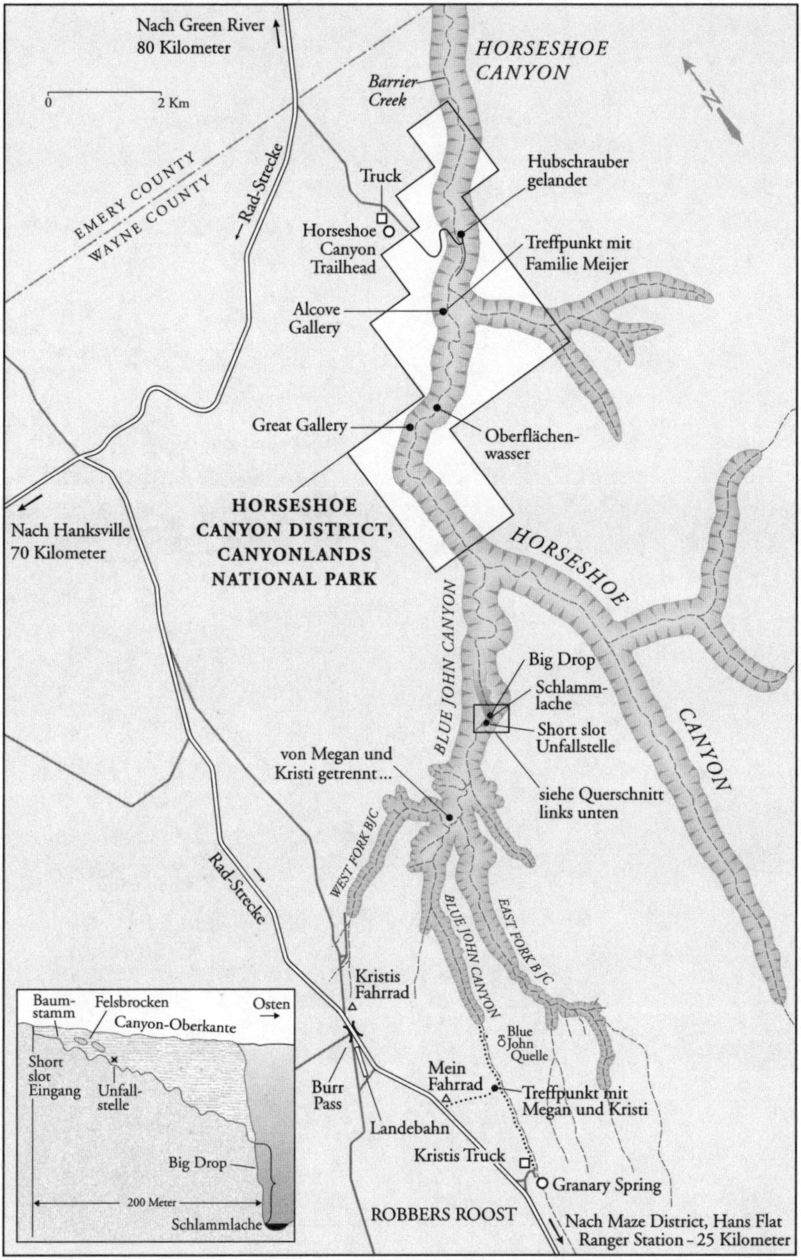
Nach Green River
80 Kilometer
0
2 Km
HORSESHOE
CANYON
Barrier
Creek
EMERY COUNTY
WAYNE COUNTY
Rad-Strecke
Truck
Horseshoe
Canyon
Trailhead
Hubschrauber
gelandet
Treffpunkt mit
Familie Meijer
Alcove
Gallery
Great Gallery
Oberflächen-
wasser
HORSESHOE
CANYON DISTRICT,
CANYONLANDS
NATIONAL PARK
Nach Hanksville
70 Kilometer
HORSESHOE
BLUE JOHN CANYON
Big Drop
Schlamm-
lache
Short slot
Unfallstelle
CANYON
von Megan und
Kristi getrennt …
siehe Querschnitt
links unten
WEST FORK BJC
Rad-Strecke
BLUE JOHN CANYON
EAST FORK BJC
Kristis
Fahrrad
Blue
John
Quelle
Baum-
stamm
Felsbrocken
Osten
Canyon-Oberkante
Short
slot
Eingang
Unfall-
stelle
Big Drop
200 Meter
Schlammlache
Burr
Pass
Mein
Fahrrad
Treffpunkt mit
Megan und Kristi
Landebahn
Kristis Truck
Granary Spring
ROBBERS ROOST
Nach Maze District, Hans Flat
Ranger Station – 25 Kilometer